本书得到教育部社科基金项目"丝绸之路陇右南道历史地理考察"（10YJC770075）、天水师范学院"甘肃省一流特色学科中国史"和"甘肃省重点学科专门史"出版基金的支持，一并表示衷心感谢。

本书出版之际，即将迎来西北师范大学敦煌研究所研究员、全国敦煌学和历史地理学知名学者、恩师李并成先生从教五十周年纪念。感谢老师培养之恩。

本书出版之际，也适逢本人从教二十五周年纪念。感谢西北师范大学同学、天水市第四中学和天水师范学院同事、朋友和家人对我工作的鼓励与支持。

天水师范学院
甘肃省一流特色学科中国史、
重点学科专门史学术研究丛书

丝绸之路秦陇南道
历史地理考察

苏海洋 ◎ 著

中国社会科学出版社

图书在版编目（CIP）数据

丝绸之路秦陇南道历史地理考察／苏海洋著. —北京：中国社会科学出版社，2021.5

ISBN 978 - 7 - 5203 - 7119 - 3

Ⅰ.①丝… Ⅱ.①苏… Ⅲ.①历史地理—研究—陕西②历史地理—研究—青海 Ⅳ.①K928.67

中国版本图书馆 CIP 数据核字（2020）第 165994 号

出 版 人	赵剑英
责任编辑	张　林
特约编辑	张　虎
责任校对	朱妍洁
责任印制	戴　宽

出　　版	中国社会科学出版社
社　　址	北京鼓楼西大街甲 158 号
邮　　编	100720
网　　址	http://www.csspw.cn
发 行 部	010 - 84083685
门 市 部	010 - 84029450
经　　销	新华书店及其他书店

印刷装订	三河弘翰印务有限公司
版　　次	2021 年 5 月第 1 版
印　　次	2021 年 5 月第 1 次印刷

开　　本	710×1000　1/16
印　　张	20.25
插　　页	2
字　　数	321 千字
定　　价	116.00 元

凡购买中国社会科学出版社图书，如有质量问题请与本社营销中心联系调换
电话：010 - 84083683
版权所有　侵权必究

总　序

史学是人类知识体系中最为古老而又年轻的学问，从口耳相传的远古传说历史，到今天信息时代的多元书写，历史之于人类的人文价值和社会意义，始终占据重要的地位。而且，随着社会进步和文化普及，其作用与价值则更为显著。重视历史、研究历史、借鉴历史，可以给人类带来很多了解昨天、把握今天、开创明天的智慧。因此，习近平总书记说："历史研究是一切社会科学的基础。""究天人之际，通古今之变"既是史家的追求，也是时代与社会赋予史家的使命所在。

中华民族自古以来就有浓厚的历史意识和优良的修史传统；中华民族悠久的历史，灿烂的文化，又为史学的发展提供了得天独厚的条件。在中华民族、中华文化波澜壮阔的成长和发展历程中，历史对于自我认同、民族认同和文化认同，对于提升民族自信和文化自信，培育家国情怀，开发民族智慧，塑造国民性格，熔铸民族精神，其所发挥的纽带作用和规范功能无可替代。在当今史学教育大众化的时代条件下，如何更好地认识历史、研究历史和书写历史、普及历史，凸显其聚力铸魂的作用，是历史科学和史学工作者共同需要面对的重大问题。我国高校"双一流"建设的启动，为历史学学科建设提供了新的路径和机遇。"天水师范学院甘肃省一流特色学科中国史、重点学科专门史学术研究丛书"的出版即由此缘起。

学科建设涉及方向凝练、科学研究、知识传授和人才培养等方方面面；也与每个学科的自身基础和环境氛围密切相关。我校中国史学科的发展从起步到现在，经过大约 15 年的历程。学科从最初（2002 年）的陇右文化到专门史省级重点学科（2012 年）、甘肃省一流特色学科中国史（2017 年），正体现了学科及其团队由草创到规范，由弱小到壮大的发展历程。作为地方院校，立足地域优势和自身特点开展学术研究，是我们始终努力的方向和追求。十多年来，学科团队在陇右文化体系构建、科学研究、校本课程开发和服务社会的过程中，不仅取得了一系列成果，得到社会认可并产生了一定影响；而且，也围绕陇右历史文化资源申报国家项目和开展科学研究，进一步整合了学科团队，形成相对固定的研究方向，促进史学研究和学科建设共同提高。陇右文化学科建设也示范和带动了学校学科建设的开展。

2014年，学校设立历史文化学院，我们的学科专业建设进度进一步加快。为了优化学科结构，培育学科新领域和方向，以推动历史学整体实力的增强，我们以陇右文化研究中心省级人文社科重点研究基地和教育部国别和区域研究中心——高加索地区研究中心为平台，将专门史、西北社会经济史重点学科建设与中国古代史教学团队、中国古代史特色专业建设有机结合，统筹发展，在师资队伍、科学研究、专业发展、人才培养和学科特色凝练诸方面都取得了新的突破。现已初步形成以生态环境史、区域文化史和西北开发史为主攻方向，包括中国政治史、民族史、文化史、社会史、敦煌学和中外文化交流史等领域，并取得一系列标志性成果。通过省、校两级立项共建和经费资助，一支以中青年为主，高职称、高学历为骨干的学科、师资队伍迅速成长。2013年以来，专门史学科入选甘肃省"飞天学者"设岗学科，先后有雍际春教授入选甘肃省"飞天学者"特聘教授，陈于柱博士入选"飞天学者"青年学者；还有多人次入选省级以上各类人才库。初步形成了专门史、国别史和文化史团队共同支撑中国史学科发展，中国史学科推动历史教育、文物与博物馆学专业建设的学科专业发展新格局。

2017年中国史学科入选甘肃省一流特色学科，这为我们历史学的发展既迎来了新的发展机遇，也提出了新的任务和更高的要求。我们将一如既往在强化学科专业优势特色的同时，进一步拓展学科视野，凝练学科方向，以项目申报为抓手，科学研究为关键，协同攻关为途径，创新突破为着力点，推动学科建设上台阶、提高水平。要求团队成员立足各自特长，结合学科方向，开展联合攻关和重点突破，催生更多研究成果和学术精品。为了展示学科建设新成果，发挥科研成果繁荣学术和服务社会的双重作用，我们决定资助出版"天水师范学院甘肃省一流特色学科中国史、重点学科专门史学术研究丛书"。

  我们的初步设想和计划是根据一流学科建设目标，围绕学科方向，结合团队实际，以发挥学科优势、彰显学科特色、深化史学研究为导向，为团队成员高质量完成项目任务和立足特长开展特色化创新研究提供服务。所以，本套丛书将在学科建设期内，依据团队成员各自研究和自由探索进度陆续出版，即完成一部、成熟一部、出版一部，坚持数年，必有收获。期待并预祝这套丛书在促进学科建设和繁荣史学研究上双获成功！

雍际春

2017年6月8日

目 录

第一章 绪论 (1)
  一 秦陇与秦陇南道的相关概念问题 (2)
  二 研究现状 (5)
  三 相关研究理论 (14)
  四 方法的应用 (16)

第二章 丝绸之路秦陇南道形成与演变的地理基础 (19)
  第一节 丝绸之路秦陇南道形成与演变的地理基础 (19)
    一 黄土、黄土高原与丝绸之路 (19)
    二 河湟地区与丝绸之路 (22)
    三 柴达木盆地与丝绸之路 (23)
    四 祁连山地与丝绸之路 (26)
  第二节 陆上丝绸之路形成与演变的地理机制 (28)
    一 从空间互补性原理看丝绸之路的形成机制 (29)
    二 从区域可达性原理看丝绸之路的演变机制 (36)
    三 从干扰机会原理看陆上丝绸之路的衰落 (42)

第三章 丝绸之路秦陇南道的孕育与形成 (44)
  第一节 彩陶之路 (44)
    一 前仰韶文化与仰韶文化时期彩陶文化的西进 (44)
    二 马家窑文化时期中西文化交流的通道 (46)
  第二节 丝绸之路的孕育——青铜之路 (51)
    一 青铜时代早期甘青地区的对外文化交流 (52)

二　青铜时代晚期甘青地区的对外文化交流 …………………… (61)

　第三节　西北铁器时代的区域文化互动与中西交流 ………………… (68)

　　一　焉不拉克文化与中西文化交流 ………………………………… (68)

　　二　苏贝希文化与阿尔泰、南西伯利亚文化和中亚地区的
　　　　文化互动 ………………………………………………………… (70)

　　三　苏贝希文化与沙井文化的互动 ………………………………… (72)

　　四　沙井文化与杨郎文化、鄂尔多斯青铜文化的互动 …………… (74)

　　五　沙井文化与寺洼文化的互动 …………………………………… (75)

　　六　寺洼文化与周文化的互动 ……………………………………… (78)

　第四节　秦、西戎文化与域外文化的互动和丝绸之路的形成 ……… (79)

　　一　秦、西戎文化与斯基泰文化的互动 …………………………… (79)

　　二　秦文化、西戎文化中的塔加尔文化因素 ……………………… (85)

　　三　羌人西迁、塞人东迁与丝绸之路东段南道的形成 …………… (87)

　第五节　丝绸之路孕育与形成的动因 …………………………………… (89)

　　一　气候变化与彩陶之路 …………………………………………… (89)

　　二　气候变化与草原丝绸之路的形成 ……………………………… (91)

第四章　汉魏时期长安至姑臧南道交通线 ……………………………… (102)

　第一节　长安至凉州刺史治段线路复原研究 ………………………… (104)

　第二节　陇坻道 ……………………………………………………………… (124)

　第三节　长安通姑臧南道凉州刺史至姑臧段 ………………………… (128)

　第四节　长安通姑臧南道支线 ………………………………………… (149)

第五章　十六国南北朝时期的秦陇南道 ………………………………… (166)

　第一节　地缘政治与丝路东段南道的演变 …………………………… (166)

　　一　丝绸之路起点的变化 …………………………………………… (166)

　　二　秦陇南道运行状况与线路走向的变化 ………………………… (167)

　第二节　十六国南北朝秦陇南道上的石窟艺术与丝绸之路 ………… (180)

　　一　炳灵寺石窟与丝绸之路 ………………………………………… (181)

　　二　武山水帘洞石窟群与丝绸之路 ………………………………… (185)

　　三　麦积山石窟与丝绸之路 ………………………………………… (188)

第六章 隋唐时期长安通凉州南道 (191)

第一节 隋代丝绸之路秦陇南道的演变 (191)
第二节 唐代丝绸之路秦陇南道的演变 (195)
  一 唐代前期的秦陇南道 (195)
  二 唐代中期的秦陇南道 (203)
  三 晚唐五代时期的秦陇南道 (206)
第三节 长安至大震关段线路走向与沿线所经 (208)
第四节 大震关至姑臧线路走向与沿线所经 (219)
第五节 狄道—凤林关—凉州段线路走向与沿线所经 (234)
第六节 吐蕃占领时期丝绸之路东段南道线路走向的变化 (241)
  一 唐通吐蕃线路变化 (241)
  二 河州通西域道路 (247)
第七节 隋唐时期丝绸之路秦陇南道上的石窟艺术与中西交流 (251)
  一 麦积山石窟艺术的时代和地域特色 (251)
  二 大像山石窟艺术的域外因素 (254)
  三 炳灵寺与丝绸交通 (255)

第七章 北宋时期的秦陇南道 (259)

第一节 北宋时期秦陇南道的演变 (259)
  一 交通路线的演变 (260)
  二 贸易主体与贸易特点的变化 (265)
  三 中继贸易与区域市场的发展 (267)
第二节 蕃化与汉化：北宋时期秦陇南道上的佛教艺术 (273)
  一 渭河流域石窟群反映的汉化倾向 (273)
  二 洮湟流域宗教信仰的吐蕃化倾向和炳灵寺石窟的衰落 (274)

第八章 元明时期的秦陇南道 (277)

  一 元明时期秦陇南道的演变 (277)
  二 秦陇南道沿线佛教石窟文化的变迁 (283)

三　秦陇南道上的外来移民与商业活动 …………………………（285）

第九章　秦陇南道的演变规律及其动因 …………………………（291）
　第一节　丝绸之路秦陇南道的兴衰与气候变化 …………………（291）
　第二节　丝绸之路秦陇南道的演变与地缘政治 …………………（295）
　　一　新石器时代至青铜时代 ………………………………………（296）
　　二　春秋战国至西汉初年 …………………………………………（297）
　　三　西汉中期至魏晋时期 …………………………………………（300）
　　四　十六国至北朝时期 ……………………………………………（302）
　　五　隋至盛唐时期 …………………………………………………（305）
　　六　唐末五代至宋时期 ……………………………………………（307）
　　七　元代 ……………………………………………………………（311）
　　八　明代 ……………………………………………………………（312）

图片目录

图 3.1　彩陶之路与早期中西文化交流南道与北道 ……………（45）
图 4.1　西汉长安通姑臧南道线路图…………………………（148）
图 5.1　北魏时期丝绸之路东段南道交通线路图……………（176）
图 5.2　中国境内波斯萨珊朝银币出土地点…………………（177）
图 6.1　唐代丝绸之路长安通姑臧南道东段交通线路图……（218）
图 6.2　唐代丝绸之路长安通姑臧南道西段交通线路图……（233）
图 6.3　吐蕃时期对外交通线路图……………………………（246）
图 7.1　元丰四年（1081 年）李宪取兰、会后北宋通河湟地区的
　　　　交通路线……………………………………………（263）
图 7.2　元丰四年（1081 年）拂菻国使者东来路线
　　　　（甘、青、新段）……………………………………（264）
图 8.1　元代奉元府治长安西至兰州的驿道…………………（280）

第 一 章

绪　　论

"丝绸之路"的历史可以追溯到遥远的古代，但其名称直到19世纪70年代才出现。1870年，德国地理学家李希霍芬（Ferdinand von Richthonfen）考察了洛阳南关的丝绸、棉花市场，参观了山陕会馆和关帝庙，在《关于河南及陕西的报告》等著作中，首次提出从洛阳到撒马尔罕（今属乌兹别克斯坦）有一条古老的商路。1877年，他在《中国》一书中首次将这条商道命名为"丝绸之路"（Seidenstassen）。他对丝绸之路的经典定义是："从公元前114年到公元127年，连接中国与河中（指阿姆河与锡尔河之间）以及中国与印度，以丝绸贸易为媒介的西域交通路线。"[1] 1910年，德国史学家赫尔曼从文献角度重新考虑了丝绸之路的概念，并在他的《中国和叙利亚之间的丝绸古道》一书中，认为应该把丝绸之路的"含义延伸至通往遥远西方的叙利亚的道路上"[2]。以后，随着对丝绸之路研究的不断深入，丝绸之路概念的时间和空间范围及内涵不断扩大。林梅村在《丝绸之路考古十五讲》中将丝绸之路的概念定义为"古代与中世纪从中国黄河流域和长江流域，经印度、中亚、西亚连接北非和欧洲，以丝绸贸易为主要媒介的文化交流之路"[3]。

经过多年研究，史学界将从伊朗或南俄草原向东经西伯利亚、外贝加尔湖至蒙古草原，或从中亚的巴尔喀什湖地区，经额尔齐斯河流域沿

---

[1] Ferdinand von Richthonfen, *China, Ergebnisse eigener Reisen und darauf gegründeter Studien*, Bd. l, Berlin, 1877, p. 454.

[2] Alert Hermann, *Die Älten Seidenstrassen zwischen China und Syrien*, *Beitrage zur Älten Geographie Asiens*, Bd. I, 1910, p. 10.

[3] 林梅村：《丝绸之路考古十五讲》，北京大学出版社2006年版，第92—106页。

阿尔泰山南麓、内蒙古西北草原至河套地区的道路称为草原丝绸之路；将自长安或洛阳出发，经河西走廊通西域的道路称为绿洲丝绸之路；将自长安经黄土高原、青藏高原通南亚或西域的道路称为高原丝绸之路；另外还有成都经滇西通南亚的西南丝绸之路；泉州经台湾海峡通东南亚、南亚、西亚和北非的海上丝绸之路。丝绸之路秦陇南道穿越陕甘黄土高原南缘和西南边缘，处于绿洲丝绸之路、草原丝绸之路和高山高原丝绸之路的汇合路段，对研究泛中原农耕圈、大漠游牧圈和高寒耕牧圈的相互作用具有重要的学术意义。

一 秦陇与秦陇南道的相关概念问题

秦陇为"秦"和"陇"的并称。"秦"作为地名，最早来源于秦人祖先非子受封的都邑——秦邑，其地在陇西黄土高原渭河谷地（今甘肃清水县、张川境内）。"秦"从此成为地名，并衍化出秦中、三秦、秦川、秦陇、秦凤、秦州、秦岭等地名，泛指今陕西、甘肃渭河、泾河流域的山脉、平原地带，其核心区域主要指今天的陕西省大部和甘肃省东部的天水地区，后来西方各国通称东方的中国为"秦"。"陇"泛指陇山以西一带地区，古代以西为右，又称"陇右"。"陇右"一词最早见于《三国志》，由"西俞""西垂""陇西"演化而来。"秦陇"一词最早见于《晋书》。据《晋书》卷87《凉武昭王传》记载，东晋义熙元年（405年），西凉李暠改元建初，给东晋的奉表中说其"高祖东莞太守雍、曾祖北地太守柔荷宠前朝，参忝时务，伯祖龙骧将军、广晋太守、长宁侯卓，亡祖武卫将军、天水太守、安世亭侯弇毗佐凉州，著功秦陇"[①]。西晋北地郡治泥阳，治所在今陕西耀县南，属雍州；天水郡治冀县，在今甘肃甘谷县西，属秦州；凉州治姑臧，治所在今武威。李暠自称是西汉名将李广的十六世孙。李暠家族世代都是豪门大族，他的高祖父李雍、曾祖父李柔，都在晋朝做官，历任郡守之职。李暠的祖父李弇，在前凉张轨幕下担任武卫将军，封爵安世亭侯。奉表中的"秦陇"是"秦"（秦地）和"陇"（陇右）的并称，地理范围当指西晋雍、凉二州，包括今甘肃、青海东南及陕西中北部。北魏时期，秦陇的地理范围开始缩小。据《魏

---

① （唐）房玄龄：《晋书》卷87《凉武昭王传》，中华书局1974年版，第2260页。

书》卷88《张恂传》记载，张恂对魏太武帝拓跋焘回顾十六国北方割据形势时说："金运失御，刘石纷纭，暮容窃号山东，苻姚盗器秦陇，遂使三灵乏响，九域旷君。"①苻姚分别指前秦的建立者苻坚和后秦的建立者姚苌，他们都是以关中为中心建立割据政权，稳定的统治范围包括今甘肃及陕西中北地区。秦陇地理范围应该包括今甘肃和陕西中北部地区。《魏书》卷110《食货六》中也说"世祖之平统万，定秦陇，以河西水草善，乃以为牧地"②。此处秦陇当指今陕西、甘肃及青海东南，但将河西单独提出来，说明在当时人心目中，狭义上的秦陇已经不包括今甘肃黄河以西的地方。三国魏西晋时期，为对抗蜀国的北伐行动，将今甘肃黄河以东、六盘山以西的地方从凉州中分离出来，与关中整合为同一行政区，黄河以西部分仍称凉州，黄河以东部分划入雍州。十六国时期，河西地区在五凉政权的经营下成长为独立的经济、政治与文化区，而甘肃黄河以东的地区则被纳入以关中为根据地建立的地方政权的统治范围。这些变化促使甘肃黄河以东和黄河以西在地理概念上逐渐分野。唐代，因行政区划的演变，使河西、陇右、关中的关系发生了复杂的变化。唐代初年，在陇山以西，包括今甘肃和宁夏的绝大部分、青海东南、内蒙古一部分、新疆和中亚巴尔喀什湖以东的中亚地区设陇右道。甘肃黄河以东和黄河以西被重新整合在"陇右"这个大的地理范围内。唐睿宗景云二年（711年）大致以乌鞘岭为界析陇右道东部黄河以西为河西道，以东仍称陇右道。今甘肃黄河以西与黄河以东再次分离。由于这一变化，历史文献中将河西与陇右并称。如《旧唐书》卷11《代宗本纪》记载，宝应二年（763年），"吐蕃大寇河、陇，陷我秦、成、渭三州，入大震关，陷兰、廓、河、鄯、洮、岷等州，盗有陇右之地"③。这里的陇右显然包括秦、成、渭、兰、廓、河、鄯、洮、岷等州在内的陇山以西、乌鞘岭和青海湖以东地区。五代时期，陇右地区常常被来自中原地区的五代政权控制。北宋时，甘肃黄河以西地区被西夏占领，黄河以东被北宋控制。这进一步加速度了"陇右"与"秦地"地理概念的整合。如周世

---

① （北齐）魏收：《魏书》卷88《张恂传》，中华书局1974年版，第1900页。
② （北齐）魏收：《魏书》卷110《食货志》，中华书局1974年版，第2857页。
③ （后晋）刘昫等：《旧唐书》卷11《代宗本纪》，中华书局1975年版，第273页。

宗继位后，北击北汉、契丹，西取秦（治今天水市）、凤（治今陕西凤县东）、成（治今甘肃成县）、阶（治今甘肃武都），南征南塘，东北击辽，为后来北宋的统一奠定了基础。《新五代史》卷12《周本纪》评论其历史功绩时说："世宗区区五六年间，取秦陇，平淮右，复三关。威武之声震慑夷夏，而方内延儒学文章之士，考制度、修《通礼》、定《正乐》、议《刑统》，其制作之法皆可施于后世。"① 这里所说的"秦陇"指包括秦、凤、成、阶等地区在内的关陇地区。不过，唐宋时期作为行政区划概念上的秦陇仅仅指陇山西麓的秦州和陇山东麓的陇州辖地。如《旧唐书》卷10《肃宗本纪》记载，肃宗（乾元）三年（760年）"（二月）癸丑，以太子少保崔光远为凤翔尹、秦陇节度使"②。《旧唐书》卷11《代宗本纪》记载，广德二年（764年）九月辛亥，"陈郑、泽潞节度使李抱玉进位司徒，充南道通和吐蕃使、凤翔秦陇临洮已东观察使"③。两条史料都将临洮、秦陇和凤翔并列，说明唐代行政区划意义上的秦陇地理范围并不包括洮河流域与渭河下游，仅指陇山（今六盘山）东西秦州、陇州所辖地域。《宋史》中也常常将秦陇、鄜延、环庆、泾原、永兴、凤翔并列，说明宋代行政区划意义上的秦陇也仅仅指秦州、陇州管辖的区域。元明时期，大致以今甘青黄河为界，黄河以东地区与今陕西中北部同属于陕西省，黄河以西则先后属于甘肃行省和陕西行都司，这进一步强化了"秦""陇"地域概念的整合。《清史稿》卷251《图海传》末尾赞扬其降服陕西提督王辅臣的功绩时说其"鹰扬西土，绥靖秦陇，卒收底川之绩"④。明末清初的秦陇指代当时的陕西，包括今陕西、宁夏、甘肃东南及青海东南地区。康熙五年（1666年），将今甘青黄河以东、陇山以西部分及陇山以东的部分地区与黄河以西部分合并，成立甘肃行省。这一行政区划的重大变化，又使"河西""陇右"地域概念整合，逐渐形成河陇这一地理概念，用以指代历史上的甘肃地区。

有人根据政治、地理和叙述方便的需要，将绿洲丝绸之路分为三段：

---

① （宋）欧阳修：《新五代史》卷12《周本纪》，中华书局1974年版，第125页。
② （后晋）刘昫等：《旧唐书》卷10《肃宗本纪》，中华书局1975年版，第258页。
③ （后晋）刘昫等：《旧唐书》卷11《代宗本纪》，中华书局1975年版，第276页。
④ （民国）赵尔巽等：《清史稿》卷251《图海传》，中华书局1977年版，第9719页。

从长安出发，经陇西黄土高原、河西走廊到玉门关、阳关为东段；玉门关、阳关以西至帕米尔高原和巴尔喀什湖以东、以南地区为中段；由此西南至印度，西至欧洲为西段。玉门关、阳关以东丝绸之路分为南北两条平行又互相连通的路线：一条是从关中向西度陇山，经陇西黄土高原南北边缘、河西走廊通西域的路线；另一条是从关中向西度过陇山，经陇西黄土高原南缘、祁连山南麓的湟水谷地，穿越扁都口至河西走廊的张掖，或经柴达木盆地南北边缘，穿越当金山口和阿尔金山口，分别抵达河西走廊的敦煌和塔里木盆地南缘的若羌的路线。其中由关中西行，穿越陇西黄土高原北缘通武威的路线称为陇右北道，又称为秦陇北道；穿越河西走廊的一段称为河西道。经陇西黄土高原南缘通武威，或经陇西黄土高原南缘、湟水谷地的西宁通张掖的道路称为陇右南道，又称为秦陇南道；由西宁向西经青海湖南北、柴达木盆地分别通河西或南疆的称为青海道。因秦陇南道—青海道处于秦陇北道—河西道丝绸之路黄金干道以南，所以称为丝绸之路东段南道。本书重点探讨秦陇南道的走向，兼及青海道。丝绸之路秦陇南道处于青藏高原区、东部季风区和西北干旱区的会合地带，当中原农耕民族势力强大时，如西汉中期至魏晋、隋至盛唐、元明时期，秦陇南道与河西道组合，是中原通西域的绿洲丝绸之路主干道的一部分；当游牧民族势力强大时，如战国至西汉初年、十六国、吐蕃、西夏时期，秦陇南道又与青海道组合西通西域、南通吐蕃和印度，为由游牧民族主导的高原丝绸之路的一部分。因秦陇南道与青海道的关系十分紧密，因此，下文综述秦陇南道研究现状时，兼及青海道。

二 研究现状

（一）秦陇南道研究述评

丝绸之路东段南道的研究开始于20世纪30年代。姚玄华在《西北交通史之研究》一文中，考述张骞、李广利、陈汤、宋云、法显、玄奘等人赴西域的路线时，涉及东段南道。[1] 20世纪70年代末至80年代，中国台湾、大陆掀起了一股研究和考察丝绸之路的热潮，学界就丝绸之路

---

[1] 姚玄华：《西北交通史之研究》，《新亚细亚》1933年第5期。

线路走向问题展开热烈讨论，并且存在着较大分歧。经过艰辛的考察与文献研究，鲜肖威认为丝绸之路从汉至唐有两三条，不同时期有主次之分，长安至河西走廊有北、中、南三条线：北线是从西安至武威的捷径，沿泾河西北过陇山、固原、海原，在靖远县北渡黄河，经景泰抵武威；中线是从长安出发至临洮后，北经阿干河谷到兰州，再沿庄浪河谷过乌鞘岭至武威；南线从长安出发沿渭河而上至宝鸡东，再溯千河西北行，过陇县，越陇山，度陇关，经甘肃秦安、通渭、陇西至渭源，在渭源越鸟鼠山至临洮，渡洮河后复向西至临夏，再沿大夏河北上，在永靖炳灵寺附近渡过黄河，西北向经青海民和、乐都至西宁，再往西北过大通河，越祁连山，过扁都口至张掖。① 吴礽骧认为汉唐丝绸之路东段只有南北两条线，对鲜肖威所谓的中线提出质疑。他认为，隋唐以来，由于枹罕、乐都以西被吐蕃所陷，同时，由于祁连山扁都口一带山势险峻，气候多变，行旅困难，因而南线临夏—扁都口—张掖线逐渐被临洮—辛店—阿干镇—河口—永登—乌鞘岭—古浪线代替，鲜肖威所谓的"中线"只不过是南线的一条支道而已。② 齐陈骏与鲜肖威持相同的观点，他考察了丝路兰州至乌鲁木齐段后，撰文认为丝绸之路从长安出发，从东向西进入河西走廊有南、北、中三条路可走：北路经平凉、固原、景泰至武威；南道经陇西、渭源、临洮、西宁入扁都口至张掖；中道由南道演化而来，即至临洮后，转北经兰州、永登，翻越乌鞘岭至河西。秦、汉、魏晋时期，行人多从南北二道入河西，中道似乎在中唐以后才成为中西交通主要干线。③ 杨建新则认为丝路东段陇西段共有五条通道：第一条是由长安出发，到咸阳，沿渭河过宝鸡县，再沿千水过陇县，沿陇山东麓北上，越过六盘山，再从靖远地区渡过黄河到达武威；第二条是由长安出发到咸阳，沿渭河过宝鸡县，再沿千水过陇县，然后西行，从大震关或陇关越陇山，向西北经略阳（秦安北）、平襄古城（通渭西）至金城（兰州

---

① 鲜肖威：《甘肃境内的丝绸之路》，《兰州大学学报》（哲学社会科学版）1980 年第 2 期，第 14—21 页。

② 吴礽骧：《两关以东的"丝绸之路"——兼与鲜肖威先生商榷》，《兰州大学学报》（哲学社会科学版）1980 年第 4 期，第 44—51 页。

③ 齐陈骏：《丝路考察纪略》，《兰州大学学报》（哲学社会科学版）1982 年第 4 期，第 37—47 页。

西固地区），由现在的兰州过黄河至河西；第三条是由长安出发至陇县，过陇关，经天水、临洮至临夏，渡黄河到青海西宁，然后过大斗拔谷（今扁都口）到河西；第四条是从灵武渡黄河到达河西走廊；第五条从长安出发，向西北经咸阳、醴泉、永寿（今永寿西北）、邠州（今邠县）、长武、泾川、平凉，过萧关口，向西到六盘山，经隆德、静宁、会宁到安定（今定西），由安定西北到达金县（今榆中）、兰州，由兰州过黄河进入河西走廊。①

20世纪80年代，大陆学者对丝绸之路路线走向的研究具有开拓性，但存在两个方面的不足：一是忽视了丝绸之路的孕育、形成与演变过程，因而没有把丝绸之路的线路走向及变化放在特定的时间框架内加以考察，误以为以上提出的多条线路是同时并行的，或具有相同的地位；二是忽视沿线所经研究，只是简单地确定几个点，然后把这些点连成线，至于点与点之间的地面状况，没有过多的考虑，因而，用这种方法复原出的丝绸之路的线路走向仅仅是几何折线，不是严格意义上的线路。

20世纪80年代台湾学术界有关丝绸之路的研究以严耕望的《唐代交通图考》最具有代表性。严耕望在《唐代交通图考》卷2《河陇碛西区》中对唐代长安通姑臧南北两道驿程进行了详尽的考述。

（1）长安通姑臧南道。自长安都亭驿西出开远门，于中渭桥渡过渭水，据桥置临皋驿，为西行第一驿。又西经望贤宫、咸阳县（置有陶化驿）、温泉驿、始平县（郭下置槐里驿）、马嵬驿、望苑驿、武功县、扶风县、龙尾驿、岐山县（置石猪驿）、横水（驿？）至岐州、凤翔府（治雍县）。凤翔府为西京重镇，府南有驿道通汉中和剑南，府西有驿道通秦州、凉州至安西。凤翔府又西经汧阳（今千阳县），西循汧水河谷而上至陇州治所汧源县（今陇县）。又西经安戎关、大震关（后称故关），又西五十里至小陇山分水岭，有分水驿。又西经弓门川（今樊家河）、清水县（今清水县西北），西南至秦州治所上邽县（治今天水市），馆驿甚宏壮。秦州向西略循渭水而上经伏羌县（今甘谷县）、洛门川、渭州治所襄武县、渭源县（置渭源镇），西北至临州（临洮军治所狄道县，今临洮）。由此北行，略沿洮水河谷而下，经长城堡，越沃干岭，折入阿干河谷，

---

① 杨建新：《丝绸之路东段述略》，《西北史地》1981年第1期。

而至兰州治所五泉县（一名金城县），置有临河驿。又北渡河西出金城关，正北微西略循逆水河谷（今庄浪河）而上，行二百二十里至广武县（今永登南），又约二百里至昌松县（今古浪西），又西北越洪池岭（今乌鞘岭），凡一百二十里至凉州治所姑臧县（今武威）。

（2）长安通姑臧北道。由长安西北行亦经临皋驿、咸阳县驿，又经醴泉县（置醴泉驿）至奉天驿（今乾县东）。由奉天北出，过漠谷、逾梁山，经永寿县、麻亭驿、邠州治所新平县，又西北循泾水河谷上行，经藁邱堡、宜禄县（今长武县），折而西行经长武城、泾州治所安定县、连云堡、阴盘县至平凉县（旧治阳音川）。又西北行经胡谷堡入弹筝峡，经瓦亭故关向西南逾陇山关即六盘山，西北行经汉萧关故地至原州治所高平县（今固原县）。由原州西北行，经石门关、河池至黄河东岸的会州治所会宁县（今陡城堡），再略沿黄河东岸西北行一百八十里至会宁关，为开元中十三关之一。由会宁关渡河而西至乌兰关（为乌兰县治），此为西域大道之重要关津，元和中建乌兰桥于河上，李益诗有"乌兰戍"，均疑此处。渡河后由乌兰县又西二十里至新泉军，统兵7000人，为边防大军之一，盖为镇护关津而设。新泉又西北四百里亦至凉州治所姑臧县（今武威）。北道较南道路程缩短二百里，但平凉以西段较险峻。南道虽迂，但较平坦，且沿途较富庶。故唐人行旅似取南道者为多。文士西行取北道可考者仅颜真卿一人。①

与同时期大陆学者研究相比，严耕望先生的研究十分重视沿线所经，不过严先生主要依据文献资料，未经过实地调查，所用地图为民国旧本，难免出现疏漏和错误。

20世纪90年代，大陆学界继续关注丝路线路走向。如陈守忠认为汉唐时期从长安西去的道路有两条：一条是由长安向西经扶风、岐山、凤翔，沿汧水经汧阳、陇县（古汧源县），西度陇口，过陇关或大震关，经清水、天水社棠镇，南渡渭河，顺渭河经甘谷、武山、陇西至渭源，由渭源翻越鸟鼠山至临洮，再由此渡过洮水至临夏回族自治州（古枹罕），渡黄河入湟中。由大震关度陇后，还可向西经陇城（今秦安陇城）、略阳（今秦安东北）、平襄（今通渭）、襄武古城（今陇西）至狄道（今临

---

① 严耕望：《唐代交通图考》卷2《河陇碛西区》，台北"中研院"历史语言所，1985年，第341—419页。

洮），是西汉元鼎三年（公元前114年）开辟的丝绸之路的捷径。另一条是由长安出发西北经礼泉、乾县、永寿、彬县、长武，过长武塬（称浅水塬），沿泾河河谷经泾川、平凉、泾源，折而北上至宁夏的固原，由固原西北经石门关口（今寺沟口石窟所在地），至红羊房，过海原县的西安州、王团、兴仁堡，入甘肃靖远界，在靖远县境内由东南向西北至王家滩附近渡过黄河至景泰、武威。① 杨希义、唐莉芸考证了唐代丝路东段上的驿馆。② 张天恩认为丝绸之路至陇县后，有一条西北经火烧寨、新集川至华亭县南，翻越陇山至张川的道路，③ 关于这段道路，王学礼通过实地考察提出了更为具体的走向。④ 20世纪90年代大陆学者的研究已经开始重视考古文献、实地调查和沿线所经，但尚未重视居延汉简甲渠候官和悬泉汉简《传置道里簿》的内容，有关汉代长安通姑臧南北两道的线路复原多少带有主观臆测的成分。

21世纪初，在继续关注丝路东段南道甘肃段线路走向的同时，丝绸之路形成与演变问题成为学界关注的新焦点。在秦陇南道整体线路走向方面，有刘军刚的《秦、西汉时期关中通往陇西郡交通线路考析》。⑤ 陇山段交通方面，张国藩、赵建平考察了秦陇南道恭门—秦家塬—固关段（秦家塬）、固关—汉复坪—马鹿段（陇关道）和长宁驿—菜子河—咸宜关段（咸宜关道）的路线、里程及沿线所经。⑥ 刘满利用历史文献，研究了东西穿越陇山的陇坻道、瓦亭道、鸡头道和番须道，以及陇山东麓南北走向的回中道的交通路线及相关地名。⑦ 李并成先生考证了秦陇南道临

---

① 陈守忠：《从丝路遗存的货币看古代东西方商业交往及对我国西北地区经济政治的影响》，载西北师范大学历史系编《西北史研究》第1辑，甘肃人民出版社1997年版，第58—74页。

② 杨希义、唐莉芸：《唐代丝绸之路东段长安至敦煌间的馆驿》，《敦煌研究》1994年第4期，第135—144页。

③ 张天恩：《古代关陇道与秦人东进关中路线考略》，载徐卫民、雍际春主编《早期秦文化研究》，三秦出版社2006年版，第47—60页。

④ 王学礼：《陇山秦汉寻踪（二）》，《社科纵横》1996年第3期，第28—31页。

⑤ 刘军刚：《秦、西汉时期关中通往陇西郡交通线路考析》，《丝绸之路》2011年第16期，第11—13页。

⑥ 张国藩、赵建平：《丝绸之路陇坂古道考察散记》，《丝绸之路》2001年第1期，第107—111页。

⑦ 刘满：《秦汉陇山道考述》，《敦煌学辑刊》2005年第2期，第264—269页。

洮至民和间路线的具体走向。① 关于丝绸之路演变方面，袁黎明系统论述了唐代早、中、晚期丝绸之路的变化。② 杨蕤、王润虎考述了五代以来陆上丝绸之路的几点变化，认为唐末五代秦州路并未因吐蕃进逼而完全失效。③ 杨作山考述了北宋时期中西交流的变化，重点研究了秦州路的开辟及其重大意义。④ 苏海洋系统考述了丝绸之路秦陇南道的形成、发展与演变的整个过程，认为丝绸之路秦陇南道形成于春秋时期，战国晚期至西汉初年获得初步发展。西汉时期在原有西行道路的基础上开辟了一条经张川、秦安、静宁、通渭、定西、榆中至兰州，渡黄河通青海或河西的官道，称为秦陇南道东段北线。东汉以后，随着行政中心南移、沿线人口减少和自然环境的恶化以及畜牧经济的发展，北线逐渐衰落，而经清水、天水、甘谷、陇西、渭源、临洮、临夏入青海的南线秦州路逐渐成为西行主干道。至唐代、北宋，秦陇南道甘肃东段南线使用更加繁荣。但由于受区域政治形势的影响，唐代秦陇南道东段北线与南线个别路段走向发生了改变。北宋以后，秦陇南道秦州路趋于衰落，逐渐被由关中西入平凉，翻越六盘山至隆德、静宁、会宁，再翻越华家岭，经定西至兰州的新线路取代。⑤

（二）青海段研究述评

丝绸之路青海段的研究发端于20世纪30年代。1932年任乃强首先注意到四川与青海间存在着某种较为密切的经济文化联系；⑥ 1935年沙畹撰写的《宋云行纪笺注》对宋云一行路线做了详细考订。⑦ 1936年岚瑞徵以诸本高僧传所载中西僧侣经行资料为线索，提出六朝时期的西域僧

---

① 李并成、马燕云：《炳灵寺石窟与丝绸之路东段五条干道》，《敦煌研究》2010年第2期，第75—80页。

② 袁黎明：《简论唐代丝绸之路的前后期变化》，《丝绸之路》2009年第6期，第57—61页。

③ 杨蕤、王润虎：《略论五代以来陆上丝绸之路的几点变化》，《宁夏社会科学》2008年第6期，第148—151页。

④ 杨作山：《北宋时期秦州路考略》，《宁夏社会科学》2007年第3期，第94—99页。

⑤ 苏海洋等：《丝绸之路陇右南道甘肃东段的形成与变迁》，《西北农林科技大学学报》（社会科学版）2011年第3期，第126—131页。

⑥ 任乃强：《川康交通考》，《新亚细亚》1932年第4期，第127—199页。

⑦ [法] 沙畹著，冯承均译：《宋云行纪笺注》，《禹贡》1935年第1期，第49—127页；第6期，第41—85页。

侣曾经取道西域而往成都和江南;① 1937 年清水泰次以四川与西域之间存在粮饷供应关系为题，提出明代与西域之间原有相当成熟的交通;② 同年日本学者松田寿男以吐谷浑往南朝遣使为题，揭示了南朝与吐谷浑、南朝与西域、南朝与柔然间密切的政治和经济联系。③ 同年，黄文弼对丝绸之路青海道进行了系统、翔实的考订。④

20 世纪 40 年代，学界继续关注青海道。在研究方法上除进一步挖掘文献资料外，还将文献资料与考古资料相结合，同时试图利用地理调查资料解决中西交通问题。靳玄生、黄文弼、岑仲勉、吴景敖和倪锴等学者先后撰文论及青海道，其中以吴景敖 1948 年出版的《西陲史地研究》影响最大。吴景敖在西北、西南数年实地调查的基础上，提出在南北朝及其前后一段时间里，西域和江南之间始终存在着一条通道。该道由汉中出发西南至昭化，后沿白龙江西北行，经叠州、洮州至务隆河流域，西向经三道抵达青海西部，后经柴达木盆地南北及当金山口至西域。⑤ 吴景敖的研究奠定了青海道南段和北段沿线所经的基本框架。1948 年，裴文中根据甘肃及青海湟水流域考古发掘所得，认为由祁连山南麓，沿湟水而西至青海湖，再经柴达木盆地而至南疆，是史前时期中西交通的一条重要通道。

20 世纪 50 年代至 70 年代，对青海段的研究走向深入。这一阶段共发表近 30 篇相关论文，其中以夏鼐、唐长孺、严耕望的研究较为重要。1958 年，夏鼐以赵生琛报道青海西宁发现波斯银币为题，撰文认为，在河西走廊丝道之南，原有一条丝绸之路，它东起西宁、西抵新疆，主要兴盛于公元 4 世纪末至 6 世纪初，其地位并不逊色于河西走廊丝道。⑥ 同年，冯汉镛对夏鼐论断做了补充研究。⑦ 这时，学界还未注意到青海道东

---

① ［日］岚瑞徵：《六朝时佛僧的往来的西域交通路线及其记录》，《佛教学论丛》1936 年第 1 辑。
② ［日］清水泰次：《明代四川省与西域的交通》，《史潮》1937 年第 1 期。
③ ［日］松田寿男：《吐谷浑遣使考》，《史学杂志》1937 年第 11—12 期。
④ 黄文弼：《古楼兰国历史地位及其在中西交通上之地位》，《史学集刊》1937 年第 5 期，第 111—305 页。
⑤ 吴景敖：《西陲史地研究》，上海中华书局 1948 年版。
⑥ 夏鼐：《青海西宁出土的波斯萨珊朝银币》，《考古学报》1958 年第 1 期，第 105—111 页。
⑦ 冯汉镛：《关于"经西宁通西域路线"的一些补充》，《考古通讯》1958 年第 7 期，第 59—64 页。

段走向。受吴景敖影响，严耕望于20世纪60年代末开始研究川甘青间区域交通线、沿途所经和启用时间，重要成果汇集于1979年出版的《唐代交通图考》卷2《河陇碛西区》中。值得一提的是唐代青海道东段走向问题在《唐代交通图考》中有详细考述。以新疆鄯善土峪沟相继发现的两件佛经残页，以及德国新近发现的两件关于中西交通的文书卷子为基本资料，唐长孺相继发表了数篇有关西域与南朝交往的文章，认为四川成都与西域间原有一条与吐谷浑关系密切的交通孔道，该道主要经行的是佛教僧侣，其次为西域各国前往南朝的使团。[1]

20世纪80年代以来，学界逐步揭开了青海道的神秘面纱。80年代，吴礽骧、[2] 张德祖、[3] 初师宾、[4] 周伟洲、[5] 前田正明、[6] 王叔凯、[7] 王宗维、[8] 赵荣、[9] 王育民[10]等对青海境内通向青海境外的交通道路的走向进行了讨论。周伟洲认为，青海道柴达木分道大约形成于秦汉以前，南北朝时期进入鼎盛，唐代开始衰落，北宋一度复苏。该道起点是凉州，中途经青海，西端终于西域，因其主要在青海省内展开，因此称为青海道。王育民认为，东晋、南北朝时期，丝路往来或由青海北出祁连山隘口至张掖，与河西干道连接，或西出柴达木至鄯善，与西域南道接通，青海

---

[1] 唐长孺：《南北朝期间西域与南朝的陆路交通》，载《魏晋南北朝史论丛拾遗》，中华书局1983年版；《北凉承平七年写经题记与西域通往江南的道路》，《魏晋南北朝隋唐史资料》1979年第1期。

[2] 吴礽骧：《两关以东的"丝绸之路"——兼与鲜肖威同志商榷》，《兰州大学学报》（社科版）1980年4期，第44—51页。

[3] 张德祖：《丝绸之路在青海》，《青海师范大学学报》（哲学社会科学版）1982年第2期，第62—65页。

[4] 初师宾：《丝路"羌中道"开辟小议》，《西北师院学报》（社科版）1982年第2期，第42—46页。

[5] 周伟洲：《古青海路考》，《西北大学学报》（哲学社会科学版）1982年第2期，第65—88页；《丝绸之路东段的又一条支线——青海路》，《西北历史资料》1985年第1期。

[6] [日]前田正明著，张金衡、陈宗祥译：《西夏时代河西南北的交通路线》，《西北史地》1983年第1期，第81—96页。

[7] 王叔凯：《古代青海中西交通道考》，《青海社会科学》1983年第3期，第98—104页。

[8] 王宗维：《汉代祁连山路考述》，《西北师院学报》（社科版）1983年第3期，第43—48页。

[9] 赵荣：《青海古道探微》，《西北史地》1985年第4期，第56—62页。

[10] 王育民：《丝路"青海道"考》，载《历史地理》第4辑，上海人民出版社1984年版，第145—152页。

道基本上取代了河西干道成为丝路的主道。

20世纪90年代，吴焯[①]等继续探讨青海道。吴焯在《青海道述考》一文中认为，原始时期，甘肃农业文化自东向西进入湟水流域，大致构成了后来青海道东段的走向；先秦时期，羌人由河湟西迁，穿越柴达木盆地，越阿尔金山，抵昆仑山麓，再向西越过葱岭，在逐水草而迁徙的过程中踏出青海道的西段，同时，羌人南下至蜀，踏出青海道的南段。吴焯接着从历史文献记载角度，依次考述了两汉、蜀汉、东晋南北朝、隋唐五代至宋时期青海道各段的演变和发展状况。

纵观以上研究，绝大部分忽视沿线所经和实地考古调查，因此，青海道的具体走向一直如雾中看花，没有露出真实面目。1994年5月，陈良伟撰写了题为《"丝绸之路"河南道考古调查与研究》的博士学位论文，[②] 将考古学、历史学、民族学等学科资料相贯通、重视沿线所经研究和实地考古调查，对丝绸之路河南道的开辟、走向、运营和衰落进行了全面、具体和系统论述，揭开了青海道神秘的面纱。该项研究代表了当时丝绸之路青海道研究的最高成就。但陈良伟主要从东晋、南北朝时期河南道在沟通西域与南朝的角度出发，着力论述青海道南段、北段和西段交通，而对东段、西南段走向以及青海道在沟通西域与北朝、西域与北宋交通等问题上没有涉及或涉及不多。

20世纪90年代以后，学术界对青海道的研究不多。与传统认为的隋唐时期青海道已走向衰落的观点不同，2005年，魏霍在《粟特人与青海道》一文中认为隋唐时期青海道依然繁荣。[③] 2007年，李宗俊以《唐代河西走廊南通吐蕃道考》为题，考述了唐代河西走廊向南穿越祁连山通吐蕃的道路，包括玉门军道、三水镇道、张掖守捉道、洪源谷道和白山戍道。[④] 2008年，张德祖在《古玉石之路与丝绸之路青海道》一文中，将以湟水流域的西宁为中心，东通关陇、北越祁连、南入河南蒙古自治州、西抵青海湖的道路称为湟中道；将沿青海湖南北西行，横贯柴达木

---

① 吴焯：《青海道述考》，《西北民族研究》1992年第2期，第123—140页。
② 陈良伟：《丝绸之路河南道》，中国社会科学出版社2002年版。
③ 魏霍：《粟特人与青海道》，《四川大学学报》（哲学社会科学版）2005年第2期，第94—98页。
④ 李宗俊：《唐代河西走廊南通吐蕃道考》，《敦煌研究》2007年第3期，第44—49页。

盆地进入南疆的道路称为羌中道；将沟通雍梁二州，即甘青与汉中、四川等地的道路称为河南道或氐羌道。①

三 相关研究理论

（一）交通运输地理学理论

交通地理学是经济地理学的一个分支，是研究交通运输在生产力地域组合中的作用、客货流形成和变化的经济地理基础，以及交通网和枢纽的地域结构的学科。其核心内容有三个：一是研究交通网（包括线网、枢纽和港站）的结构、类型、地域组合及其演变规律；二是研究客流、物流的产生与变化规律；三是研究交通运输在地域生产力综合体形成与发展中的地位与作用。丝绸之路研究属于历史交通地理学研究的范畴，可以借鉴交通地理学研究的相关理论。参照交通地理学理论，我们可以将丝绸之路秦陇南道的研究内容分为三部分：一是研究丝绸之路秦陇南道汉魏、十六国北朝、隋至盛唐、唐末五代至北宋和元明时期线路网组成，与青海、河西的地域组合及其演变规律；二是研究经行丝绸之路秦陇南道的历史人物和跨区域商品交流；三是研究丝绸之路秦陇南道产生的区域经济效应与文化影响。

交通地理学具有明显的地域性与综合性，特别注意地理环境（自然条件、经济地理环境、社会文化环境）与交通运输的相互作用和影响，大量采用区域对比、系统分析与空间区划等方法，并十分重视交通运输网络系统各组成部分的综合研究，以及影响其形成因素（自然、技术、经济等因素）的综合分析。丝绸之路是历史自然地理环境与历史人文地理环境交互影响下的产物。丝路秦陇南道交通的产生、发展与演变不仅受制于陕甘黄土高原、青藏高原与河西走廊和祁连山地地形与地貌特点、历史气候、水环境及植被特征，而且受历史人文地理环境要素如族群分布、人口迁移、聚落、城市、市场、政治中心、地缘政治格局、军事形势、生产力水平等条件的影响。反过来，丝路交通会影响区域的发展、聚落和城市的规模、空间结构，甚至会影响更大地理尺度的区际经济与

---

① 张德祖：《古玉石之路与丝绸之路青海道》，《青海师范大学学报》（哲学社会科学版）2008年第5期，第56—59页。

文化交流的广度和深度。丝绸之路研究可以借鉴交通地理学区域对比、区域分析与综合的方法。本书第二章第一节集中分析了陕甘黄土高原、河湟地区、柴达木盆地、祁连山地地理空间结构特点及历史生态环境变化对秦陇南道线路组合的影响。在第九章第一节探讨了历史气候变化对秦陇南道盛衰的作用。第三至八章以时间为顺序，研究了丝绸之路秦陇南道孕育、形成与演变的原因、过程和区域效应。第九章第二节讨论了地缘政治格局与丝绸之路秦陇南道的孕育、形成和阶段性演变之间的关系。

（二）空间相互作用原理

空间相互作用是指区域之间所发生的商品、人口与劳动力、资金、技术、信息等的相互传输过程。它对区域之间经济关系的建立和变化有着很大的影响。一方面，空间相互作用能够使相关区域加强联系，互通有无，拓展发展的空间，获得更多的发展机会。另一方面，空间相互作用又会引起区域之间对资源、要素、发展机会等的竞争，并有可能对有的区域造成损害。从本质上看，丝绸之路指古代中国与欧、亚、非三大洲其他文明之间经济空间的相互作用，即它们之间所发生的商品、资金、技术、信息乃至文化的交流过程。本书第二章第二节运用经济地理学空间相互作用理论的互补性原理、可达性原理和干扰机会原理，分析了丝绸之路产生和演变的地理机制，把丝绸之路秦陇南道放置在全球视野下，考察其在大尺度地理空间内变化的驱动因素。

（三）中心地理论

中心地理论又称"中心地学说"，是研究城市空间组织和布局时，探索最优化城镇体系的一种城市区位理论。中心地理论产生于20世纪30年代初西欧工业化和城市化迅速发展时期，是1933年由德国地理学家克里斯·泰勒（W. Christaller）首先使用的。他通过对德国南部城市和中心聚落的大量调查研究后提出的，发现一定区域内的中心地在职能、规模和空间形态分布上具有一定规律性，中心地空间分布形态会受市场、交通和行政三个原则的影响而形成不同的系统。探讨了一定区域内城镇等级、规模、数量、职能间关系及其空间结构的规律性，并采用六边形图式对城镇等级与规模关系加以概括。丝绸之路连接的城市就是一个能够向周围区域（腹地）提供各种商品和服务的中心地，其规模不仅受城市本身及其周围地区人口规模和消费能力的影响,而且受丝路交通线吸引范围(更广阔的经济腹地)的影响,其等级、规模、数量、职能间关系及空间结构适宜于用中心地理论三原则(市场原则、行政原则和交通原则)中的交通原则加以解释。本书第七章第一节,运用中心地理论三原则分析了北宋时期秦陇地区中继贸易和区域市场的发展状况。

四 方法的应用

研究方法是科学研究中发现新现象、新事物,或提出新理论、新观点,揭示事物内在规律的工具和手段。研究方法服务于研究目标,恰当的研究方法是发现研究新问题、突破研究难点的重要保证。丝绸之路秦陇南道的研究,除需重视传统意义上的研究方法之外,还需采用一些特别的方法。传统意义上的研究方法此处不再罗列,这里仅介绍一些特别的研究方法。

(一)多种学科交叉研究

运用多学科的理论、方法和成果,从整体上对某一课题进行综合研究,符合科学发展的规律和总体趋势。首先,丝绸之路秦陇南道是历史时期形成的一条文化线路,对它的研究离不开历史文献学方法。只有重视收集、整理和运用历史资料,才能全面梳理丝绸秦陇南道在历史时期的演变过程及区域效应,从而建立合理的时空框架,为准确复原丝绸之路秦陇南道线路走向奠定基础。其次,要重视考古学资料和方法的运用。丝绸之路秦陇南道的孕育与形成,经历了从青铜时代晚期至铁器时代晚期漫长的过程,对这一过程的绝大部分时段,历史文献没有明确记载或没有记载,需要大量的考古遗物与遗迹加以复原、解释。即使是进入有文献记载的历史时期,也需要出土实物的见证、证实、纠正和补正。第三,尤其要高度重视历史地理学的方法。从自然地理环境看,丝绸之路秦陇南道穿越陕甘黄土高原南缘和黄土高原与青藏高原的过渡区域,其线路走向必然受穿越区域气候、地形、地貌、植被和水环境等自然地理要素组合特征及其变化的影响;从人文地理环境看,丝绸之路秦陇南道位于中原农耕区、中亚干旱游牧区和青藏高寒游牧区的交错地带,历史上的农牧进退引起的该条线路穿越区域地缘政治、经济区位的变化,常常引起丝绸之路线路兴衰和走向的变化。因此,只有将秦陇南道放在特定的自然区域、经济区域和政治区域中，分析影响其变化的自然地理和人文地理要素，才能科学地总结出其变化规律。沿途的城市、驿站、关隘、要塞的准确位置是研究丝绸之路具体线路走向的基础，要掌握这些内容，也需要借助于传统的沿革地理、历史地名、实地调查等历史地理学方法和手段。

（二）沿线所经研究

丝绸之路秦陇南道的研究，目前重点需要解决线路问题，即方向研究、线路研究和沿线所经研究。丝绸之路沿线所经研究是近些年来新兴起的研究课题。这一新的研究趋势为丝绸之路秦陇南道的研究提出了三个基本要求：其一，研究丝绸之路秦陇南道的走向；其二，研究丝绸之路秦陇南道的路线所经；其三，研究丝绸之路沿线所经每个遗址的性质、区位、历史沿革、自然地理，以及相邻两个遗址的连线所经的状况等。方向和线路问题目前的学术研究都有所涵盖，而第三个问题是最难的问题，代表着丝绸之路研究的新发展方向。

（三）实地调查

正如有研究者所言，"有些作者在研究了几则有关丝绸之路沿线所经的资料后，就将现代地图和铅笔拿来，根据文献记载所提供的信息，将当时的丝绸之路的方向、线路和沿线所经非常轻松地标了出来。所标路线绝大多数路段都是与现今公路或铁路走向相同的，而那些没有现代公路和铁路的地方，有的线路则从湖泊中间穿过，有的线路则从山峰顶部穿过，有的线路则从两个绿洲间的戈壁中穿过。更有甚者，数百里没有水草的戈壁和沙漠也成为当时丝绸之路非常繁荣的大道。显然，仅仅坐在书斋里从事丝绸之路研究是要不得的"。[①] 在丝绸之路秦陇南道线路研究过程中，实地考古调查相当重要。这是因为：其一，有些线路文献未作记载，或记载模糊，或记载错误，需要通过实地调查来加以补正；其二，绝大多数通道沿线都有一些人类无法逾越的障碍，当时居民已经懂得躲避，而文献未加记载，需要通过实际考察来加以标示；其三，丝绸之路秦陇南道沿线的许多古代遗址只有通过实地调查才能确定。2008年8月笔者曾深入青海海晏、共和、格尔木和昆仑山地中的奈齐郭勒河流域

---

① 陈良伟：《丝绸之路河南道》，中国社会科学出版社2002年版，第24页。

考察；2012年8月曾深入天水市所辖张川、清水、秦安、武山、甘谷、秦州、麦积等县区考察；2013年8月，曾沿着张掖、民乐、扁都口、祁连、大通、西宁、乐都、民和、积石山县大河家镇、临夏、永靖、广河、临洮、渭源、陇西、武山、甘谷至天水一线丝路秦陇南道干线所经绝大部分路段考察。2016年4月，深入陇山东西的陇县、张川、华亭、庄浪等县考察穿越陇山的丝绸古道遗迹。

（四）卫星影像调查结合

丝路秦陇南道所经有的地方人无法到达或虽然经实地考察，但无法窥见其整体面貌的，笔者利用谷歌地球卫星影像，对照大比例尺地图反复模拟考察，获得了直接和间接的第一手资料，为摸清丝路秦陇南道线路所经提供了重要支撑。笔者还尝试利用卫星影像正霜雪标志和负霜雪标志、正植被标志和负植被标志，寻找埋藏于地下的古城遗迹，为确定丝绸之路沿线重要节点的准确位置提供依据。如对汉代隃糜故城、榆中故城、枝阳故城和令居位置的初步判定，就借助了卫星影像正负霜雪标志和正负植被标志。

第二章

丝绸之路秦陇南道形成与演变的地理基础

第一节　丝绸之路秦陇南道形成与演变的地理基础

秦岭、祁连山、昆仑山横亘于中国中部，西接帕米尔，东经大别山和胶东丘陵后没入黄海，横穿中国三个地势阶梯，构成中国不同地段地质、地理和气候环境的南北自然分界线。秦岭、祁连山、昆仑山，山势宏伟，结构复杂，规模巨大，东西延绵5000余公里，这些高大的山系因海拔高，垂直带性分异显著，在山地迎风面或一定的海拔高度上降水较多，山地草场面积广阔，而且纵谷、盆地、河谷发育，成为游牧民族东西迁徙的通道。而南北两侧由于相对下降运动形成的构造平原、河谷和盆地，因海拔较低，地面平坦，气候温和，水源较丰富，农业较发达，人口较稠密，早在远古时代就成为从事农业的先民东西迁徙的天然孔道，为后来贯穿秦岭北侧河谷平原和高原（陕甘黄土高原）、祁连山南北两侧草原与绿洲并通往中亚、南亚、西亚乃至欧洲的国际通道的形成奠定了地理基础。丝绸之路东段南道就是沿着秦岭北侧、黄土高原南部边缘和祁连山南麓的平原（如渭河平原）、河谷（如渭河河谷、洮河河谷、大夏河河谷、湟水谷地）、山口（如陇山山口、当金山口、阿尔金山口）、盆地（如青海湖盆地、共和—茶卡盆地和柴达木盆地）开辟的。

一　黄土、黄土高原与丝绸之路

黄土是第四纪形成的陆相黄色粉砂质土状堆积物，广泛分布于北半球中纬度干旱和半干旱地区。黄土在世界上分布相当广泛，占全球陆地面积的十分之一，呈东西向带状断续地分布在南北半球中纬度的森林草原、草原和荒漠草原地带。在欧洲和北美，其北界大致与更新世大陆冰川的南界相连；在亚洲和南美则与沙漠和戈壁相邻。在欧亚大陆中纬度地区，黄土分布区从中国华北、西北向西，经中亚、西亚一直抵达东欧、中欧、西欧。举世闻名的绿洲丝绸之路就是沿着欧亚大陆的黄土分布区开辟的。中国黄土主要分布在长城以南，秦岭以北，西迄青海东部，东至海边的整个黄河流域的广大范围内。此外值得注意的是，天山北麓、昆仑山北麓、祁连山麓也有黄土分布。黄土高原是世界上规模最大的黄土高原；华北的黄土平原是世界上规模最大的黄土平原。黄土高原东起太行山，西至乌鞘岭，南连秦岭，北抵长城，主要包括山西、陕西以及甘肃、青海、宁夏、河南等省部分地区，面积40万平方公里，为世界上最大的黄土堆积区。黄土主要由粉砂组成，质地疏松、多孔隙，垂直节理发育，土层深厚。尤其是褐红色古土壤具有团粒结构，可以较好地涵养水分和空气，有利于通过毛细管作用让植物吸收养分和扎根生长。黄土各种碎屑矿物多达50余种，富含氮、磷、钾以及40余种微量元素和20多种氨基酸，肥力较强。正是因为黄土的易耕性与天然的肥力，《尚书·禹贡》才将雍州（陕甘黄土高原）的土壤列为上上即第一等，加上受季风气候影响，雨热同期，中国原始先民用石、木等落后的工具创造和发展了以种植黍和粟为主的旱作农业，使黄土高原和华北平原成为中国早期农业最发达和人口最稠密的地区之一。距今5000—3000年，陕甘黄土高原南部渭河流域的眷恋黄土的先民一路向西，经青藏高原至南亚克什米尔黄土分布区，或经河西走廊和新疆黄土分布区向中亚七河流域黄土分布区寻找新的家园，将中国旱作农业传向域外。[1] 同时域外的家培作物燕麦、小麦[2]，家养动物绵羊、黄牛、牦牛、家马、骆驼等[3]自西向

---

[1] 韩建业：《"彩陶之路"与早期中西文化交流》，《考古与文物》2013年第1期，第28—37页。

[2] 李小强、周新郢等：《甘肃西山坪遗址生物指标记录的中国最早的农业多样化》，《中国科学D辑：地球科学》2007年第7期，第934—940页。

[3] 傅罗文、袁靖、李水城：《论中国甘青地区新石器时代家养动物的来源及特征》，《考古》2009年第5期，第80—86页。

东传入中国，开启了历史上最早的中外交流的先河。以后的绿洲丝绸之路和高原丝绸之路的主干道基本上就是沿着中国旱作农业向西传播的路线开辟的。从公元前3世纪末匈奴和西汉分别统一游牧区和农耕区算起，中国文明分化出泛中原农耕板块、大漠游牧板块、雪域耕牧板块、东北渔猎耕牧板块和海上板块五种类型。[1] 陇西黄土高原处于中原农耕板块、大漠游牧板块和雪域耕牧板块三大板块的缝合地带。北方草原游牧民族的南下，青藏高原高寒地带耕牧民族的东进，中原农耕民族的西进和北上，都必须经过黄土高原，因此黄土高原成为由北方草原游牧民族开拓的草原丝绸之路、中原农耕民族开拓的绿洲丝绸之路和高寒耕牧民族开拓的高山高原丝绸之路的会聚点。春秋时期，关中以西、以北地区（包括陕甘黄土高原）被以畜牧经济为主的西戎八国占据。战国时，随着中国长城地带游牧经济的出现，中国北方长城地带以北地区与欧亚草原游牧区融为一体，草原丝绸之路支线深入陕甘黄土高原内部。公元前272年秦灭义渠戎，占领北地、上郡、陇西后，游牧民族力量退缩至秦昭王长城一线以外。西汉中后期、东汉、魏晋、隋、元时期，中原农耕势力大于北方游牧民族的势力，且青藏高原的游牧势力相对弱小，中原农耕政权以陕甘黄土高原为基地西进河湟、河西走廊乃至西域，穿越陕甘黄土高原南缘的丝绸之路秦陇南道与穿越河西、新疆通往域外的绿洲路结合，成为绿洲丝绸之路的一部分。十六国北朝、唐末五代、北宋，中原农耕政权的力量小于北方游牧民族的力量，而当青藏高原先后出现强大、统一的游牧政权——吐谷浑政权和吐蕃政权时，穿越陇西黄土高原南缘的秦陇南道与青海道结合，成为高山、高原丝绸之路的一部分。唐代前期，中原农耕民族力量大于北方游牧力量，但青藏高原出现与其力量相当强大的游牧政权吐蕃王朝，秦陇南道同时与绿洲路、高原路结合，既是绿洲丝绸之路黄金干道所经，又是高山高原之丝绸之路——唐蕃—蕃尼古道黄金干道所经。秦、西汉初年，中原农耕政权与北方游牧政权力量相当且相互对峙，而青海耕牧民族力量相对较小，秦陇南道与羌中道结合通西域；唐代后期，中原农耕与北方游牧政权力量均小于青藏高原游牧

---

[1] 于逢春：《构筑中国疆域的文明板块类型及其统合模式序说》，《中国边疆史地研究》2006年第3期，第9—24页。

政权吐蕃王朝的力量，甘肃黄土高原被吐蕃占领，秦陇南道成为高山、高原丝绸之路向东延伸的一部分。黄土高原南缘的渭河平原是西北绿洲丝绸之路和高原丝绸之路即唐蕃古道的出发地，在古代中国对外交往中具有举足轻重的地位。不过对于陆路交通来说，黄土高原是一个土质具有独特性质的地区。由于黄土组成疏松、垂直节理、易于湿陷和潜蚀等特性，往往造成大片滑塌、冲沟纵横、峭壁陡立、地基下沉等地象，对交通道路选线与线路的稳定性造成巨大影响。

二 河湟地区与丝绸之路

河湟地区位于青海东部达坂山和拉脊山之间，属流经青海省东部的黄河及其支流湟水流域，范围大致在日月山以东，龙羊峡—松巴峡—积石峡黄河干流两岸及其以北的湟水流域和大通河中下游地区。全新世以来，湟水流域和黄河干流谷地缓慢抬升，河流下切，出现许多宽谷和盆地、台地、缓丘。河湟地区地表覆被厚层黄土，又受东部季风影响，降水较多，自然条件优越，适宜农耕，早在新石器时代的马家窑文化时期就有发达的农耕经济。特别是湟水谷地地势高，水流速度快，土壤有较多松软的沙质成分，但是并不渗漏，利于发展灌溉农业，是青海省最重要的农业区。河湟地区东接秦陇，南通四川盆地，北邻河西走廊，西走柴达木盆地和南疆干旱绿洲，绿洲丝绸之路、高原丝绸之路和丝绸之路河南道都通过本区。与陇西黄土高原一样，河湟地区也处于中原农耕板块、雪域耕牧板块和大漠游牧板块的交错地带，是古代中原农耕民族、高寒耕牧民族及大漠游牧民族三股势力反复争夺的边缘地带。先秦时期，河湟地区是羌人居地。两汉魏晋时期属中原政权管辖。十六国时期，相继被河西走廊的汉人建立的前凉、陇西鲜卑建立的西秦、略阳氐人建立的后凉、河西鲜卑建立的南凉、卢水胡建立的北凉和青海高原的吐谷浑政权占据。北魏至唐前期属于中原政权管辖。唐宝应之后陷于吐蕃之手数百年。宋代，被吐蕃后裔唃厮啰建立的青唐政权控制。元代，被来自大漠游牧板块的蒙古政权占领。明代复归中原农耕政权。清代被来自东北渔猎耕牧板块的满人占领。总体来说，历史时期的河湟谷地，耕牧民族势力大于农耕民族，耕牧民族控制的时间超过农耕民族管理的时间。原因与青海东部自然环境的特点及其区位有很大的关系。青海东部属于青藏高原（自然大区）高原温带（温度带）青东祁连山地草原带（自然带），包括黄南山地、湟水谷地、青海湖盆地和东祁连山区（自然区）。该区南、西南分别与青藏高原亚寒带果洛那曲高寒灌丛草原带和青南高寒草甸草原带相邻，西与高原温带柴达木盆地山地荒漠带相邻，[1] 东与属于东部季风区暖温带半湿润半干旱区的黄土高原相邻，北与西北干旱区阿拉善河西亚区相邻。[2] 河湟谷地既适宜农耕，又适宜于放牧，对于游牧民族和农耕民族都有很强的吸引力。蒙古高原西部为戈壁荒漠草原，阿拉善高原属于温带干旱荒漠和荒漠草原，柴达木山地荒漠带（包括柴达木盆地东缘山地区、柴达木盆地区、西祁连山区、阿尔金山区）自然景观以荒漠或荒漠草原为主，载畜量很低，而且旱灾多发，畜牧生产很不稳定，对于荒漠草原的游牧民族来说，青海东部山地草原就是最肥美的牧场；而对于青南、藏北高寒地带的游牧民族来说，河湟谷地和祁连山纵谷就是最温暖的草场。因此穿越河湟地区的丝绸之路的经营者主要是游牧民族，其属性也主要是连接高原温带山地草原、高原温带荒漠草原和高寒草甸草原的草原丝绸之路的一部分。当游牧民族势力强大时，包括河湟谷地在内的青东山地草原是沟通蒙古高原和青藏高原游牧世界的南北纵向草原路的最重要的通道，或是西通柴达木盆地和南疆荒漠草原、东抵黄土高原半干旱草原、半湿润森林草原的东西向丝绸之路的一段。只有当中原农耕民族势力十分强大且陆上丝绸之路处于繁荣阶段时，如西汉中期至魏晋、隋至唐中期，以农业经济为主要依托的沙漠丝绸之路的支线才经过此地。

三 柴达木盆地与丝绸之路

柴达木盆地是青藏高原北部边缘被阿尔金山、祁连山南麓和昆仑山北麓山麓线所包围的近似三角形的巨大的山间盆地，面积约14.93万平方公里，山麓线平均海拔3350米，盆地最低处海拔2675米。有些文献记载的柴达木盆地面积22万平方千米或25.5万平方千米，系指柴达木盆地内

---

[1] 黄秉维、郑度、赵名茶等：《现代自然地理》，科学出版社2000年版，第256页。
[2] 任美锷、包浩生主编：《中国自然区域与开发整治》，科学出版社1992年版，第136—184、418—420页。

陆流域，尚包括茶卡盆地和哈拉湖内陆流域的部分山区。① 柴达木盆地虽然处于干旱与极干旱气候区内，但因周围高大山体在低温条件下形成的降水产生了较丰富的高山冰川和高山径流，尤其是夏季大量的冰雪融水被输送至盆地，为绿洲的形成和发展提供了水源基础。据统计，柴达木盆地周围山地冰川面积合计为1752.11平方千米，冰川储量为291.17亿立方米，冰川融水径流量为7.1873亿立方米，连同高山降水径流量，则为36.2736亿立方米；由河川径流滋润的绿洲面积有8297.107平方千米，占柴达木盆地面积的3.36%，其中适宜农耕发展的绿洲面积达7183.307平方千米，占绿洲总面积的86.6%。柴达木盆地北缘绿洲分布于都兰河—赛什克河、巴音郭勒河、塔塔棱河、河卡河—大哈尔腾河流域和阿拉尔—茫崖地区，盆地南缘绿洲分布于沙柳河、察汗乌苏—夏日哈河、香日德河、夏日果勒—清水河、诺木洪河、大格勒河、格尔木河和那棱格勒河流域。② 柴达木盆地地理位置十分重要，其北部隔祁连山与甘肃省河西走廊相通，西北经阿尔金山与新疆塔里木盆地为邻，东部为青海省湟水流域，是内地连接西藏和新疆的必经之路。柴达木盆地南北边缘的绿洲气候相对温和，水资源相对丰富，适宜农耕或畜牧，为内地沟通新疆、西藏的东西通道提供了较为有利的自然和社会经济保障。

青海柴达木盆地位于东亚夏季风边缘，是东亚季风、印度季风和西风急流的汇聚地带，对气候变化特别是降雨量的微弱变化十分敏感。当柴达木盆地气候适宜期，人类活动加强，丝路之路孕育与发展，否则衰落或中断。研究结果表明，柴达木地区的气候从中全新世较为湿润的环境向晚全新世的冷干方向发展。③ 距今3300年左右的全新世后期气候温暖湿润期间，柴达木盆地出现绿洲农业生产。距今2900年后，由于气候转干，沙进人退，盛极一时的诺木洪绿洲诺木洪农牧业文化随之消亡。④

---

① 任美锷、包浩生主编：《中国自然区域与开发整治》，科学出版社1992年版，第424页。
② 张永涛、申元村：《柴达木盆地绿洲区划及农业利用评价》，《地理科学》2000年第4期，第314—319页。
③ 郑艳伟、郑卓等：《柴达木盆地6.0kaBP，2.5kaBP和现代的植被覆盖度重建》，《第四纪研究》2009年第4期，第701—710页。
④ 曾永丰：《柴达木盆地环境演化与绿洲农牧业变迁的初步研究——以诺木洪绿洲为例》，《中国沙漠》2003年第3期，第331—333页。

诺木洪文化是分布于柴达木盆地东南边缘的晚青铜时代的考古学文化，其下限刚好处于全新世后期气候温暖湿润期，碳化小麦和日晒土坯可能表明柴达木盆地与中亚地区存在着文化交流（详见第三章）。东晋南北朝至北宋初年，柴达木盆地气候相对湿润，也是青海地区在丝路交通中发挥重要作用的时期。研究认为，"西北内陆腹地干旱区与东部湿润区的冷暖干湿搭配步调不完全一致，如果受季风影响的我国东部湿润、半湿润地区以暖干—冷湿搭配为主，则较少受夏季风影响或影响不明显，而受西风带作用显著的内陆干旱区则存在着暖干—冷湿搭配组合占较高频度的现象。历史时期的冷期在西北干旱地区似乎一般地，或较多地表现为湿润，雪线大幅度下降，冰川获得发展，因而融水丰沛，且地表蒸发量减少，绿洲面积应有所扩展；反之，雪线上升，融水减少，蒸发量增多，旱象加剧，绿洲面积相应萎缩"[①]。魏晋南北朝，是历史上第三个寒冷时期，我国东部地区以冷干为主，位于西北内陆干旱区的柴达木盆地以冷湿为主。周爱锋利用苏干湖纹层沉积记录的环境信息，发现公元400年柴达木盆地气候突然转湿。[②] 正是这时，吐谷浑人占领海西、白兰、河源、昂城、漒川、甘松和龙涸七大领地，并占有河南、浇河和走廊南山的部分地区，全线贯通了经四川岷江流域、青海务隆河流域、河源地区和柴达木盆地入新疆的丝绸之路。[③] 吐谷浑王拾寅统治时期，还在河流水量最丰富、绿洲面积最广阔的柴达木盆地东南的伏罗川营建王城。考古人员从都兰吐谷浑墓葬群发掘出大量的柏木，最粗的直径达50厘米，最细的也有碗口大小，表明1000多年前这里曾遍布柏木，温暖湿润，与今天光秃、荒凉的景象形成鲜明的对比。温暖、湿润的气候有利于农耕和畜牧经济的发展，为耕牧民族的强大和稳定政治中心的形成及东西交通提供了相对有利的自然条件。

北朝晚期至北宋初年，柴达木盆地气候仍然较为湿润，为穿越柴达木盆地的丝绸之路继续保持繁荣提供了良好的地理基础。研究者利用柴

---

① 李并成：《河西走廊历史时期沙漠化研究》，科学出版社2003年版，第131页。
② 周爱锋：《晚全新世苏干湖纹层沉积及其环境记录》，博士学位论文，兰州大学，2007年6月，第123页。
③ 陈良伟：《丝绸之路河南道》，中国社会科学出版社2002年版，第55页。

达木盆地东北边缘尕海的孢粉和托素湖 A/C 值重建了柴达木盆地东北过去 1480 年气候的演化阶段：第一阶段公元前 530—前 1060 年，气候比较湿润；第二阶段公元前 1060—前 1460 年，与第一阶段相比，明显整体干旱；第三阶段公元前 1460—前 1700 年，该阶段比第二阶段明显湿润，并与第一阶段相当；第四阶段公元前 1700—前 2006 年，气候明显干燥，并有变湿的趋势。[1] 考古发现，5—7 世纪由西域经青海和甘肃东部通西安、洛阳的丝绸之路东段南道曾取代东段北道，成为中国北方与西域、中亚、西亚交往的最重要的国际通道。7 世纪末，吐蕃占领吐谷浑故地。755—763 年，吐蕃趁安史之乱占领河西、陇右地区，建立起西至新疆塔里木盆地，东至甘肃、青海、四川、云南的庞大帝国，组建了唐、门巴、尼泊尔、印度、波斯、拉达克、于阗、粟特以及孛律、苏毗等贸易网络。在吐蕃的经营下，穿越柴达木盆地沟通西域和中国北方的丝绸之路继续保持了繁荣。9 世纪中期至 13 世纪初期，在蒙古西征的近 400 年的时间内，丝路西段与东段因大国衰落、割据政权林立而同时走向衰落。在丝绸之路衰落的大背景下，青海地区因其独特的地缘优势，在沟通东西方交往中发挥过重要作用。[2] 11 世纪初叶，河湟地区吐蕃首领唃厮啰统一河湟吐蕃诸部，1032 年在青唐（今西宁）建立政权。唃厮啰政权历任执政者保护过境贸易，西域贡使、商旅经柴达木盆地和湟水谷地赴宋者络绎不绝，使青唐城成为闻名于世的贸易中心和沟通内地、吐蕃与西域的贸易中转站。相对良好的自然条件是穿越柴达木盆地的丝绸之路畅通的重要条件之一。11 世纪中期以后，随着柴达木盆地气候的恶化，穿越青海的丝绸之路也随之衰落。

四　祁连山地与丝绸之路

祁连山西起当金山口，东至景泰—永登—红古—积石山一线与黄土高原接壤，南邻柴达木盆地、茶卡—共和盆地，北侧俯临河西走廊，由

---

[1] 刘秀菊：《柴达木盆地晚全新世湖泊孢粉记录与气候变化》，硕士学位论文，兰州大学，2007 年。

[2] 苏海洋：《从国际视野看丝路青海道的演变》，《青海民族研究》2012 年第 3 期，第 136—139 页。

一系列北西西—南东东走向的平行山脉与纵谷组成,其西段有野马山、野马河谷地、野马南山、党河谷地、党河南山、哈尔腾河谷地、土尔根达坂山;中段有走廊南山、黑河谷地、托来山、托来河谷地、托来南山、疏勒河谷地、疏勒南山、哈拉湖盆地、哈拉湖南山;东段有冷龙岭、大通河谷地、达坂山、湟水谷地、拉脊山。有些山口如扁都口、当金山口曾是历史上著名的交通孔道;而纵谷多深居山地内部,海拔通常在3000米以上,宽10—30千米,两侧多为连续的山麓洪积倾斜平原,谷地平坦,多发育高山草甸草原(只有党河谷地和哈尔腾河谷地例外),适宜放牧和迁徙,是蒙古高原的游牧民族南下和青藏高原游牧民族北上的天然通道。

祁连山处于干旱荒漠区,其基带为荒漠草原,但由于大部分山脉海拔在4000米以上,垂直带性分异明显。有人以疏勒河中上游为界,将祁连山分为东西两部分,东祁连山为高寒阴湿气候,植被属于寒温性森林草原区,海拔1500—1900米为荒漠带,海拔1900—2300米为山地荒漠草原带,海拔2300—2600米为山地草原带,自东向西山地草原更加发育;海拔2600—3400米为山地森林草原带;海拔3400—3600米为亚高山草甸;海拔3600—3900米为高山草甸带;海拔3900—4200米为高山荒漠带,植被稀疏;海拔4200米以上为冰川和永久积雪;山间谷地和盆地生长草甸和草原植被。西祁连山—阿尔金山为高寒半干旱气候,属于半灌木荒漠草原区,山地草原与荒漠草原发育。其垂直带谱分布为海拔2400—2600米为山地荒漠带;海拔2600—2900米为山地半荒漠带;海拔2900—3600米为山地草原带;海拔3600—4000米为亚高山灌丛草甸带;海拔4000—4500米为高山寒漠带;海拔4500米以上为冰川和永久性积雪带。①

祁连山草场分为山地灌丛草场和山地草甸草场、山地草原草场两大类。山地灌丛草场主要分布在祁连山东部海拔3100—3500米的区域;山地草甸草场在东祁连海拔3500—4000米的区域,草本以莎草科的牛毛毡、细叶苔、蒿草及禾本科的发草、早熟禾、垂穗宾草等为主;杂草有珠牙蓼等。在海拔较低和温暖避风的地区多为冬春牧场,而在海拔高处或小气候较差的地方,则多作为夏季牧场。山地草原草场主要分布在祁连山

---

① 李栋梁、刘德祥编著:《甘肃气候》,气象出版社2000年版,第15—16页。

2400—3400米低山丘陵和湖滨滩地，植被以芨芨草和针茅为主，伴生以羊茅、赖草、早熟禾、苔草及杂类草中的蒿草、野胡萝卜等植物种类。①以上草场优质牧草种类多，营养丰富，适口性高，耐牧性强，是理想的放牧场所。历史上祁连山南北的游牧民族在绿洲冬季牧场和祁连山地夏季牧场之间季节性迁徙的过程中，逐步开辟出穿越祁连山宽谷和山口的纵向道路。如秦汉之际，原居住在祁连山谷中的番和羌北出扁都口迁入河西走廊；汉代河西走廊月氏人和卢水胡的一部分经祁连山谷道、山口南迁湟水流域；东晋时期鲜卑乙弗氏之一部，经河西走廊东部的天祝等地穿越祁连山徙居青海湖滨；南北朝时吐谷浑人的一部分北入祁连山谷；唐代中期以后吐蕃经祁连山入侵河西走廊；宋代甘州回鹘的一部分经祁连山投奔河湟地区的唃厮啰；元代蒙古贵族经祁连山谷道入居青海；元代后期撒拉族、中亚伊斯兰教徒及西域回人翻越祁连山迁居青海。当农耕民族势力强大，控制河西走廊和河湟谷地时，为阻止青藏高原和蒙古高原的少数民族联手，中原政权控制祁连山北麓山口和交通要道，穿越祁连山的草原丝绸之路被阻断；当游牧民族势力强大时，穿越祁连山，沟通蒙新高原与青藏高原的南北纵向道路又恢复畅通。祁连山谷道的兴衰，是游牧民族与农耕民族力量对比的反映。

第二节 陆上丝绸之路形成与演变的地理机制

20世纪初特别是20世纪80年代以来，学术界在丝路沿线的政治、军事、国家关系、历史地理、丝路交通、经济贸易、文化交流、民族宗教、语言文字、艺术、丝路人物、丝路考古和敦煌文化等研究方面取得了巨大成绩。②但除杨建新等少数学者外，③对丝绸之路形成与演变的机

---

① 《青海农业地理》编写办公室编：《青海农业地理》，青海人民出版社1979年版，第98—99页。

② 甘肃社会科学联合会、甘肃省图书馆：《丝绸之路文献叙录》，兰州大学出版社1989年版。

③ 杨建新：《论丝绸之路的产生、发展和运行机制》，《西北史地》1995年第2期，第1—11页。

制问题鲜有人研究。笔者拟运用经济地理学空间相互作用原理，就这一问题展开探讨。希望将丝绸之路秦陇南道放置在一个更广阔的视野中加以考察。

一 从空间互补性原理看丝绸之路的形成机制

从本质上看，丝绸之路指古代中国与欧、亚、非三大洲其他文明之间经济空间的相互作用，即它们之间所发生的商品、资金、技术、信息乃至文化的相互传输过程。空间相互作用理论指出，区域之间发生互相作用必须具备三个条件：一是区域之间的互补性；二是区域之间的可达性；三是区域之间是否存在干扰机会。区域之间的互补性即相关区域之间必须存在对某种商品、人口、技术、信息或劳动力等方面的供求关系。从根本上讲，区域之间只有存在互补性，才有建立经济联系的必要。① 杨建新曾指出："沿丝绸之路的东部、中部、西部，气候、地理、人文、物产都有很大差异，为丝绸之路沿线各国各地之间的相互需要、相互交流提供了动力。"②

亚、欧、非大陆面积巨大，受纬度位置和海陆位置的影响，形成了各种不同的气候类型：在低纬度地区的我国台湾南部、雷州半岛和海南岛、中南半岛、印度半岛大部形成热带季风气候；在北非、亚洲西南形成热带干旱气候；在中纬度北纬30°至40°欧亚大陆东岸形成副热带季风气候、西岸形成地中海式气候；在北纬40°至60°欧亚大陆西岸形成温带海洋气候；北纬35°至55°欧亚大陆东岸形成温带季风气候；在欧亚大陆温带海洋性气候东侧形成温带大陆性湿润气候；在亚洲大陆中部形成温带干旱与半干旱气候；在欧亚大陆高纬地区形成副极地气候与极地气候；另外，由于受海拔高度的强烈影响，耸立于亚洲大陆南部的青藏高原、帕米尔高原、伊朗高原属于高山气候。③

不同的气候条件下形成不同的生产与生活方式：在亚洲大陆温带大

---

① 李小建主编：《经济地理学》，高等教育出版社2006年版，第240—241页。
② 杨建新：《论丝绸之路的产生、发展和运行机制》，《西北史地》1995年第2期，第1—11页。
③ 周淑贞主编：《气候与气象学》，高等教育出版社1997年版，第209—225页。

东岸与副热带干旱山区与高原,包括我国的东北、北方和西北,中南半岛的山地、丘陵,印度南部德干高原及西北地区,巴基斯坦、阿富汗和西亚,非洲埃塞俄比亚,俄罗斯泰加林南缘的一些地方为旱作农业分布区;在亚欧大陆热带、亚热带季风气候区,包括中国南方、东南亚、南亚的河流两岸平原及沿海为稻作农业区;地中海沿岸为地中海农业区;在亚洲中部干旱、半干旱草原地区为草原游牧区;[1] 在青藏高原、帕米尔高原、伊朗高原为高寒游牧经济区。如果将这些经济区进行合并、归类,发现在欧亚大陆中部及北部是一个东西狭长数千公里的由干旱、半干旱草原和高寒草原组成的游牧世界;在中低纬欧亚大陆东西及大陆南部则为农耕世界。

　　生产、生活方式的巨大差异,使不同层次的经济区之间存在着互补性。首先层次最高、持续时间最长的是农耕经济区与游牧经济区之间的互补。北方游牧世界需要从南方农耕世界中获得粮食、丝绸、布匹、茶叶、铁器、其他生活用品及自由迁徙的牧场,而南方农耕世界则需要从北方得到战马、畜力、畜牧技术、劳动力和容纳相对过剩人口的荒地。数千年来,北部游牧世界与南部农耕世界不断地碰撞、交流、互动与融合,形成了一种互利、共生的关系。农牧互动不仅成为推动中国文明、印度文明、波斯文明、古希腊和罗马文明等古典文明不断向前发展的动力,[2] 也成为丝绸之路产生、发展与演变的源源不断的动力。横贯欧亚大陆的丝绸之路主要有三条:一条是从黄河中游出发,经鄂尔多斯、蒙古草原,越阿尔泰山山脉进入哈萨克草原,再经里海北岸、黑海北岸抵多瑙河流域的草原之路;一条是从黄河流域的洛阳、长安出发向西,经秦岭北侧、祁连山南北绿洲、天山南北和昆仑山北麓绿洲,向西逾帕米尔高原,穿越中亚绿洲通南亚、西亚乃至欧洲、北非的绿洲之路;一条是东通黄河和长江中下游,北连中亚,南接印度,西至罗马,主要在青藏高原、帕米尔高原和伊朗高原上穿行的麝香之路。欧亚大陆北部草原路、中部的绿洲之路和南部麝香之路自成体系又相互贯通,将中国文明与欧、亚、北非其他文明中心连接起来。

---

[1] 王恩涌等编著:《人文地理学》,高等教育出版社 2000 年版,第 110—112 页。
[2] 王仁湘:《农牧文化背景与古代文明的演进》,《中华文化论坛》2009 年第 S2 期,第 25—26 页。

在丝绸之路的形成与演变过程中，农耕世界与游牧世界特别是古代游牧民族如坚昆、丁零、匈奴等阿尔泰语系游牧人和操东伊朗语系的塞人以及汉藏语系的羌人、吐蕃人都做出过巨大的贡献。以中国古代从事游牧的少数民族如羌、月支、乌孙、匈奴、突厥、吐谷浑、吐蕃、蒙古为例，它们在推动丝绸之路的形成与发展中分别扮演过重要角色：公元前4世纪初，羌人大规模由河湟西迁柴达木盆地，越阿尔金山，抵昆仑山麓，逾葱岭至中亚；[①] 公元前3世纪末，月支、乌孙从河西沿天山北麓到天山西部，在他们向西迁徙的过程中不仅带去了东部地区的物产如丝绸、漆器等，更重要的是开辟了自东徂西的交通道路。公元前2世纪，匈奴人把从汉政府处获取的丝絮贩卖到中亚和伊朗地区，获取更大的利益。公元4—6世纪，吐谷浑保护过境蜀锦贸易，从中抽取税收以补国用。[②] 公元6世纪中叶，突厥将从北齐、北周勒索来的缯絮、绵彩的绝大部分与中亚、波斯和其他地区进行交换。[③] 公元7—8世纪，吐蕃人、回鹘人在沟通中国与印度，中国与中亚乃至西亚的交通中曾发挥过重要作用。公元11世纪，唃厮啰保护过往商旅，西域与内地商人云集于青唐城（今西宁），使青唐城成为闻名于世的贸易中心和沟通内地、吐蕃与西域的贸易中转站。[④] 公元13世纪蒙古人三次西征，建立庞大的草原帝国。帝国交通网北穿俄罗斯，南贯波斯，西达欧洲，横贯欧亚大陆的北方草原路与绿洲路重新恢复畅通。在农耕经济与游牧经济互补性基础上形成的游牧世界与农耕世界的互动，是北方草原丝绸之路与南方麝香之路形成与演变的经济基础；如果没有农耕世界与游牧世界持续的相互需求，双方之间就不会有持续的经济交往，草原丝路的开辟也就失去基础。

中国农耕民族与游牧民族在经济上的互补性主要通过朝贡、互市和战争形式进行。朝贡贸易主要是指中原农耕政权与周边游牧民族之间在和平状态下的经济贸易往来。如吐谷浑与南朝政权的和平经济交往、唃

---

① 吴焯：《青海道述考》，《西北民族研究》1992年第2期，第123—140页。

② 陈良伟：《丝绸之路河南道》，中国社会科学出版社2002年版，第50—51页。

③ 杨建新：《论丝绸之路的产生、发展和运行机制》，《西北史地》1995年第2期，第1—11页。

④ 祝启源：《唃厮啰政权对维护中西交通线的贡献》，《中国藏学》1998年第1期，第37—43页。

厮罗与北宋的友好往来。互市贸易是古代中原王朝许可的一种与边疆各民族的经济交流形式，有"互市""关市""官市""交市""马市""茶市""茶马互市""绢马互市""木市"等称呼，如隋与吐谷浑在承风岭的互市，隋与西北诸胡在张掖的互市，唐与吐蕃在赤岭、清水的互市，北宋初期在西北原州（治今固原）、渭州（治今平凉）、秦州（治今天水）、德顺军（治今静宁）等地用铜钱、银绢或茶博取吐蕃、党项、回鹘马匹的互市，南宋与金在天水军场、秦州西子场与巩州榷场的茶马互市。明代政府为了用茶叶控制关西七卫的蒙古、藏、撒里畏兀儿等族，并获得稳定的战马来源，先后在秦州、河州、洮州、西宁、甘肃、庄浪、岷州等地设立茶马司，用马换取汉中、四川茶叶。对于游牧民族来说，发动对农耕民族的战争是正常的朝贡互市不能进行情况下的一种为弥补其游牧经济非自足性的特殊的极端方式，如匈奴由于其经济特点，对新牧场的开拓有着天然的热情，由于其政治的分散性特点，使得匈奴对西汉的侵扰既有大规模的入侵，又有小规模的掠夺。大规模是为了掠夺战利品巩固匈奴统治者的地位，小规模是下级统治者自发性的劫掠，这种劫掠是为了扩大自己的牧群、补充游牧经济生产的人力资源不足和因极端灾害性气候造成的损失。西汉初年，由于大旱，匈奴于汉文帝前元三年（公元前177年）、汉文帝后元六年（公元前158年）发起对北地（治今环县）、上郡（治今榆林市南）、云中（治今内蒙古托克托东北）的掠夺。西秦脱胎于游牧经济，常常以战争的形式掠夺财富和人力资源。如西秦太初十一年（388年），西秦攻占后凉枝阳（治永登南）、鹯武（治武威东南）、允吾（治今青海民和上川口古城）掳民万余口而还。更始二年（410年），出兵攻占后秦的略阳、南安、陇西三郡，迁三郡民2.5万户于苑川、枹罕二城。更始三年，西秦击败南凉，夺得牛马10余万头。同年击败羌首彭利发，俘获该部羌民1.3万户。永康二年（413年），西秦攻占白石城（清水西北白驼乡）、显亲（今秦安县西北）休官，掳掠男女2万余口。永康三年（414年），西秦攻破南凉乐都城，将俘获的秃发武台及僚臣1万多户迁于枹罕。① 唐蕃在经济上具有互补性，但唐蕃之间

---

① 赵向群：《甘肃通史》魏晋南北朝卷，读者集团、甘肃人民出版社2009年版，第228—241页。

的官方经济交流是十分有限的,即使还开展过规模有限的缣马交易与茶马互市,但远远不能满足需求。吐蕃向唐的河陇地区甚至关中地区的进攻,带有向农业地区经济掠夺,以补充游牧经济不足的性质。①

农耕世界与游牧世界之间不仅存在着互补性,而且游牧世界内部与农耕世界内部各经济区之间也存在着互补性。下面主要说明中国文明与旧大陆其他农业文明中心之间经济上的互补性。由于地理位置、气候、物产差异悬殊,古代六大文明中心各自形成了独具特色的农业、手工业体系。中国气候复杂多样,东部绝大部分属于温带、亚热带季风气候,雨热同期,很早就发展起以黍、粟为代表的旱作农业与稻作农业;中国还是桑蚕的故乡,形成了世界上独一无二的丝纺体系;②此外,漆器、茶叶为中国所独有。印度文明起源于印度河中、下游,属于热带季风气候,春季有高山冰雪融水,夏季有西南季风带来的丰富降水,水分与热量充足,适宜种植高产的小麦;秋季干燥少雨,适宜棉花生长,很早就发展起独具特色的棉纺体系。印度棉花经过南北两路传入中国,南路是由印度经由东南亚传入中国海南岛、两广,经缅甸传入云南地区;北路由印度经中亚传入新疆地区,早在魏晋南北朝时期,新疆吐鲁番盆地就已经栽植棉花。印度及毗邻的青藏地区与中国早在新石器时代就有农业交流。距今5500—5000年,马家窑文化从甘肃中部经青海河湟谷地扩展至西藏东南,并向喜马拉雅山南麓的克什米尔渗透,中国旱作农业渐次传入南亚。③起源于西亚的燕麦、小麦与绵羊,驯化于南亚或西亚的黄牛,起源于西藏高原的大麦、荞麦、青稞、牦牛也可能由此道传入甘青地区,其中的绵羊、小麦于夏代中晚期进入中原地区。中古时期中印双方也展开了广泛的交流。在西汉武帝时期,通西域的张骞看到中国生产的"邛竹杖、蜀布"在中亚、印度(当时称为"身毒")一带贩运。④桃树在印度叫"汉特来",梨树则叫"汉王子",相传都是很早由中国传入印度的。同

---

① 胡成霞:《论唐蕃之间官方的经济文化交流》,《民族论坛》2009年第2期,第40—41页。
② 赵丰:《丝绸艺术史》,浙江美术学院出版社1992年版,第8—9页。
③ 韩建业:《5000年前的中西文化交流南道》,《社会科学战线》2012年第6期,第102—106页。
④ (汉)司马迁:《史记》卷123《大宛列传》,中华书局1959年版,第3166页。同

样在印度，丝织品被称为"中国布"，瓷器叫"中国泥土"、花生叫"中国杏仁"，显然这些物品和生产技术也与从中国的传入有关。至于甘蔗汁熬砂糖的技术则是在唐太宗时由印度传入中国的，从而改变了过去中国只制作冰糖或饴的方法。除农业外，中印两国在政府与民间友好往来、科学技术、宗教文化领域内有广泛的交流。[①] 植棉技术最早经北路传入新疆。据《梁书·高昌传》记载："其地（高昌）……多草木，草实如茧，茧中丝如细缣，名为白叠子，国人多取织以为布。"[②] 唐后期五代至宋初，林邑国（约在今越南南部顺化等处）、新疆民族政权于阗、高昌回鹘和河西走廊西部的沙洲曹议金政权向中原政权进贡白叠布。[③] 宋元之际，棉花自西域传入陕右。明代中叶的丘浚写的《大学衍义补》卷22《贡赋之常》中说："盖自古中国所以为衣者，丝、麻、葛、褐四者而已。汉、唐之世，远夷虽以木棉入贡，中国未有其种，官未以为调，民未以为服。宋、元之间，始传其种入中国，关、陕、闽、广首得其利。盖此物出外夷，闽、广通舶商，关陕壤接西域故也。然是时犹未以为征赋，故宋、元史食货志皆不载。至我朝，遍布于天下，地无南北皆宜之，人无贫富皆赖之。"[④]

巴比伦文明起源于两河之间的新月形地带，属于热带干旱气候，但底格里斯河与幼发拉底河发源于冬雨夏干的地中海式气候色彩浓厚的土耳其高原，河水冬季来自雨水，春季来自高山冰雪融水，秋种、初夏收割的小麦有雨水促其苗、河水灌溉助其长，是著名的小麦、大麦与燕麦的原产地。巴比伦的北、东、西三面依靠养羊业发达的游牧世界，最先以羊毛为原料，逐渐发展起毛纺系统。古埃及位于尼罗河下游，属于干旱的热带沙漠气候，但尼罗河发源于热带雨林（白尼罗河）与热带草原地区（青尼罗河），平水期（上年11月至5月）无洪水之灾，又有灌溉水源之用，洪水期（6月至10月）淤泥提供了丰富的肥料，亦适宜高产的小麦生长；由于常年干旱无雨，适宜亚麻生长，最早使用亚麻纤维纺

[①] 黄道立：《中古时期中印人民的友好交往》，《青海师范大学学报》（哲学社会科学版）1980年第4期，第76—86页。

[②] （唐）姚思廉：《梁书》卷54《高昌传》，中华书局1973年版，第811页。

[③] 刘进宝：《唐五代敦煌棉花种植研究——兼论棉花从西域传入内地的问题》，《历史研究》2004年第6期，第27—40页。

[④] （明）丘濬：《大学衍义补》，上海书店出版社2012年版，第203—204页。

织。《史记·大宛列传》记载："自大宛以西至安息……其地皆无丝漆，不知铸铁器。"[①] 中国早在公元前119年张骞第二次出使西域的时候就访问了安息（今伊朗）。《史记·大宛列传》又记载："安息在大月氏西可数千里。其俗土著，耕田，田稻麦，蒲陶酒。"[②] 可知起源于中国的水稻当时已经传入热量充足，又有灌溉之利的两河流域。以后的唐、宋、元、明时期中国与伊朗有持续不断的交往。在农业交流方面，从伊朗传入中国的主要有苜蓿、胡麻、无花果等，其中苜蓿和胡麻成为中国北方主要的农作物；中国传入伊朗的主要农作物、农业技术及以农作物为原料的产品有桃、李、茶、养蚕、缫丝、丝绸、织锦等。[③]

希腊及希腊文化的继承者罗马文明成长于冬季温和多雨，夏季炎热干燥的地中海式气候，小麦生长期与降雨季节相一致，很早发展起低地种植小麦、大麦等粮食作物，坡地种植葡萄、橄榄与无花果，山地养羊等三位一体的农业，[④] 在两河流域与尼罗河流域古文明的影响下同时使用羊毛与亚麻纺织。中国丝绸传入欧洲前，希腊人和罗马人缝制衣服的主要原料是羊毛和亚麻制品。轻柔光亮、色彩绚丽的中国丝绸传入欧洲后，得到了当地人的赞赏和喜欢。不过，丝绸生产的成本相当高，再加上商人居间垄断，沿途各国关卡重税，以致运到欧洲后，竟和黄金等价。最初，即使是当时欧洲政治统治中心的罗马，也只有少数贵族妇女穿着丝绸，以相炫耀。罗马帝国后期，丝绸已经是欧洲人比较普遍的衣着用品。[⑤] 据文献记载，在拜占庭查士丁尼皇帝时，有两个曾居留中国的波斯僧人，将蚕子藏于竹杖中，自印度至拜占庭，求见皇帝，愿将养蚕法传给拜占庭。得到皇帝的嘉许，养蚕缫丝法遂流行于罗马领土。至12世纪中叶第二次十字军东征时期，南意大利西西里王罗哲儿二世自拜占庭帝国掳劫两千名织丝工人，移驻南意，使意大利亦能从事丝绸生产。[⑥]

[①] （汉）司马迁：《史记》卷123《大宛列传》，中华书局1959年版，第3174页。
[②] （汉）司马迁：《史记》卷123《大宛列传》，中华书局1959年版，第3162页。
[③] 朱杰勤：《中国和伊朗历史上的友好关系》，《历史研究》1978年第7期，第72—83页。
[④] 王恩涌等编著：《人文地理学》，高等教育出版社2000年版，第100—102页。
[⑤] 杨建新、卢苇：《历史上的欧亚大陆桥——丝绸之路》，甘肃人民出版社1992年版，第101页。
[⑥] 齐思和：《中国与拜占庭帝国的关系》，《北京大学学报》（社会科学版）1955年第1期。

以丝绸为媒介，中国文明与世界其他文明体系之间展开了持久的经济与文化的交往。与其他文明中心相比，中国气候类型多样，地形地貌复杂，东部季风气候区雨热同期，适宜小麦与玉米生长；西北地区气候干旱、热量充足，适宜棉花生长；西部高原、山地气候寒凉，适宜马铃薯的生长，西亚小麦、南亚棉花、美洲玉米和马铃薯都可以找到适宜的生长环境。这些作物的传入，极大地改变了中国的衣食结构。中国丝绸、漆器、瓷器等手工艺品及方竹、桃、梨、茶叶、肉桂、生姜、大黄、无患子、蜀葵、桦、桑等作物的西传，也极大地丰富了中亚、西亚、南亚、北非及欧洲人民的生活。如果没有中国与其他文明中心经济上的互补性，它们之间的交往也就失去了基础，横贯亚洲中部的、主要由农耕民族开通的、将欧亚主要农业区直接连接起来的绿洲之路的贯通就失去了原始的动力。

二 从区域可达性原理看丝绸之路的演变机制

可达性原理即区域之间进行商品、资金、人口、技术、信息等传输的可能性。一般地，可达性受以下因素的影响：一是空间距离与传输时间；二是客体的可传输性；三是区域之间是否存在政治、行政、文化与社会方面的障碍；四是区域之间的交通联系。

（一）空间距离与可传输性对丝路文化交流特征的影响

区域之间的空间距离与传输时间越长，进行经济联系就越不方便，为此付出的投入也就会增加，因而可达性就差；反之，可达性就好。可传输性与被传输客体的经济距离有着密切的联系。由于受经济支付能力、时间、心理等方面的限制，各种商品的经济距离是不同的，即它们的传输性存在着巨大差异。被传输客体的传输性越大，则可达性越大。[①] 古代中国与其他文明之间距离遥远，而且要跨越巨大的地理障碍：中国与印度隔着高峻的青藏高原；与两河流域及西南亚隔着广袤的中亚沙漠；与北非及欧洲的希腊罗马之间不仅有广袤的沙漠，还有高原与海洋阻隔，可达性较差，所以中国与其他文明中心之间陆上经济交往主要是重量轻、运输方便、价值昂贵、经济距离大的以丝绸为代表的奢侈品贸易，此外，

---

① 李小建主编：《经济地理学》，高等教育出版社 2006 年版，第 240—241 页。

轻便的植物种子、生产技术、艺术与宗教等最容易跨越自然的障碍，在不同文化体系间传播。据中国文献记载，中国从拜占庭帝国输入的比较重要的商品有玻璃、琉璃、珊瑚、海西布、水银。经罗马商人转运到中国的商品有玛瑙、车渠、水晶、琅玕、金刚、苏合、薰陆、郁金香、珠、玳瑁、琥珀。在商品交流的同时，拜占庭的民间杂技、幻术、景教也传入中国。[1] 中国与世界闻名中心之一的两河流域很早就有往来。中国传入伊朗的主要有丝绸和养蚕、织锦、冶铁、造纸、印刷等技术，以及桃、杏、茶等植物；伊朗传入中国的有波罗球（马球）、箜篌、唢呐等乐器和苜蓿、葡萄、胡麻、无花果等植物。另外，中伊在绘画、建筑、瓷器、装饰品、丝织等艺术方面也相互影响。[2] 在世界五大农业文明中心中，印度离中国最近，加上先后进入封建社会后，随着社会生产力的提高和版图的扩大，以及中国政府对印度推行睦邻政策，因此，中古时期中印之间的交往密切，持续时间也较长。在商品交流方面，印度出产的珍珠、珊瑚、象牙、槟榔、色丝布、犀角、玳瑁以及金、铁、锡等金属运到我国。我国出产的瓷器、丝绸、铜钱运往印度。在科技方面，中国的四大发明造纸、火药、指南针、印刷术长期受到世界各国人民的重视，其中有些很早就被介绍到印度并为印度当局所推崇；中印双方还在天文学、数学、医学、作物品种与生产技术、语言、哲学、文学、艺术、音乐、舞蹈、绘画、雕刻等多个方面有密切的交流。[3] 中国中原农耕政权与北边民族政权的相距距离最近，除了重量轻、运输方便、价值昂贵、经济距离大的商品外，牲畜、粮食、食盐、书籍、茶叶、木材、酒、油料等体积和重量大，产品单位重量价值低，不便于长距离运输的生活必需品的比例和数量大大增加。如《宋史·食货志》载："西夏自景德四年，于保安军置榷场，以缯帛、罗绮易驼马、牛羊、玉、毡毯、甘草，以香药、瓷漆器、姜桂等物易蜜蜡、麝脐、毛褐、羱羚角、硇砂、柴胡、苁蓉、

---

[1] 齐思和：《中国和拜占庭帝国的关系》，《北京大学学报》（社会科学版）1955 年第 1 期。
[2] 朱杰勤：《中国和伊朗历史上的友好关系》，《历史研究》1978 年第 7 期，第 72—83 页。
[3] 黄道立：《中古时期中印人民的友好交往》，《青海师范大学学报》（哲学社会科学版）1980 年第 4 期，第 76—86 页。

红花、翎毛，非官市者听与民交易，入贡至京者纵其为市。"① 可见，在边境地区的榷场贸易中，北宋主要以纺织品、香料、手工业制品与西夏的驼马、牛羊等牲畜产品和药品、毡毯等物产进行交换。此外，马匹、茶叶也在宋夏边境地区的榷场贸易中盛行。又《宋会要辑稿》载：熙宁四年（1071 年）"大顺城管下蕃部数持生绢、白布、杂色罗锦、被褥、腊茶等物至西界辣浪和市，复于地名黑山岭，与首领岁美泥咩、七悖讹等交易，博过青盐、乳香、羊货不少"②。和市贸易中交易的货物包括生绢、白布、杂色罗锦、被褥等手工业制品和脂茶、青盐、乳香等当地土特产以及羊货等畜牧业产品。榷场贸易与和市贸易中的商品绝大部分为与百姓日常生活息息相关的日用品，而非价值昂贵的奢侈品。

不过两宋时期以后，随着海航技术的发展，海上"丝绸之路"的贸易量超过陆上丝绸之路。海船载重量大，极大地缩短了商品的经济距离。除了以丝绸为代表的奢侈品外，一些体积和重量大、人力携带不便的商品开始成为丝路贸易的大宗商品，如瓷器、纸张、茶叶、药材、五金原料、金属、金属器皿、布匹、木材、皮货、书籍等，其中绝大部分为日用品。

（二）区域之间政治、宗教等因素对丝绸之路演变的影响

首先谈谈政治因素。当丝路沿线大国崛起，政治统一、社会安定、经济繁荣时，丝绸之路呈现一派生机勃勃的景象；反之则走向衰落。公元前 6 世纪至公元前 4 世纪是丝绸之路形成的重要时期。这时丝路西段形成强大的波斯帝国（公元前 550—前 330 年），其疆域西起地中海东部沿岸，东达印度河、锡尔河，隔帕米尔与中国相望。丝路东段早在公元前 11 世纪就建立起西周王朝，公元前 6 世纪至公元前 4 世纪正是周朝政治、经济、文化发生巨大变化时期，西部秦的势力已经到达黄河。公元前 4 世纪至公元 1 世纪是丝绸之路的形成时期，亚历山大帝国（公元前 336—前 323 年）、赛琉古王国（公元前 4 世纪末期至前 3 世纪中叶）和孔雀王朝（公元前 324—前 185 年）将丝路西段完全连为一片；继秦兴起的西汉

---

① （元）脱脱等：《宋史》卷 186《食货志》，中华书局 1977 年版，第 4563 页。

② （清）徐松：《宋会要辑稿》卷 13477《食货》三八之三一，中华书局 1957 年版，第 5482 页。

帝国势力深入新疆以来，政治、经济和文化影响越过帕米尔，将丝路东段与中亚、西亚、南亚及地中海沿岸连接起来。公元1世纪至公元6世纪是丝绸之路得以巩固和发展的一个新阶段。在丝路西段，罗马帝国（公元前30—476年）、安息帝国（公元前247—224年）、贵霜帝国（1世纪上半叶—3世纪）、珊萨波斯（224—641年）对丝路的发展起到了极大的推动作用。在丝路东段，东汉帝国及魏晋南北朝各政权十分重视丝路贸易，使联系中国与中亚、西亚的交通大道"丝绸之路"畅通无阻。[①] 7—9世纪中期，阿拉伯帝国、吐蕃帝国与大唐帝国的崛起使横跨欧亚大陆的丝绸之路极度繁荣。9世纪末至13世纪初期，由于大国崩溃、小国林立，丝路东西两段俱走向衰落。13世纪初期至15世纪初，由于蒙古的西征与世界性帝国的建立，丝绸之路曾一度复兴。但15世纪以后，由于丝路东西段沿线均战乱不已，陆上丝绸之路最终走向衰落。

　　政治因素不仅影响丝绸之路的兴衰，也影响着丝绸之路线路的走向。以中国境内的丝绸之路为例，早在春秋时期，草原丝绸之路就已经延伸至中国北方，但公元前2世纪末，匈奴不仅占有整个蒙古高原，而且占据河西、新疆，并随时进入青海，阻断了西汉通过草原之路南道与西域的联系，羌中便成为中原与西域唯一的联系通道。西汉打败匈奴后，为了保证西部边境的安全与东西陆上交通的畅通，实行"隔绝羌胡"的政策，在河湟地区屯田戍边，固郡立县，从战略上控制了从青海湖向西经柴达木盆地至西域的道路，同时截断了青海通过祁连山隘口与北方草原丝绸之路的联系，使青海道失去了国际通道的功能。东晋南北朝时期，由于南北政权对峙，东晋与南朝无法经过传统的陆上丝绸之路与西域取得联系，只能借道吐谷浑建立的河南国，促使了丝绸之路河南道的繁荣。十六国时期，由于河西走廊割据政权与中原政权及割据陇右的西秦对峙，丝绸之路秦陇南道至金城（今兰州）后，绕道青海至河西或西域。北朝时期，河陇纳入北魏、西魏与北周政权的统辖范围，但由于吐谷浑控制着西域南道，北魏、西魏与北周政权通过陆路与域外的交往，也不得不借道青海。隋唐大统一时期，中西陆路畅通，河西走廊在国际交通中的

---

　　① 杨建新：《论丝绸之路的产生、发展和运行机制》，《西北史地》1995年第2期，第1—11页。

地位又上升了。唐代末期，因吐蕃占领河西、陇右，中原通西域改走回鹘道；唐武宗会昌（841—846年）以后，回鹘、吐蕃王国相继瓦解，但传统的陇西道仍然被散处于秦陇的吐蕃各部族隔断，于是灵州道成为中原连接河西的交通枢纽。自宋真宗咸平五年（1002年）李继迁攻陷灵州后，北宋为了恢复中西交通、镇抚西北吐蕃、招徕西域商旅，重新开通秦州路。西夏占领河西走廊后，向过境的商人征收重税，中外商人视为畏途，丝路河西道受阻。为了牵制西夏，北宋发动熙河之役（1072—1073年），势力抵达黄河上游，并与湟水流域相接，将伊吾卢（哈密）与熙河连接起来，青海道又重新成为国际通道。南宋时期，在河西走廊与关陇驿道全部隔绝的情况下，由南宋都城临安抵西域的道路仍沿南朝与西域的老路，即先由临安至成都，复由成都西北经松潘草地，取道柴达木盆地，而后越阿尔金山口进入塔里木盆地。

　　古代丝路沿线经济与政治密切关联。当政治统一稳定的时候，丝路沿线经济趋于繁荣，经济繁荣使丝路沿线经济中心的需求增加，从而为各中心之间强有力的经济交往提供有利条件；相反，当丝路沿线各国政治动荡、割据分裂趋势上升时，其经济也就趋于衰落，经济衰落使丝路沿线经济中心的需求降低，从而使它们之间经济交往的条件趋于恶化。

　　宗教心理也是影响丝绸之路文化交往方向的一个十分重要的因素。与西方相比，中国人对外来宗教没有显示出更大的敌意，而是敞开胸怀毫不在意地接纳，无论南亚的佛教，还是西亚、中东地区的祆教、景教（基督教的一支）、摩尼教都曾在中国流行。这一现象可从文化地理学角度给予合理解释。相似的自然环境，往往使人们具有相同的生活习俗、行为模式、心理结构与思维方式，从而产生一致的向往、追求和信仰。中国气候类型多样，既有与南亚次大陆相似的季风气候，又有与中亚、西亚与北非相似的干旱荒漠气候，还有与伊朗、安托利亚高原相似的高山气候。因此，印度炎热气候下造就的消极、软弱、逃避现实的佛教，以及盛行出世观念的"炎土"文化，对缺少强大宗教、同样盛行季风气候的东亚、东南亚包括中国东部在内的广大地区产生极强的吸引力；西亚与中东地区干旱缺水、荒凉而单调的沙漠气候造就的富于冲击性的伊斯兰教，易于在与之环境相似的我国新疆、甘肃和宁夏半干旱、干旱地区盛行；欧洲多元地貌、适宜的气候造就的宽容、富有多样性特征的基督教，[①]易于在我国气候温和湿润、地域文化具有开放和包容特点的东南沿海传播。与中国宗教心理的多元、开放、包容相反，产生于干旱、荒凉、单调的沙漠环境下的基督教和伊斯兰教则对外来宗教充满深深的敌意，为了排斥外来宗教，往往不惜利用战争或宗教迫害。因此，尽管中国四大发明的西传曾改变了整个世界，但中国本土的道教、儒教没能跨越自然与心灵的障碍，向西方广泛传播。

（三）交通条件对丝绸之路类型的影响

交通联系方便、畅通，则可达性好；否则，可达性差。地球陆地由六块大陆组成，它们分别是亚欧大陆、非洲大陆、北美大陆、南美大陆、澳大利亚大陆和南极大陆。亚欧大陆面积5520万平方千米，占全球陆地总面积的36.8%，是地球上最大的一块大陆。非洲大陆面积3060万平方千米，占全球陆地总面积的20.5%，是地球上的第二大大陆。欧亚大陆通过西奈半岛与非洲大陆相连，分隔它们的红海、地中海因面积狭小，未成为古代两大陆之间交通的障碍。如果加上非洲大陆，相互毗连的、最大的陆块面积可达8580万平方千米，占陆地总面积的57.3%。[②] 欧亚大陆与非洲大陆面积巨大、相互连通，为在古代与中世纪海上交通不发达的情况下无与伦比的陆上交通线——丝绸之路的形成提供了广阔的地理空间。然而丝绸之路穿越的主要地段——亚洲大陆以高原、山地丘陵为主，约占总面积的四分之三，内部多高大山脉，如阿尔泰山脉、天山山脉、昆仑山脉、祁连山脉、喜马拉雅山脉、兴都库什山脉；有世界著名的高原，如青藏高原、蒙古高原、帕米尔高原及伊朗高原。亚洲中部地区距海洋遥远，降水稀少，沙漠广布，这些都成为古代与现代交通的障碍。不过，欧亚大陆北部半干旱草原广阔平坦、多丰美水草，为游牧经济提供了有利条件，历史上最早的丝绸之路——草原之路就是沿着欧亚大陆北部草原开辟的；亚洲中部虽然沙漠广布，但祁连山脉、阿尔泰山脉、天山山脉、昆仑山脉、兴都库什山脉等高山冰雪融水滋养了片片绿洲，孕育了绿洲农业，为绿洲之路的开辟提供自然条件与经济基础；亚洲中南部虽然有高峻的青藏高原、帕米尔高原、伊朗高原，但高原上海

[①] 周尚意、孔翔、朱竑：《文化地理学》，高等教育出版社2004年版，第76—77页。
[②] 伍光和等编著：《自然地理学》，高等教育出版社2008年版，第38页。

拔较低的河谷、盆地、山口为麝香之路的开辟提供了天然通道。古代大国如波斯帝国、亚历山大帝国、罗马帝国、匈奴汗国、阿拉伯帝国、汉唐帝国、吐蕃帝国、蒙古帝国的交通网，就是沿着这些天然通道开辟的。

三　从干扰机会原理看陆上丝绸之路的衰落

干扰机会是两个区域之间发生互相作用的可能性可能受到来自其他区域的干扰。因为区域之间的互补性是多向的，亦即一个区域可以在某个方面与多个区域同时存在互补性，但它究竟与哪个区域实现互补性，取决于它们之间的互补性强度，强度越大则发生互相作用的可能性及程度也就越大。① 据上文论述，欧亚大陆农业世界与牧业世界之间以及农业世界内部不同的经济区之间存在着互补性。由于人口密集、消费能力强，农业区之间的互补性强度大于农业区与牧业区之间的强度。但由于欧亚大陆农业文明中心之间被游牧世界分隔或经常受游牧世界的干扰，所以它们之间通过陆路直接交往的机会较小。如何才能绕过游牧世界，实现中国与其他农业文明中心之间直接的大规模的交往呢？这就引出了另一个问题，即海上丝绸之路的开辟、发展与繁荣。唐宋以前，海上丝绸之路已存在。早在先秦时期，就有可能从海路辗转输入印度夜明珠。公元前4世纪至公元前3世纪，红海—印度洋航线全线开通，埃及和地中海东岸生产的玻璃制品被大批贩运到南印度及斯里兰卡。公元前2世纪，印度人曾从斯里兰卡向东经恒河口到金洲（今马来半岛），最远航行至塞里斯（中国）。这时中国汉武帝也曾派使者到南印度的"黄支国"采买珍奇异宝。公元1—2世纪，一条从埃及亚历山大港出发，经印度、东南亚到山东半岛的海上交通线已经开通。② 不过在唐代末期以前，由于受航海技术的限制，海上丝绸之路尚不发达，欧亚大陆南部发达农业区之间经济上大规模直接交往的条件尚不成熟。安史之乱（755—763年）爆发后，丝路东段吐蕃、契丹、女真、蒙古等少数民族相继崛起，迫使中国中原农耕政权重新重视与西方的海上交通；在丝路西段，十字军的东征、赛尔柱突厥人的兴起，迫使活跃的阿拉伯商人把贸易视线转向东方，从而

---

① 李小建主编：《经济地理学》，高等教育出版社2006年版，第240—241页。
② 林梅村：《丝绸之路考古十五讲》，北京大学出版社2006年版，第92—106页。

客观上为唐宋海外贸易创造了有利的国际环境。9世纪中叶以后，中国海舶取代了波斯、大食、印度等外国海舶。宋代，由于受辽、金的威胁，中原政权逐渐退守东南一隅，政府军费和官俸开支巨大，每年还要负担沉重的"岁币"，不得不想方设法开辟新的财源，因而更加重视海外贸易；宋代造船工艺与航海技术获得巨大进步也促进了对外海上贸易的发展：中国所造海船载重量大、速度快、船身稳并且能够调节航速，其中载重能力与抗风涛能力在世界上首屈一指。航海技术的进步还表现在海员能够熟练运用季风返航；通过天象判断气象；熟练运用牵星术、罗盘、指南针和航海图导航上。这时中国不仅控制了印度洋海上的霸权，并将海上航线延伸至东非。[①] 宋代以后，由于欧亚大陆游牧势力的进一步增强与农业大国的崩溃，中亚地区战乱不已，陆上丝路渐趋衰落，直接沟通中国与旧大陆其他农业文明中心的海上丝绸之路也就日渐繁荣。海航技术的进步、海上丝绸之路的繁荣，为欧亚大陆农业文明中心之间大规模的经济交往提供了交通的便利，为更进一步挖掘它们之间的经济互补潜力提供了可能。

---

① 林梅村：《丝绸之路考古十五讲》，北京大学出版社2006年版，第221—249页。

第 三 章

丝绸之路秦陇南道的孕育与形成

第一节 彩陶之路

"彩陶之路"是以彩陶为代表的早期中国文化以陕甘地区为根基自东向西拓展传播之路,也包括顺着此通道西方文化的反向渗透。"彩陶之路"从公元前4千纪一直延续至前1千纪,其中又以大约公元前3500年、公元前3000年、公元前2200年和公元前1300年四波彩陶文化的西渐最为明显。具体路线虽有许多,但大致可概括为以青藏高原为界的北道和南道。"彩陶之路"是早期中西文化交流的首要通道,是"丝绸之路"的前身,对中西方文明的形成和发展都产生过重要影响。[①]

一 前仰韶文化与仰韶文化时期彩陶文化的西进

考古发现,早在属于新石器时代早期的前仰韶文化时期,甘肃古文化与黄河中、下游的古文化在不断地交流着。距今8000年的渭河上游大地湾一期文化陶器中的三足钵、圈足碗和中原地区同时期的裴李岗文化、磁山文化的同类器物的造型相同。[②] 甘肃仰韶文化彩陶鱼纹有着从早到晚的由写实变为写意的完整的发展系列,是鱼纹的原生地,经渭水、泾水流域向东传播。仰韶文化中期,以晋、豫、陕为中心的庙底沟类型彩陶上的勾羽圆点纹和弧边三角纹扩散至整个黄河流域及长江中下游。距今

---

① 韩建业:《"彩陶之路"与早期中西文化交流》,《考古与文物》2013年第1期,第28—37页。

② 张朋川:《从甘肃一带出土文物看丝绸之路形成过程》,《丝绸之路》1999年第A1期,第5—9页。

5500年前后，关中仰韶文化中期泉护类型和甘肃中部石岭下类型向西传播至甘肃河西走廊东部的古浪和青海东部的民和、互助和循化。[1]

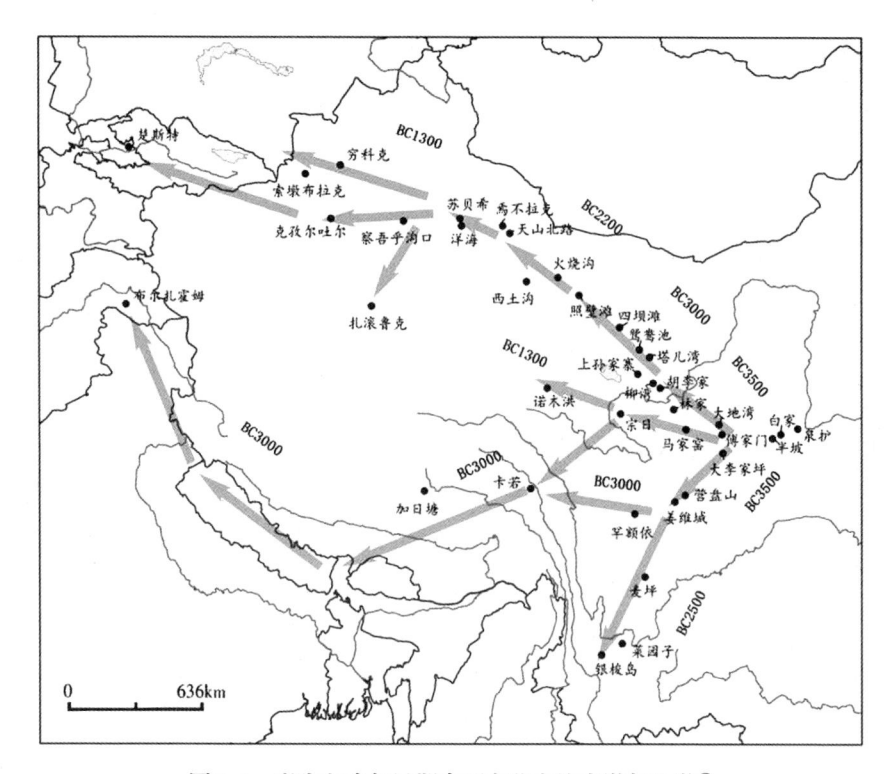

图3.1 彩陶之路与早期中西文化交流南道与北道[2]

距今5000年，马家窑文化马家窑类型从甘肃中部进入青海东北部，并由青海湟水谷地向北跨越祁连山进入甘肃河西走廊东部。有学者根据近年来甘肃东部地区几处遗址的发掘情况，认为"马家窑文化虽然受中原仰韶文化的影响，但究其根源在甘肃境内，并且最大可能是源于渭河上游及其支流葫芦河等流域"[3]。考古调查还发现，河西走廊东段的古浪、

---

[1] 韩建业：《"彩陶之路"与早期中西文化交流》，《考古与文物》2013年第1期，第28—37页。

[2] 本图采自韩建业：《"彩陶之路"与早期中西文化交流》，《考古与文物》2013年第1期，第29页。

[3] 谢端琚：《马家窑文化渊源试探》，《中国考古学研究》编委会编《中国考古学研究——夏鼐先生考古五十年纪念论文集》，文物出版社1986年版，第19—32页。

天祝马家窑文化的面貌与河湟地区完全一致且发展系列完整，可知河西走廊东部的马家窑文化是从青海东部传入的。①据此，可以清晰地勾画出一条由渭河上游—洮河下游—湟水流域—祁连山—河西走廊东段的自东向西的新石器文化迁徙路线，这正是后来的丝绸之路秦陇南道的主干线的走向。

二　马家窑文化时期中西文化交流的通道

马家窑文化时期，甘青地区已经与域外有间接的文化交流：在甘肃天水师赵村遗址石岭下类型墓葬和青海民和核桃庄马家窑文化墓葬中都发现有随葬羊下颌或骨架的现象。②傅罗文等人据甘肃天水师赵村遗址齐家文化层、永靖大何庄和秦魏家齐家文化墓葬以及民乐东灰山四坝文化遗址都发现绵羊骨骼的事实推测，天水师赵村遗址石岭下类型和青海民和核桃庄马家窑文化墓葬出土的应该为绵羊，并据绵羊和山羊是距今1万年前的伊朗西南部扎格罗斯及周边地区最早驯化的研究结论，推测中国西北发现的山羊和绵羊可能是从域外传入的。③但马家窑时期的山羊和绵羊是通过哪一条途径传入的，傅罗文等人并没有给出具体结论。

马家窑文化时期中西农业交流的证据不仅仅限于家养动物，还有农作物。在天水西山坪遗址距今4650年的文化层中发现的粟、黍、小麦、水稻、燕麦、大豆、青稞、荞麦8种农作物，囊括了东亚和西亚各农业起源地带的重要农作物。④西山坪遗址农作物的年代是根据剖面沉积物的沉积速率确定的，不属于直接测定的年代数据。马家窑文化时期具有直接年代测定数据的小麦遗存是甘肃金塔火石梁，校正年代4085—3845cal. BP，处于马家窑文化马厂类型末期至四坝文化初期。对民乐东灰山四坝文化遗址小麦重新测定的年代范围为3829—3488cal. BP，不是最初认为的

---

① 李水城、水涛、王辉：《河西走廊史前考古调查报告》，《考古学报》2010年第2期，第229—264页。

② 中国社会科学院考古研究所编著：《师赵村与西山坪》，中国大百科全书出版社1999年版，第53页。青海省考古队：《青海民和核桃庄马家窑类型第一号墓葬》，《文物》1979年第9期，第29—33页。

③ 傅罗文、袁靖、李水城：《论中国甘青地区新石器时代家养动物的来源及特征》，《考古》2009年第5期，第80—86页。

④ 李小强、周新郢等：《甘肃西山坪遗址生物指标记录的中国最早的农业多样化》，《中国科学D辑：地球科学》2007年第7期，第934—940页。

5000cal. BP 左右。① 小麦、燕麦起源于西亚新月形地带，最早可以追溯至距今1万年。距今7000年前后，小麦已经传播到了中亚地区的西南部，例如位于土库曼斯坦境内的科佩特山脉北麓。② 毫无疑问，小麦、燕麦也是从域外传入的。

除农业之外，体现马家窑文化时期中西交流的遗物还有绿松石。在甘肃东乡林家马家窑类型遗址、天水师赵村和兰州花寨子马家窑文化半山类型墓地、青海乐都柳湾马厂文化墓地发现了绿松石制的坠、珠和管，其中青海省乐都县柳湾马厂类型墓葬出土的绿松石装饰品的样式多达16种，共204件。张朋川认为："甘肃、青海并不出产绿松石，我国的绿松石产地不多，集中出产于秦岭主脉的南侧一带。但质地较细，与甘肃、青海原始文化遗址中发现的纹理较粗的绿松石不同。元末明初的陶宗仪在《辍耕录》一书中，列举我国绿松石来源有三处。一为襄阳，即湖北省西北部。另两处都在伊朗的东部，一在内沙布尔（Nishapu），另一处在克尔曼（Kinma），这里产的绿松石又称河西甸子。甘肃仰韶晚期和马家窑文化的绿松石的来源至今仍不清楚，因此并不排除来自西部的可能性。"③

山羊、绵羊、小麦、燕麦、绿松石是如何抵达中国境内的呢？也就是说，新石器时代中晚期，中国西北和域外交流的途径到底是什么呢？目前学术界认为有北、中、南三条路线：北线为草原路，即西亚—中亚—欧亚草原诸青铜文化—中国北方文化区—黄河中下游地区。赵志军认为山东、河南和安徽境内龙山文化时代的小麦可能是沿着这一条路线传入的。中线为绿洲路，即西亚—中亚—阿尔泰山南麓至天山北麓之间—河西走廊—黄土高原。赵志军认为新疆、甘肃和青海境内的小麦由此道传入。④ 第三条是高原路，即由西亚至南亚的克什米尔地区，沿喜马拉雅山南缘东进藏南，再向北翻越喜马拉雅山至西藏东南，经四川西北或青海东北至甘

---

① 赵志军：《小麦传入中国的研究——植物考古资料》，《南方文物》2015年第3期，第44—52页。

② Harris, David R., *Origins of Agriculture in Western Central Asia.* University of Pennsylvania Museum of Archaeology and Anthropology, Philadelphia, 2010.

③ 张朋川：《从甘肃一带出土文物看丝绸之路形成过程》，《丝绸之路》1999年第A1期，第6页。

④ 赵志军：《小麦传入中国的研究——植物考古资料》，《南方文物》2015年第3期，第44—52页。

肃中南部。韩建业认为甘青马家窑文化时期的绵羊、山羊、小麦和甘肃东乡林家铜刀由此道传入。①

(一) 高原路

从目前掌握的资料看，最早与中国境内发生联系的可能是所谓的"早期交流南道"。1972 年，在克什米尔地区的布尔扎霍姆地区发现了与中国黄河流域仰韶文化相似的新石器文化。布尔扎霍姆文化一期甲段（公元前3000—前2580 年）属于无陶时期，已经有小麦、大麦、小豌豆的种植和山羊、绵羊的驯养，房屋为木柱撑顶的半地穴式；生产工具有骨器（尖状器、针、刮削器等）、石器（斧、钻头、锄、杵、磨石、槌头等）和骨角器。一期乙段（公元前2850—前2550 年）开始使用泥条盘筑法制作的陶器，主要有三种质地，厚实的粗灰陶、精细的灰陶、夹砂的暗红陶，其中厚实的粗灰陶最多，器型有底座上有席垫纹的圈足球形罐、盆，除早一阶段驯养的动植物外，尚有动物中的牛、狗和植物中的豌豆；生产工具还出现了用于收割的双孔石刀；这时仍然流行半地穴式建筑。发掘者认为，一期乙段发现的生产工具如半月形石刀、单孔石凿等，陶器如实足的三足器、彩陶（包括器底席纹和蓝纹的陶器）、磨光的深灰陶、赤陶俑、马模型以及半地穴式房屋具有中国中原仰韶文化的因素。② 布尔扎霍姆文化一期乙段的陶器、地穴式建筑、石器，尤其是凹背石刀与西藏卡若文化相似。

韩建业据此推测距今5500 年左右马家窑文化从甘肃中南部向西南挺进至四川西北和青海东部，深入影响西藏东南而形成卡若文化。距今5000 年左右，卡若文化（公元前3200—前2000 年）或类似文化穿越山口而至喜马拉雅山南缘，然后沿着山麓西进，最终至克什米尔地区而形成布尔扎霍姆文化，这样就构成一条早期中西文化交流南道。顺着这条通道，西来文化因素如绵羊、山羊、大麦、小麦，甚至甘肃东乡马家窑类型的青铜刀，可能沿着这条早期中西交流南道传入甘青地区。③

---

① 韩建业：《5000 年前的中西文化交流南道》，《社会科学战线》2012 年第6 期，第102—106 页。

② V. W. 马松：《文明时代的衰落与部族迁徙》，载 A. H. 丹尼、V. W. 马松主编，芮传明译《中亚文明史》第1卷《巴基斯坦与北印度的食物生产聚落》，中国对外翻译公司、联合国教科文组织2002 年版，第95—102 页。

③ 韩建业：《5000 年前的中西文化交流南道》，《社会科学战线》2012 年第6 期，第102—106 页。

笔者认为，关于西亚的绵羊、山羊、大麦、小麦和绿松石，早期交流南道的确是一条不可忽视的途径，但甘肃东乡马家窑文化青铜刀的来源，还需要仔细斟酌。1977年，考古人员在距今5000年左右的甘肃东乡族自治县林家马家窑类型（公元前3400—前2700年）遗址发现了一把保存完整的青铜刀，此外还发现三块炼铜所余的铜渣。① 永登县连城蒋家坪马厂类型（公元前2200—前2000年）遗址也出土了一把青铜刀。② 中国早期铜器的年代要比欧亚大陆其他早期铜器的年代晚；铜器在西北地区比中原地区发现得早、数量多，且器形与境外铜器相似，因此，中国铜器的西来因素，成为学术界关注的热点。布尔扎霍姆文化一期甲段（公元前3000—前2850年）与马家窑类型（公元前3400—前2700年）中晚期相当，生产工具为石器和骨器，没有发现铜器。布尔扎霍姆文化一期乙段（公元前2850—前2550年）与半山类型（公元前2650—前2350年）相当，生产工具仍为石器和骨器，没有发现铜器。一直到布尔扎霍姆文化一期丙段（公元前2550—前1700年）才出现少量铜箭镞、1枚指环、一些手镯残片和1枚别针。③ 因此东乡林家马家窑类型青铜刀经"早期交流南道"传入的推断需要更多考古证据的支持。

不过，甘肃天水西山坪遗址距今4600年左右的小麦、燕麦来源的途径，循早期交流南道的可能性最大。2004至2006年间，中国科学院的李小强等人对甘肃天水西山坪遗址展开环境考古调查。在该遗址4650年以来的地层中，发现粟、黍、水稻、小麦、燕麦、青稞、大豆和荞麦8种农作物囊括了东亚和西亚2个农业起源中心的主要类型，也涵盖了中国除玉米外的主要粮食作物。④

---

① 甘肃省文物工作队、临夏回族自治州文化局、东乡族自治县文化馆：《甘肃东乡林家遗址发掘报告》，《考古学集刊》第4集，中国社会科学出版社1984年版，第125页。

② 北京钢铁学院冶金史组：《中国早期铜器的初步研究》，《考古学报》1981年第3期，第287—301页。

③ M. 沙里夫、B. K. 撒帕尔：《巴基斯坦和北印度的食物生产聚落》，载 A. H. 丹尼、V. W. 马松主编，芮传明译《中亚文明史》第1卷，中国对外翻译公司、联合国教科文组织2002年版，第95—101页。

④ 李小强、周新郢等：《甘肃西山坪遗址生物指标记录的中国最早的农业多样化》，《中国科学D辑：地球科学》2007年第7期，第934—940页。

（二）绿洲路

据最新的发现，中国西北地区经绿洲路与西亚发生联系的时间与高原路近似。2014 年，在阿尔泰山南麓的新疆哈巴河县发掘了阿依托汗一号墓地，共发掘出 27 座属于阿凡纳谢沃文化的古墓。墓地中心的 M21、M22 发现蛋形圜底罐 2 件、豆形陶器 1 件、铜环 4 枚（质地为砷铜）、砺石 1 件。这是新疆境内首次发现的阿凡纳谢沃文化的遗存。经过对 M22 墓主骨骼的检测，年代不晚于距今 4500 年；体质人类学检测表明，该墓地墓主属于欧罗巴人种，来自欧亚大陆西部，其食物结构明显有 C4 植物（黍、粟）的摄入。阿凡纳谢沃文化发现于 20 世纪 20 年代，处于红铜时代或早期青铜时代，分布于南西伯利亚山地、阿尔泰地区、蒙古国西北，据最新研究，绝对年代在公元前 3500—前 2500 年。根据叶尼塞河上游的米努辛斯克盆地的考古发现，阿凡纳谢沃文化居民经济形态以狩猎和捕捞为主，牛、羊的饲养尚处于初级阶段，没有任何从事农业的证据。① 从新疆阿凡纳谢沃墓地人骨测量反映的食物结构看，甘肃境内的马家窑农业文化可能已经通过河西走廊、天山北路传播至阿尔泰山南麓，初步影响了以狩猎和捕捞为生的印欧居民。这是新疆境内已知的最早的中西文化的交流的证据。以后，黍、粟经新疆继续西传中亚，大麦、小麦经新疆东传西北各地。不过，需要注意的是，阿凡纳谢沃文化墓地和遗址中没有发现农业的证据，特别是种植大麦和小麦的证据，马家窑文化时期小麦、大麦从绿洲路传入甘青境内的可能性是不大的。

阿凡纳谢沃文化出土了用青铜锻制的装饰品、锥子、小刀，此外还发现了一些金银饰品。② 阿凡纳谢沃山下的帖西村墓地出土的 3 件红铜刀，其中 2 件为树叶形刀，1 件为等腰三角形刀。③ 在阿尔泰山阿凡纳谢

---

① 李水城：《从新疆阿依托汗一号墓地的发现谈阿凡纳谢沃文化》，《新疆文物》2018 年第 1—2 期合刊，第 105—121 页。

② V. W. 马松：《文明时代的衰落与部族迁徙》，载 A. H. 丹尼、V. W. 马松主编，芮传明译《中亚文明史》第 1 卷《文明的曙光：远古时代至公元前 700 年》，中国对外翻译公司、联合国教科文组织 2002 年版，第 256 页。

③ ［俄］吉谢列夫：《南西伯利亚古代史》（上册），新疆社会科学院民族研究所，1985 年，第 17 页。

沃文化分布区，还出土了有銎战斧、铜剑、铜镞等武器。① 东乡林家出土的青铜刀为锡青铜，短柄长刃，刀尖圆钝，微微上翘，刃部前端因使用而凹入，柄端上下内收而较窄，并有明显的镶嵌木把的痕迹，前者和后者在形制上有很大区别。不过，东乡林家马家窑文化（公元前3400年—前2700年）与阿凡纳谢沃文化（公元前3500年—前2500年）年代相当，阿依托汗一号墓地人骨同位素证明马家窑农业文化已经影响到阿尔泰山南麓的阿凡纳谢沃文化，因此，阿凡纳谢沃文化青铜技术影响马家窑类型也是完全有可能的。

（三）草原路

赵志军在论述小麦传播的草原通道时说："大约在距今7000年前后，小麦由西亚传入中亚，随后在当地逐步扩散，成为中亚地区河谷地带早期农耕生产的主要农作物品种；大约在距今5000年前后，小麦被分布在欧亚草原东部地区的早期青铜文化所接受，这些青铜文化以畜牧和农耕混合生业模式为特点，小麦成为其种植的农作物品种之一；由于欧亚草原各个早期青铜文化之间的密切接触，小麦迅速由西向东传播，通过萨彦—阿尔泰—天山地区到达蒙古高原地区，被分布在蒙古高原南缘的北方文化区所接收；由于北方文化区与黄河中下游古代文化之间的联系是南北向的，小麦的传播方向出现了一个转折，通过多条南北向的河谷通道向南传播到了黄河中下游地区。"截至目前，最早的具有直接年代测定数据的早期小麦遗存是山东胶州赵家庄碳化小麦，绝对年代在公元前4500—前4270年。② 草原路与黄河中下游地区的交流，还需要更多的中间环节的考古支持。

第二节　丝绸之路的孕育——青铜之路

青铜之路是距今4000年至3000年欧亚大陆中部从事游牧经济的印欧

---

① 邵秋会、杨建华：《欧亚草原与中国新疆和北方地区的有銎战斧》，《考古》2013年第1期，第69—86页。

② 赵志军：《小麦传入中国的研究——植物考古资料》，《南方文物》2015年第3期，第44—52页。

人种自西向东传播青铜器和游牧文化的文化交流之路。青铜之路与丝绸之路是一对相辅相成的概念：青铜之路活跃于夏商周三代，主要是由西向东传播青铜与游牧文化。丝绸之路繁忙于汉唐宋元时代，主要是由东向西传播丝绸与定居农业文化。两者先后相继而方向相反，可以说是青铜之路诱发了丝绸之路，丝绸之路取代了青铜之路。研究表明青铜技术的传播并不是孤立的现象，而与羊、羊毛、牛、牛奶、马、马车等的传播密切相关。青铜之路将欧洲和东亚纳入以西亚为中心的古代世界体系，丝绸之路加强了东亚与西亚、欧洲的联系。① 公元前1800年至前1300年期间，自东向西的彩陶之路与自西向东的青铜之路在天山北路会合。

一 青铜时代早期甘青地区的对外文化交流

（一）原始印欧人的迁徙与天山北路青铜文化中的西来因素

从公元前4千纪中叶开始，欧亚草原进入青铜时代。黑海北岸的原始印欧人发展出颜那亚青铜文化。颜那亚文化由黑海北岸的古墩类型、伏尔加河上游的赫瓦邻斯类型、第聂伯河流域的德涅伯·顿涅茨克类型和里海北岸的萨摩拉类型组成，流行年代大约在公元前3600—前2200年。② 以颜那亚文化为代表的原始印欧人的一支来到南西伯利亚的米努辛斯克盆地、阿尔泰及周边地区，形成阿凡沃纳谢文化（公元前3500年—前2500年）；另一支来到西西伯利亚，形成辛塔什塔—彼德罗夫斯卡文化（公元前2200—前1700年）。公元前1800年，南西伯利亚兴起奥库涅夫文化。

公元前2000年前后，河西走廊的马厂类型在走廊东部和河湟地区的齐家文化的打压下，东界和南界大大缩减，唯有西界向西扩张至新疆东部的哈密盆地。公元前2000年至公元前1900年，马厂类型演变为过渡类型。③ 公元前1900年前后，河西走廊西段至哈密盆地的过渡类型演变为四坝文

---

① 易华：《青铜之路：上古西东文化交流概说》，载王仁湘、汤惠生主编，南京师范大学文博系编《东亚古物》A卷，文物出版社2004年版，第76—96页。

② J. P. Mallory, *In Search of Indo-Europeans: Language, Archaeology and Myth*, London: Thames and Hudson, 1989, pp. 208-209.

③ 李水城：《天山北路墓地一期遗存分析》，载《纪念俞伟超先生文集：学术卷》，文物出版社2009年版，第193—202页。

化。差不多在同一时间，新疆东部出现与四坝文化面貌近似的哈密天山北路文化。在这一波彩陶文化西进的同时，明确有大量西方文化因素顺此通道东渐。对大体同时期的晚期齐家文化、朱开沟文化、夏家店下层文化等当中同类青铜器出现和半农半牧特点的形成，甚至对二里头文化青铜文明的兴起，都起到直接或间接的作用，[1] 从而促成中国大部分地区进入青铜时代。

公元前 1900 年前后，河西走廊西段的四坝文化自东向西、辛塔什塔—彼德罗夫斯卡文化自西向东、奥库涅夫文化自北向南在哈密盆地汇合，创造了天山北路青铜文化。天山北路文化是新疆地区已知的最早的东西方人群相接触的考古学文化。天山北路文化陶器群分为甲、乙两组，其中甲组与四坝文化陶器接近，年代在公元前 1800 年至前 1600 年，而乙组与阿尔泰山草原青铜时代相关，[2] 其外来因素有两个：一个是奥库涅夫文化，如弧背铜刀、空首凿、铜锥等；另一个是中亚辛塔什塔—彼德罗夫斯卡文化，如青铜短剑、日晒土坯、实木轮车和权杖头等。[3] 天山北路墓地铜器类型十分丰富，包括刀、锥、斧、锛、矛、凿、镰、别针、管、手镯、耳环、扣、泡、牌、联珠等。除铜器外，还有少量金器。除长方形牌、铜短剑、铜镰形刀、铜别针等为天山北路墓地所特有外，其余绝大部分与四坝文化接近，甚至两地的铜器成分也一致。[4]

（二）四坝文化与天山北路文化的互动

四坝文化的绝对年代为公元前 1950 年至前 1550 年，[5] 主要分布在河西走廊西部至新疆哈密地区。[6] 该文化农业经济仍占一定规模，但普遍殉

---

[1] 李水城：《西北与中原早期冶铜业的区域特征及交互作用》，《考古学报》2005 年第 3 期，第 239—278 页。

[2] 李水城：《从考古发现看公元前二千纪东西方文化的碰撞与交流》，《新疆文物》1999 年第 1 期，第 53—65 页。

[3] 林梅村：《丝绸之路考古十五讲》，北京大学出版社 2006 年版，第 36 页。

[4] 李水城：《西北与中原早期冶铜业的区域特征及交互作用》，《考古学报》2005 年第 3 期，第 239—278 页。

[5] 中国科学院考古研究所：《中国考古学中碳十四年代数据集（1965—1991）》，文物出版社 1992 年版，第 272 页。

[6] 李水城、水涛、王辉：《河西走廊史前考古调查报告》，《考古学报》2010 年第 2 期，第 229—264 页。

葬牛、马、狗和猪，其中羊头骨最多，说明畜牧业发达。[1] 其经济形态应该为半农半牧经济或农牧兼营经济。四坝文化中铜器已经很普遍，在中国西部早期青铜器中数量最多、品种最为丰富，工具类有刀、削、锥、斧；铜武器主要有矛、匕首和镞；四坝文化铜器中的各类装饰品也很有特色，种类有耳环、指环、手镯、扣、泡、圆牌饰、连珠饰等。[2] 四坝文化与天山北路文化地域相邻，时间重叠，文化特征接近，奥库涅夫文化和辛塔什塔—彼德罗夫斯卡文化以天山北路文化为中介，将其部分文化因素传入四坝文化。如四坝文化带环首的弯背小铜刀、骨柄铜锥与奥库涅夫文化关系密切；四坝文化中的权杖头与辛塔什塔—彼德罗夫斯卡文化密切相关。权杖头起源于近东，广泛传播至近东，两河流域以及西起多瑙河，东抵西伯利亚、蒙古高原的欧亚大草原；中国境内仅分布于甘肃、陕西西部、新疆等地。权杖头传入中亚以后成为辛塔什塔—彼德罗夫斯卡文化的典型器物。中国境内的权杖头形态与近东和中亚发现的同类物非常相似。河西走廊四坝文化若干地点发现玉石权杖头及残件，玉门火烧沟所出四羊首权杖头，其造型与高加索山脉南麓的特利（Tli）墓地出土的1件铸有5枚瘤状凸钮的铜权杖头非常相似。[3] 新疆天山北路文化中出土的权杖头、青铜短剑、日晒土坯、实木轮车标志着以辛塔什塔—彼德罗夫斯卡文化为代表的印欧人的到来，四坝文化中的权杖头应该是经天山北路文化传入的。

研究表明，骑马和马车技术可能源于欧亚草原西端，经中亚传入东亚。公元前2900年，第聂伯河（Dnieper）低地的彦那亚文化（Yamnaya Culture）出现了最早的重型马车。[4] 大致始于公元前2千纪下半叶，伊朗雅利安人中的一支北伊朗语人向南西伯利亚迁徙，形成辛塔什塔—彼德罗夫卡青铜文化（公元前2200—前1700年），马车及御马技术也随之传入中亚地区。辛塔什塔—彼德罗夫卡青铜文化战车业十分发达，曾一度

---

[1] 李怀顺、黄兆宏：《甘青宁考古十八讲》，甘肃人民出版社2008年版，第108—112页。
[2] 李水城、水涛：《四坝文化铜器研究》，《文物》2000年第3期，第36—44页。
[3] 李水城：《权杖头：古丝绸之路早期文化交流的重要见证》，《正业居学：李水城考古文化论集》，上海古籍出版社2017年版，第197—201页。
[4] David Anthony, *The Opening of the Eurasian Steppe*, *The Horse, the Wheel, and Language*, 2010, pp. 412–457.

侵入我国新疆地区。在新疆哈密天山北路青铜文化晚期（距今公元前1500年左右）遗址中发现了属于辛塔什塔—彼德罗夫文化的实木车轮。①天山北路青铜文化晚期与四坝文化晚期时间接近且地域相邻。四坝文化中虽然没有发现战车遗物，但从玉门火烧沟等墓地普遍随葬马看，马已经成为家养动物，这时河西走廊地区的先民可能通过与辛塔什塔—彼德罗夫文化的间接接触，获得了驯马技术。

公元前1500年，欧亚大陆面临一场更大规模的印欧人迁徙浪潮，史称"雅利安人迁徙"。公元前1500年至前600年，雅利安人从黑海北岸分批南下，在伊朗高原相继建立起米坦尼、米底、波斯三大雅利安王朝。另一支雅利安人远征印度河流域，开创了印度文明史上的雅利安时代。公元前1600年至前1400年期间，以中亚哈萨克草原为中心，西起乌拉尔地区，东抵叶尼塞河中游和天山，南至土库曼斯坦，北达森林地带的中亚草原兴起了安德诺沃文化联合体，安德诺沃文化是留在原地的雅利安人创造的。新疆西北发现的早期铜器带有明显的安德诺沃文化的印记，其中像长方形铲、弯头管銎斧、镰形刀、透銎斧、矛、短剑、喇叭形耳环等与南西伯利亚一带的同类器几乎没有区别，此文化因素又有一部分通过新疆西北渗透到哈密地区，如天山北路墓地的镰形刀、透銎斧、矛与同一时期中西伯利亚和新疆西北的铜器器形相似。由于哈密与河西走廊存在密切联系，来自这一方向的影响又进一步波及河西走廊的四坝文化，如四坝文化一端呈喇叭口形的耳环和透銎斧与天山北路文化、新疆西北青铜文化及安德诺沃文化同类铜器形制十分接近。② 喇叭口形的耳环还向东传播至朱开沟文化和夏家店下层文化。

四坝文化与天山北路墓地、新疆西北青铜器的联系还表现在工艺和成分上：对天山北路墓地出土的青铜器中的牌饰、管、耳环、珠、扣、短剑、凿、锥、铃和残片样品金向学分析表明，其制作采用了铸造、锻造、退火和冷加工等多种工艺，与新疆西北所见的安德诺沃文化类型铜

---

① 梅建军、刘国瑞、常喜恩：《新疆东部地区出土早期铜器的初步分析和研究》，《西域研究》2002年第2期，第1—10页。

② 李水城：《西北与中原早期冶铜业的区域特征及交互作用》，《考古学报》2005年第3期，第239—278页。

器的制作工艺水平十分相近。天山北路墓地出土的青铜器普遍广泛使用锡青铜，并发现两件砷铜和一件铜、砷、铅合金制品。① 四坝文化青铜器也采用了类似于天山北路墓地青铜器的热锻、冷锻、铸造等技术；锡青铜、砷铜合金与天山北路文化接近。据检测，四坝文化东灰山遗址所出铜器均为砷铜，其含砷量为2%—6%，干骨崖遗址铜器中铜锡合金、铜砷合金比例较高，约占鉴定器物的80%。其中砷铜合金的含砷量为1%—6%，铜锡合金的含锡量多为2%—10%。该遗址不仅存在砷铜合金，而且合金比例与东灰山接近。检测者认为砷青铜表明四坝文化与中亚、近东地区的联系。② 笔者认为四坝文化中的砷铜可能与安德诺沃文化东进有关。公元前4千纪初，西亚出现砷铜，随后得到广泛使用。至公元前3千纪，高加索和中亚的好多地方砷铜的使用已经占据主导地位。公元前2千纪前半叶，欧亚草原的乌拉尔山一带已经形成了砷铜的生产中心，并有向东传播的迹象。公元前2千纪中叶，安德诺沃文化从西北方向进入新疆西部，影响所及新疆中部和南部。从新疆西北部早期青铜文化、新疆东部天山北路文化和四坝文化青铜器的相似性看，可能存在一条由中亚安德诺沃文化经新疆西北、天山北路、河西走廊、河湟地区至洮河流域青铜技术传播路线。

（三）齐家文化与四坝文化的互动

甘青齐家文化（公元前2400—前1600年）晚期遗址普遍发现铜器，除红铜器外，青铜器的数量也不少。铜器的制作除了锻造，已出现了单范和合范铸造。铜器的样式有刀、锥、镰、凿、钻、泡饰、镯、臂筒、空首斧、匕、矛、镜、指环、鼻环、耳环等，更多地带有欧亚草原文化的特色。如齐家文化中的平板斧，"与纳马兹加的板斧相似，但是上端有一周凸弦纹。纳马兹加二期的年代早于齐家文化，齐家文化的板斧有可能与这种板斧有渊源关系。齐家文化的装饰品中数量最多的是单层的环饰，见于中亚早期铜器，如锡亚尔克最早的铜石并用时代（公元前

---

① 梅建军、刘国瑞、常喜恩：《新疆东部地区出土早期铜器的初步分析和研究》，《西域研究》2002年第2期，第1—10页。

② 孙淑云、韩淑玢：《甘肃早期铜器的发现与冶炼、制造技术的研究》，《文物》1997年第7期，第75—84页。

4000—前3000年）遗存中，欧洲草原早期铜器中的环饰多为多层弹簧状，应当属于当地的传统"①。青海贵南县尕马台齐家文化墓地第25号墓的死者胸部上置有一面铜镜，镜背饰放射状的七角星纹，其形制、纹饰和河南安阳妇好墓发现的晚商青铜镜近似，② 铜镜边缘还穿有两个小孔，两孔之间有凹形细绳纹痕，在发掘清理此镜时还发现了木质镜柄的残迹，因此这是一面安有木柄的铜镜，铜镜边缘的两个小孔是用来系绳固定木柄的。甘肃广河县齐家坪遗址和附近的排子坪遗址征集到齐家文化铜镜30多件，也有在铜镜边缘穿有两个小孔，用来系绳以固定铜镜木柄的。临夏境内齐家文化铜镜镜背大多是素面的，但有一件镜背饰有两个多角星纹。约与齐家文化同时期的位于中亚土库曼斯坦境内阿姆河流域的纳马兹加五期文化出现了有柄铜镜，柄与镜分铸，在镜缘开孔的位置与齐家文化铜镜相同。③ 公元前3000年末至前2000年初，中亚进入青铜时代，铜镜是土库曼斯坦境内的纳马兹加四至六期文化（公元前3千年代中叶—前2千年代下半叶）、东欧南部草原地带竖穴墓文化（公元前2500年—前2250年）、南西伯利亚的阿凡纳谢沃文化（公元前3500—前2500年）、东欧南部草原洞室墓文化（公元前2000年）、西伯利亚及中亚的安德罗诺沃文化（公元前1600—前1400年）文化中常见的器型。二里头文化铜镜的十字纹和齐家文化铜镜的七角星几何纹与巴克特利亚（阿姆河流域）地区的十字纹、星形纹类似。

齐家文化常见的铜器类型有刀、锥、镜子、指环、扣、带耳竖銎斧，其种类和样式虽然与四坝文化存在差异，但并不突出；齐家文化铜器集中分布在洮河以西，而且位置偏西的齐家文化遗址出土的铜器数量往往偏多，足见齐家文化与四坝文化的密切关系。南西伯利亚奥库涅夫文化和中亚辛塔什塔—彼德罗夫斯文化的部分因素以四坝文化为媒介渗透至齐家文化。

奥库涅夫文化（公元前1800—前1600年）典型的青铜器器型为单钩矛头和红铜空首斧。单钩矛头广布于欧亚草原东部，在西北马厂文化中

---

① 杨建华、邵会秋：《中国早期铜器的起源》，《西域研究》2012年第3期，第52—65页。
② 安志敏：《中国早期铜器的几个问题》，《考古学报》1981年第3期，第269—278页。
③ 李刚：《中国北方青铜器的欧亚草原文化因素》，文物出版社2011年版，第247页。

发现两件，齐家文化中发现一件，即青海西宁沈那齐家文化遗址出土的巨型铜矛。矛长61.5厘米，宽19.5厘米。刃阔叶状，叶尖浑圆，叶中部两面有高1.5厘米的脊梁，脊两侧是片形翼。矛銎较长，銎下部有三圈箍，銎较宽，銎两侧均有脊。銎与刃部结合处有一刺钩，作钩曲状，銎内留有柲的残迹。高滨秀则认为其属于卡约文化早期遗物，是从蒙古高原至芬兰、摩尔多瓦广大范围内分布的塞伊玛—特尔比诺文化传入的。① 欧亚大陆最早出现的空首斧见于乌拉尔山地区的森林草原地带公元前三千纪的加林波尔文化，很可能是砍伐树木的工具，在草原地带并不多见。以后成为来自森林草原地带的奥库涅夫文化青铜器的典型铜器之一。空首斧在河西走廊齐家文化遗址和墓葬中屡有发现，② 甘肃临夏广河齐家坪石祭台遗址中出土了一件红铜空首斧，其形制与叶尼塞河流域的奥库涅夫文化铸造的红铜空首斧相似。③ 美国学者菲兹杰拉德·胡博认为，齐家文化的弧背环首刀、单耳竖銎斧、镂空对三角纹刀柄、骨柄铜刀、骨柄锥等也与奥库涅夫文化和塞伊玛—特尔比诺文化的同类器型极其相似。④

作为辛塔什塔—彼德罗夫斯卡文化典型器物的权杖头，不仅在天山北路文化、四坝文化中有发现，而且在甘青晚齐家文化遗址中也有出土，如甘肃广河齐家坪齐家文化遗址出土的权杖头用斑岩、石灰岩打造，呈球形，中央贯通一孔，与古埃及权杖头形制相同，可能与以辛塔什塔—彼德罗夫斯卡文化为代表的印欧人青铜文化的东播有关。

除了青铜器和权杖头外，壁炉与陶器也见证了齐家文化与域外的文化交流。考古发现，青海民和喇家齐家文化遗址普遍发现壁炉，与火塘同时使用。壁炉依墙壁或墙角而建，用石板将炉体分隔成上下两部分，上面石板面干净平整，为烧烤室，石板下面被火烧成黑色，为炉膛。中国新石器文化普遍使用火塘或灶坑，壁炉可能是西方文化传统，反映了

---

① 三宅俊彦：《卡约文化青铜器初步研究》，《考古》2005年第5期，第73—88页。
② 林梅村：《丝绸之路考古十五讲》，北京大学出版社2006年版，第36页。
③ 张朋川：《从甘肃一带出土的文物看丝绸之路形成过程》，《丝绸之路》1999年第A1期，第5—9页。
④ 李水城：《西北与中原早期冶铜业的区域特征及交互作用》，《考古学报》2005年第3期，第239—278页。

中西文化的交流。齐家文化陶器更明显地呈现着农业文化和草原文化相混合的面貌。齐家文化陶器中的盉受到中原龙山文化的影响。具有特色的夹砂圜底彩陶罐，是在流动的生活中既当饮食器又当炊器的两用器物。甘青是陶鬲发源的地区，早在属于常山下层的大地湾五期文化时期就出现了陶鬲，齐家文化的陶鬲又进一步增多。齐家文化早期陶鬲上能够看到仿照皮囊缝合的褶痕、联结处的穿孔和线脚，因此这种陶鬲的样式既与游牧民族使用的皮囊有关，也是源自畜牧生活方式。齐家文化的一些红陶鸟形器尤其引人注目，这类红陶鸟形器和同时期的西亚古文化的红陶鸟形器十分相似。而齐家文化的菱格纹彩陶大口罐和西亚古文化的同类彩陶罐也很相似。因此齐家文化的陶器除去自身的特点外，既有来自东方也有来自西方的因素。① 此外，齐家文化的小麦遗迹、绵羊、黄牛、马骨头的发现，从农业的角度也说明了它与中亚、西亚的联系。②

　　甘青齐家文化遗址出土铜器的地点主要有河西走廊东部的武威黄娘娘台遗址，青海河湟地区的西宁沈那、互助总寨、贵南尕马台、贵南宗日，洮河流域的临潭县陈旗磨沟、岷县杏林、积石山县新庄坪、临夏魏家台子、康乐商罐地、广河西坪和齐家坪，此外还有黄河岸边的永靖大何庄。从以上分布地域看，我们可以大致推断出铜器由四坝文化至齐家文化分布区传播的路线。偏北一路由河西走廊西部向东部的武威。偏南一路在张掖扁都口穿越祁连山，经互助、湟水上游的西宁，分为两路：一路向南翻越拉脊山、渡黄河至河南；一路顺湟水东进经乐都至民和，再由民和向南至永靖，或在大河家渡黄河，经积石山县、临夏至康乐或广河，最后由洮河下游溯洮河至岷县、临潭。其中，由河西走廊翻越祁连山入湟水流域，在积石山县渡黄河，经大夏河、洮河、渭河至中原的文化传播路线，就是后来丝绸之路秦陇南道的主干线。

　　（四）齐家文化与二里头文化的互动

　　文献多谓夏后氏来源于西羌。如《史记·六国年表》云："禹兴于西

---

① 张朋川：《从甘肃一带出土的文物看丝绸之路形成过程》，《丝绸之路》1999年第A1期，第5—9页。

② 易华：《齐家文化：史前东西文明交流的中转站》，《中国社会科学报》2013年2月22日，B03版。

羌。"《盐铁论·国疾篇》曰："禹出西羌。"《潜夫论·五德志》又称为"戎禹"。顾颉刚认为禹最初属于"九州之戎"的宗神。① "九州之戎"或西羌分布于泾渭流域，东进豫境形成先夏文化。学术界一致认为马家窑文化和齐家文化属于西羌文化。考古证明，齐家文化与夏文化关系密切：齐家文化的白灰面房基的形制、住室布局、建造方法和取材用料方面均与被学术界认定的夏文化源头之一的山西晋南、晋中等地龙山文化的白灰面房屋相似；晋南龙山文化的几种鬲在齐家文化中都有类似的器形，特别是制作方法，如鬲足的足跟填泥球，尤为典型；晋南龙山文化和齐家文化墓葬中，都有撒一层朱砂的葬俗。② 关中东部夏代早期考古学文化出土的陶器明显受到了齐家文化的影响；齐家文化较成熟的青铜工业也影响了二里头文化，使后者的青铜文明到二里头二期后迅速发展起来。③ 叶舒宪认为，在我国现已发现的四大史前玉文化中，唯独齐家文化同上古史的三代文明最为接近；从时间上判断，齐家文化与夏代文化几乎同时同步；从空间上判断，齐家文化的分布与夏和周的势力范围密切相连，甚至可以说是部分重合；在文化来源上看，夏和周都和地处西北的甘肃东部地区有关，而且周人还自认为是夏人的后代。因此，甘肃可能就是夏人的老家。④

　　文献与考古均表明在夏代晚期，原产西亚的小麦已经沿着东西走向的欧亚大陆桥，经中亚、新疆、河西、甘肃东部的天水传入中原的核心地带。依据岁差原理推算，《夏小正》反映的是夏代末期的星相，相应的物候也主要是当时的现象。《夏小正》中有三月"祈麦实"与九月"树麦"的农业生产活动的记录；20 世纪 90 年代在洛阳皂角树遗址二里头文化层中出土了炭化小麦遗存。⑤ 在小麦东传的过程中，甘青地区以齐家文化为代表的羌人应该起过重要作用。小麦在旱地农作物中是高产作物，

---

① 顾颉刚：《九州之戎与戎禹》，《古史辨》（第七册下编），上海古籍出版社 1982 年版，第 117—138 页。
② 王克林：《论齐家文化与晋南龙山文化的关系——兼论先周文化的渊源》，《史前研究》1983 年第 2 期，第 70—80 页。
③ 张天恩：《论关中东部的夏代早期文化遗存》，《中国历史文物》2009 年第 1 期，第 17—24 页。
④ 叶舒宪：《齐家文化与玉器时代》，《西北成人教育学院学报》2008 年第 1 期，第 23—24 页。
⑤ 洛阳文物工作队：《洛阳皂角树——1992—1993 年洛阳皂角树二里头文化聚落遗址发掘报告》，科学出版社 2002 年版，第 122 页。

也是中国北方地区现今最主要的粮食作物。这种一种优良的旱地粮食作物，传入中原地区后，势必对原有的主体粮食作物粟和黍产生巨大的冲击，促使当地的农业种植制度逐步由依赖粟类作物向以种植小麦为主的方向转化。2005—2007年，中国科学院考古研究所的赵志军应用浮选法发现了龙山晚期至春秋时期的王城岗遗址丰富的植物遗存，包括粟、黍、稻谷、小麦和大豆五种农作物品种。他认为可能早在商代早期的二里岗文化时期，中原地区种植制度逐步向以小麦为主转化。到了春秋时期或者更早的西周时期，可能由于环境开始趋向冷凉干旱，也许由于高产的优良旱地作物小麦的替代，稻谷在中原地区的种植规模开始逐渐萎缩。由于小麦的加入和逐步兴起，与龙山时代之前相比，中国北方旱作农业结构发生了巨大变化。[1] 这一切变化，可能与距今4600年地处西北的天水地区出现的中国最早的农业多样化的影响是分不开的。

在东方彩陶文化因素西传的同时，西方文化因素经河西走廊向东渗透，一路经青海河湟地区、洮河流域地区进入四川盆地，影响了甘青齐家文化和四川盆地的三星堆文化；一路进入鄂尔多斯高原，影响了朱开沟青铜文化，并继续东进燕山山地和内蒙古东南部及辽西地区，影响了夏家店下层文化；一路经泾渭流域东进中原，对二里头文化青铜文明的兴起起到直接或间接的作用。

二 青铜时代晚期甘青地区的对外文化交流

公元前2千纪中叶，西西伯利亚至东欧平原兴起塞伊马—图尔宾诺晚青铜文化。黑海北岸至乌拉尔兴起木椁墓文化。南西伯利亚、叶尼塞河流域、米努辛斯克盆地、阿尔泰地区及蒙古西部卡拉苏克文化（公元前1500—前800年）代替奥库涅夫文化而兴起；新疆阿尔泰山南麓的克尔木其文化（公元前12世纪至前1千纪中叶）属于与米努辛斯克盆地典型的卡拉苏克文化颇相似的青铜文化；[2] 中亚的安德诺沃文化因卡拉苏克

---

[1] 赵志军、方燕明：《登封王城岗遗址浮选结果及分析》，《华夏考古》2007年第2期，第78—89页。

[2] 王名哲：《论克尔木齐文化和克尔木齐墓地的时代》，《西域研究》2013年第2期，第69—80页。

文化的兴起而向西退缩；蒙古高原则出现了与卡拉苏克文化关系密切的鹿石文化；在中国境内，天山北路文化消失后，哈密盆地和巴里坤草原兴起焉不拉克文化（公元前1300年—前500年），稍晚，吐鲁番盆地形成苏贝希青铜文化（公元前1100年—前100年）；四坝文化衰落后，大约在公元前2千纪末，在河西走廊西侧出现骟马文化和以瓜州县兔葫芦遗址为代表的遗存；沙井文化则占据了河西走廊东段的永昌和民勤盆地；长期盘踞在河湟地区的齐家文化逐渐解体，即而分化为数支青铜文化如卡约文化（公元前1600—前500年）、辛店文化（公元前1400—前1000年)[①]、诺木洪文化（公元前900年至汉代）等，这几支文化依次分布在东起洮河、黄河上游、湟水谷地及柴达木盆地的广大范围内，其开始年代可上溯至公元前1500年或更早，结束年代晚至公元前1千纪上半叶或更晚；在洮河下游、泾渭和西汉水上游齐家文化被寺洼文化所取代（公元前1400—前500年）。

（一）卡约文化（公元前1600—前500年）中的卡拉苏克文化因素

大约在商代早期至西周晚期，以青海东部的黄河上游及其支流湟水流域为中心，在东至甘青交界处，西到青海湖沿岸，南达青海果洛藏族自治州的黄河沿岸，北抵祁连山南麓大通河流域的范围内兴起了以畜牧经济为主的卡约文化。与辛店文化和诺木洪文化相比，卡约文化铜器数量最多，器类也最为复杂，包括兵器类的刀、矛、短剑、戈、镞、钺、胄，工具类的有十字镐（鹤嘴锄）、斧、镢、长銎斧、锥、钻，生活类用品有带钮镜、耳环、牌、泡、管、珠、铃、首簪，礼仪用品有鸟形圆雕铃头杖、人面杖头、鸠首牛犬杖头、铃等，此外还发现一件铜鬲。卡约文化地处北方草原文化圈、中原文化圈及西南文化圈的交汇区，其陶器风格主要承袭甘青地区新石器文化的陶器风格，延续了新石器时代以来中原地区形成的以盛食器为主的礼制系统。

除了具有自身特点和中原的共同因素外，卡约文化铜器还具有中国北方系铜器的特点。北方系青铜器是指在青铜时代流行于中国北方地区

[①] 中国社会科学院考古研究所编著：《师赵村与西山坪》，中国大百科全书出版社1999年版，第350页。

的青铜器。俄罗斯南西伯利亚地区、蒙古和俄罗斯外贝加尔地区是北方系青铜器的另外三个分布区域,在这里,它们往往被俄罗斯学者称为卡拉苏克式青铜器和斯基泰式青铜器。如湟水流域的卡约文化潘家梁墓地、黄家寨墓地、大中华庄墓地等出土的铜管上有细微的几何纹,与骨朵(权杖头)上的花纹相同,类似的器物在陕西扶风刘家村墓地、山西省石楼县曹家垣的征集品中见到。卡约文化林家村墓地出土的铜管,与内蒙古朱开沟墓地出土的骨针管的花纹有相似之处。又如在黄家寨卡约文化M16的骨管上发现了鹿纹图案,"鹿纹表现鹿角为连接向侧 C 字形,背面突出三角形的肩胛骨,长嘴";大通县上孙家寨卡约文化墓地也出土了类似的鹿纹骨管。这种鹿纹与以蒙古高原为中心分布于欧亚北部一带的鹿石的鹿纹图案类似。① 林梅村认为,鹿石属于卡拉苏克文化,在石冢旁立鹿石的习俗起源于卡拉苏克晚期(公元前 1300 年—前 800 年),这个习俗一直沿用到塔加尔文化初期(公元前 7 世纪)。骨管上的鹿纹图案年代应该在公元前 14 世纪至前 7 世纪,是从卡拉苏克晚期文化或塔加尔文化间接传入的。

  除了卡拉苏克文化因素外,卡约文化中还有中亚和西西伯利亚青铜文化因素。李刚认为矛在欧亚草原青铜时代初期后段的北高加索类型文化、伏尔加河流域的发其亚诺沃类型文化中已经出现,年代为公元前二千纪初。稍后的安德诺沃文化(公元前 2 千纪至前 1 千纪初)、木椁墓文化(公元前 15 世纪至前 8 世纪)、塞伊马文化(公元前 2 千纪后半叶)都有浑铸的透尖矛和顶叶矛,年代不晚于公元前 2 千纪中叶,中国北方出土的诸矛,都可以在草原西部和西西伯利亚找到相应的器形。公元前 2 千纪后半叶和公元前 1 千纪初期,卡约文化、绥德石楼类型、夏家店下层和上层文化、商周文化中的钉孔矛和单耳矛可能受安德诺沃文化、木椁墓文化的影响。朝阳县和淅川县下王岗所出山字脊顶叶矛很可能是从欧亚草原中西部直接流入的,属于塞伊马文化器物。② 卡约文化的铜矛出现于该文化第六期,相当于中原西周晚期,应该受到安德诺沃

---

 ① 三宅俊彦:《卡约文化青铜器初步研究》,《考古》2005 年第 5 期,第 73—88 页。
 ② 李刚:《中国北方青铜器的欧亚草原文化因素》,文物出版社 2011 年版,第 249—250 页。

文化因素的影响。其最大可能是以新疆阿尔泰山南麓的克尔木其文化（公元前12世纪至前1千纪中叶）为中介，经河西走廊、祁连山至湟水流域。

卡约文化中还含有近东地区文化的因素。卡约文化和诺木洪文化的多孔管銎钺与陕西淳化县黑豆嘴E型管銎钺有关，而E型钺的前身为"眼形"钺，"眼形"钺又源自E型钺。"眼形"钺和E型钺主要分布在埃及、叙利亚、巴勒斯坦一带，年代为公元前3000年至前2千纪上半叶，它们在西亚成熟和流行的时间均早于中国境内的同类器物。① 又如青海湟中县潘家梁和大通上孙家寨卡约文化墓地出土的管銎斧，銎部位于斧身一侧，呈管状，銎为圆形或椭圆形；斧身扁平，一端为平刃，另一端管銎上有柱状或长方形饰物，这类器物被称为Cc类战斧。C类战斧从公元前2千纪下半段的商代晚期开始在中国北方各地大量流行，并出现在今蒙古国地区（鹿石上也有C类战斧的图案），从公元前1千纪初的西周中期开始逐渐衰退。Cc类战斧由Ca类战斧发展而来，除湟水中游和西宁盆地外，还广泛分布于内蒙古中南部、晋陕高原和关中地区及新疆东部的哈密和吐鲁番等地。C类战斧起源于近东，② 多孔管銎钺、管銎斧属于卡约文化早期（第一期、第二期），相当于中原商代晚期至西周初期，其文化因素可能是由中亚的安德诺沃文化、新疆的天山北路晚期文化和甘肃四坝晚期文化传播至湟水流域的。

（二）青海河湟地区卡约文化与黄河中下游的文化互动

卡约文化与黄河流经的甘肃、宁夏、陕西、内蒙古、陕西和河南等地青铜文化有密切联系。如西宁鲍家庄卡约文化遗址出土了具有典型二里岗时期商文化风格的铜鬲；③ 宁夏杨郎文化（公元前7世纪至公元前3世纪，相当于春秋中晚期至战国晚期）流行洞室墓，盛行殉马、牛、羊、犬肢体习俗，墓内的管銎斧、矛、刀、铃形饰、泡饰及圆雕鸟、犬狼相斗形象杆头饰，与湟水流域的卡约文化存在着某种联系；④ 内蒙古出土过

---

① 李刚：《中国北方青铜器的欧亚草原文化因素》，文物出版社2011年版，第114页。
② 邵秋会、杨建华：《欧亚草原与中国新疆和北方地区的有銎战斧》，《考古》2013年第1期，第69—86页。
③ 赵生琛：《青海西宁发现卡约文化铜鬲》，《考古》1985年第7期，第635页。
④ 李怀顺、黄兆宏：《甘青宁考古十八讲》，甘肃人民出版社2008年版，第117页。

1件管銎斧,① 上面同时出现在青海地区铜器上常见的"丁"字形饰和孔周起缘饰；陕北延川梢道河发现的长管銎斧，其装饰风格与青海上孙家寨卡约文化遗址出土的铜斧上的装饰风格颇为相近；陕西淳化县黑豆嘴的半月形有銎钺上的"丁"字形饰和孔周起缘饰与青海卡约文化属于同一文化系统。②山西灵石县旌介商墓出土的有孔含铁铜钺上,③也可看到在青海地区铜器上常见的那种孔周起缘饰。"丁"字形饰和孔周起缘饰以青海卡约文化最为集中，其他地方为零星发现，因此，内蒙古、陕西、山西青铜器上的这种纹饰，从青海卡约文化中传入的可能性极大。宁夏杨郎文化晚于卡约文化，它与卡约文化的共同因素可能与卡约文化代表的青海羌人东迁有关。《尚书·禹贡》云："（雍州）厥贡唯球、琳、琅玕。浮于积石，至于龙门、西河，会于渭汭。"按球、琳、琅玕皆为美玉；雍州指秦岭以北的陕、甘和青海东南部；积石指甘、青交界处黄河流经的积石峡；龙门指陕西韩城东北黄河岸边的龙门山；西河指陕西、山西交界处南北走向的一段黄河；渭汭指黄河与渭河交汇处。这条记载清楚地勾画出来自青海东部的美玉运达中原的路线，即从甘、青交界处的积石峡沿黄河顺流而下，经甘肃、宁夏、内蒙古、晋陕峡谷、黄河与渭河交汇处，再折东至中原。以上考古发现证明，《尚书·禹贡》记载的由青海沿黄河抵达中原的玉石之路是存在的。这条玉路的开辟，与羌人有密不可分的关系：甲骨文卜辞中有许多关于羌人的记载，如"北羌""马羌""氐羌""羌方""伯方羌"等。有学者研究认为，羌方应该在今山西南部。④然古史学界一致认为，羌族最早发源于甘肃中部和青海东部地区，新石器时代晚期的马家窑文化，以及后来河湟一带的几支青铜文化，尤其是辛店与卡约文化，有可能就是古羌人的遗存。商代山西南部的羌人可能就是从今甘青交界处的积石峡入黄河，从甘肃、宁夏、内蒙

---

① ［俄］B. B. 伏尔可夫：《北蒙古的青铜时代与早期铁器时代》，乌兰巴托，1967年版，第118页。

② 张文立、林沄：《黑豆嘴类型青铜器中的西来因素》，《考古》2004年第5期，第65—73页。

③ 戴尊德：《山西灵石县旌介村商代墓和青铜器》，《文物资料丛刊》第3辑，文物出版社1980年版，第46—49页。

④ 王慎行：《古文字与殷周文明·卜辞所见羌人考》，陕西人民出版社1992年版，第118页。

古经晋陕峡谷至山西南部的。因此，羌方出现在商西北部即今晋南地区就不难理解了。晚商妇好墓出土的和田玉，可能就是由南疆东进经柴达木盆地至湟水流域，再沿上述路线抵达中原的。以卡约文化为代表的羌人不仅有一部分东迁，还有一部分沿柴达木盆地南缘西进，再穿越阿尔金山进入塔里木盆地。1996年，中日学者在对尼雅遗址进行考察的同时，再次计划组织实施了北部地区考古踏查，发现尼雅遗址北部地区与青海卡约文化关系密切。①

（三）甘肃东部寺洼文化、陕甘周文化中的卡拉苏克文化因素

卡拉苏克文化不仅影响了河湟地区的卡约文化，而且与中国北部的鄂尔多斯地区发生了紧密接触，形成鄂尔多斯青铜文化，其余波影响至毗邻的陕甘黄土高原的寺洼文化（公元前14世纪—前500年）、西周文化。卡拉苏克文化典型的器物是蕈首短剑。蕈首短剑在欧亚草原广泛分布，西起乌克兰的基辅，东达中国辽西，出现频率最高的是米努辛斯克盆地，此型剑被苏联学者、日本学者称为"卡拉苏克式"短剑。合水九站沟寺洼文化遗址出土一件蕈首剑，蕈首呈半球形，剑叶较窄，呈长条形，叶柄长度之比为1∶1，但正面轮廓与新疆青河和米努辛斯克盆地发现的蕈首剑同类接近，柄、格、叶的造型亦差别不大。蕈首剑在卡拉苏克文化的主要分布区米努辛斯克盆地出土较多，且发现了形态较原始的"C"截面的蕈首剑，因此，研究者认为蕈首剑可能是卡拉苏克文化的原生物，乌拉尔和基辅等地发现的同类剑可能是向西扩散所致，而中国北方的蕈首剑也可能是受它的影响产生的。②殷墟妇好墓和甘肃灵台白草坡西周墓中都出土过卡拉苏克式弓形器。林梅村认为，卡拉苏克文化与安阳晚商文化和周原的周文化相始终，卡拉苏克人擅长车战，商代鬼方、西周犬戎皆为驾马御车部落，和卡拉苏克人密切相关。寺洼文化年代相当于商代中期至春秋初期，东南与西周相邻，其族属可能就是历史文献中所说的犬戎，甘肃灵台白草坡西周墓中出土的卡拉苏克式弓形器，可能就是西周犬戎的遗物。合水九站沟寺洼文化蕈首剑及灵台卡拉苏克弓

---

① 岳峰、于志勇：《新疆民丰县尼雅遗址以北地区1996年考古调查》，《考古》1999年第4期，第11—18页。

② 李刚：《中国北方青铜器的欧亚文化草原因素》，文物出版社2011年版，第53—54页。

形器传播的可能路线是由南西伯利亚向东，经蒙古高原、鄂尔多斯高原至陕甘黄土高原的。公元前1600年前后，在四坝文化衰落的背景下，印欧人沿河西走廊继续东进，最后抵达鄂尔多斯高原。公元前13世纪鄂尔多斯文化的兴起，遏制了印欧人的继续东迁，迫使其向南发展。如在灵台白草坡西周墓中出土的人头型銎钩戟戟端雕一人头像，高鼻深目，长发卷曲，林梅村认为是最早进入新疆和河西走廊的吐火罗人的形象。[①] 陇东黄土高原吐火罗形象的艺术品可能是由鄂尔多斯高原南下陕甘黄土高原的印欧人带来的。又如青铜柳叶剑最早产生于西亚杰姆迭特·那色文化（公元前3100—前2900年），后经伊朗高原传播到中亚、南西伯利亚和蒙古高原。陕西张家坡、竹园沟、茹家庄、甘肃灵台白草坡和四川成都十二桥遗址与广汉三星堆遗址出土的晚商柳叶剑和模仿柳叶剑的玉剑可能与印欧人向南迁徙有一定的关系。

从卡约文化、寺洼文化、商周文化与域外文化的联系看，公元前1500年前后的青铜之路线路分为南北两道：南道由多瑙河流域向东，经黑海北岸、里海北岸、阿尔泰山山脉、蒙古草原、鄂尔多斯高原至黄土高原北部，或沿阿尔泰山—祁连山—陇山廊道分别进入湟水和泾渭流域；北道从伊朗或南俄草原向东至西伯利亚、外贝加尔湖至蒙古草原。后来的丝绸之路秦陇南道，就是沿着河西走廊—祁连山—河湟地区—洮河流域—泾渭流域的草原之路南道沿线。

在青铜文化东传的同时，西北地区彩陶文化也向中亚地区渗透。距今3300年前，分布于新疆东部哈密盆地和巴里坤草原、受甘青地区辛店文化强烈影响的焉不拉克文化形成后，向西影响了新疆中西部的苏贝文化、察吾乎沟口文化、伊犁河流域文化和中亚费尔干纳盆地的楚斯特文化等一系列彩陶文化。随着此时彩陶文化的进一步西渐，更多种类的工具、武器、马器、装饰品等青铜器，甚至有少量刀、剑、锨、锥等铁器，顺此通道传入新疆，并进一步渗透到青海、甘肃等中国西部地区，使得中国西部在公元前1000年以前就进入早期铁器时代。[②]

[①] 林梅村：《古道西风—考古新发现所见中西文化交流》，生活·读书·新知三联书店2000年版，第24页。

[②] 韩建业：《新疆的青铜时代和早期铁器时代文化》，文物出版社2007年版，第123页。

第三节　西北铁器时代的区域文化互动与中西交流

西北铁器时代早期（公元前10—前5世纪）是丝绸之路形成的关键时期。这一时期，阿尔泰、南西伯利亚地区的斯基泰—塔加尔文化与秦文化和西戎文化建立了密切的联系。秦文化和西戎文化中的黄金及其加工技术和艺术、铁器制造及其错金银技术、对鸟触角式剑、华格剑、三叉护手剑、环首剑可能受到斯基泰—塔加尔文化的影响；甘肃东部春秋战国时期秦文化和西戎文化中的透雕饰、战国时期中原的丝织品、楚文化中的"四山纹"铜镜及秦代漆盘也出现在阿尔泰地区。战国晚期以前，斯基泰—塔加尔文化与秦文化、西戎文化之间的文化交流并不是直接接触的结果，而是经历了一个环环相扣的类似于接力棒式的文化传递过程，即阿尔泰—南西伯利亚游牧文化因素经新疆阿尔泰山南麓的克尔木齐文化（公元前12世纪—前1千纪中叶）、吐鲁番盆地的苏贝希文化（公元前1100—前100年）、巴里坤草原至哈密盆地的焉不拉克文化、河西走廊东段的沙井文化（西周晚期至战国中期）、甘肃东南的寺洼文化（公元前1400—前500年）或宁夏南部至甘肃东南的杨郎文化（西周晚期至战国中期）传入甘肃秦文化分布区，秦文化、西戎文化乃至中原文化因素溯上述通道传入阿尔泰、南西伯利亚及更远的地区。斯基泰—塔加尔文化与秦文化、西戎文化之间的共同因素并不是直接接触的结果，而是要经过较多的中间环节。然而这些"中间环节"并没有引起目前学术界足够的重视。西北青铜时代向铁器时代过渡的考古学文化的相继发掘，逐渐清晰地揭示了甘肃东部经河西走廊、新疆北部与阿尔泰—南西伯利亚地区的文化交流的可能通道，这对认识中国西北铁器时代早期丝绸之路的孕育与产生过程具有极其重要的学术价值。

一　焉不拉克文化与中西文化交流

继公元前2000年前后、前1500年前后中西文化在新疆东部的碰撞与融合，公元前1300—前500年，以辛店文化为代表的甘青彩陶文化与印欧人青铜文化在新疆东部再次相遇，形成焉不拉克文化。辛店文化因1924年在甘肃临洮辛店村发现而得名，主要分布在黄河上游及其支流洮河、湟水和大夏河流域，渭河上游有少量分布。辛店文化遗址发现石器、骨器、陶器、铜器、装饰品、动物骨骼等遗物和窖穴等遗迹。与同时期的其他地区相比，青铜器显示出某种停止状态。在数量和器类上，辛店文化的铜器数量并不突出，有些遗址甚至不见任何铜器，墓葬中也鲜有发现。目前考古所见辛店文化的铜器基本为小件的刀、锥、矛头、铃、扣、泡、联珠饰、牌、带钩、镞等。公元前14世纪，一部分以辛店文化为代表的羌人可能由青海湖向西，沿柴达木盆地北缘西进，出当金山口，经河西走廊西部进入新疆东部哈密地区，与欧罗巴人种相遇，创造了焉不拉克文化（公元前1300年—前500年）。焉不拉克文化主要分布在新疆东部的哈密盆地和巴里坤草原，典型陶器腹耳壶和单耳豆在辛店文化和四坝文化中也同样是主要代表器形，其中腹耳壶形制完全一样且均多绘彩。其次，焉不拉克文化与辛店文化、四坝文化的彩陶基本上都是在红色或黄白色陶衣上绘黑色花纹，主要花纹母题如S形纹、双钩纹、横竖线纹、曲线纹、动物纹以及器耳上的花纹等完全相同或相似。[①] 焉不拉克文化中的四坝文化因素是从天山北路继承下来的，因为天山北路文化与四坝文化同时并进且地域相邻，双方文化交流频繁；辛店文化晚于四坝文化和天山北路文化而早于焉不拉克文化，因此焉不拉克文化中的辛店文化因素，可能是以辛店文化为代表的一部分羌人西迁的结果。焉不拉克文化可分为早、中、晚三期：早期大约相当于西周早期，可能上溯至商代晚期，中期相当于西周晚期至春秋中晚期，晚期可能相当于春秋中晚期。根据颅骨形态学特征，焉不拉克古代居民明显分为两种类型，即属于蒙古人种的M组和属于欧罗巴人种的C组，后者与孔雀河下游古墓沟墓地青铜时期居民相似，同属原始欧洲人种的古欧洲人类。[②] 焉不拉克文化出现后，其高颈壶、弧腹杯、弧腹钵、豆、直腹筒形罐等彩陶因素渐次西传，在其影响下，新疆中西部形成苏希贝文化、察吾乎沟文化、

---

① 陈戈：《略论焉不拉克文化》，《西域研究》1991年第1期，第81—96页。
② 韩康信：《新疆哈密焉不拉克古墓人骨种系成分研究》，《考古学报》1990年第3期，第371—390页。

伊犁河流域文化、费尔干纳盆地的楚斯特文化等一系列彩陶文化。① 随着彩陶文化的进一步西渐，更多种类的工具、武器、马器、装饰品等青铜器，甚至少量的刀、剑、镞、锥等铁器，顺此道传入新疆，并进一步渗透到青海、甘肃等中国西部地区，使中国西部地区在公元前1000年就进入铁器时代。②

二 苏贝希文化与阿尔泰、南西伯利亚文化和中亚地区的文化互动

公元前9世纪至前7世纪中期，在北高加索、黑海北岸以及南西伯利亚地区兴起"前斯基泰文化"。南西伯利亚以图瓦的阿尔然1号冢为代表。③ 阿尔然1号冢被洗劫一空，墓中没有留下文化遗物。阿尔然2号冢晚于阿尔然1号冢，约在公元前7世纪，相当于中国春秋时期，出土各类黄金艺术品5700件，出土兵器皆为铁器，这些铁兵器诸如短剑、匕首、战斧乃至箭头等都镶嵌着黄金。卡拉苏克文化结束后，在俄罗斯叶尼塞河中游米努辛斯克盆地、克拉斯诺亚尔斯克地区和克麦罗沃州东部兴起塔加尔文化（公元前7世纪至前1世纪）。塔加尔文化主要遗迹是墓葬，每一墓地包括几十甚至几百座墓。第一期墓葬具有卡拉苏克墓葬的特点，陶器中有卡拉苏克式蛋形尖底器，但多数是典型的塔加尔式的平底缸形器，一般在口沿上饰篦纹。典型青铜器是扁平素面柄的环首或半环首刀、扁平格手的短剑，出现战锤、战斧。第四期随葬器的最大特点是没有青铜工具，代之以仿铜器的铁刀、铁剑、铁锛及带钩等。陶器中仍有素面平底缸形器，出现类似斯基泰文化的有耳圈足器及方形或盘部有隔的小容器。在塔加尔文化兴起前，阿尔泰地区兴起了另一支斯基泰游牧部落。斯基泰的概念有广义和狭义之分，广义是指从贝加尔湖、叶尼塞河到多瑙河之间广大地域的游牧人，狭义主要指公元前7世纪至前3世纪生活在北高加索、黑海北岸草原地区的游牧民族，这和希罗多德《历史》记述的王族斯基泰、游牧斯基泰和农耕斯基泰一致。塔加尔文化的青铜兵器、

---

① 韩建业：《5000年前的中西文化交流南道》，《社会科学战线》2012年第6期，第102—106页。

② 韩建业：《新疆的青铜时代和早期铁器时代文化》，文物出版社2007年版，第123页。

③ A. Kossack G. Van den Arfangen des skythoiranichen Tierstils Skythika. München: Bayerische Akademie der Wis-senschaften. Philosophisch-historische Klosse 98: 26 – 86.

马具及艺术中的"野兽纹",与斯基泰文化及中亚、外贝加尔、蒙古、中国北方地区的某些出土遗物相类似,表明该文化与这些地区的早期铁器时代文化有着广泛的联系。

苏贝希青铜文化(公元前1100—前100年)分布于吐鲁番盆地,以苏贝希、四道沟、洋海墓地、雅尔湖(交河)沟北、雅尔湖(交河)沟西、阿拉沟等为代表。以洋海古墓为例,其出土青铜器物包括马具、刀具、动物纹样,为典型的"斯基泰三要素"。苏贝希文化早期与卡拉苏克文化关系密切,洋海1号墓的单乳突环首刀与南西伯利亚卡拉苏克文化环首刀一脉相承。林梅村认为阿尔泰山以南的巴里坤草原、吐鲁番盆地的苏贝希文化就是目前学术界一直寻找的大月氏考古文化。[①] 洋海2号出土的銎铜戈,与同期西伯利亚塔加尔文化銎铜戈相似。洋海古墓出土木桶上描绘了麋鹿、大角鹿、骆驼、野猪和马等,与西伯利亚、阿尔泰山—萨彦岭出土的野兽纹完全一致。洋海3号M18出土有直筒状木制鱼形冠;苏贝希2号墓地出土有女性毛毡高冠饰(公元前5—前3世纪);胜金店古墓(距今2050—2200年)出土有男女木质冠饰,男的为直筒状木质冠饰,女的为两弧形木棍像牛角一样插在圆筒状头冠上。这些冠饰具有重要意义,足以解释康家石门子岩画上之冠饰。人们还把洋海和阿尔泰山的巴泽雷克进行了比较,巴泽雷克出土有类似毛毡直立头饰,还有装饰尖帽的格里芬顶饰,也出土有类似木箜篌,他们的华贵礼服、精美的短靿皮靴与苏贝希文化几乎一样,且洋海干尸和巴泽雷克遗尸上均有鱼形文身。[②] 克尔木齐文化是公元前12世纪至前一千纪中叶左右新疆阿勒泰地区的一支与卡拉苏克文化关系密切的重要的青铜时代的考古学文化,其典型器物是橄榄形陶器和墓地石人,[③] 其主要特征是石棺墓。苏贝希青铜文化与阿尔泰山南麓的克尔木齐文化毗邻,克尔木齐文化早中期又与苏贝希青铜文化时间上重叠,二者均与卡拉克文化有密切关系,而且苏贝希文化中也有类似于克尔木齐文化的石棺墓,因此,考察

[①] 林梅村:《大月氏人的原始故乡——兼论西域三十六国之形成》,《西域研究》2013年第2期,第90—104页。

[②] 沈爱凤:《文明初期东西方艺术之交流述略》,《西北美术》2014年第1期,第78—85页。

[③] 王明哲:《论克尔木齐文化和克尔木齐墓地的时代》,《西域研究》2013年第2期,第69—80页。

苏贝希文化中的南西伯利亚文化因素时，不能忽视克尔木齐文化的中介作用。

　　苏贝希文化与中亚费尔干纳的楚斯特文化（公元前 10 世纪—前 7 世纪）、埃依拉坦文化（公元前 10 世纪—前 7 世纪）及稍晚的舒拉巴沙特文化（公元前 4—前 1 世纪）年代前后相承，且有较多的相同或相似因素。主要表现为：（1）使用土坯，有许多灰坑。（2）陶器多夹砂红陶、手制、素面，有的在口沿处戳穿小孔，器形有碗、钵、豆等。（3）彩陶较多，红衣黑彩或红衣红彩或黄白衣红彩，主要花纹为正倒三角或锯齿纹、内填网格的倒三角、网格纹、竖条纹等，也有内彩。（4）有小石臼和小石杵及骨制带齿器。（5）楚斯特文化中非常典型的石镰刀虽然在苏贝希文化中未见，但在较其更早的哈拉和卓遗址中却有发现。这些相同或相似因素说明苏贝希文化与中亚同时期的早期铁器文化有密切联系。[①] 林梅村认为巴里坤草原至吐鲁番盆地之间的苏贝希青铜文化就是目前学术界寻找的大月氏人的文化。[②] 以大月氏游牧文化为中介，中国彩陶文化因素逐步西传中亚、南西伯利亚—阿尔泰山，同时中亚地区文化因素逐步东传中国内地。

三　苏贝希文化与沙井文化的互动

　　苏贝希文化与巴里坤草原至哈密盆地之间的焉不拉克文化（公元前 1300 年—前 500 年）相邻，之间存在有相同或相似因素，主要表现在均使用土坯，均有形制相同的单耳钵、单耳豆、单耳斜腹杯和碗等。[③] 早在洋海一号墓地时代，苏贝希人就占领了巴里坤草原，并用焉布拉克人牲祭祖先。它们是两支不同的考古学文化。[④] 相当于中原西周晚期或稍后，以苏贝希文化为代表的大月氏人可能以征服者的姿态越过焉不拉克文化

[①] 陈戈：《苏贝希文化的源流及与其它文化的关系》，《西域研究》2002 年第 2 期，第 69—80 页。

[②] 林梅村：《大月氏人的原始故乡——兼论西域三十六国之形成》，《西域研究》2013 年第 2 期，第 90—104 页。

[③] 陈戈：《苏贝希文化的源流及与其它文化的关系》，《西域研究》2002 年第 2 期，第 69—80 页。

[④] 林梅村：《大月氏人的原始故乡——兼论西域三十六国之形成》，《西域研究》2013 年第 2 期，第 90—104 页。

区，进入河西走廊，在走廊东部与由陇中自东向西进入的寺洼文化的一支相遇，创造了沙井文化。

沙井文化（西周晚期至战国中期）主要分布在河西走廊东段的民勤、金昌、山丹、张掖、武威等地。哈蟆墩墓地流行青铜装饰品，有殉牲的墓葬占总数的70%，殉葬动物基本以头、蹄为代表，种类有羊、牛、马等，羊居首位，[1] 反映出畜牧业在经济生活中的重要地位。沙井文化遗址中还出土了数量众多的石球、陶球以及箭杆、弓弭，说明狩猎经济亦占有重要地位。从墓葬中出土的谷物和遗址中出土的磨盘、磨棒、石臼、石杵等粮食加工工具看，畜牧业中仍含有一定成分的农业经济。

新疆苏贝希文化与四坝文化（公元前1950—前1550年）、卡约文化（公元前1550—前500年）和沙井文化（西周晚期至战国中期）在陶器（陶器的质地和制法、彩陶的用色和花纹、某些器形）、墓葬形制、埋葬习俗方面有相同或相似之处，尤其是与沙井文化相似之处更多。如沙井文化中的蛤蟆墩竖穴洞室墓与苏贝希文化中的苏贝希1号墓地竖穴洞室墓均在竖穴底部留有二层台，洞室口部立木椽封堵，形制结构完全一样；沙井文化的双耳平底瓮、单耳桶状杯、单耳罐、竖条纹和卡约文化的双耳平底瓮、唐汪式陶器的涡纹等在苏贝希文化中都是常见之物。[2] 由于四坝文化早于沙井文化，所以不存在苏贝希青铜文化以四坝文化为中介与沙井文化交流的可能；卡约文化与苏贝希青铜文化虽然时间上有重合，但隔着祁连山和河西走廊，直接交流的可能性不大。沙井文化与苏贝希文化年代有重合，且由吐鲁番盆地经哈密盆地至河西走廊东段的地势平坦、绿洲相望，它们之间没有地理障碍。笔者推测沙井文化可能是苏贝希文化东迁的一支与当地土著文化融合产生的新文化。

值得注意的是，沙井文化遗址中出土了较多的铁器。沙井文化蛤蟆墩、西岗和柴湾港3个墓葬及遗址中，出土铁器的墓葬有10座之多，器形有铁锛、铁犁、铁刀、铁剑等，其时代与新疆的铁器年代相当，与中

---

[1] 甘肃省文物考古研究所：《永昌三角城与蛤蟆墩沙井文化遗存》，《考古学报》1990年第2期，第205—236页。

[2] 陈戈：《苏贝希文化的源流及与其它文化的关系》，《西域研究》2002年第2期，第69—80页。

原发现的铁器年代相当甚至更早。在新疆孔雀河古墓沟、和硕、巴里坤、吐鲁番、哈密、乌鲁木齐、和静、轮台、新源、塔什库尔干、鄯善、洛浦、昭苏、且末、木垒、尼勒克等30余处墓葬或遗址中发现了铁器，其碳十四年代在公元前1000年上下。说明新疆早在公元前1000年前后就已进入了早期铁器时代。在这30余处墓葬或遗址中，以哈密焉不拉克墓葬最早，5个碳十四数据均超过3400年。①沙井文化冶铁技术的可能来源之一是苏贝希文化。

沙井文化墓葬中出土过数量不少的有柄铜镜，形制有圆形、椭圆形两种，"柴湾岗墓地出土4件，形制为一次浇铸的平板圆形或椭圆形铜镜，镜边缘一侧有突出的方形镜柄，上开方形或圆形孔以作系挂和佩戴之用。有柄铜镜是欧亚大陆早期游牧人最具代表性的器物之一，在长城地带中段早期游牧人文化遗存中有零星出土，而且时间要晚于沙井文化。但在欧亚草原的东部地区，阿尔泰和图瓦地区分布广泛。因此，沙井文化的有柄铜镜不属于中原文化的具钮镜范畴，它最先来源于中亚，后又经沙井文化传播至长城地带中段"②。前考苏贝希文化与阿尔泰—南西伯利亚、中亚地区有密切的文化交流，因此，沙井文化中的阿尔泰、图瓦及中亚地区的文化因素，可能是从苏贝希文化传入的。

四 沙井文化与杨郎文化、鄂尔多斯青铜文化的互动

考古与历史文献似乎均证明了大月氏人曾由河西走廊东部向东渡过黄河，势力一度抵达陕甘黄土高原北缘及鄂尔多斯高原。据文献记载，公元前7世纪末的秦穆公时期，"岐、梁山、泾、漆之北有义渠、大荔、乌氏、朐衍之戎"③。乌氏音与月氏近似，"月氏"当为"乌氏"之音转。考古发现，沙井文化青铜刀、管状饰、铃形饰、带扣、联珠形饰、铲形牌饰、圆雕等与长城地带中段早期铁器时代同类器物类似，有的则完全一致，相类似和完全一致的器物在沙井文化早中期墓葬中已经出现，说

---

① 陈戈：《关于新疆地区的青铜时代和早期铁器时代文化》，《考古》1990年第4期，第366—374页。

② 李晓青：《甘肃地区先秦时期的文化交流与融合》，《文博》2010年第3期，第17—22页。

③ （汉）司马迁：《史记》卷110《匈奴列传》，中华书局1959年版，第2883页。

明沙井文化的年代要早于长城地带中段早期铁器时代的文化。这可能意味着大月氏人的一支由河西走廊东段越过乌鞘岭东渡黄河，再向东进入内蒙古高原与陕甘黄土高原的结合部地带。沙井文化也早于分布于宁夏回族自治区中南部及其毗邻的甘肃省东南部的杨郎文化（公元前7世纪—前3世纪）且二者隔黄河相邻，它们在陶器和墓葬形制上有许多相似之处，如杨郎文化的腹耳杯、单耳杯、圆肩腹罐、豆、平口双耳罐与沙井文化相似，且二者均流行竖穴偏洞室墓。① 秦北地郡、西汉安定郡有月氏道，东汉安定郡有乌氏道，它们都是针对月氏人设立的类似于今天民族区域自治县的行政区。说明可能至迟在秦代以前，大月氏人中的一支还向东侵入六盘山东麓的泾河上游②。

五 沙井文化与寺洼文化的互动

林沄先生指出，大体在春秋中期到战国前期，北方长城地带的重要墓地具有以下共性：一是流行有鼻的带扣和S形构图的带饰、鹤嘴锄（斧、锤）、斯基泰式短剑等；二是墓中都殉牲且基本都用头和蹄代表，反映一种重视畜牧业的文化传统；三是墓中常有骨弭和铜链、骨链，说明对这种武器的重视；四是墓中常在不随葬车器的情况下随葬铜质或骨质的马衔和马镳，说明骑马术的存在。③ 沙井文化蛤蟆墩墓地符合上述一、二、三条标准，显示出该文化同长城地带众多晚期北方系青铜文化遗存面貌的一致性。不过在沙井文化与北方长城地带东中西段的联系中，与长城地带东段遗存的联系较少，而与内蒙古中南部、以陇山为中心的甘宁地区的遗存相似性较多，尤以跟内蒙古中南部地区遗存的相同因素最多。④ 沙井文化发现的青铜刀、管状饰、铃形饰、带扣、联珠形饰、铲形牌饰、圆雕等，与长城地带中段早期铁器时代同类器物类似，有的则

---

① 吕春华：《试论宁夏青铜文化与周邻地区文化的关系》，《西北史地》1999年第4期，第25—32页。

② 西汉在今平凉市崆峒区白水乡境内设置月氏道。参见张多勇《泾河中上游汉安定县城址及其变迁》，硕士学位论文，西北师范大学，2007年。

③ 林沄：《中国北方长城地带游牧文化带的形成过程》，载《燕京学报》新14期，北京大学出版社2003年版，第95—145页。

④ 洪猛：《双湾墓葬及沙井文化相关问题研究》，硕士学位论文，吉林大学，2008年。

完全一致，相类似和完全一致的器物在沙井文化早中期墓葬中已经出现，说明沙井文化的年代要早于长城地带中段早期铁器时代的文化。

寺洼文化（公元前1400—前500年）因最初发现于甘肃临洮寺洼山而得名，年代约为商代中期至春秋初期，主要分布在兰州以东的甘肃省境内，并扩及千水、泾水流域。经济以畜牧或半农半牧经济为主。墓葬多土坑墓，形若覆斗，葬具有棺或棺椁，除单人葬外，有合葬和火葬墓。随葬品有陶器、青铜器、装饰品及马牛羊的骨骼。少数墓中有殉人和陪葬车马。马鞍形口罐是最有特色的陶器。青铜器有戈、矛、镞、短剑、泡和斧等。寺洼文化铜泡在同时期的北方草原地区、新疆地区、先周及周文化分布区都有发现。铜泡在欧亚草原发现很早，在与寺洼文化同时期的北方草原地区、新疆地区、寺洼文化分布区及其毗邻的先周及周文化分布区都有发现，关中地区发现数量很少，可能说明其传播的途径是由北方草原传入寺洼文化，再由寺洼文化传播至先周及周文化分布区。寺洼文化遗址出土的铜刀、铜剑与中原同时期器物差别很大，而更接近四坝文化和新疆青铜时代的器物，甚至与更遥远的欧亚草原出土的器物更相似。岷县占旗和杏林墓地出土的带耳铜斧在中原很少发现，但在早于寺洼文化的塞伊马—土尔宾诺文化中大量出现。岷县占旗墓地、临潭磨沟墓地出土的青铜臂钏、连珠饰在早于寺洼文化的河西走廊、新疆和欧亚草原大量盛行。[①]

从铜刀、铜剑、铜斧、青铜臂钏和连珠饰与域外文化联系推断，这些域外文化因素传入的途径是由南西伯利亚—阿尔泰山—北疆—河西走廊—甘肃东南，或至河西走廊后，穿越祁连山，经河湟地区至甘肃东南。河湟地区的卡约文化（公元前1600年—前500年）和河西走廊东段的沙井文化是域外文化因素传入的必经的环节。寺洼文化寺洼山类型与辛店文化相邻，二者同时并存但独立发展，不过并不影响二者的交流，如辛店文化地点发现多件口沿呈马鞍形的双耳罐，应该是受寺洼文化的影响；寺洼文化马鞍口双耳罐施典型的辛店式陶器饰条纹状彩绘。寺洼文化与河湟地区卡约文化在陶器、铜器、石器、墓葬及葬俗方面有较多的相似之处：卡约村出土陶鬲基本与寺洼山的相同；寺洼山出土灰皮红胎陶腹

---

① 杨谊时：《岷县占旗寺洼文化墓地研究》，硕士学位论文，西北大学，2013年。

耳罐与青海卡约文化苏呼撒墓地器形相同；寺洼文化平口罐不少器形与卡约文化（公元前1600年—前500年）相同或相近；寺洼文化（公元前1400—前500年）与卡约文化均有性质相同的二次扰葬。[①] 由于寺洼文化和卡约文化中晚期年代基本平行、地域相邻、文化面貌有较多的相似，且二者都含有欧亚草原的因素，因此，寺洼文化中域外文化因素传入的可能途径之一是河湟地区的卡约文化。寺洼文化中域外文化因素的传入的另一可能途径是稍晚于寺洼文化的河西走廊东部的沙井文化。吕春华比较了沙井文化、鄂尔多斯青铜文化、宁夏南部杨郎文化、寺洼文化四种文化陶器的异同，发现除了四种文化中共同使用的单耳罐（杯）、平口双耳罐外，陶器腹耳罐A型（耳在肩部）、B型（耳在腹部）及豆仅见于寺洼文化与沙井文化。在墓葬结构等方面，寺洼文化与沙井文化也十分相似。寺洼文化中发现了一种带头龛的竖穴土坑墓，一般是将人骨架放在墓内，而将随葬品置于头龛内。沙井文化的墓葬是以竖穴的偏洞室墓为特征，一般是先挖一个南北向的长方形竖穴，然后在西壁向内挖一个偏洞室，人骨架和随葬品均放置在偏洞室内。[②] 2008年，考古人员在甘肃临潭陈旗磨沟寺洼文化遗存M444和M633中发现铁条和铁锈块两件。根据铁条的金相组织、夹杂物元素组成特征以及墓葬年代的综合分析，判定铁条（M444：A7）为块炼渗碳钢锻打而成，系人工冶铁制品，年代为公元前14世纪左右。这两件铁器也是目前中国境内出土的最早的人工冶铁证据。[③] 甘肃临潭陈旗磨沟寺洼文化遗址铁器早于沙井文化铁器，与新疆哈密盆地焉不拉克墓地铁器年代相当，以后应该密切关注二者的联系。由于寺洼文化年代早于沙井文化，且二者存在密切的交流关系，因此不排除寺洼文化影响沙井文化的可能。二者文化较多的相似性表明它们之间存在着密切的文化交流关系。因此，寺洼文化中晚期的域外因素传入的重要途径之一不能排除沙井文化。

---

① 周赟：《寺洼文化研究》，硕士学位论文，吉林大学，2006年。
② 吕春华：《试论宁夏青铜文化与周邻地区文化的关系》，《西北史地》1999年第4期，第25—32页。
③ 陈建立、毛瑞林等：《甘肃临潭磨沟寺洼文化墓葬出土铁器与中国冶铁技术起源》，《文物》2012年第8期，第45—53页。

六 寺洼文化与周文化的互动

寺洼文化分为洮河流域的寺洼山类型、西汉水上游和渭河上游的栏桥—徐家碾类型和泾河上游的九站沟类型。寺洼山类型最早，栏桥—徐家碾类型和九站沟类型同时且晚于寺洼山类型。① 寺洼文化的早晚类型反映了该文化以洮河流域为中心，以渭河上游为中介，东南向西汉水上游、白龙江流域，东北向泾河上游扩展的过程。寺洼文化半农半牧区呈半月形分布于关中西北，成为西北游牧经济区与周秦农耕经济区联系的纽带。寺洼文化在泾河上游与晚期先周文化和西周文化比邻而居，在西汉水上游、渭河上游与早秦文化比邻而居。两种比邻而居的考古学文化，无论在和平共处或战争冲突之时，都会带来文化的交流，这种交流在物质文化上也有一定的反映。西汉水上游早期秦文化西山遗址采集到较多的寺洼文化的陶豆、罐、马鞍口罐、壶等器物；渭河上游清水县李崖早期秦人遗址也曾出土有寺洼文化的完整陶罐；合水九站寺洼文化遗址的下层发现有最晚的先周式鬲、罐、盆等陶器；刘家遗址 M49 所出的双耳鬲带有寺洼鬲的风格。② 覃首短剑在欧亚草原广泛分布，西起乌克兰的基辅，东达中国辽西，出现频率最高的是米努辛斯克盆地，此型剑被苏联学者、日本学者称为"卡拉苏克式"短剑。合水九站沟寺洼文化遗址出土 1 件覃首剑，覃首呈半球形，剑叶较窄，呈长条形，叶柄长度之比为 1∶1，但正面轮廓与新疆青河和米努辛斯克盆地发现的覃首剑同类接近，柄、格、叶的造型亦差别不大。覃首剑在卡拉苏克文化的主要分布区米努辛斯克盆地出土较多，且发现了形态较原始的"C"截面的覃首剑，因此，研究者认为覃首剑可能是卡拉苏克文化的原生物，乌拉尔和基辅等地发现的同类剑可能是向西扩散所致，而中国北方的覃首剑也可能是受它的影响产生的。③ 殷墟妇好墓和甘肃灵台白草坡西周墓中都出土过卡拉苏克式弓形器。寺洼文化年代相当于商代中期至春秋初期，东南与西周相邻，合水九站沟寺洼文化覃首剑、甘肃灵台白草坡西周墓中卡拉苏克式弓形

---

① 水涛：《关于寺洼文化研究的几个问题》，《西北史地》1989 年第 4 期，第 20—23 页。
② 王志友：《早期秦文化研究》，博士学位论文，西北大学，2007 年，第 266—276 页。
③ 李刚：《中国北方青铜器的欧亚草原文化因素》，文物出版社 2011 年版，第 53—54 页。

器的出土，可能说明周文化以寺洼文化合水九站沟类型为中介，曾与卡拉苏克文化发生联系。

另外，在西汉水上游，寺洼文化与早期秦文化对峙分布，与历史文献记载的早期秦人与西戎的矛盾和长期交战的历史吻合。渭河上游和西汉水上游早期秦文化分布区被寺洼文化栏桥—徐家碾类型分布区包围，而栏桥—徐家碾类型西北与沙井文化分布区隔河相望，大月氏人文化以寺洼文化末期分布区为中介，必然会影响到早期秦文化。大月氏人文化因素东进甘肃东南后与秦文化毗邻分布，二者可实现直接交往。

第四节 秦、西戎文化与域外文化的互动和丝绸之路的形成

春秋中期至战国时期，随着中国长城地带向游牧经济过渡，中国北方与欧亚草原联为整体，斯基泰文化、塔加尔文化、波斯文化及希腊文化因素以新疆、河西走廊、甘肃东南部早期铁器时代的考古学文化为中介传入秦文化分布区，而中国的彩陶、漆器、丝绸接力棒似地逐渐西传，至迟在战国时期进入南西伯利亚和中亚地区，丝绸逐渐代替青铜器、铁器成为新的中西交流的象征，一条以丝绸为媒介的横跨欧亚大陆的经济、文化交流之路——丝绸之路诞生了。

一 秦、西戎文化与斯基泰文化的互动

斯基泰文化起源于公元前9世纪至前7世纪中期北高加索、黑海北岸以及南西伯利亚地区的"前斯基泰文化"。[①] 斯基泰的概念有广义和狭义之分，广义是指从贝加尔湖、叶尼塞河到多瑙河之间广大地域的游牧人，狭义主要指公元前7世纪至前3世纪生活在北高加索、黑海北岸草原地区的游牧民族，这和希罗多德《历史》记述的王族斯基泰、游牧斯基泰和农耕斯基泰一致。一些西方学者认为马具、刀具、野兽风格纹样三个基本因素是黑海北岸的斯基泰民族创造的，被称为"斯基泰三要素"。中国

---

① A. Kossack G. Van den Arfangen des skythoiranichen Tierstils Skythika. Munchen：Bayerische Akademie der Wis-senschaften. Philosophisch-historische Klosse 98：24–86.

学者认为，斯基泰三要素主要在中国北方形成规模，而后向南西伯利亚、中亚的北方、黑海北岸，最终传遍欧亚大草原。

20世纪70年代，考古人员在俄罗斯图瓦共和国首都克孜尔附近阿尔赞山谷发现前斯基泰和斯基泰大型王陵。阿尔然1号冢直径达120米，内有70座放射状排列的墓室，墓中随葬大量马匹、黄金艺术品、鹤嘴锄、马镳和青铜锾残片，年代约在公元前8世纪，属于前斯基泰文化。由于被盗，墓中没有留下与其规模相称的更多的文化遗物。阿尔然2号冢晚于阿尔然1号冢，约在公元前7世纪，相当于中国春秋时期，属于斯基泰文化。阿尔然2号冢出土各类黄金艺术品5700件；出土兵器皆为铁器，这些铁兵器诸如短剑、匕首、战斧乃至箭头等都镶嵌着黄金。20世纪30年代末至50年代，在南西伯利亚阿尔泰山北麓巴泽雷克冰冻墓中发现了大量的含有鹿纹、野兽纹的斯基泰风格的黄金艺术品，中国战国时期的丝绸、战国中期"四山纹"铜镜、秦代漆盘，大量的与大夏艺术和波斯艺术有关的有翼狮身人面像、狮身鹰头怪兽形象的黄金艺术作品及西亚和中亚的各类毛织物，反映了中国文化、本地斯基泰文化及波斯文化在阿尔泰山地区的交相辉映。① 以丝绸为代表的中国文物在南西伯利亚的出现，意味着至迟在战国时期丝绸之路已经出现。

考古发现，甘肃东部早期秦文化与斯基泰人（或塞人）关系密切，如甘肃礼县大堡子山秦公陵园出有1件两面线雕的骨片和1件据传出土于天水地区的骨筒，所雕内容如骑猎场景图像，其构图技法与人物形象，不具有秦文化的风格，被认为可能与塞人有关。② 秦人金器的使用也可能受到了塞人的影响。1994年以来，考古工作者在西汉水上游大堡子山抢救挖掘了三座西周晚期秦公大墓，其中金箔饰片引人注目。截至目前见到的金箔饰片共44件，其中鸱鸮形8件、金虎2件、口唇纹鳞形26件、云纹圭形4件、兽面纹盾形2件、目云纹窃曲形2件。韩伟先生推测，这些黄金可能来源于产黄金的河西走廊和阿尔泰地区。③ 秦地是中国境内早

---

① 林梅村：《丝绸之路考古十五讲》，北京大学出版社2007年版，第43—53页。
② 祝中熹：《试论秦先公西垂陵区的发现》，载秦始皇兵马俑博物馆编《秦俑秦文化研究——秦俑学第五届学术讨论会论文集》，陕西人民出版社2000年版，第466—480页。
③ 韩伟：《论甘肃礼县出土的秦金箔饰片》，《文物》1995年第6期，第4—11页。

期使用铁器的三个地区之一,春秋早中期秦墓、遗址中都发现铁器,种类有铜柄铁剑、金柄铁剑、匕、环首刀、锸、铲等兵器、工具,不少用金、玉、青铜作柄,有的铁器还错金嵌玉,是被当作珍贵物品埋葬的,这应是人工冶铁出现不久的征象,如灵台县春秋早期墓铜柄铁剑、[1] 环县包金双兽首柄铁剑、礼县秦公墓地赵坪墓区 2 号贵族墓鎏金镂空铜柄铁剑[2]和甘谷毛家坪春秋早期秦墓铁镰[3]等。甘肃东部早期秦文化铁器的较早出现及鎏金银、错金银的加工技术可能受到萨彦—阿尔泰地区的游牧民的影响。萨彦—阿尔泰古部落崇尚黄金的思想,连同金器的装饰纹样首先被中国北方农牧交错地带的古代居民吸收,然后向南影响到中原诸国,鎏金银、错金银等新兴的黄金加工技术正是在这一背景下应运而生的。约在公元前8世纪至前2世纪,黑海沿岸、哈萨克斯坦、阿尔泰、南西伯利亚、蒙古及我国北方草原,普遍存在着一种"动物纹饰",以猫科动物纹为题材,尤以动物搏斗图案居多。这种斯基泰式风格的青铜器、金器通过文化交流的形式影响到了与其邻近地区的文化,在中原地区也有所发现。礼县大堡子山秦公大墓出土的金虎造型或许受到了这种影响。[4] 另外,还有人认为秦文化中在地面上营造高大的坟冢、西首屈肢葬、使用石鼓和诅楚文一类石雕,也很可能受了萨彦—阿尔泰文化的影响。[5]

甘肃东部的西戎文化也受斯基泰文化的影响。公元前 7 世纪至前 3 世纪,随着萨夫罗马特文化和斯基泰文化的兴起和扩张,以倒心形剑格为特征的 akinakes 式短剑开始从欧亚草原西部向东占据整个欧亚草原,包括哈萨克草原、天山南北、米努辛斯克盆地和蒙古高原,内蒙古东南部、宁夏南部以及甘肃东部,[6] 甘肃东部的西戎文化也受其影响。如甘肃秦安

---

[1] 刘得祯、朱建唐:《甘肃灵台县景家庄春秋墓》,《考古》1981 年第 4 期,第 298—302 页。
[2] 甘肃省文物考古所、礼县博物馆:《甘肃礼县圆顶山 98LDM2、2000LDM4 春秋秦墓》,《文物》2005 年第 2 期,第 4—27 页。
[3] 甘肃省文物工作队、北京大学考古系:《甘肃甘谷毛家坪遗址发掘报告》,《考古学报》1987 年第 3 期,第 359—396 页。
[4] 王志友:《早期秦文化与域外文化、北方草原文化的交流》,《西安电子科技大学学报》(社会科学版) 2013 年第 6 期,第 164—170 页。
[5] 马健:《公元前 8—3 世纪的萨彦—阿尔泰——中亚东部草原早期铁器时代文化交流》,硕士学位论文,北京大学,2004 年。
[6] 李刚:《中国北方青铜器的欧亚草原文化因素》,文物出版社 2011 年版,第 60 页。

县王窑乡王家山出土一件对鸟触角式剑，剑首两鸟相对，剑颈呈扁条形，剑格略似桃形，剑身接剑格处内收，剑身起脊；王家山还发现了二件形制、大小相同的弧背凹刃刀，刀柄作扁条状，柄端有1圆孔的穿首刀，[①]它们与公元前6世纪至前4世纪黑海、地中海沿岸的对鸟倒心形的akinakes式短剑和穿首刀[②]相似。

　　杨建华将甘肃马家塬战国西戎墓地M1与M3出土器物与中亚伊塞克湖斯基泰人的墓葬进行了对比，发现二者的许多相似性："动物装饰均用平面的二维浮雕表现，这种装饰风格不同于阿尔泰山区和鄂尔多斯高原流行的三维立体的动物造型；金箔与银箔多于青铜质地；两地遗存的年代相当于战国晚期。张家川和伊塞克湖地区的金银饰片装饰在物体的表面，其装饰效果使得张家川的车和伊塞克的墓主人最终成为包金的造型，说明这时的审美取向是追求豪华效果，与欧亚草原用青铜铸造的立体动物作为装饰的竿头饰的古朴和实用风格完全不同。"[③]

　　从中亚直接迁入甘肃东部的斯基泰人不仅带来了本民族的艺术，还将埃及艺术、印度艺术和希腊化艺术带入秦和西戎文化分布区。公元前6世纪中叶至前5世纪初，波斯人创立了包括今中亚南部、阿拉伯半岛、欧洲东部及非洲的尼罗河下游的世界大帝国，为欧、亚、非三大洲之间的世界性交往创造了条件。公元前519年，波斯王大流士一世远征锡尔河流域，讨伐中亚游牧人——尖帽斯基泰部落。波斯人不仅利用斯基泰人的勇敢善战发动对外战争，而且还通过斯基泰商人与中国交往。蜻蜓眼玻璃珠是古埃及的发明，最早标本是埃及公元前1400至前1350年的玻璃珠项链，后来被腓尼基人和波斯人掌握。西域和中国蜻蜓眼玻璃珠出土地点自西而东为：费尔干纳盆地的斯基泰古墓—新疆轮台穷巴克古墓—山西长子牛家坡—山西太原赵卿墓—山西长治分水岭—河南洛阳中州路—河南郑州二里冈—湖北随州曾乙侯墓。肉红石髓珠工艺起源于印度哈拉帕文化（公元前2600—前1500年），集中分布于北印度犍陀罗地区，以

[①] 秦安县文化馆：《秦安县历年来出土的北方系青铜器》，《文物》1986年第2期，第40—43页。

[②] 李刚：《中国北方青铜器的欧亚草原文化因素》，文物出版社2011年版，第51—52页。

[③] 杨建华：《张家川墓葬草原因素寻踪——天山通道的开启》，《西域研究》2010年第4期，第51—56页。

后向西最远传播至罗马时代的埃及,向北最远到达伊朗西部;向东传入中亚、我国云南、四川、新疆和甘肃。①

在甘肃东部战国时期秦人和西戎墓葬中也出现蜻蜓眼玻璃珠和肉红石髓珠。1974年,平凉市庙庄战国秦墓出土16枚琉璃珠,横直径2.2—2.4厘米,圆球形,中穿孔,大小不等。宝蓝色,不透明,有白、绿、黄色环斑纹。② 2007至2008年,甘肃张川马家塬战国西戎墓中出土数量较多的蜻蜓眼玻璃珠,种类分为三型:A型1件,墨绿色,上有蜻蜓眼纹5个,眼纹由绿色和白色组成。直径1.3厘米,孔径0.3厘米。B型5件,淡绿色,共有眼纹6个,每个眼纹由外向内分别由白色、褐色、白色和蓝色构成。直径上孔径0.3厘米。C型1件,残,珠子为蓝色复合式眼纹,在一个大的眼纹内有7个小眼纹,小眼纹由外向内分别由白色和蓝色构成。白色眼纹均呈新月形。M6还出土肉红石髓钩形饰1件,一端穿孔。最宽3厘米、厚0.8厘米。③ 杨建华将M1与M3出土器物与新疆伊克塞湖斯基泰人的墓葬对比,发现二者的许多相似性,并认为这些草原文化因素是由中亚的斯基泰人直接传入天水秦文化分布区的。④

斯基泰人在希腊化艺术东传中的贡献。公元前4世纪,继波斯帝国之后兴起的亚历山大帝国是一个版图包括南欧、北非、西亚、印度河东岸、东边靠近中国的世界大帝国,它的崛起使从中亚到欧洲的交通与商业贸易空前畅通。继亚历山大帝国兴起的是塞琉古王国(公元前4世纪末期至3世纪中叶),繁荣时其版图西起小亚细亚、叙利亚、美索不达米亚、巴克特里亚。希腊人在中亚修建了许多城市,通称"亚历山大城"。据文献记载,东方各地以亚历山大命名的城市有70多座,目前已经发现40余座。公元前250年,塞琉古王国大夏郡守将第奥多塔斯自立为王,脱离波斯而独立,割据的土地除大夏郡外,还有阿姆河以北粟特郡以及

---

① 林梅村:《丝绸之路考古十五讲》,北京大学出版社2007年版,第60—67页。
② 甘肃省博物馆:《甘肃平凉庙庄的两座战国墓》,《考古与文物》1982年第5期,第21—34页。
③ 早期秦文化联合考古队、张家川回族自治县博物馆:《张家川马家塬战国墓地2007—2008年发掘简报》,《文物》2009年第10期,第25—51页。
④ 杨建华:《张家川墓葬草原因素寻踪——天山通道的开启》,《西域研究》2010年第4期,第51—56页。

阿拉霍西亚郡的一部分，中国史籍称"大夏"。《吕氏春秋·古乐篇》《山海经》《管子》《逸周书·王会篇》就有"大夏"之名，《汉书·张骞传·西域传》多有记载。大夏王欧提德姆斯和德米特里父子在位期间，曾向四方扩张，北达费尔干纳盆地，汉代文献称"大宛"。大夏欧西德莫斯一世在位时（公元前250年至前160年），持续保持对大宛的统治。根据希腊历史学家斯特拉波记载，此时希腊人统治大宛的国境拓展到丝国和弗林尼，推测可能扩张到今日中国新疆境内的喀什噶尔一带，甚至在新疆天山北麓一带也发现许多希腊特色的小雕像。中亚希腊化时代的艺术品希腊飞马、浪尖纹饰、有翼狮子、双翼神兽、阿瑞斯铜像等，不仅在天山西段伊犁河支流巩乃斯河畔，在天山南麓的古斯巴什城（新疆新和县西南44公里）、羊达克协海尔古城（新疆沙雅县英买力乡阔什阔瑞克村附近），在天山北麓的乌鲁木齐阿拉沟和昌吉及河北平山都有发现。[①] 1979年在青海省互助县丹麻乡出土一件汉代双马铜牌饰，铜牌饰长8厘米，高5厘米，一匹蜷伏的大马，背上有一匹小马，双马身部三处饰联珠纹，大马脊梁饰有一联珠纹饰条，[②] 具有强烈的斯基泰风格。20世纪40年代至90年代，相继在甘肃临夏、灵台、礼县、西和、天水、西安、扶风等地出土了一批可能是由中亚希腊化国家巴克特利亚（大夏）打造的希腊铭文铜、铅饼，[③] 其中，1976年10月灵台县蒲家川康家沟出土一批希腊铭文铅饼，计274枚，总重31506克，[④] 是所有发现地点中数量最多的。

　　希腊化文化不仅影响到戎人，也影响到了秦人。据《汉书·五行志下》记载："秦始皇帝二十六年（前221年），有大人长五丈，足履六尺，皆夷狄服，凡十二人，见于临洮（今甘肃岷县）。天戒若曰，勿大为夷狄之行，将受其祸。是岁始皇初并六国，反喜以为瑞，销天下兵器，作金人十二以象之。"[⑤] 林梅村认为"金人"之金是对金属的泛称，不一定指

[①] 林梅村：《丝绸之路考古十五讲》，北京大学出版社2007年版，第76—86页。
[②] 青海省文物管理处、青海省考古研究所编：《青海文物》，文物出版社1994年版，版图102。
[③] 康柳硕：《甘肃出土的丝路外国钱币述略》，《陇右文博》1996年第1期，第145—149页。
[④] 刘得祯：《甘肃灵台发现外国铭文铅饼》，《考古》1977年第6期，第427—428页。
[⑤] （汉）班固：《汉书》卷27《五行志》，中华书局1962年版，第1472页。

黄金。斯基泰人除去对希腊战神阿列斯的崇拜外,对其他诸神不使用神像、祭坛、神殿。自古以来秦人与西域诸戎频繁交往,必然会接触到斯基泰神庙崇祀的阿瑞斯神,"秦始皇十二金人或为模仿希腊战神阿瑞斯神像铸造的十二尊青铜像"①。果真如此,则秦都咸阳十二金人是秦与域外文化交流的见证。

秦始皇兵马俑是世界考古史上最伟大的发现之一,被誉为"世界第八大奇迹"。由真人大小的步兵、骑兵、弓箭手、战车和将军雕像组成的约 8000 座兵马俑,被埋葬在秦始皇陵墓东北部的三个深坑中。现在最新研究指出,秦始皇陵墓的兵马俑灵感来自古希腊雕像。伦敦大学一位讲师 Lukas Nickel 写道:"完全有可能的是,秦始皇陵的雕像源自希腊文化与中国的早期接触。"Nickel 的证据包括最新翻译过来的古代记录,其中的一个故事讲述了巨大的雕像出现在中国遥远的西部,促使秦始皇在他的宫殿前复制这些雕像。Nickel 称,这个故事提供了中国和西方早期接触的证据,这些接触激发秦始皇,不仅复制了 12 座巨大的雕像,而且建造了兵马俑。Nickel 提出,在秦始皇统治时期,中国并未建造真实大小的雕像,建造如此多雕像的想法源自那些受亚历山大大帝战争影响的亚洲国家。Nickel 在论文中写道:"雕刻家试图通过骨架、肌肉和筋腱描述运动中的人,这种对人体的理解当时只在受希腊影响的欧洲和亚洲流行。"②

二 秦文化、西戎文化中的塔加尔文化因素

塔加尔文化分布于叶尼塞河中游米努辛斯克盆地、克拉斯诺亚尔斯克地区和克麦罗沃州东部。经济生活沿袭卡拉苏克文化的传统,为半游牧和锄耕农业。该文化居民的体质类型属欧罗巴人种,与阿凡纳谢沃文化、安德罗诺沃文化的居民和黑海北岸的斯基泰人接近,有人推测系中国史书中记载的丁零人。秦文化中有一种青铜剑,整个剑短小,剑柄与剑身的长度基本相等,剑首、剑柄多有纹饰,被称为花格剑。这种剑大量分布于秦文化中,以至于有人把它叫作秦式剑。花格剑在陕西陇县、

---

① 林梅村:《丝绸之路考古十五讲》,北京大学出版社 2006 年版,第 87—88 页。
② 《秦始皇兵马俑灵感来自古希腊雕塑艺术?》,《腾讯科学》2013 年 12 月 13 日,https://tech.qq.com/a/20131213/002007.htm。

凤翔、宝鸡、西安和甘肃宁县、礼县、灵台春秋时期的秦人遗址或墓葬中发现。花格剑不仅在陕甘西戎文化和秦文化区都有分布,而且在哈萨克中部、帕米尔高原、阿尔泰地区也能找到其踪影。甘宁地区西戎文化与早秦文化中的三叉护手剑,其更早的祖型可以在米努辛斯克盆地塔加尔文化中找到。[1] 甘肃东部西戎文化也受此塔加尔文化的影响。如甘肃秦安县郭嘉乡寺嘴坪扁颈环首剑[2]与米努辛斯克盆地塔加尔文化的环首剑的形制[3]接近。

在甘肃东部地区普遍出土的镂空车饰在阿尔泰地区也发现过。这种镂空车牌在长城地带中段早期铁器时代几乎不见,仅在杨郎文化中少量出现,陕北有零星出土。在甘肃张家川县马家塬战国墓地1号墓、3号墓的墓道内各出土一辆用许多三角形、方形、圆形青铜镂空饰牌装饰车轮的豪华马车,首次证实了该镂空饰牌的具体用途为车轮饰。在清水县刘坪墓地、秦安县、庄浪县、合水县何家畔乡岘头村墓葬、庄浪县赵墩乡石嘴村墓葬、华池县、静宁县等地,也有大量形制相同的透雕饰牌出土,形状有桃心形、三角形、正方形、长方形、梯形、圆形等,共计100余件。李晓青比较了《东西方动物纹艺术》一书中收录的阿尔泰山出土的2件透雕饰牌与清水刘坪墓地出土的20件桃心形饰牌,发现二者大小、形制、工艺如出一辙。并认为这种镂空饰牌起源于甘肃东部,阿尔泰地区出现的心形透雕饰牌,其直接来源就是甘肃东部地区。[4] 前文提到的南西伯利亚阿尔泰山北麓巴泽雷克冰冻墓中发现的战国时期的丝绸、"四山纹"铜镜及秦代漆盘,也应该是通过秦文化分布区传入阿尔泰山地区的。

在西汉水上游,寺洼文化与早期秦文化对峙分布,与历史文献记载的早期秦人与西戎的矛盾和长期交战的历史吻合。渭河上游和西汉水上游

---

[1] 杨建华:《略论秦文化与北方文化的关系》,《考古与文物》2013年第1期,第45—51页。

[2] 秦安县文化馆:《秦安县历年来出土的北方系青铜器》,《文物》1986年第2期,第40—43页。

[3] 李刚:《中国北方青铜器的欧亚草原文化因素》,文物出版社2011年版,第56—57页。

[4] 李晓青:《甘肃地区先秦时期的文化交流与融合》,《文博》2010年第3期,第17—22页。

早期秦文化分布区被寺洼文化栏桥—徐家碾类型分布区包围，而栏桥—徐家碾类型西北与沙井文化分布区隔河相望，大月氏人文化以寺洼文化分布区为中介，必然会影响到早期秦文化。

三 羌人西迁、塞人东迁与丝绸之路东段南道的形成

从以上论述可知，战国时期，由中亚经天山南北、河西走廊、甘肃东部入关中的丝绸之路已经打通。考古与文献证明，由中亚向东翻越葱岭，经塔里木盆地南缘、阿尔金山口、柴达木盆地南缘、青海湖南北、湟水谷地、甘肃东南至关中的丝绸之路也已经打通。公元前5世纪至前4世纪左右（时代相当于中原地区战国时期），青海羌人又进行一次较大规模的西迁。据《后汉书·西羌传》记载，秦献公元年（公前384年），秦人用兵渭河上游和洮河流域，灭狄、獂戎，羌人"畏秦之威，将其种人附落而南，出赐支河曲西数千里，与众羌绝远，不复交通"①。吴焯根据《汉书·西域传》《汉书·赵充国传》、南疆沙雅县什格提遗址"汉归义羌长"铜印以及罗布泊古城遗址羌女纸质书信推测，羌人"出赐支河曲西数千里"的路线是由河湟西行，穿柴达木盆地，越阿尔金山，抵昆仑山麓，向西越过葱岭，或至昆仑山后不再西行，而是向北经罗布泊地区至西域北道诸国。②南疆塔什库尔干香宝宝墓地经发掘的墓葬有40多座，其中火葬墓9座，几乎占总数的一半。葬式有屈肢葬、二次葬、无腿葬等，与寺洼文化中的土、火并行、一次葬、二次葬共存的现象颇为相似。其族属与古代羌族或塞种有关。③考古发现，香宝宝墓地和洛普山普拉古墓的文化内涵共同包含印欧人种和蒙古人文化。韩康信先生运用体质人类学资料推测："早在公元前最后几个世纪甚至更早，地中海支系的一支居民越过帕米尔高原，沿塔里木盆地的南缘，不断移居到新疆境内，直至罗布泊地区。"④塞种人的形成基础是分布在东欧森林草原交界地带的

---

① （南朝宋）范晔：《后汉书》卷87《西羌传》，中华书局1965年版，第2875—2876页。
② 吴焯：《青海道述考》，《西北民族研究》1992年第2期，第123—140页。
③ 新疆社会科学院考古研究所：《帕米尔高原古墓》，《考古学报》1981年第2期，第199—216页。
④ 韩康信：《新疆洛浦山普拉古墓人骨的种系问题》，《人类学学报》1988年第3期，第239—249页。

原始欧洲人，早在新石器时代就已开始发生分化。进入青铜时代以后（约公元前3500年），塞种人集团发生了大规模迁徙和分化，其中一些支系进入伊朗、印度、阿富汗和高加索等地区，自称为"雅利安人"。在南亚，雅利安人与印度、伊朗、阿富汗的土著居民继续融合，表现出印度—地中海人种特征。公元前900年，操东伊朗语的印度—地中海人种向东越过帕米尔高原山口，进入新疆南部。香宝宝墓地和洛普山普拉古墓居民特征是自东向西的羌人与自西向东的印欧人融合的结果。考古证明，中国丝绸至迟在春秋末年就已经传播到南亚、中亚和西亚，甚至传播到了北亚和欧洲等广阔的区域。在阿富汗喀布尔以北60公里公元前4世纪的亚历山大城址、在斯图加特西北20公里处公元前5世纪凯特时期的古墓中、在西伯利亚乌拉干河流域公元前5世纪的巴泽雷克畜牧部落首领石室墓中、在新疆吐鲁番阿斯塔那—哈拉和卓古墓群中，都发现了精美的蜀锦。[1] 中国丝绸的西传，很大程度上要归功于南疆地区印欧文化与羌人文化的碰撞与融合。由甘肃东南经青海、南疆入中亚的丝绸之路东段南道与前考由甘肃东南经河西走廊、天山北麓至中亚或南西伯利亚的丝绸之路东段北道互相平行，形成时间接近，它们主要是由印欧人与羌人共同开拓的。

公元前3世纪上半叶，蒙古高原出现匈奴部落联盟。公元前3世纪末至公元前2世纪初出现匈奴国家。匈奴国家在冒顿单于在位时（公元前209年—前126年）达到鼎盛。军臣单于时（公元前161年—前126年），匈奴不仅占有整个蒙古高原，而且还占据河西、新疆，并随时进入青海。匈奴的扩张活动阻断了西汉通过草原之路南道与西域的联系，羌中地区便成为西汉唯一一条与西域联系的通道。张骞第一次出使西域时，曾与堂邑父"俱出陇西郡，径匈奴"，被匈奴抓获，11年后返回时，"并南山，欲从羌中归，复为匈奴所得"[2]。陇西郡相当于今甘肃黄河以东和陇山以西的绝大部分地方，为秦、西汉初年西北大郡；南山一般指祁连山，也有人认为广义上的南山是一个大的地理概念，包括西域、河西走廊、

---

[1] 黄剑华：《西南丝路与四川早期佛教造像》，《西南交通大学学报》（社会科学版）2005年第2期，第112—117页。

[2] （汉）班固：《汉书》卷61《张骞传》，中华书局1962年版，第2687—2689页。

陇右及长安之南的昆仑山、阿尔金山、祁连山和秦岭，狭义上指西域诸国以南的山脉。从张骞打算返回的路线选择看，由塔里木盆地南缘经柴达木盆地南缘、青海湖南北、湟水流域、甘肃东南入关中的路线是畅通的，这也正好说明秦陇南道的运营情况。

第五节　丝绸之路孕育与形成的动因

科林·伦福儒在《游牧与社会问题：引入的问题》一文中将欧亚草原经济类型的发展分为四个阶段：第一阶段为全新世的渔猎、采集经济时代；第二阶段为畜牧、农耕经济的传播时期；第三阶段为草原的青铜时代，其年代大约距今4000年，仍然是畜牧与农业的混合经济，但人群的流动性较以前增强；第四阶段为发达铁器时代的游牧阶段，其年代大约距今3000年。[①] 中国北方长城地带在先秦时期也走过了大体相似的道路：第一阶段为全新世采猎经济时期。石刃骨刀主要分布在东北、河套和西北（包括河西走廊），为后来发达游牧文化分布区。第二阶段进入农业阶段。甘肃、青海东南部、宁夏南部、内蒙古中部、东部出现原始农业经济，其年代大约距今8000—4000年。第三阶段为青铜时代的农牧混合经济，距今3900—2500年。第四阶段为春秋中期以来的游牧经济时代。在不同的经济类型下，形成不同类型的跨越不同文化体系的交往的通道。

一　气候变化与彩陶之路

"彩陶之路"是以彩陶为代表的早期中国文化以陕甘地区为根基自东向西拓展传播之路，也包括顺此通道对西方文化的反向渗透。公元前6000—前2000年，甘青地区进入农业经济阶段。受气候事件与人口压力的双重影响，大约公元前3500年、公元前3000年和公元前2200年，出现明显的三波彩陶文化的西渐。

（1）仰韶中期寒冷期与彩陶文化的第一次西渐。全新世中期，即公

[①] 杨建华：《欧亚草原经济类型的发展阶段及其与中国长城地带的比较——读〈欧亚草原东西方的古代交往〉》，《考古》2004年第11期，第84—90页。

元前3500年前后,气候转变是世界上许多地区全新世最为显著的变化之一。如在太平洋地区ENSO重新活跃;阿尔卑斯山沉寂已久的冰川开始发育;非洲发生"撒哈拉干旱"事件或"气候危机";该降温事件在中国地区也有较为明显的反映,在考古上被称为仰韶中期寒冷期。该降温事件导致黄河中上游地区早期人类的遗址数量减少,人类由高阶地向低阶地迁移;草原文化南下;江浙一带遗址数量减少以及先民饮食结构的可能改变;两湖地区的屈家岭文化和山东海岱地区的大汶口文化向中原地区传播。公元前3500年,泉护类型晚期和石岭下类型遗存以陕甘为基地,西北向抵达青海东部的民和、互助、循化以及甘肃古浪一带;西南向到达白龙江和岷江上游地区,见于四川西北部茂县。彩陶文化的第一波向西扩展对应仰韶中期寒冷期。

  同时,甘肃东部庙底沟农业文化与当地土著的狩猎、采集文化逐渐结合,在仰韶文化晚期早段形成马家窑农业文化(公元前3400—前2700年)。

  (2) 距今5000年前后气候事件与彩陶文化的第二次大规模西进。夏敦胜等人识别出距今5000—4000年的相对干旱期。[1] 不过,根据近年来孢粉、泥炭、冰心、海洋沉积提供的分辨率在15—25年的古气候资料,王绍武等人发现距今4900—4600年有洪水事件。[2] 洪涝会造成作物的机械损伤、大片倒伏、植株受淹浸;土壤冲刷流失,病害滋生,致使夏秋收获的作物大规模减产。荞麦生育期短,一旦发生灾情可以在短时间内补种、收获,是很好的救灾作物。年均温度的降低可能意味着寒冷的春天和过早来临的冬天,作物因生长期缩短而无法成熟,许多植物过早凋零,动物因缺少食物而远走他乡,使他们无法储足整个冬天的食物。气候事件不仅影响农作物、动植物的生长及人类经济生产,还会诱发传染病,带来严重的健康问题,激发人们寻求新的生存空间的强烈愿望。

  研究表明,距今5000年前后中国考古学文化出现大迁徙现象,山

---

  [1] 夏敦胜、马玉贞、陈发虎等:《秦安大地湾高分辨率全新世植被演变与气候变迁初步研究》,《兰州大学学报》(自然科学版) 1998年第1期,第119—128页。

  [2] 王绍武、黄建斌:《全新世中期的旱涝变化与中华古文明的进程》,《自然科学进展》2006年第10期,第1238—1244页。

东境内的大汶口文化的北上辽东半岛、南下长江下游、西进豫境；以太湖为中心的良渚文化的北上山东半岛、东进浙东和南下珠江流域；以江汉平原为中心屈家岭文化的北上豫中；以豫中平原为中心的秦王寨文化的西进晋南和北上河北；主要分布在太行山东侧的豫北冀南平原的大司空文化的西入汾河盆地；燕山南北的雪山一期文化的西进晋中盆地；以渭河盆地为中心的泉护二期文化北上晋南；以陇西盆地为中心马家窑文化的南下岷江上游，马家窑文化半山类型东进后套盆地。[①] 马家窑文化形成后，最先由渭河上游向洮河、大夏河和湟水流域传播。第二阶段由渭河上游向东翻越陇山进入关中平原，向南翻越西秦岭山地，经西汉水上游进入白龙江下游。第三阶段由白龙江下游经阴平道、扶文松州道南下岷江上游；由泾河上游翻越六盘山西进黄河支流清水河流域。第四阶段由湟水支流大通河下游、黄河支流庄浪河谷、乌鞘岭至河西走廊东部，由洮河下游先后进入洮河上游和白龙江上游。第五阶段在河西走廊和白龙江流域内继续扩展。由渭河上游经湟水流域、庄浪河谷、乌鞘岭至河西走廊东部的路线，正是后来的丝绸之路秦陇南道的走向。马家窑文化第四阶段向河西走廊东部扩展时期，正处于5000年前后气候巨变时段。

二 气候变化与草原丝绸之路的形成

（1）距今5000—4000年的气候事件于距今4200年前后结束，甘青地区以齐家文化、马厂文化为代表的原始农业又一次进入兴盛时期。这时，由于原始农业的发展与人口的增加，甘青新石器文化迎来了第三次西进的高潮。马家窑文化半山类型的西端抵达酒泉，至马厂类型时已向西推进至哈密盆地。距今4000年前后，发生了一次历史时期以来最寒冷的降温过程，或者是最具影响力的一次小冰期，标志着许多地区气候最适宜期的结束和后全新世的开始。受其影响，西亚地区进入当地最冷和最干旱的时期，阿尔卑斯山地区此时冰川开始广泛分布；北大西洋开始幅度达1—2摄氏度的广泛降温；非洲撒哈拉沙漠中的淡水湖全部干涸。

---

① 许永杰：《距今五千年前后文化迁徙现象初探》，《考古学报》2010年第2期，第133—170页。

在我国，无论是干旱区、青藏高原、西部的高山地带、东北地区、华北地区、南方等都记录了这次降温事件，表明了这次降温事件在中国影响范围广泛。[1] 中国北方环境脆弱地带的经济形态由农业经济向半农半牧经济转变：河西走廊中西部至新疆东部哈密盆地的四坝文化（公元前3950—前3550年）、青海东部的卡约文化（公元前3550—前2690年）、甘肃中东部的辛店文化（公元前3400—前3000年）和寺洼文化（公元前3300—前2500年）、内蒙古中东部的李家崖文化、内蒙古东部和辽宁西部的夏家店上层文化，都是半农半牧文化。哈密天山北路文化是西进的甘肃彩陶文化与东进的印欧青铜文化交融的产物。

距今4000年前后开始的气候干冷事件持续了数百年，对整个世界产生了巨大影响：大约在公元前2000—前1000年，生活在中亚北部草原的雅利安人在干旱的逼迫下不断向外迁徙：向西经伊朗高原北部到达两河流域；向南经阿富汗到达印度；向东越过帕米尔高原到达中国西北，踏出草原之路的雏形。此后，未迁出北亚草原的雅利安人与陆续游牧于此地的其他民族融合，"经过几个世纪的发展，再次形成一系列印欧北伊朗语族的游牧民族，如偏东的塞人，中部的马萨格泰人，西部的斯基泰人，等等。公元前700年左右，受再次强烈干旱的打击，诸族相互攻击，不断侵占邻族牧地，形成了一个自东向西滚动的波涛，最终使草原之路在相对短的时间内通行，使黄金、毛皮、大黄等商品得以流通；而且又因西梅利安人和斯基泰人先后从黑海、里海之间的高加索地区南下，由北方草原到南方绿洲的纵向通道也由此开通，草原地区的游牧民族可与伊朗西部、小亚细亚甚至两河流域的绿洲农耕民族进行交流"[2]。草原之路形成南北两道。北道从伊朗或南俄草原向东至西伯利亚、外贝加尔湖至蒙古草原。南道从中亚的巴尔喀什湖地区，经额尔齐斯河流域至阿尔泰山南麓，分为两支：一支到内蒙古西北草原，然后进入河套地区及其以南；另一支经哈密盆地、河西走廊进入甘肃东

---

[1] 吴文祥、葛全胜：《全新世气候事件及其对古文化发展的影响》，《华夏考古》2005年第3期，第62—69页。

[2] 赵儒清：《从亚洲腹地到欧洲——丝路西段历史研究》，甘肃人民出版社2006年版，第54—72页。

部和关中地区。

（2）公元前 2000 年前后开始的降温事件结束后，中亚草原进入气候温暖、人口繁殖时期。继公元前 2000 年前后的印欧人大迁移后，公元前 17—前 16 世纪持续到前 12—前 11 世纪，欧亚草原迎来了第二次人口迁移的浪潮。公元前 1600 年至前 1400 年，在以中亚哈萨克草原为中心，西起乌拉尔地区，东抵叶尼塞河中游和天山，南至土库曼斯坦，北达森林地带的范围内兴起了安德诺沃文化联合体，有人将其命名为安德诺沃文化。安德诺沃文化一度进入天山北路，以天山北路文化为中介，将其文化因素传入晚四坝文化和与之相邻的卡约文化。公元前 1500 年前后，前期东迁的印欧人和随后到来的雅利安人等欧罗巴人种与蒙古人种相遇，在南西伯利亚、鄂毕河上游和哈萨克斯坦、阿尔泰及贝加尔地区形成二者的混合类型——卡拉苏克文化（公元前 1500—前 800 年）。卡拉苏克文化前期，因大气湿度增高，草场能提供更多的饲料，羊群和马群增加，为其扩张提供了条件。

（3）根据文献记载分析，5000 年来第一次寒冷期发生在距今 3000 年前后，当时气温比现代低 1—2 摄氏度。在气候寒冷时期，中亚冷高压得以加强，南下强气流加强了锋面的活动性，使得冬季雷暴现象的发生更为频繁。根据水旱灾害历史资料的分析，郑斯中（1977 年）指出历史时期我国气候有几个明显偏干的时期，他还指出在我国北方，尤其在北纬 30 度至 45 度的地区，大部分干旱期与气候寒冷期是一致的。他认为这是由于中亚冷高压加强、极锋位置南移所致。[①] 对比历史时期人口迁移与气候波动、环境变化的关系，发现中亚、蒙古高原地区游牧民族大规模南下的时期，往往也是气候偏干、尘暴和冬雷暴发生频繁、河湖水位偏低的时期。证实了在游牧民族南下频繁时期，气候偏冷、旱灾频繁、干旱和半干旱地区土地沙漠化严重。公元前 1004 年前后周人东进取代殷王朝时，正是全球新冰期的第一次冷期，在我国西部地区，当时雪线高度普遍下降了 100—300 米，许多湖泊开始由淡水湖、微咸水湖向咸水湖、盐湖转变，一些新的沙丘也开始形成。公元前 850—前 754 年西戎东进迫使

[①] 郑斯中等：《我国东南地区近两千年气候湿润状况的变化》，载中央气象局研究所编《气候变迁和超长期预报文集》，科学出版社 1977 年版，第 29—32 页。

平王东迁时,曾发生了由后王时起,历宣、幽而至平王时期的长期严重干旱。① 根据古环境学家对欧亚湖相沉积地层中植物的分析,公元前850年前后,由于太阳活动的减少,欧亚大陆开始从亚北方期(Subboreal Period)干热的气候骤变为亚大西洋时期(Subatantic Period)湿冷的气候。中北部森林退化为草原,南部许多半干旱地区的植被开始繁盛,形成优良草场。这迫使当地以农业、畜牧、渔猎和采集为主的居民放弃原有生计方式,迅速向游牧经济转化。蒙古和新疆则早在距今3100—3000年时气候就转变到干冷阶段,并大约持续到距今2700年左右。这可能是蒙古和新疆地区的游牧化领先于其他地区的重要原因。在气候变化的迫使下,卡拉苏克文化可能分两路南下中国:一路向南翻越阿尔泰山进入新疆准噶尔盆地,新疆阿尔泰山地区青河县三道海子遗存(公元前8世纪至前7世纪之交)② 和阿勒泰克尔木齐文化(公元前12世纪至前一千纪中叶前后)③ 均属于卡拉苏克文化(公元前1500—前800年),而准噶尔盆地南缘的以鄯善县吐峪沟乡洋海墓地为代表的苏贝希文化(公元前12世纪至前2世纪末)则受卡拉苏克文化的强烈影响④。新疆苏贝希文化与甘青地区的早于苏贝希文化的四坝文化(公元前1950—前1550年)、卡约文化(公元前1550—前500年)、沙井文化(公元前1300—前400年)、寺洼文化(商代中期至春秋时期)在陶器与墓葬形制方面有众多的相似点,可能吸收了东部的文化因素;⑤ 同时卡拉苏克文化对卡约文化也有影响,如前考青海黄家寨卡约文化M16的骨管上的鹿纹图案受卡拉苏克晚期文化影响。另一路以蒙古高原为中介进入中国北方长城地带,对中原的晚

---

① 方金琪:《气候变化对我国历史时期人口迁移的影响》,《地理科学》1992年第3期,第230—236页。

② 林梅村:《丝绸之路考古十五讲》,北京大学出版社2006年版,第38—43页。

③ 王名哲:《论克尔木齐文化和克尔木齐墓地的时代》,《西域研究》2013年第2期,第69—80页。

④ 洋海墓地一号墓出土彩陶绘有商周青铜器风格的斜角云雷纹,出土单乳环首刀与南西伯利亚卡拉苏克文化环首刀一脉相承,并与安阳殷墟妇好墓的鹿首刀和哈密花园乡采集到的鹿首刀的风格相似,年代约在商代晚期。载韩建业《新疆的青铜时代与早期铁器时代》,文物出版社2007年版,第109页,注3。

⑤ 陈戈:《苏贝希文化的源流及与其它文化的关系》,《西域研究》2002年第2期,第11—18页。

商文化、西周早期文化产生影响，如前考晚商文化、西周墓中出土的卡拉苏克弓形器。中国历史文献中记载的鬼方可能就是卡拉苏克人，他们与商周之间发生了连绵不断的战争：

甲骨文卜辞中有商人伐鬼方的记载："己酉卜，宍贞：鬼方昜，亡（祸）五月。"（《乙》6684；《合集》8591）"壬辰卜，争贞：隹鬼㪿？"（《乙》3407）"贞不隹乎㪿鬼。"（《合集》1110正；《存》1616）《周易》有商人伐鬼方的记载："（殷）高宗伐鬼方，三年克之。""震用伐鬼方，三年，有赏于大国。"《竹书纪年》中有商人伐鬼方的记载："（殷）武丁三十二年伐鬼方，次于荆。""三十四祀，王师克鬼方，氐羌来宾。"西周金文对伐鬼方的记载更为详细，仅举《小盂鼎》一篇为例："唯八月既望。………王［命］盂以□□伐鬼方。□□□□□［执酋］三人，获聝四千八百□二聝，俘人万三千八十一人，俘马□□匹，俘车十辆，俘牛三百五十五牛，羊二十八羊，盂或（又）□□□□□呼□我征，执酋一［人］，获聝百卅七聝，［俘人□□□人］，俘［马］百四匹，俘车百辆。"从铭文中我们得知，周伐鬼方获得两次大捷，所获战利品中，俘虏过万，战车一次十辆，或一次一百多辆，另有马、牛、羊等牲畜，其中不完全统计的马匹有一百多匹，牛有三百多头，显示出了一定的畜牧或游牧经济成分。

早在四坝文化衰落和卡拉苏克文化南下准噶尔盆地时，可能有一部分印欧人被迫东进新疆哈密盆地，与自东向西扩张的辛店文化在此相遇，创造了焉不拉克文化（距今3300年）。哈密市柳树泉附近的焉不拉克青铜时代古墓群的颅骨，可区分为属于蒙古人种的M组和属于欧罗巴人种的C组，以哈密焉不拉克墓地为代表的青铜时代文化是以蒙古人种为主体的居民创造的文化，后来的古欧洲人类型居民迁移到这里并接受了当地蒙古人种的土著文化。受甘青彩陶文化强烈影响的焉不拉克文化形成后，向西影响了新疆中西部的苏贝希文化、察吾乎沟文化、伊犁河流域文化和中亚费尔干纳盆地的楚斯特文化等一系列彩陶文化。随着中国彩陶文化的西进，东方文化因素经新疆传播至中亚，影响了前斯基泰文化。

公元前9世纪末，遭受自然灾害与战争双重打击的卡拉苏克文化迅速衰落。残留在天山北麓至阿尔泰山之间的卡拉苏克人向西扩张,[1] 将伊塞顿人逐出居地,出逃的伊塞顿人冲击斯基泰人。斯基泰人被迫西迁,其间又受到马萨革泰人攻击,被迫越过锡尔河,移居黑海之滨,这又使得原居该处的金麦里人逃入小亚。而一部分斯基泰人也追击金麦里人进入小亚地区,介入小亚、西亚不同社会的冲突,最后因失败返回丰提克草原。这一重大事件改变了欧亚草原古代人群的分布格局:斯基泰人西迁后,马萨革泰人驻牧于锡尔河北岸至里海东岸一带,伊塞顿人则占有了伊犁河、楚河流域。公元前6世纪,斯基泰人统一了北高加索地区并扩展到黑海沿岸,发展成一个游牧帝国。[2] 随着斯基泰人的西迁,东方文化因素也向西传播。

公元前900年,属于欧罗巴人种印度地中海类型的塞种人进入新疆西部。卡拉苏克文化衰落后,塞种人经新疆、河西走廊进入甘肃东部和陕北,对西周及早期秦人造成巨大威胁。陕西扶风文管所存的两件出土于周原遗址中圆雕外国人头像:2号头像,高2.9厘米,右侧已残缺,男性。头戴尖角状护耳翼帽,上刻等距离竖线条,帽顶平,面部颧骨隆起,额和颊巴窄小,长头形,高鼻深目,薄唇无须,颚下锯平,中间有孔,用以安装笄柄,孔径0.6厘米,出土时孔内残存骨笄一截。6号头像高2.6厘米,男性。头戴尖状护耳翼帽,上刻竖线,帽顶平,上刻一"巫"字,窄额高颊,两颊各刻以蝌蚪形阴纹,长头形,高鼻深目,眼呈三角形,唇薄无须,颚下锯平,中间有孔,直径0.6厘米,从上刻"巫"字,可能为"巫师专用笄帽"。[3] 梁时《广宏明集》卷七荀济《论佛骨表》引《汉书·西域传》云:"塞种本允姓之戎。"今《汉书》无此句,当为后世脱落所致。《论佛骨表》接着说:"允姓之戎世居敦煌,为月氏所迫逐,遂往葱岭南奔。"斯维至据此认为我国历史文献记载的狁狁即允姓之戎即

---

[1] 从新疆和哈萨克斯坦发现的大量三道海子文化遗存的器物看,图瓦、阿尔泰至天山地区的文化似在公元前8世纪至前7世纪曾通过阿尔泰和新疆大规模进入中亚草原地区,可能深刻影响了西迁以前的斯基泰人。

[2] 郭物:《欧亚草原东部的考古发现与斯基泰的早期历史文化》,《考古》2012年第4期,第56—69页。

[3] 陕西扶风县地方志编纂委员会:《扶风县志》第23编《文物》,陕西人民出版社1993年版,第540页。

塞种人。塞种原居伊犁楚河，而殷周之际已经逐渐向敦煌、酒泉一带迁徙，以至甘肃、陕西，逼近河套、泾水、渭水流域。周原遗址蚌雕人头像的种族应该是塞种人。[①] 受干旱、寒冷气候的影响，猃狁不断南下农耕区争夺牧场，与周人发生了连绵不断的战争。据金文与历史文献记载，西周王朝征伐猃狁的战争从西周晚期一直延续到东周早期。金文如厉王时的多友鼎和宣幽时的不其簋、虢季子白盘和兮甲盘记载了伐猃狁的战事。从多友鼎铭文可知，在一次战役中俘猃狁117乘车之后，猃狁仍能继续进行多次战役，还能俘京师人。可见猃狁战车之盛。文献如《小雅·采薇》《小雅·出车》《小雅·六月》《小雅·采芑》中提到伐猃狁的战事。《小雅·采薇》有"靡室靡家，猃狁之故。不遑启居，猃狁之故。……岂不日戒，猃狁孔棘"句；《小雅·出车》有"赫赫南仲，猃狁于夷"句；《小雅·六月》有"薄伐猃狁，以奏肤公。……猃狁匪茹，整居焦获。……薄伐猃狁，至于大原"句；《小雅·采芑》有"征伐猃狁，蛮荆来威"句。

（4）西周时期的寒冷气候结束后，至春秋时期气候迅速回暖。有记载，公元前720年、公元前478年，黄河下游地区的小麦收获提前到夏历四月间（《春秋左传集解》），比现代提前10天左右。据《诗经》中东周时的作品记载，在今山东西部、河南东部以及秦岭等地都有梅树的分布，现代这种果树主要分布在亚热带地区。当时梅的干果亦作为调味品而通行于黄河流域（《周礼》）。《春秋》中记载着公元前698年、前590年、前546年今山东曲阜一带的鲁国冰房无冰可藏。现代中国东部河流冬天稳定冻结的南界大约东起连云港，经商丘附近北跨黄河，沿黄河与渭河北侧高地向西，与1月份平均温度零下2摄氏度线非常接近。考虑到池泽等水体静水结冰的温度要高于具有动力的河流之水，估计当时河流稳定冻结的南界要比现代北移1个纬度以上。据《月令》中星象的岁差考订，此书的主要内容形成于春秋时期。虽然《月令》中物候记载无具体日期，但在一些与现代黄河流域物候差异较大的物候上还是能看出春秋时期气候温暖的迹象。这些物候平均提前10天左右。[②]

[①] 斯维至：《从周原出土蚌雕人头像谈严允文化的一些问题》，《历史研究》1996年第1期，第92—101页。

[②] 张丕远主编：《中国历史气候变化》，山东科学技术出版社1996年版，第288页。

随着欧亚草原东部气候的转暖,中国北方草原自然条件改善,加上受到南部农耕民族有力的抵挡,塞种人活动地域北移,向长城地带及其附近发展。林沄发现,从春秋中期时期起,中国北方系青铜器有相当大的变化,在很大程度上吸收了斯基泰—塔加尔文化的青铜器的主要成分,并在长城地带迅速传布。[1] 斯基泰人西迁前曾与塞种人为邻,因此塞种人生活习俗、文化传统都与斯基泰人相一致。春秋中期长城地带斯基泰文化遗物应该是塞种人带来的。斯基泰—塔加尔文化的青铜器代表性器物有鼻的带扣和S形构图的装饰、鹤嘴锄(斧、锤)、斯基泰式短剑等。青铜的鹤嘴锄(斧、锤)、斯基泰式短剑不仅在宁夏、鄂尔多斯常见,而且在陇西黄土高原也有发现。在甘肃还陆续发现了一些春秋早期的铁兵器,如河西走廊沙井文化西岗墓地的铁锸、铁犁[2]、灵台县春秋早期墓铜柄铁剑[3]、环县包金双兽首柄铁剑、礼县秦公墓地赵坪墓区2号族墓铜柄铁剑[4]和甘谷毛家坪春秋早期秦墓铁镰[5]等,这些铁器发现地点呈现出西早东晚的特点,证明春秋时期存在一条自中亚经新疆、河西走廊至甘肃中、东部的文化传播路线,通过这条路线,阿尔泰地区的黄金[6]、中亚特有形制的青铜四轮车模型[7]、玻璃技术[8]传入甘肃东部。春秋时期甘肃东部的域外文化因素可能与塞人的东进与文化影响密不可分。不过,正如前文所论述的,斯基泰—塔加尔文化因素的传入,也可能与大月氏人有更密切的关系。

(5)战国至西汉初年寒冷气候与民族大迁移。战国时气候又趋于寒

---

[1] 林沄:《夏至战国中国北方长城地带游牧文化带的形成过程》,《燕京学报》2003年第14期,北京大学出版社2003年版,第95—145页。

[2] 李怀顺、黄兆宏:《甘青宁考古十八讲》,甘肃人民出版社2008年版,第103页。

[3] 刘得祯、朱建唐:《甘肃灵台县景家庄春秋墓》,《考古》1981年第4期,第298—302页。

[4] 甘肃省文物考古所、礼县博物馆:《礼县圆顶山98LDM$_2$、2001LDM$_4$春秋秦墓》,《文物》2005年第2期,第4—27页。

[5] 甘肃省文物工作队、北京大学考古系:《甘肃甘谷毛家坪遗址发掘报告》,《考古学报》1987年第3期,第359—396页。

[6] 韩伟:《论甘肃礼县出土的秦金箔饰片》,《文物》1995年第6期,第4—11页。

[7] 甘肃省文物考古研究所、礼县博物馆:《礼县圆顶山春秋秦墓》,《文物》2002年第2期,第4—30页。

[8] 干福熹:《古代丝绸之路和中国古代玻璃》,《自然杂志》2006年第5期,第253—260页。

冷，转向寒冷的时间目前还缺少史料证据。据《孟子》和《管子》有关内容记载，至少在战国晚期至西汉初，黄河下游地区的小麦收获时间已经推迟到夏至（公历6月24日）左右，与春秋时小麦在夏四月的收获日期相比有了明显的推迟，这说明战国至西汉初的气候已经转向寒冷。气候转寒也同样表现在初春气温回升的日期上。《吕氏春秋》记载："冬至后五旬七日，菖始升。菖者，百草之先生者也。于是始耕。"《管子》则说："日至六十日而阳冻释，七日而阴冻释，阴冻释而执稷。"二者记载初春土壤解冻、农田开始耕作的时间是比较接近的，折算成公历平均为2月23日。现代物候研究认为初春的标志温度为日平均温度稳定大于等于3摄氏度，农田开始耕作。今郑州、西安两地达到这个温度的平均日期在2月11日，当时要比现代晚了10多天。现在通行的二十四节气是在秦汉之际最后确定的，其所用的一些物候现象当与那时黄河中下游的气候吻合。二十四节气中霜降定在公历10月24日，而现代郑州、西安两地初霜的平均日期在10月30日，当时提前了6天左右。[1]

在寒冷的气候条件下，中国北方草原游牧民族为了生存，先后结成以月氏和匈奴为名的强大的游牧集团。秦赵燕三国为抵挡游牧民族的进攻，纷纷在北边修筑长城。最先称霸北方草原的是月氏人。早在四坝文化衰落的背景下，一部分位于天山北路或塔里木盆地的印欧人可能向东进入河西走廊西部。秦汉之际，居于河西走廊西部的除了月氏人外，还有乌孙人、塞种人、龙勒人（楼兰人）、敦煌人。[2] 敦煌一名，实为敦薨、吐火罗的同名异译，早期译为敦薨，西汉时译为敦煌，后来译为吐火罗。起初是族名，后来成为地名，西汉时成为郡县名，而原名又以兔葫芦保留下来。敦煌人大约在战国时期居住于焉耆至罗布泊一带。秦汉之际，一部分敦煌向东发展，直到今瓜州县东。后来因受月氏、匈奴奴役，有的西迁，但敦薨这个名称继续保留下来，汉代称敦煌。《汉书·乌孙传》记载："乌孙民有塞种、大月氏种。"乌孙当与塞种、大月氏种关系密切。塞种属于讲东伊朗语言的印欧人种，为斯基泰人的一支，河西西部的塞

---

[1] 张丕远主编：《中国历史气候变化》，山东科学技术出版社1996年版，第288页。
[2] 王宗维：《秦汉之际河西走廊地区的民族及其分布》，《兰州大学学报》（社会科学版）1985年第3期，第88—132页。

种人,当为公元前900年进入新疆西部,沿塔里木盆地南北缘东迁的北伊朗塞种人或东伊朗塞种人。龙勒人(楼兰人)原居均耆山附近,后来南迁至敦煌西,一部迁至罗布泊,汉代译为楼兰,又译为牢兰。《史记·大宛列传》记载:"始月氏居敦煌、祁连间,及为匈奴所破,乃远去,过宛,西击大夏而臣之,遂都妫水北,为王庭。其余小众不能去者,保南山羌,号小月氏。"① 传统认为祁连山即今甘肃酒泉附近的祁连山。林梅村应用语言学资料,考证吐火罗人将天山称为"析罗漫山""初罗漫山""折罗漫山",即新疆天山东部某山脉;② 并认为新疆天山以北,阿尔泰山以南的巴里坤草原、吐鲁番盆地的苏贝希文化是目前学术界一直寻找的大月氏考古文化。③《汉书·霍去病传》记载:"而去病出北地,遂深入,合骑侯失道,不相得。去病至祁连山,捕首虏甚多。上曰:'骠骑将军涉钧耆,济居延,遂臻小月氏,攻祁连山,扬武乎觻得,得单于单桓、酋涂王,及相国、都尉以众降下者二千五百人,可谓能舍服知成而止矣。'"④ 居延汉简甲渠侯官《传置道里薄》有"钧耆置",具体位置在今山丹县东乐乡十里堡村一带,⑤ "钧耆"在这里为水名,当指今山丹河;居延即今黑河;觻得为城名,为匈奴王觻得所筑,即今张掖市西北黑水国遗址北城;⑥ 酋涂(酒泉)、单桓为小月氏部落,酋涂(酒泉)居酒泉盆地,单桓与酋涂相邻而居。⑦ 由以上考证可知,霍去病攻小月氏的战争发生在河西走廊山丹河、黑河和北大河流域,并不涉及天山。林梅村所考的"析罗漫山"可能是月氏等吐火罗人东迁以前留下的地名,随着月氏等吐火罗人东进河西,将"祁连山"这个地名带到了河西走廊。秦汉之际,月氏人广泛分布于河西走廊。其可考者除了酒泉盆地的酋涂(酒

---

① (汉)司马迁:《史记》卷123《大宛列传》,中华书局1959年版,第3162页。
② 林梅村:《祁连与昆仑》,《敦煌研究》1994年第4期,第113—116页。
③ 林梅村:《大月氏人的原始故乡——兼论西域三十六国之形成》,《西域研究》2013年第2期,第90—104页。
④ (汉)班固:《汉书》卷55《霍去病传》,中华书局1962年版,第2480页。
⑤ 李并成:《汉代河西走廊道路考察》,《丝绸之路中国段历史地理研究》,江苏人民出版社2012年版,第192页。
⑥ 李并成:《河西走廊历史地理研究》,甘肃人民出版社1995年版,第53页。
⑦ 王宗维:《秦汉之际河西走廊地区的民族及其分布》,《兰州大学学报》(社会科学版)1985年第3期,第88—132页。

泉)、单桓部外,还有居呼蚕水(今讨赖河流域)的呼蚕部;河西东部的左沮渠部;河西西部的右沮渠部;敦煌阳关西南的狼何部;① 另外,速濮部和稽沮部亦为小月氏部落,② 前者活动于今永登北、宁夏黄河以西,后者居于今古浪河下游。③

公元前2世纪初,匈奴在蒙古高原崛起,在冒顿单于的打击下,大月氏西迁伊犁河、楚河流域,从而引发了中亚民族一系列大迁徙。大月氏西迁途中首先洗劫了乌孙部落,然后攻占了伊犁河、楚河流域的塞人游牧地。④ 经过若干年,又受乌孙打击,始南行,过阿姆河进入大夏。⑤

---

① 王宗维:《秦汉之际河西走廊地区的民族及其分布》,《兰州大学学报》(社会科学版) 1985年第3期,第88—132页。
② 林梅村:《大月氏人的原始故乡——兼论西域三十六国之形成》,《西域研究》2013年第2期,第90—104页。
③ 王宗维:《秦汉之际河西走廊地区的民族及其分布》,《兰州大学学报》(社会科学版) 1985年第3期,第88—132页。
④ 林梅村:《大月氏人的原始故乡——兼论西域三十六国之形成》,《西域研究》2013年第2期,第90—104页。
⑤ 杨建新:《西北少数民族史》,宁夏人民出版社1988年版,第76页。

第四章

汉魏时期长安至姑臧南道交通线

公元前3世纪至3世纪初,欧亚大陆上崛起三大帝国,罗马帝国、安息帝国与汉帝国。安息帝国西以幼发拉底河为界,与罗马对峙;东与康居、大月氏相接;东南占有坎大哈,远抵印度边境,它的强大为丝绸之路的全线贯通奠定了基础。公元前3世纪末,西汉帝国打败匈奴后夺取河西走廊、控制西域,开通了一条起自长安西逾陇山渡黄河,穿越河西走廊,出玉门关、阳关,经新疆塔里木盆地南北缘逾葱岭通西亚的国际通道。长安至姑臧段有长安至姑臧南道与长安至姑臧北道两条线。悬泉汉简ⅤT1611③:39记录了可能以悬泉为起点,东距冥安、张掖、武威、安定高平、金城允吾、天水平襄、凉州刺史治与长安八个地点的里程:①

张掖千二百七十五　　　　　冥安二百一十
武威千七百二　　　　　　　安定高平三千一百五十一里　三　A
金城允吾二千八百八十里东南　东南去刺史□三千
　　　　　　　　　　　　　一八十里
天水平襄二千八百卅　东南　长安四千八十　　B

金城郡设立于汉昭帝元始六年(公元前81年),从简文中"金城允吾"看,该简抄写年代应该在元始六年以后。与探方Ⅴ1611紧挨的Ⅴ

---

① 张俊民:《简牍文书所见"长安"资料辑考》,武汉大学简帛网,2007年12月8日,http://www.bsm.org.cn/show_article.php?id=757。

1612④中出土元康五年（公元前61年）纪年简，① 因为Ⅴ1611第三文化层年代晚于Ⅴ1612第四文化层年代，所以汉简Ⅴ1611③：39抄写时间应该晚于元康五年。刺史制开创于武帝时期，但直到汉元帝时期（公元前48年至前33年）才有固定的掾属和幕僚机构。② 从Ⅴ1611③：39记载看，凉州刺史已经有固定治所，所以笔者认为该简抄写于汉元帝至王莽时期，反映的是西汉末年的交通状况。

该简B面是目前能见到的关于汉长安通姑臧南道线路走向与里程的最完整、最确切的记载。不过，从简文计算得武威至允吾间里程达一千一百七十八里，比武威至平襄还要多三十里，显然有误。《元和郡县图志》："允吾故城，在（广武）县西南一百六十里。"③ 唐广武城即永登县中堡镇罗城滩古城（详后）；一百六十唐里合今86.4公里④。经实地考察并辅之谷歌地球软件路径测量工具，测得从罗城滩古城西南经中堡、通远、河桥驿、窑街至青海民和川口镇的距离是86.4公里，川口镇即允吾故城所在。⑤ 道宣《释迦方志》："自汉至唐往印度者，其道众多未可言尽。……依大唐往年使者，则有三道。……其中道者，从鄯州东川行百余里，又北出六百余里至凉州。"⑥ 从唐鄯州故城（今乐都）顺湟水东行百余唐里即今民和川口镇，为汉代金城郡治允吾故城所在地，由允吾故城北行六百余里即姑臧故城，取整数"六百里"与"千七百二"相加为"二千三百二"。川口镇至武威间6个测量数据的距离平均值是250公里，合西汉"六百零一里"，与"千七百二"相加为二千三百零三，考虑到"八十"与"八"误抄的可能性最大，所谓"二千八百八十"可能为

---

① 张德芳：《悬泉汉简中若干纪年问题考证》，《简牍学研究》第4辑，甘肃人民出版社2004年版，第58—75页。

② 刘欣尚：《汉代的刺史制度》，《北京师范大学学报》（社会科学版）1987年第1期，第26—32、44页。

③ （唐）李吉甫撰，贺次君点校：《元和郡县图志》卷39《陇右道上》，中华书局1983年版，第988页。

④ 唐代一尺约0.30米，见梁方仲《中国历代户口、田地田赋统计》，上海人民出版社1980年版，第541—542页。一里等于1800尺，约合今540米。

⑤ 关于允吾故城的位置，学术界的意见不一，说法较多，大致可分为甘肃永靖县西北说、湟水南岸说和青海民和县境说。青海民和县境说有上川口说，下川口说，上、下川口之间说和古鄯镇说。

⑥ （唐）释道宣著，范祥雍点校：《释迦方志》，中华书局1983年版，第16—40页。

"二千三百八"之误抄。"去刺史□三□一八十里",张俊民识读为"去刺史□三□一八十里",据上下文推断为"去刺史治三千一（百）八十里"。①

笔者以悬泉汉简 V 1611③：39A、B 记载为基础,综合运用多种研究手段,历经数年的艰苦努力,较为精确地复原了西汉长安通姑臧南道线路走向。受篇幅限制,本书仅探讨西汉长安通姑臧南道长安至凉州刺史段线路的具体走向和里程问题。

第一节　长安至凉州刺史治段线路复原研究

据悬泉汉简 V 1611③：39 记载算得长安至凉州刺史治间九百里（合今 374.2 公里）,②考得该段由长安北墙中门厨城门出发,北经中渭桥至渭城驿,西行经扶风厩、细柳仓、槐里县、鏊县、郿县、平阳亭、郁夷县、虢县、蕲年宫、雍县、隃麋县、汧县、大震关、陇关至凉州刺史治陇县。

由长安溯渭水西行至陇关一段,是关中地区通往甘、青地区的重要通道。由于宝鸡向西溯渭河至天水段有全长 140 多公里的渭河峡谷,峡谷北岸陇山和南岸秦岭道路险峻,特别是坪头至拓石 50 多公里的渭河峡谷异常险峻,不易通行,所以古代由关中溯渭河西行的大道至今宝鸡后折向西北,溯渭河支流千河至陇县西北的大震关（今固关境内）,在大震关度陇山经陇关通姑臧。先秦至秦汉时期,该道沿线重要的遗址、遗迹和文物有以下这些。

1. 长安城。汉长安城位于今西安城西北约 5 公里处未央区汉城乡,面积 36 平方公里。汉高祖五年（公元前 202 年）,将秦朝的兴乐宫重加修饰并改名为长乐宫,将都城从栎阳迁于此。萧何又主持修建了太仓和武库。汉惠帝元年（公元前 194 年）开始修建长安城墙。汉武帝太初元年（公元前 104 年）兴建北宫、桂宫、明光宫、建章宫,开凿昆明池和

---

① 张俊民：《简牍文书所见"长安"资料辑考》,简帛网,2007 年 12 月 8 日,http://www.bsm.org.cn/show_article.php?id=757。

② 新莽尺一尺 0.231 米,见《中国历代户口、田地田赋统计》,第 540 页。一里合今 415.8 米,九百里合 374.2 公里。

上林苑，前后历时 90 年。城墙全部用黄土夯筑而成，高 12 米，宽 12—16 米；墙外有壕沟，宽 8 米，深 3 米。因城墙建于长乐宫和未央宫建成之后，为迁就二宫的位置和城北渭河的流向，把城墙建成了不规则的正方形，缺西北角，西墙南部和南墙西部向外折曲，过去称长安城"南为南斗形，北为北斗形"，或称为"斗城"。全城共有 12 个城门，每门 3 个门道。东面自北而南为宣平门、清明门、霸城门，南面自东而西为覆盎门、安门、西安门，北面自西而东为横门、厨城门、洛城门，西面自北而南为雍门、直城门、章城门。城内主要建筑群有长乐宫、未央宫、北宫、桂宫、武库等。未央宫位于汉长安城西南部（现在这里坐落着大刘寨、马家寨、小刘寨、柯家寨、周家河湾和卢家口六个村庄）。① 东西 2250 米，南北 2050 米，周长 8650 米。宫城南墙与西墙分别与长安城南墙和西墙相距 50 米，宫城北墙西端与长安城西墙东折之城墙南北间距 13 米。② 未央宫遗址由前殿遗址、椒房殿遗址、石渠阁遗址、天禄阁遗址、中央官署遗址、少府所属宫殿建筑、角楼遗址等组成。③ 作为汉帝国权力中心，汉长安城未央宫是汉通西域的决策和指挥中心，见证了汉帝国积极寻求对话与交流、促进丝绸之路开辟的重要历史功绩；见证了汉长安城在丝绸之路发展历程中发挥的重要作用，兼具时间与空间上的双重起点价值。汉长安城未央宫遗址以沿用 200 余年的东方大帝国权力中心之地位揭示了"丝绸之路"这一人类长距离交通和交流的文化线路之缘起，是丝绸之路文化交流的重要保障。西行者多出西墙雍门（今西安市未央区六村堡乡六村堡村）、便门（又叫章城门，今西安市未央区未央宫乡卢家口村）或北墙厨城门（今西安市未央区六村堡乡曹家堡村）。④

2. 厨城门。由未央宫北宫门出发，沿直城门大街东行 1125 米，⑤ 再顺厨城门大街北行 3232.3 米⑥至长安城北墙中门厨城门。西行者多出厨

---

① 李毓芳：《汉长安城未央宫的考古发掘与研究》，《文博》1995 年第 3 期，第 82—93 页。
② 董鸿闻、刘起鹤等：《汉长安城遗址测绘研究获得的新信息》，《考古与文物》2000 年第 5 期，第 39—49 页。
③ 李毓芳：《汉长安城未央宫的考古发掘与研究》，《文博》1995 年第 3 期，第 82—93 页。
④ 李遇春：《汉长安城城门述论》，《考古与文物》2005 年第 6 期，第 54—58 页。
⑤ 取未央宫北墙长度二分之一。
⑥ 董鸿闻、刘起鹤等：《汉长安城遗址测绘研究获得的新信息》，《考古与文物》2000 年第 5 期，第 39—49 页。

城门，亦可出西墙雍门或章城门。

3. 中渭桥。由未央宫出发，穿过直城门大街（长6081.3米）、厨城门大街（长3232.3米），出厨城门，约1600米就到了中渭桥。中渭桥初称渭桥，始建于秦，西汉时又称横桥，位于长安北三里，横跨渭水，与西渭桥（便桥）、东渭桥合称渭河三桥。① 中渭桥桥广6丈，南北长380步，750柱，212梁，68孔，是秦汉唐时期社会经济、文化、军事行为的重要孔道，也是丝绸之路从汉长安城出发后的第一座桥梁。2012年4月，在西安市北三环外西席村、高庙村北农田两处挖沙坑中暴露了两座秦汉古桥。西席村北古桥的正南1200米即为汉长安城北墙中间城门"厨城门"，被称为"厨城门桥"。该桥在沙坑中暴露的部分东西宽18.4米，南北长63米左右，原位未曾移动桥桩有70余根；桥桩的下端削成三角锥形，桥桩间散落大量的石构件，附近采集到大量的秦汉瓦当、筒瓦及板瓦建材。陕西省考古研究院副研究员王志友认为这座桥"是一座罕见的木、石构件相结合的大型桥梁，在中国古代桥梁史上具有非常重要的地位，很可能就是历史上著名的中渭桥"。②

4. 渭城。由厨城门经中渭桥过古渭河，北偏西北行7.2公里至渭城驿。渭城地处于陕西省咸阳市以东约15公里处咸阳塬上、渭河的北岸。《汉书·地理志》记载："渭城，故咸阳，汉高帝元年（公元前206年）更名新城，七年罢，属长安。武帝元鼎三年（公元前114年）更名渭城。有兰池宫。"③ 由此看来，汉代渭城由秦都咸阳更名，并未营建新城。有人根据《续修陕西通志稿》的记载，认为今咸阳印场村古城址为渭城故城遗址，可能是误解。④ 十六国时期，石勒在旧渭城置石安县，直到隋代废入泾阳。从汉代到南北朝时期，咸阳城址未发生过大的变动。秦咸阳城横跨渭河两岸，有渭北区和渭南区两部分，渭北咸阳城的范围大致为

---

① 《雍录》云："秦、汉、唐架渭者凡三桥：在咸阳西十里者名便桥，汉武帝造。在咸阳东二十二里者为中渭桥，秦始皇造。在万年县东四十里者为东渭桥，东渭桥者，不知始于何世矣。"见（宋）程大昌撰，黄永年点校：《雍录》卷6，中华书局2002年版，第124页。

② 刘瑞、李毓芳等：《西安发现迄今最早最大木梁柱桥—秦汉"渭桥"》，《中国文物报》2012年5月25日第8版。

③ （汉）班固：《汉书》卷28上《地理志八上》，中华书局1962年版，第1546页。

④ 国家文物局主编：《中国文物地图集·陕西分册（下）》，西安地图出版社1998年版，第350页。

东自咸阳市渭城区柏家咀村，西至长陵车站附近，北起成国渠故道，南到汉长安城遗址以北约3275米（因渭河北移，今渭河北岸距汉长安城遗址北部约6500米，估计原来秦咸阳城南部约有南北3225米宽的地段已被河水冲毁）[①]。杜忠潮《历史上咸阳城西迁的原因与启迪》一文和《咸阳市志》都认为汉渭城位于秦咸阳城的市民居住区，其中心区在今天的咸阳市仓张村附近。[②] 牛艳婷根据1959—1966年秦都咸阳第一阶段的考古工作中在咸阳长陵车站以南，仓张村、长兴村、滩毛村一带发现的密集的灰坑、陶窑、水井、陶水道和道路遗迹，以及砖、瓦、瓦当、日用陶器、铜料、洞渣、铜钱等日常生产、生活常用品，认为秦都咸阳的手工业作坊区、市民居住区，以及汉渭城的位置在咸阳长陵车站以南，仓张村、长兴村、滩毛村一带。[③] 考古发现咸阳宫城遗址位于牛羊村南。遗址南东龙村曾发掘出一条宽50米的南北向秦汉大道遗迹，南正对汉长安城横门，北对宫城棘门（南门）。[④] 渭城驿当在棘门外，具体位置在东龙村古道遗迹北向延长线与陇海铁路交会处以北0.1公里。

5. 扶风厩。悬泉汉简（2、3、4、5、6、10）"传信"中提到的"厩"主要有"扶风厩""右扶风厩"（11、18），另有"高陵"（19）、"渭城"（20、21、23、25）与"长安"（14、24）三县，其中以"渭城"为多。若自长安东行，则下长安。如果自长安向西，则下渭城或扶风厩。悬泉所出ⅡDXT0214②：556是为各类马匹增加饲料的诏书，其中提到"长安、新丰、郑、华阴、渭成（城）、扶风厩传马加食，匹日粟斗一升"，该简东线的四县自西向东依次排列，据此，西线两县应自东向西排列，扶风厩应在渭城以西某处。[⑤]《括地志》："今咸阳县，古之杜邮，白起

---

① 刘庆柱：《论秦咸阳城布局形制及其相关问题》，《文博》1990年第5期，第200—211页。
② 杜忠潮：《历史上咸阳城西迁的原因与启迪》，《咸阳师范专科学校学报》1994年第5期，第42—46页。又载咸阳市地方志编纂委员会编《咸阳市志》，陕西人民出版社1996年版，第499页。
③ 牛艳婷：《汉至民国时期咸阳城市地理研究》，硕士学位论文，陕西师范大学，2012年，第9—11页。
④ 刘庆柱：《论秦咸阳城布局形制及其相关问题》，《文博》1990年第5期，第200—211页。
⑤ 侯旭东：《西北汉简所见"传信"与"传"——兼论汉代君臣日常政务的分工与诏书、律令的作用》，简帛网，2010年12月24日，bsm.org.cn/show_article.php?id=1358。

死处。"①《元和郡县图志》："棘门，在（咸阳）县东北十八里。……白起祠，在县城中。"②由棘门向西南十八里（合9.72公里）即咸阳县，具体位置在咸阳市朝阳四路与长陵路交会处。西570米即白起墓。杜邮驿与扶风廄均在渭城以西不远处，二者可能同处一地。

6. 交道亭。西行者除了出长安城北墙中门厨城门外，亦可出西墙便门，或顺直城门大街（长6081.3米）、雍门大街（长2132.1米）出雍门，经交道亭至西渭桥过渭水。交道亭，在西渭桥（便桥）东，并附亭置市，称交道亭市。③辛德勇认为，所谓"交道"当指雍门、便门两道相交处而言。④

7. 西渭桥。"西渭桥"最晚出现，时称"便门桥"或"便桥"。建元二年（公元前139年），汉武帝"初置茂陵邑"。第二年"赐徙茂陵者户钱二十万，田二顷。初作便门桥"⑤。《三辅黄图》曰："（便桥）在便门外，跨渭水，通茂陵。长安城西门便门，此桥与门对值，因号便桥。"⑥西渭桥遗址位于咸阳市西南5公里、沙河入渭处以东1公里处的钓台镇马家寨。"该桥为西北—东南向，方向310度，长度260米，宽度约20米。竖立于河床中的桥桩历历在目，横向成排，纵向成列；共计32排、11列。两排之间间距不等，为5—10米；同一排桥桩之间间距1.5—2米。最靠西的一列桥桩是用3—4根木桩捆绑而成，显得格外粗壮，是为了承受迎水面的波浪；水下的桥桩前方可能还有石砌的分水墙。"⑦西渭桥为长安西出道路上的横跨渭水的重要桥梁。

8. 细柳仓。细柳仓位于便桥西端，渭河北岸。《元和郡县图志》记

---

① （唐）李泰等著，贺次君辑校：《括地志辑校》卷1《雍州》，中华书局1980年版，第19页。

② 李吉甫撰，贺次君点校：《元和郡县图志》卷1《雍州》，中华书局1983年版，第13—14页。

③ （宋）宋敏求：《长安志》卷5《宫室三》，成文出版社有限公司1970年影印本，第119页。

④ 辛德勇：《西汉至北周时期长安附近的陆路交通——汉唐长安交通地理研究之一》，《中国历史地理论丛》1988年第3期，第85—113页。

⑤ （汉）班固：《汉书》卷6《武帝纪》，中华书局1962年版，第158页。

⑥ 何清谷：《三辅黄图校注》卷6，三秦出版社2006年版，第421页。

⑦ 梁云、游富祥、郭峰：《汉渭河三桥的新发现》，《中国国家博物馆馆刊》2013年第4期，第27—34页。

载:"细柳仓,(咸阳)县西南二十里,汉旧仓也。周亚夫军次细柳,即此是也。"① 20世纪80年代末,在咸阳市渭滨乡吕村、过唐村一带出土柱杵石、"百万石仓"铭文瓦当、云纹瓦当、绳纹筒瓦、板瓦及灰陶罐等残片。②"细柳不仅是西方东通长安的要津,沿渭河北岸大路又可去往渭城。其地又名柳中,汉初刘邦还定三秦,自雍(今凤翔县南)循渭而东,经此攻取咸阳。汉文帝后六年冬,匈奴南下上郡、云中,威胁长安,文帝命周亚夫率军驻此设防。汉代在细柳置有细柳观,可能也是馆驿之所。此外,细柳尚置有市,称柳市。"③ 二十唐里合今10.8公里,而咸阳市朝阳四路与长陵路交会处西至过唐村东南12.9公里。前者当是咸阳城西至细柳仓遗址距离,后者当是咸阳城东至细柳仓的距离。④ 由长安西墙雍门或章城门西出,经交道亭,过西渭桥(咸阳钓台镇马家寨),⑤ 亦可至细柳仓。细柳仓为长安通姑臧南北两道的交会点,由此偏西北行,经茂陵通姑臧,为长安通姑臧北道;由此向西经槐里亦可通姑臧,为长安通姑臧南道。

9. 槐里县。由细柳仓沿渭河北岸二级阶地前缘西行,经黄山宫(侯村遗址)⑥ 北,⑦ 12.9公里至槐里县。西行者亦可出西墙中门雍门、便门,经交道亭、西渭桥(便桥)至槐里。《汉书·地理志》:"槐里,周曰犬丘,懿王都之。秦更名废丘。高祖三年更名。有黄山宫,孝惠二年起。"⑧《括地志》:"犬丘故城,一名槐里,亦曰废丘,在雍州始平县东

---

① (唐)李吉甫:《元和郡县图志》卷1《关内道一·京兆府上》,中华书局1983年版,第13页。

② 国家文物局主编:《中国文物地图集·陕西分册(下)》,西安地图出版社1998年版,第367页。

③ 辛德勇:《西汉至北周时期长安附近的陆路交通——汉唐长安交通地理研究之一》,《中国历史地理论丛》1988年第3期,第85—113页。

④ 据此推测唐代咸阳县东西长约900米。

⑤ 梁云、游富祥、郭峰:《汉渭河三桥的新发现》,《中国国家博物馆馆刊》2013年第4期,第27—34页。

⑥ 孙铁山:《西汉黄山宫考》,《文博》1999年第1期,第34—38页。

⑦ 黄山宫肯定在交通干道沿线附近,但并不一定具有驿站功能,故笔者认为古道只经过遗址北。

⑧ (汉)班固:《汉书》卷28上《地理志第八上》,中华书局1962年版,第1546—1547页。

南十里。"① 始平县（治兴平市西街）东南十里（合今5.65公里）② 在兴平县埠寨乡壕壕堡子村北。从宋敏求纂《长安志》"槐里故城……周十二里（合今6.78公里），崇二丈五尺"的记载看，槐里故城规模比较大，不仅限于传统认为的南佐遗址。③ 综合文献、地名、地貌及考古遗迹，槐里故城当在新堡子以南、马埠—张埠以西、张埠—西张以北、故寺—南佐以东周回6.78公里的范围内，其间有南佐（西周、秦汉）和杨村（西周、秦）、东故寺（汉）等遗址和寨里金饼出土地点，其外分布着寨里、何家村、城村等汉墓或汉墓群。④《张家山汉简〈二年律令·传食律〉》有汉初长安与高陵、池阳、槐里之间的乘传往返路线的规定。⑤ 槐里县当为由长安西行的必经之地。

10. 斄县。由槐里故城西行，43.5公里至邰台遗址东。沿线从东向西有厂棱堡、汤坊、王烧台、香尧、史家、胡家底、坎家底、邰城等新石器至汉代遗址。邰台遗址位于石家—尚德—陵东以东，永安—小村以北，店背湾—疙瘩庙以南，疙瘩庙—永安村以西，周长约4.5公里。核心区法禧村一带发现大量灰坑、粗绳纹砖瓦、云纹瓦当、五角水管、"邰"字铭文鼎与温壶等文物、铸铁作坊遗址和古城墙遗迹。遗址周围分布着大量的秦汉墓葬。⑥《说文解字》解释"邰"字时说："炎帝之后，姜姓所封，周弃外家国。从邑台声。右扶风斄县是也。《诗》曰：'有邰家室'。"说明斄县原为炎帝的后裔姜嫄氏的封国、周始祖后稷外祖家的领地。斄县西汉属右扶风，⑦ 东汉并入郿县，改县为亭。⑧《后汉书》记载，

---

① （唐）李泰等著，贺次君辑校：《括地志辑校》卷1，中华书局1980年版，第22页。

② 宋营造尺长31.4厘米，见俞莉娜、徐怡涛《山西万荣稷王庙大殿大木结构用材与用尺制度探討》，《中国国家博物馆馆刊》2015年第6期。一里约合565米。

③ 史党社、任建库：《槐里犬丘与秦人早期历史相关的一点线索》，《文博》2002年第6期，第66—72页。

④ 国家文物局主编：《中国文物地图集·陕西分册（下）》，西安地图出版社1998年版，第454—455、459、463页。

⑤ 游逸飞、周波：《高陵、池阳、槐里——张家山汉简〈二年律令·传食律〉所见汉初长安驿传路线》，复旦大学出土文献与古文字研究中心网，2013年2月20日，www.gwz.fudan.edu.cn/show/2013。

⑥ 陕西省扶风县地方志编纂委员会：《扶风县志》，陕西人民出版社1993年版，第513页。

⑦ （汉）班固：《汉书》卷28上《地理志》，中华书局1962年版，第1547页。

⑧ （南朝宋）范晔：《后汉书》志19《郡国一》，中华书局1965年版，第3406页。

广汉新都人王忳拜郿县令，到任后至𨛦亭，夜有女鬼哭诉说："妾夫为涪令，之官过宿此亭，亭长无状，贼杀妾家十余口，埋在楼下，悉取财货。"① 涪令即涪县令，涪县属广汉郡。汉代由渭水下游入蜀取子午道和陈仓道。由记载推测女子丈夫在取陈仓道赴涪县途中经𨛦亭时被害，说明𨛦亭处于关中东西向通道的必经之地。《括地志》："故𨛦城一名武功城，在雍州武功县西南二十二里。"② 唐武功县（治今武功镇）西南至邰台遗址东部的地面实际距离是约12公里（合二十二唐里余），与武功县至故𨛦城的方位与距离均合。

11. 郿县。由邰城遗址继续西行，先后经东渠遗址（周、汉）、岭堡遗址（仰韶至龙山）北，23.1公里至尧上遗址东。尧上遗址位于眉县常新镇尧上村南0.5公里，是一处战国至汉代遗址，出土各类陶器和数量庞大、种类繁多的板瓦、筒瓦、回纹铺地砖及空心砖等大型建筑材料及灰坑、水井、壕沟、陶窑等遗迹，发掘区北、西南还发现疑似城墙遗迹，周边直径约3—4公里范围内分布着大量的秦汉时期墓葬。③《水经注》："渭水又东径五丈原北……渭水又东径郿县故城南。"④《元和郡县图志》："今（郿）县东十五里，有故城。……董卓坞，在县东北十六里。"⑤ 尧上遗址位于渭河北岸、唐郿县故城（今眉县城内）东北8公里（合十五唐里）、郿坞遗址⑥西南0.86公里（合唐一里半），为汉郿县故城无疑。三国魏太和五年（231年）诸葛亮围祁山，司马懿"屯兵长安，……张郃劝帝分军驻雍、郿为后镇"⑦。据此，郿县在长安通姑臧南道沿线。

---

① （南朝宋）范晔：《后汉书》卷81《独行列传第七十一》，中华书局1965年版，第2680—2681页。

② （唐）李泰等著，贺次君辑校：《括地志辑校》卷1《雍州》，中华书局1980年版，第25页。

③ 孙周勇、李坤、刘怀君：《陕西眉县尧上遗址：为秦汉中小型聚落遗址研究提供重要实物资料》，《中国文物报》2011年3月11日，第4版。

④ （清）杨守敬：《水经注疏》卷17《渭水注》，江苏古籍出版社1989年版，第1517页。

⑤ （唐）李吉甫：《元和郡县图志》卷2《关内道二》，中华书局1983年版，第43—44页。

⑥ 《宝鸡眉县东汉古城疑为董卓郿坞，或成年度十大发现》，眉坞网，2012年5月17日，http://article.mei5w.com/article_2300.html。

⑦ （唐）房玄龄：《晋书》卷1《宣帝纪》，中华书局1974年版，第7页。

12. 平阳亭。由郿县故城继续沿渭河北岸二级阶地前缘西行，沿途经车圈（龙山）、杨村（西周）、屈家台（龙山）、永乐（仰韶）、永乐堡（仰韶）、吴家台（新石器、春秋、汉）、罗家台（西周）、三刀岭（三国魏）等遗址，18.5 公里至古城村遗址。《水经注》："渭水又东径郁夷故城南，……汧水入焉。……汧水东南历慈山，东南径郁夷县北，平阳故城南。《史记》秦宁公二年，徙平阳。徐广曰：'故郿县之平阳亭也。'城北有《汉邠州刺史赵融碑》，灵帝建宁元年立，又东流，注于渭水。"① 从位置判断，注文所谓"平阳故城"在郁夷故城以东，汧水故道北。考得宝鸡阳平镇宁王庄遗址为汉郁夷故城的一部分，则平阳亭必在宁王庄遗址以东。笔者发现，从宝鸡陈仓区关家崖至阳平镇龙家湾有一条新石器至汉代遗址线，该线北至塬边、南至渭河边南北宽 2—3.5 公里的范围内很少有人类遗址分布。笔者还根据遗址线与 556 米等高线聚合关系，发现唐代以前的千河出山后，先经李家崖、俱家团庄、关家崖（新石器遗址）、刘家埄（新石器至西周遗址）、大众埄、杨家埄、高家埄（西周遗址）一线至南堡（新石器、汉代遗址），南入渭河，或继续沿贾家崖（西周遗址）、土桥（西周遗址）一线南侧呈"S"形曲折东流至阁底堡（新石器遗址），折东南，在太公庙附近汇入渭河，或在阁底堡（新石器遗址）东继续沿靳家庄（西周遗址）、尉家堡（新石器遗址）、太公庙（秦公窖藏）、双碌碡（新石器、西周、春秋遗址）、南阳（汉唐墓群）、巩家泉（新石器、春秋遗址）一线北侧东流至平阳镇北，或继续在窑底、秦家沟（东周墓群）、侯嘴（东周遗址）、宁王庄（春秋、战国、秦汉遗址）、晁阳（汉代铜钫出土地点）、龙家湾（新石器、汉代遗址）一线北侧或南侧东流至龙家湾东，折向东南，穿过令西遗址（新石器、秦、汉）和张马遗址（新石器）之间，东南流经七星村、酸枣林至水寨村，折东流，经古城村南，于水桥村汇入渭河。

历史文献对汧渭之会的地点有直接的记载或间接的反映。《括地志》："郿县故城，在岐州郿县东北十五里。秦纪云：'秦文公东猎汧、渭之会，卜居之，乃营邑焉'，即此城也。……平阳故城在岐州岐山县西

---

① （北魏）郦道元著，（清）杨守敬疏：《水经注疏》卷 17《渭水注》，江苏古籍出版社 1989 年版，第 1510—1515 页。

南四十六里。"① 毛苌为西汉人,说明当时的汧渭之会地点离汉代郿县城不远;唐代岐山县在今岐山县城内,四十六里合今 24.8 公里,依据方位与距离推算,平阳故城在今宝鸡陈仓区内,说明唐代时汧渭之会地点已经与今天的位置非常接近。《晋书·食货志》记载:"青龙元年(233年),开成国渠,自陈仓至槐里筑临晋陂,引汧洛溉潟卤之地三千余顷。"② 这条记载说明引汧河水的地点不在郿国,而在陈仓县境内,但确切地点不清楚。《晋书》卷1《宣帝纪》记载:"(青龙)二年,亮又率众十余万出斜谷,垒于郿之渭水南原。……遣将军胡遵、雍州刺史郭淮共备阳遂,与亮会于积石。临原而战,亮不得进,还于五丈原。"③ 南原即今石头河和霸王河之间的塬面;五丈原在南原西,即今石头河至同峪河之间的塬面。南原、五丈原均属于当时的郿国,均在今岐山蔡家坡镇南渭河南岸。可知从陈仓县引汧河水的地点在蔡家坡镇以西。据前述考古与地貌调查,青龙二年(234年)引汧河水济成国渠的地点应该在龙家湾一带。据此推断汧渭之会地点在龙家湾东南。从《水经注》关于汧水从郁夷故城北部经过的记载看,北魏时期,汧水仍然沿着汉魏故道东流。在郁夷故城以东、汧水故道北岸有两个遗址值得注意:一个是岐山县蔡家坡镇的令西遗址,该遗址位于令西村以西 200 米,是一处新石器、秦、汉代遗址,面积约 6000 平方米,文化层厚 0.3 米,采集有仰韶文化时期的泥质红陶片,纹饰多见线纹、粗绳纹,器型可辨者有罐等,另外有秦代的灰陶刻划纹罐残片和汉代的绳纹槽瓦;另一处是古城村汉代遗址,位于岐山县蔡家坡镇古城村西南、汧河故河道北,面积 150×100 平方米,出土大量汉代板瓦、筒瓦残片。古城村一带还暴露土坑墓多座,出土罐、壶和釜等器物。④ 从位置判断,古城村遗址位于汉代汧河渡口附近,更像徐广所言"故郿县之平阳亭"。不过晋人徐广所说的平阳亭可能与平阳故城并非一地。《太平寰宇记》引晋人王隐《地道记》说:"郁夷并省郿,

---

① (唐)李泰等著,贺次君辑校:《括地志辑校》卷1《雍州》,中华书局 1980 年版,第 37—38 页。
② (唐)房玄龄:《晋书》卷 26《食货志》,中华书局 1974 年版,第 785 页。
③ (唐)房玄龄:《晋书》卷 1《宣帝纪》,中华书局 1974 年版,第 7—8 页。
④ 国家文物局主编:《中国文物地图集·陕西分册(下)》,西安地图出版社 1998 年版,第 288 页。

盖因王莽之乱，郁夷之人权寄郿界，因并于郿。"① 因两汉之际移民与行政区划的合并，原郁夷县内"平阳"地名有可能东迁至郿县境内。因此，徐广所说汉代郿县的平阳亭可能是西汉末年地名侨迁的结果。董卫剑认为，历史上的汧渭之会在太公庙附近，太公庙东边的宁王庄遗址当为平阳故城。② 可惜，因河流改道，平阳故城绝大部分或全部被掩埋于汧河故道下，至今无人能揭开其神秘面纱。

13. 郁夷县。由平阳亭故址西渡古汧河，沿其故道南岸阶地西北行，经居村、二甲（西周遗址、汉墓）、龙家湾（新石器、汉代遗址），10 公里至郁夷故城。郁夷西汉属右扶风，③ 东汉省并。据《水经注》，郁夷故城在渭河北岸、千水南岸，④ 但其确切位置一直无法确定。悬泉简ⅡT0315①：35 记载：⑤

　　□至郁夷卅五里　　□□至略阳卅五里
　　□□至池阳卅里　　略阳至街泉五十五里
　　池阳至□安五十五里

简文中左侧第一行"郁夷"前面的仅有一个字的模糊不清的地名当为"虢"，根据地名排列规律，"虢"在"郁夷"西，即郁夷在虢东四十五里（合今 18.7 公里）。《括地志》："故虢城在岐州陈仓县东四十里。"⑥ 唐代陈仓县治所（宝鸡渭滨区太平堡村）东四十里（合 21.6 公里）即宝鸡陈仓区屈家村，由此向东 18.7 公里正是宝鸡市阳平镇宁王庄遗址。该遗址位于渭河北岸、千河故道南岸，面积 20 万平方米以上，发现建筑遗

---

① （宋）乐史：《太平寰宇记》卷 32《关西道八》，中华书局 2007 年版，第 687 页。
② 董卫剑：《从宁王遗址出土的"郁夷"瓦当探讨郁夷县故城与平阳故城的关系》，《考古与文物》2005 年第 1 期，第 44—48 页。
③ （汉）班固：《汉书》卷 28 上《地理志》，中华书局 1962 年版，第 1545 页。
④ （北魏）郦道元著，（清）杨守敬疏：《水经注疏》卷 17《渭水注》，江苏古籍出版社 1989 年版，第 1510—1515 页。
⑤ 张俊民：《简牍文书所见"长安"资料辑考》，简帛网，2007 年 12 月 8 日，http://www.bsm.org.cn/show_article.php?id=757。
⑥ （唐）李泰等著，贺次君辑校：《括地志辑校》卷 1《雍州》，中华书局 1980 年版，第 35 页。

址、水井、陶窑、墓葬和数量较多的大型灰坑等遗迹，出土绳纹、麻点纹板瓦、几何纹砖及式样繁杂的瓦当等大量秦汉宫殿建筑构件等遗物和 5 面以上"郁夷"文字瓦当。为一处上限为春秋战国、下限不晚于东汉中期的遗址。① 综合与虢县故址的距离与方位、出土物、与千河故道相对位置，宁王庄遗址无疑为西汉郁夷故城的一部分。《水经注》引《东观汉记》："隗器围来歙于略阳。世祖诏曰：桃花水出，船檝皆至郁夷、陈仓分部而进者也。"② 郁夷当为汉代关中通陇西必经之地。

14. 虢县。由郁夷县故城沿千河故道南岸西行，18.7 公里至虢县故址，沿途分布着联合遗址、秦家沟墓地、窑底墓地、巩家泉遗址、南阳墓地、双碌碡遗址、太公庙遗址等。虢原为周文王弟叔虢的封地，秦灭虢置县，属内史。西汉属右扶风。③ 东汉初并入雍县。传清道光年间出土于宝鸡县虢川司（今虢镇）的虢季子白盘亦证明虢县在今宝鸡市陈仓区（虢镇）内。据《肩水金关汉简》T5：66 简，右扶风虢县有"临曲里"，④ 反映了汉代汧河出山后因河床比降急剧降低而发生的显著的曲流现象。

15. 蕲年宫。由虢县故址北渡千河故道，沿千河东岸二级阶地西北行 16.8 公里至蕲年宫遗址。该道沿线的陈家崖、贺家崖、黄家崖、张家崖、杨家沟、寨子、付家俭、蒲家沟、高嘴头、马道口密集分布着周、春秋、战国至汉代遗址。蕲年宫遗址位于长青镇孙家南头村堡子壕一带，东西 200—300 米、南北 400—500 米。⑤ 遗址 B 区 T2 第 4 层中出土"蕲年宫当""橐泉宫当""来谷宫当"和"竹泉宫当"等文字瓦当 30 件，⑥ 证明这里曾为以蕲年宫为代表的秦汉宫殿建筑群。其西 600 米出土西汉大型

---

① 秦俑博物馆考古队、宝鸡市陈仓区博物馆：《宝鸡市陈仓区宁王村遗址调查简报》，《秦文化论丛》2004 年辑刊，第 305—330 页。

② （北魏）郦道元著，（清）杨守敬疏：《水经注疏》卷 17《渭水注》，江苏古籍出版社 1989 年版，第 1511 页。

③ （汉）班固：《汉书》卷 28 上《地理志》，中华书局 1962 年版，第 1545 页。

④ 黄浩波：《〈肩水金关汉简（壹）〉所见郡国县邑乡里》，简帛网，2011 年 12 月 1 日，http：//www.bsm.org.cn/show_article.php?id=1586。

⑤ 中国国家博物馆、陕西省考古研究院：《2009 年千河下游东周秦汉遗址调查简报》，《考古与文物》2015 年第 3 期，第 14—31 页。

⑥ 焦南峰、王保平等：《秦文字瓦当的确认和研究》，《考古与文物》2000 年第 3 期，第 64—72 页。

汧河码头仓储建筑遗迹，① 曾为秦汉时期帝王在蕲年宫举行郊祀、祭祖、重大政治活动的重要物资储备库和陇西至长安乃至东方货物运输的枢纽。

16. 汧河码头仓储建筑遗迹。2003年10月至2004年9月间，考古人员在陕西凤翔县长青镇孙家南头村西一带清理出周、秦及汉代以后各时期墓葬和车马坑187座，其中先周至早周墓葬2座，西周墓葬33座，秦墓和车马坑106座，汉代以后各时期墓葬46座，时代不明的墓葬4座，另外还发掘出西汉时期大型汧河码头仓储建筑遗址。经勘探，仓储"建筑呈长方形，南北总长216米、东西宽33米，总面积7000多平方米，由墙垣、通道、柱础石等遗迹组成。墙垣由东、西、南、北四周围墙构成，南北围墙之间又有两道隔墙，将整个建筑分为3个单元。现发掘的为仓储建筑正中部的1个单元和南、北部的2道隔墙，发掘面积约为2000平方米，已能够全面展示整体建筑规模。出土遗物大多为粗绳纹板瓦、筒瓦残片及云纹瓦当、'长乐未央'瓦当，同时出土有货布、货泉、布泉、五铢、大泉五十等铜质钱币，以及铁铲、铁铧、铜镞等工具残件"。负责发掘的陕西省考古所雍城考古队队长田亚岐认为该仓储建筑基址西距千河300米左右，其东600米处的高台上为蕲年宫遗址，仓储内囤积的物资可能是专门供给蕲年宫需要的。另外，此区域曾出土过与该处仓储建筑有密切联系的"百万石仓"瓦当。② 今陇县原子头、店子、千阳冉家沟等地的考古发掘表明，自新石器时代早期的老官台文化开始，经仰韶文化及周秦，千河流域与渭河流域的古文化面貌别无二致，表明陇山与关中一带的沟通早已存在。③ 秦救周、秦文公东猎经此道。秦穆公时，秦由雍顺千水、渭水、黄河，两次输粟以解晋饥荒。唐代引陇水通漕。宋代，凤翔一带西山的百姓每年要砍伐上好的竹木，然后编成竹筏、木筏，从千河、渭河入黄河，供给京城开封。考古和文献证明千河水道是存在的。

---

① 陕西省考古研究所、宝鸡市考古工作队、凤翔县博物馆：《陕西凤翔县长青西汉汧河码头仓储建筑遗址》，《考古》2005年第7期，第21—28页。

② 杨曙明：《陕西凤翔发现西汉皇家水陆物资转运站》，《中国文物报》2004年8月27日，第2版。

③ 张天恩：《古代关陇道与秦人东进关中路线考略》，载徐卫民、雍际春主编《早期秦文化研究》，三秦出版社2006年版，第47—60页。

杨曙明甚至认为千河谷道也成为陇西至长安和乃至东方货物运输的首选要道。①

17. 雍县。虢县至隃麋之间的千河有长10余公里的峡谷，所以虢县至隃麋走陆路必须绕行雍县。雍县本春秋雍邑，秦德公都于此，称雍城。从秦德公元年（公元前677年）到秦献公二年（公元前383年）徙栎阳，雍城作为秦国都城，长达294年。雍是秦王朝通向西北、西南的交通枢纽和商道。《史记·货殖列传》载："秦自文、德、缪居雍，隙陇蜀之货物而多贾。"② 据考古发掘，秦雍城遗址位于今陕西凤翔县南。秦始皇统一中国后（前221年）置雍县，属内史。汉武帝太初元年（公元前104年）更名右扶风。三国魏太和五年（公元前231年）"张郃劝帝分军驻雍、郿为后镇"，③ 讨伐围攻祁山的诸葛亮。可见汉魏时期，雍县为关中通陇西的东西干道上的交通枢纽。1960年，考古人员对凤翔城南南固城遗址进行考古调查，发现灰坑、窑址、水井、道路等遗迹，和秦汉文物：秦代文物包括瓦、空心砖、卜骨、铜咒、陶器（鬲、带耳釜、绳纹罐、纺轮、钉）、骨镞、鹿角及玉璧残片，汉遗物有砖（有空心和实心两种）、日用器物（多为灰陶，以盆、甑、罐最多）。④ 1962年，陕西省考古所首次勘查秦雍城，初步确定了秦都雍城的大致范围在凤翔县城关南、雍河北、纸坊河西、河北屯东一带。⑤ 从此之后，进一步的考古勘探工作陆续展开。使人们能够复原秦雍城的布局。⑥ 汉代雍县应该是在秦雍城的基础上发展起来的。2011年，考古人员在凤翔秦雍城城址北部发现西汉回中道的遗迹，⑦ 见证了雍县在东西交通中的重要地位。

18. 尚家岭遗址。雍县至隃麋沿线，重要的秦汉遗址有尚家岭遗址。尚家岭遗址位于千阳县南寨镇冯家堡村一组村南300米处的千河左岸，东

---

① 杨曙明：《陕西凤翔境内古丝绸之路考略》，《丝绸之路》2009年第6期，第26—30页。
② （汉）司马迁：《史记》卷129《货殖列传》，中华书局1959年版，第3261页。
③ （唐）房玄龄等：《晋书》卷1《宣帝纪》，中华书局1974年版，第7页。
④ 陕西考古所渭水队：《陕西凤翔、兴平两县考古调查简报》，《考古》1960年第3期，第13—19页。
⑤ 徐锡台、孙德润：《秦都雍城遗址勘查》，《考古》1963年第8期，第419—422页。
⑥ 辜琳：《秦都雍城布局复原研究》，硕士学位论文，陕西师范大学，2012年。
⑦ 《秦雍城遗址考古发现"回中道"秦皇汉武都走过》，西安新闻网—西安晚报，2011年12月20日，http://news.xiancn.com/content/2011-12/20/content_2521067.htm。

为千河支流涧口河，南临蜿蜒开阔的千河河湾台地，紧靠冯家山水库。遗址所在地俗称尚家岭，属南寨原。该建筑基址东西长32米、南北宽17.7米。建筑主体长30.7米、宽15米，东、西、南各有一层台阶。从大量砖、瓦、木炭、红烧土块和红烧土坯块等判断，这座宫殿建筑为土木混合结构。在建筑基址东、西两部偏中位置发现进出的门道遗迹。Ⅰ区夯土基址的中间夯土之内有存放食物以取得冷藏效果的"凌阴"遗迹。基址外为环绕长方形夯土围（其中东墙早年消失，北、西、南三面墙虽有残缺，但可以复原）。南侧围墙外为附属夯土建筑和主体夯土建筑。整个建筑地面以上破坏殆尽，柱础石悬在附属夯土建筑基址上0.25米，发现有陶质弯头、管道等排水设施。① 对尚家岭遗址的性质有行宫说、行宫与驿站共用说和码头仓储说三种看法。② 笔者认为尚家岭遗址位于虢县溯千河至隃糜和虢县经雍县至隃糜的水陆两条道路的会合处，兼具驿站和码头仓储功用，对确定长安通姑臧南道的线路的走向具有重要意义。

19. 隃糜。溯千河的水上通道和经雍县路线通道在尚家岭遗址会合后至隃糜。隃糜为墨的古称。最早的墨，以隃糜（今陕西千阳）所制为贵，故名"隃糜墨"。东汉时，隃糜地区有大片松林，盛行烧烟制墨，墨的质量很好。东汉应邵《汉宫仪》中有"尚书令、仆、丞、郎，月赐隃糜大墨一枚，小墨一枚"的记载。因此，古人诗文中称墨为"隃糜"。后世制墨者，用"古隃糜"作墨名，以表示其所制之墨，历史悠久，墨质精良。隃糜县，汉高祖二年（公元前205年）置，西晋撤隃糜并入汧县，北周天和五年（570年）复置汧阳县。《汉书》记载："隃糜，有皇帝子祠。莽曰扶亭。"③ 从王莽更名"扶亭"看，隃糜为官方驿道所经。据《大清一统志》记载"汧阳故城，在今县西五里汧河之东，晖河之西。其北里许又有古城，乃隋唐宋旧治也"④。1954年，文物工作者在千阳老城东门

---

① 田亚岐等：《陕西千阳尚家岭发现秦汉建筑遗址发掘简报》，《考古与文物》2010年6期，第3—17页。
② 田亚岐：《陕西千阳尚家岭秦汉建筑遗址初识》，《考古与文物》2010年第6期，第56—59页。
③ （汉）班固：《汉书》卷28上《地理志第八上》，中华书局1962年版，第1547页。
④ （清）蒋廷锡：《大清一统志》卷143《凤翔府》，道光九年（1849）木活字本，第25页。

外二里处发现汉代陑麋故城遗址。① 该城呈正方形，边长约 500 米。城址旁立嘉靖三十八年（1559 年）由右参政胡松题写的圆首碑 1 通，高 2.48 米，宽 0.89 米，厚 0.35 米。碑阳题楷书"汉陑麋县"，碑阴楷书题"古陑麋泽"。顺治十一年（1654 年），由凤翔府通判葛会忠立石。② 该城今已毁。遗址范围内断崖上曾发现较多灰坑，出土大量板瓦、筒瓦、云纹瓦当、几何纹方砖等高级别建筑构件和半两钱、泥质灰陶盆等。③ 20 世纪 70 年代，在遗址西北 0.5 公里处的 171 厂建设工地上发现数百座汉墓。④ 笔者判读了拍摄于 2016 年 5 月 18 日的千阳县城及周围的卫星影像，根据负植被标志判断，确定城址范围在千中路以东、千阳中学以北、千阳路以南、龙王殿村以西。前川村遗址位于千河北岸、唐宋汧县旧治以东，且有高级别建筑构件出土，应该是汉陑麋县故城所在地。

三国魏太和五年（231 年）诸葛亮围祁山，司马懿屯兵长安，在张郃的劝说下，"遂进军陑麋。亮闻大军且至，乃自帅众将芟上邽之麦。诸将皆惧，帝曰：'亮虑多决少，必安营自固，然后芟麦，吾得二日兼行足矣。'于是卷甲晨夜赴之，亮望尘而遁"⑤。从这条记载看，陑麋处于长安通上邽的必经之地，处于丝绸之路秦长通姑臧南道交通干道沿线。

20. 汧县。秦德公居雍以前至春秋早期，先后有非子邑秦、襄公迁汧、文公卜居汧渭之会、宪公居平阳等多次迁都活动。襄公迁汧《史记》没有明确记载。《帝王世纪》有"襄公二年徙都汧"的记载。秦宁公二年（公元前 714 年）改汧邑为汧县。秦统一后属于内史。西晋废。据《史记》记载，周勃随刘邦"还定三秦，至秦，赐食邑怀德。攻槐里、好畤，最。击赵贲、内史保于咸阳，最。北攻漆。击章平、姚卬军。西定汧。还下郿、频阳。围章邯废丘"⑥。从周勃定汧后返回的路线看，汧与郿、

---

① 《陕西省文管会发现石公寺石窟及古遗址等》，《文物参考资料》1954 年第 11 期，第 157—159 页。

② 国家文物局主编：《中国文物地图集·陕西分册（下）》，西安地图出版社 1998 年版，第 249 页。

③ 宝鸡市地方志编纂委员会：《宝鸡市志》，三秦出版社 1998 年版，第 1907 页。

④ 宝鸡市博物馆、千阳县博物馆、中国科学院自然史研究所：《千阳县西汉墓中出土算筹等》，《考古》1976 年第 2 期，第 85—88 页。

⑤ （唐）房玄龄等：《晋书》卷 1《宣帝纪》，中华书局 1974 年版，第 7 页。

⑥ （汉）司马迁：《史记》卷 57《绛侯周勃世家第二十七》，中华书局 1959 年版，第 2067 页。

废丘（槐里）俱在东西向交通道路沿线。20世纪90年代初，考古工作者在陇县边家庄东南约3华里处的磨儿原发现一处城址。位于千河西岸台地上。现在仍可见部分夯土城墙，东墙的南段尚断续保存近百米，南墙的东段尚存近200米，东南角亦尚保存了一部分残墙遗迹，残高1—2米。因黄土埋没，现存残墙顶部与台地表面已处在同一个高度，无法观察城墙的厚度。残墙上可以看到清晰的夯层，一般厚度约在10厘米左右。暴露得较少，只可见到地面上的少量遗物，主要是相当春秋时期的盆、罐、鬲等陶器残片，还有一些素面半瓦当，内饰麻点，外饰绳纹的板、筒瓦，空心砖等建筑材料残片。张天恩确定为秦襄公所都之汧邑城址。① 全国第三次文物普查时最终将其修订为汉代城址。冯瑞认为："至少可以肯定，把磨儿原古城址作为春秋城址和汧邑发生联系是明显有误的。而对于磨儿原汉代城址的用途，笔者倾向于两种观点：一种是在磨儿原汉代城址和汧邑有关的条件下，认为磨儿原汉代城址继承了春秋时期的汧邑及战国时期城址并加以改建扩建形成；而第二种观点就是在磨儿原汉代城址和汧邑无关的条件下，考虑将磨儿原古城址和其西北方向的郑家沟原秦汉城址联系起来，二者同时作为汉代汧县的县治所在，或中间存在迁徙关系。"②

郑家沟秦汉城址位于今陇县郑家沟村南千河南岸二级阶地，北至郑家沟，南至东南乡拖拉机站，东至板桥沟村西，西至杨家庄。文化堆积厚3—4米，出土绳纹筒瓦、板瓦、石斧、陶盆、鬲足、铜鼎、"千秋万岁"瓦当、铜镞等遗物。遗址东南的梁家沟、板桥沟有大量汉墓发现，其中板桥沟发现大量积炭墓。③ 从内涵看，郑家沟口遗址是一处战国至汉代遗址。由于耕种、居民置坟等人为因素破坏，今天遗址保护区仅限于东南路以南、郑家沟口以北6万平方米的范围。④《水经注》记汧水流经"汧县故城北"。⑤《括地志》："故汧城，在陇州汧

---

① 张天恩：《边家庄春秋墓地与汧邑地望》，《文博》1990年第5期，第227—231、251页。

② 冯瑞：《磨儿原古城址与秦汧邑关系新考》，载《秦汉研究》第4辑，陕西人民出版社2010年版，第241—247页。

③ 陇县地方志编纂委员会：《陇县志》，陕西人民出版社1993年版，第818—819、1907页。

④ 陕西省文物局：《陇县文物》，陕西出版集团、陕西旅游出版社2012年版，第23页。

⑤（北魏）郦道元著，（清）杨守敬疏：《水经注疏》卷17《渭水注》，江苏古籍出版社1989年版，第1512页。

源县东南三里。"① 郑家沟战国至汉代遗址位于千河南岸、唐陇州故城（今陇县西关）东南2公里（合唐代三里余）处，极有可能是汉汧县故城所在地。1981年，陇县城关公社祁家庄生产大队曾出土一件汉代铜铛，上面为盆形状，下面有人形之足。这件铜铛通高13.5厘米，重1.85公斤，人为立状，圆脸，尖下颚，宽眉深目，阔嘴高鼻，专家一致认为是胡人形象，为研究汉朝与西域文化交流的重要资料。

21. 大震关。《水经注》记汧水西源（今陇县西关山沟）"岩嶂高险，不通轨辙"，②说明至迟在北魏以前，由汧县故城西经咸宜关村翻越陇山的官方驿道尚未开通。固关东街曾有一座古城遗址，东至穆家庄北河，西至李家沟河岸，南至固殿渠，北至陇固公路。中部断崖有灰土堆积层，厚约2米。距李家沟河150米处，曾发现东西走向夯土城墙遗迹，高约2米，东西残长约160米。③ 2016年5月笔者至此考察时已毁坏殆尽。《太平寰宇记》："郁夷故城，……盖在今（陇）州西五十里大宁关侧，近汧水源。……晋泰康中，于此置陇关县。"④ 所谓"大宁关"即"大震关"。《元和郡县图志》："陇山，在（汧源）县西六十二里。……大震关在（陇）州西六十一里。后周置。汉武帝至此遇雷震，因名。"⑤ 唐代陇州治汧源县治在今陇县西关，"六十一里"合今32.9公里。以此距离测量，大震关在陇县固关镇西窑湾村。固关东街遗址东南去陇州故城29公里，合宋代五十一里，与《寰宇记》所说的"郁夷故城""陇关县"的位置符合；其西2公里余即大震关故址，所以《寰宇记》说在"大宁关侧"。如前所考，汉郁夷故城在宁王庄遗址，并不在这里。固关东街古城可能是晋陇关县。⑥ 晋陇关县是不是因汉陇关旧地而置呢？对这一问题，需要谨慎对待。始建国二年（10年），王莽置四关将军，命右关将军王福曰：

---

① （唐）李泰等著，贺次君辑校：《括地志辑校》卷1《雍州》，中华书局1980年版，第3页。
② （北魏）郦道元著，（清）杨守敬疏：《水经注疏》卷17《渭水注》，江苏古籍出版社1989年版，第1512页。
③ 陇县地方志编纂委员会：《陇县志》，陕西人民出版社1993年版，第819页。
④ （宋）乐史：《太平寰宇记》卷32《关西道八》，中华书局2007年版，第687页。
⑤ （唐）李吉甫：《元和郡县图志》卷2《关内道二》，中华书局1983年版，第45页。
⑥ 有学者根据《陕西通志》记载，认为该城是汉代郁夷故城，见田亚岐、杨曙明《长安溯渭水至陇山段路线考察研究》，载《丝绸之路（中国段）历史地理研究》，江苏人民出版社2012年版，第98页。

"汧陇之阻，西当戎狄。"①汧即汧山，陇即陇山，汧山在东，陇山在西，二山东西相连，故汧陇联称。②右关将军的设置说明此前很早就在"汧陇"之地置关。但右关并非具体关名，而是与方位联系的泛称，同时也说明汧陇之地置关并非一处。汉辛氏《三秦记》说："震关东望秦川如带。""陇坂谓西关也。"③说明汉代汧陇之地有东、西二关，大震关在陇山东坡，当为东关；陇山关在西，为西关。魏晋时期，由于陇右区域政治中心的变化，致使西行路线主干道不再经过凉州刺史治所陇县（治今张家川县城）。④随着政治、交通地位的下降，陇县省并入清水县，陇关可能亦随之渐废。加上晋泰康间（281—289 年）在汧山东麓置陇关县，以致两晋之际的王隐所撰的《地道记》中将陇关和大震关混为一谈："汧县，属秦国，故城在今县南。汉置陇关，今名大震关，在县西。"⑤实际情况可能是汉在汧山东麓置汧山关，在陇山西麓置陇山关，后来汉武帝至汧山关遇雷震而改汧山关为大震关。固关东街古城可能最初为汉大震关故址，晋因其故地置陇关县。后周时，在晋陇关县西不远处复置大震关。

22. 陇关。顺帝永和五年（140 年），"且冻分遣种人寇武都，烧陇关，掠苑马。"⑥东汉时，西河六郡牧苑中除汉阳流马苑外，其余均废。⑦所以，且冻羌人所略掠"苑马"必出自汉阳流马苑。从先"烧陇关"，后"掠苑马"的顺序看，陇关位于流马苑西，在汉阳郡辖区内。今甘肃张家川县和陕西陇县间关山东坡因处于东南季风迎风坡，降雨丰沛，被森林覆盖；山顶因受垂直带性分异影响，属于山地草原；西坡处于背风坡，盛行下沉气流，降水相对较少，为灌丛草原。关山顶及西坡水草丰美，

---

① （汉）班固：《汉书》卷99《王莽传》，中华书局1962年版，第4117页。
② 《括地志》："汧山在陇州汧源县西六十里。其水东邻岐岫，西接陇冈，汧水出焉。汧水源出陇州汧源县西南汧山，东入渭。"见《括地志辑校》卷1，第39页。
③ （宋）乐史：《太平寰宇记》卷32《关西道八》，中华书局2007年版，第687页。
④ 苏海洋等：《丝绸之路陇右南道甘肃东段的形成与变迁》，《西北农林科技大学学报》（社会科学版）2011年第3期，第126—131页。
⑤ （宋）乐史：《太平寰宇记》卷32《关西道八》，中华书局2007年版，第686页。
⑥ （南朝宋）范晔：《后汉书》卷87《西羌传》，中华书局1965年版，第2895页。
⑦ 《后汉书》志25《百官二》记载："又有牧师苑，皆令官，主养马，分在河西六郡界中，中兴皆省，唯汉阳有流马苑，但以羽林郎监领。"（第3582页）

应该是汉阳流马苑所在地，直至今日仍然为张家川县百姓养马的优良牧场。陇关必在陇山西麓，最大的可能在《水经注》所说的"陇口"附近。由陇山口顺樊河东岸向南 3.5 公里有一古城，叫下城子古城。古城北、南面临冲沟，东墙建在缓坡和山体交界处，西墙可能被樊河冲毁。城址南北 500 米，东西 400 米，城墙夯土版筑，基宽 5.2—5.5 米、残高 2—6 米，断面呈梯形，夯层厚度 0.08 米，北墙开门，宽 4 米、高 5 米。城内侧文化层堆积厚 2—7 米，并有房基。城内曾采集到汉代铜镜、铁铧、陶器和宋代瓷器。并有宋绍圣四年（1097 年）《重修武安君祠堂记》一通。[1] 结合汉代出土物与夯层判断，恭门下城子古城当为汉代古城，从与"陇口"的位置关系判断，极有可能是陇关故城，宋代仍有居民在城内生活。恭门上峡南口的樊河河谷盆地有古土、麻崖、恭门西等汉墓分布，说明汉代陇口一带为人口稠密的战略要地。

23. 凉州刺史治陇县。由恭门下城子遗址向南至恭门村，西渡樊河至恭门下峡村，折西北行，经梁湾、古土、杨店翻越樊河和后川河分水岭至上沟村，顺清水河支流木河沟右岸阶地西北行，15.7 公里至陇县故城。梁湾村至古土村西边的山梁上至今保留着一段黄土夯筑的长 5 公里的"边墙"遗迹，当地人称为"堵鞑坡边墙"。因年久风雨侵蚀和造田破坏，墙体已坍塌无存，但挖土筑墙所留的壕沟遗迹仍然清晰可辨。[2] 所谓"边墙"位于汉代陇关通凉州刺史治陇县的交通道路沿线，联系"边墙"内侧的古土汉墓，笔者判断为汉代在交通干道沿线修筑的塞垣遗迹。陇县西汉属于天水郡，[3] 东汉属汉阳郡，因其当陇口之要，一度为凉州刺史治。[4] 陇县故城位于秦水（由南川河和杨川河汇合而成）以北和亥、松多二水汇合后的河道（北川河）以南，[5] 即今张家川县城西街一带。在中城北路以西的西城路、人民路和和平路一带，曾有一古城，东西长 380 米、

---

[1] 国家文物局主编：《中国文物地图集·甘肃分册（下）》，测绘出版社 2011 年版，第 183—184 页。

[2] 张家川回族自治县县志编委会：《张家川回族自治县县志》，甘肃人民出版社 1999 年版，第 1043 页。

[3] （汉）班固：《汉书》卷 28 上《地理志第八上》，中华书局 1962 年版，第 1612 页。

[4] （南朝宋）范晔：《后汉书》志 23《郡国五》，中华书局 1965 年版，第 3517 页。

[5] （北魏）郦道元著，（清）杨守敬疏：《水经注疏》卷 17《渭水注》，江苏古籍出版社 1989 年版，第 1497 页。

南北宽270米,当地文物工作者认为筑于北宋太平兴国年间。[1] 遍查历史文献,该地宋代无筑城记载。从位置看,极有可能是汉代陇县故城,可惜今已完全被民房覆盖,无遗迹可循。考古调查发现,张家川县城及其周围河谷阶地、坡地仰韶、齐家、周、汉时期遗址,墓葬密集,[2] 说明凉州刺史治地陇县所在的"秦川"从新石器时代至汉代,一直为陇山以西人烟如织的交通枢纽。

第二节 陇坻道

六盘山古代称为陇山,又称陇坂、陇坻、陇首、关山,是位于秦岭深断裂线以北的南北走向的狭长山系。山地全长120公里,平均海拔2000米以上,山脊海拔超过2500米,最高峰米缸山达2942米,山麓西侧海拔2200米,东侧2000米。六盘山北段因山路曲折险狭,须经六重盘道才能到达顶峰,因此得名,今其南段仍称陇山。六盘山是喜马拉雅运动中隆起的,沟谷深峻,极少平地,构成了东西陆路交通的巨大阻碍。六盘山和秦岭之间的宝鸡至天水渭河峡谷不易通行,所以古代由关中西行的交通线,大多都是沿着发源于六盘山的东南或西南走向的河谷和山口开辟的。六盘山既是一条重要的自然地理分界线,又是一条重要的人文地理分界线。历史上由中原通往陇右、河西、西域,或由西域进入中原,陇山为必经之区。而陇山之山大谷深、群山逶迤,历来被视为畏途。所谓"其坂九回,七日乃得越","西上陇坂,羊肠九回"等,就是对陇山交通异常险阻的真实反映。千百年来,从关中西进翻越古陇山的道路自北向南主要有瓦亭道、鸡头道、番须道和陇坻道。

"陇坻道"又叫"陇道",指右扶风和汉阳郡(西汉天水郡)间东西跨越陇坻的道路。《后汉书·西羌传》记载,东汉顺帝永和五年(140年),为绝羌患,"于扶风、汉阳、陇道作坞壁三百所,置屯兵,以保聚

---

[1] 张家川回族自治县县志编委会:《张家川回族自治县县志》,甘肃人民出版社1999年版,第1148页。

[2] 早期秦文化联合考古队:《牛头河流域考古调查》,《中国历史文物》2010年第3期,第4—23页。

百姓。且冻分遣种人寇武都，烧陇关，掠苑马"①。汉代由大震关向西翻越陇山的道路，自南向北有三条：第一条路线是由今固关镇向西经关山沟、翻越老爷岭至陇山以西的马鹿镇；第二条是由固关镇继续溯千河西北行至千河与铜厂沟交汇处，翻越道堡石梁至陇山西麓的恭门镇；第三条是在千河与铜厂沟交汇处继续溯千河右岸西行，翻越南掌上至甘肃张川县川王镇。

第一条道路由今固关镇向西南，经汗复坪、老爷岭至马鹿后，可翻越十字河和汤峪河的分水岭至阎家镇，顺汤峪河南下至汉清水故城。该道关山沟段三桥一带有古道与古城遗址，十桥至老爷岭段有石阶路遗迹，老爷岭上有疑似墩台残迹的石圆圈遗迹，马鹿经阎家至恭门段的墩台梁、大场梁、麻山梁发现汉代烽燧遗址，②说明该道至迟在汉代已经开通，但关山沟河道弯曲、河谷狭窄，道路容易被水冲毁，十桥至老爷岭段山势陡峻，车马不易通行，所以非官方驿道所经。张国藩、赵建平在《丝绸之路陇坂古道考察散记》一文中记述了他们从固关镇经老爷岭至马鹿的经历：由固关溯蔡子河西行，"峡谷流水潺潺，沿河而上，即为1号桥，桥址巨石上有人工凿迹五处……经3号桥，公路进入一条峡谷，两山险峻，谷口大石林立……前行900米，有一段较长的古道遗迹，路面为乱石所埋。过8号桥，便到陇关道上的重要控制点复汗坪。在11号桥处，公路沿峡谷通往白杨，古道盘山至老爷岭，要经过12条弯道，其中最大的弯道半径9米，最小的仅容一骑。老爷岭即唐代史籍中所说的'分水岭'，盖因有水从这里东西分流，由此向西进入甘肃。约50米处有泉，水不多，是渭河支流的发源处。再行50米，有长1里的石块路，宽5—6米。下山后进入陈子沟（音）。沿林区公路下行10里到陇坂重镇马鹿"③。

第二条为陇坻道主干道。该道由大震关故城沿千河右岸阶地西北行至柴家咀村，渡河，复沿千河左岸西北行，经唐家河、石家地湾、旧城

---

① （南朝宋）范晔：《后汉书》卷87《西羌传》，中华书局1965年版，第2895页。
② 张家川回族自治县地方志编纂委员会编：《张家川回族自治县县志》，甘肃人民出版社1999年版，第1041页。
③ 张国藩、赵建平：《丝绸之路陇坂古道考察散记》，《丝绸之路》2001年第1期，第107—111页。

至麻庵村东，西渡千河，沿千河右岸缓坡前行4.5公里至千河与铜厂沟交汇处，溯铜厂沟南行至道堡石梁，下梁入牛头河支流樊河河谷，顺右岸阶地西南行至河峪村，翻山绕过恭门上峡，55.3公里至恭门下城子遗址。《水经注》记清水（牛头河支流樊河）"导源东北陇山，二源俱发，西南出陇口，合成一水，西南流，历细野峡，径清池谷，又径清水县故城东"①。陇口即张家川县恭门镇北陇山口。由固关翻越老爷岭至陇山西麓的道路和由固关经道堡石梁至陇山西麓的道路均在恭门镇会合。义熙二年（406年），"仇池公杨盛叛……（姚）兴将轻骑五千，自雍赴之，与诸将军会于陇口"②。姚兴的进军路线走的就是由固关经麻庵翻越道堡石梁至恭门的陇道主干道。《太平寰宇记》引《泰康地志》说："汧县有蒲谷乡弦中谷，乃雍州之蒲也。"③今固关以上千河河段至今有"蒲处湾""普陀""普陀塘"等地名，当为《泰康地志》所说的"蒲谷"，汉晋时期在此人烟稀少之地设乡，必为交通要道所经。该段沿线古道遗迹甚多：笔者在华亭县麻庵乡石家地湾村东南400—500米处千河左岸泥质页岩断崖上发现26处古栈道孔眼，其中1处上下相对的桩眼已经残破，痕迹很难辨认。上排距离今天河面3.5至5米，下排至河面2.5米至2米。上下两孔眼之间距离1.5米左右，同排两个相邻孔眼之间的距离1.3米。栈孔外口径0.30×0.30米，内口径0.25×0.25米，深0.35米。栈道遗迹东南、千河左岸保留着一段完整的古道，长375米、宽4米余。石家地湾至麻庵村间有长4.5公里的古道遗迹。铜厂沟栈桥和沟内古栈道20世纪90年代仍通行。④铜厂沟上游至道堡石梁段林莽间掩藏着一段古道，长4.36公里、残宽4米余。张川县恭门镇河峪村马家涧东420米处的樊河北岸山崖下上有一方东汉桓帝和平元年（150年）由汉阳郡陇县人赵亿刻写的赞颂中山王刘胜后裔、前凉州刺史兼汉阳太守刘伯会镇伏羌人、维护陇道交通政绩的摩崖石刻。河峪村西约2公里的恭门上峡左侧山梁上屹立一座古堡（当地人称为白起堡），残高2—4米，残长300米，夯土层厚约

---

① （北魏）郦道元著，（清）杨守敬疏：《水经注疏》卷17《渭水注》，江苏古籍出版社1989年版，第1495—1496页。
② （唐）房玄龄等：《晋书》卷118《姚兴传上》，中华书局1974年版，第2996页。
③ （宋）乐史：《太平寰宇记》卷32《关西道八》，中华书局2007年版，第687页。
④ 华亭县志编纂委员会：《华亭县志》，甘肃人民出版社1996年版，第638页。

30厘米。① 在堡子东边的断崖上暴露出人马骨骼及秦、汉、宋砖瓦、灰陶片及琉璃建筑构件等。② 1975年平田整地时出土铜铁蒺藜、戈矛、箭镞、六棱铜铁复合锤。③ 结合出土物判断，该古堡属于陇道沿线军事防御性建筑，始筑于秦汉，宋代在旧址上加筑，它的存在为秦汉至唐宋穿越陇山南段的官方驿道运行提供了物证。河峪南山豁岘有一段长0.52米的古道，残宽3米，加上自然埋没的路面，宽度不小于6米，绳纹汉瓦俯拾皆是，为汉代古道无疑。

第三条道路鬼门关段发现碑额有"雍西"字样④的秦代石碑；高分辨率卫星影像上，千河上源四岔河谷古道痕迹清晰可辨，个别路段宽6米余。然而，铜厂沟口经鬼门关至四岔河近10公里路段路况凶险难行。蜀汉建兴六年（228年）春，蜀军占领祁山后，诸葛亮以马谡为主帅率军至街亭，⑤欲绕开陇坻道主干道，奇袭关中。由故关经鬼门关翻越南掌上至川王镇的道路中途并不经过凉州刺史治所陇县（今张家川县城），所以，该道仅仅是汉魏时期陇道的一条支道而已。该道又称为汉回中道，该道从今陇县经曹家湾到固关，这一段为临水开的傍山路，从固关往西经唐河，入甘肃境华亭县麻庵乡，经普沱（古遗址）、旧城（古遗址）、三角城（古遗址），越鬼门关到"上下畤"（位于今华亭县五台山南麓莲花台）的路，后一段路主要以栈道为主（今存古栈道痕迹甚多）。如果不去"上下畤"祭祀而去西域，则在麻庵乡分路，由普沱向南上陇山，沿山梁脊西进（今尚有古驿道遗迹）至四岔河，再由大屋脊下陇山，⑥ 经街泉（治今张川县川王镇稍东）至今张川县龙山镇，与下文考证陇关旧道会合。悬泉置《邮驿道里簿》简ⅡT0315①：35第51简"□□至略阳卅五里，略阳至街泉五十五里"的记载，刚好是汉回中道至街泉县后沿瓦亭

---

① 个别地方夯层厚8厘米许。
② 张家川回族自治县地方志编纂委员会编：《张家川回族自治县县志》，甘肃人民出版社1999年版，第1042页。
③ 蒲锋：《张家川县博物馆馆藏六棱铜铁复合殳新探》，《丝绸之路》2011年第16期，第52—53页。
④ 王学礼：《陇山秦汉寻踪——上畤下畤的发现》，《社科纵横》1994年第3期，第38—42页。
⑤ 《三国志》卷35《诸葛亮传》，中华书局1971年版，第922页。
⑥ 王学礼：《陇山秦汉寻踪（二）——秦御道与汉回中道》，《社科纵横》1996年第3期，第28—31页。

水（葫芦河）支流略阳川水（清水河）东西延伸的一段。由于战争破坏、"吴山"东移、"上下畤"改名，以及东汉后文人朝士极力否定秦，因回中道沿用秦的"回中"一名，故在以后的文字记载中以"陇道"称呼，"回中"一名渐渐被人们遗忘。①

第三节　长安通姑臧南道凉州刺史至姑臧段

翻越陇山以后至黄河以东，丝绸之路秦陇南道并不是一条路线，而是在不同历史阶段形成南北两条线路：北线是西汉时期沿着游牧民族自西向东迁徙的路线，即中亚七河流域—天山北麓—河西走廊—黄河—兴隆山北侧—华家岭—陇山一线中的黄河至陇山段开辟的，该线穿越的陇西高原黄土丘陵地带性植被为暖温带半干旱草原，地表较为崎岖，气候干旱，历史上大部分时期以牧业为主，史料记载较少，但在秦陇南道的形成和演变中起过重要作用；南线是西汉末年至东汉初期沿着早就存在的农业民族自东向西迁移的路线，即西秦岭北麓—太子山北麓—小积石山东麓—拉脊山北麓—祁连山东段河谷和山口开辟的通河西走廊的路线，虽然较北线迂回，但穿越陇西黄土高原南部暖温带半湿润森林草原、青藏高原东部温带半干旱山地草原的河谷地带，沿途土地平坦肥沃、水热充足、农牧业发达、人口稠密、补给方便，是自汉至唐一直到明代行人往来最多、史书记载最多的路线。

张俊民先生披露了悬泉出土的一枚觚，有助于我们进一步了解长安通姑臧南道陇山以西段线路走向。该觚云：

> 以请诏择天水郡传马付移金城、武威、张掖、酒泉、敦煌太守。请书择天水郡置传马八十匹付敦煌郡置，县次传牵马，卒☐ A
>
> 得，如律令。七月丙子，敦煌太守步、长奉喜、丞破胡谓悬泉，移檄到☐☐使☐ B

---

① 王学礼：《陇山秦汉寻踪（二）——秦御道与汉回中道》，《社科纵横》1996 年第 3 期，第 28—31 页。

遮要、悬泉置，写移檄到，毋令使檄到不辨，如律令。C
ⅡT0112②：157ABC①

张俊民认为文书的时间应在汉宣帝五凤三至五年（公元前55—前53年）间，②文书A面大意是官吏向皇帝"请诏"调动天水郡的传马至金城、武威、张掖、酒泉、敦煌五郡并得到批准。B和C面是敦煌太守给遮要、悬泉等置的下行文书。简文中天水、金城、武威、张掖、酒泉、敦煌五郡自东向西依次排列，可能说明由敦煌经酒泉、张掖至武威后，姑臧通长安南道选择天水路。

悬泉汉简《传置道里薄》90DXT0214①：130第二栏记载了秦陇南道渡金城河，翻越乌鞘岭后，经苍松（治今古浪县北）、鸾鸟（治沙城子古城）、张掖（治王景寨古城）至武威郡治所姑臧的路线：

仓松去鸾鸟六十五里
鸾鸟去小张掖六十里
小张掖去姑臧六十七里
姑臧去显美七十五里③

悬泉置《邮驿道里薄》简ⅡT0315①：35第51简简文记载了由长安溯渭水、汧水翻陇山而进入今天甘肃东部的路线：④

□至郁夷卅五里　　□□至略阳卅五里
至池阳卅里　　　　略阳至街泉五十五里

---

① 张俊民：《对汉代悬泉置马匹数量与来源的检讨》，中国秦汉史研究会第十一届年会暨国际学术研讨会论文，长春，2007年7月，第12页。
② 张俊民：《对汉代悬泉置马匹数量与来源的检讨》，中国秦汉史研究会第十一届年会暨国际学术研讨会论文，长春，2007年7月，第12—13页。
③ 何双全：《汉代西北驿道与传置——甲渠候官、悬泉汉简〈传置道里薄〉考述》，载西北师范大学文学院、敦煌研究所、西北史研究所编《西北史研究》第2辑，甘肃文化出版社2002年版，第536—550页。
④ 张俊民：《简牍文书所见"长安"资料辑考》，武汉大学简帛网，2007年12月8日，http://www.bsm.org.cn/show_article.php?id=757。

池阳至□安五十五里

这条记载勾勒了由"□□"经略阳、街泉向东越过陇山,顺汧水至郁夷的路线,正好是本章第二节所考的汉回中道的路线。

根据简牍文献、考古遗物、遗迹及地貌地形调查,汉武帝时开辟的长安至姑臧南道凉州刺史至姑臧段的具体走向是,由凉州刺史治陇县出发,经略阳、奉捷、成纪、平襄、休茵苑城、兰干、西苑城、榆中至金城,或由西苑城西北行经勇士至金城,由金城继续向西,经石城津、枝阳、令居、允街、苍松、鸾鸟、小张掖至武威郡治姑臧。

1. 略阳道。由陇县故城渡樊河西行至瓦窑村,折西北沿古道翻越挤子梁入木河沟,在其两岸缓坡交替西北行至龙山镇西门村,再沿清水河二级阶地西南行,29.7公里至略阳道故址。该段沿线分布着瓦盆窑、杨上、芦塬、店子、水沟、西村、西街等新石器至汉代遗址。《水经注》记略阳川水(今清水河)"西径略阳道故城北。泥渠水出南山,北径泥峡北,入城"[1]。泥渠水即今薛李家沟;泥峡即今陈家峡。建武八年(32年)来歙从番须、回中伐山开道,攻克略阳城。隗嚣率众以激水灌城的方法围攻来歙。[2] 陈家峡以南、薛李家沟出山后的河段以西、麻沟以东、清水河故道(大石面杨家南)以南是一片四周高、中间低的洼地,"一水二川,盖嚣所堨以灌略阳也"。今薛李家沟汇入清水河处西南0.5公里的菜河村古名大城村,村中出土两汉魏晋时期的遗物甚多;村南南山有大型汉墓群,出土三国时期的弩机。因此,菜河村一带当为汉略阳故城所在地。

2. 奉捷。由略阳故城出发,沿清水河左岸西行,沿途经大地湾、雁掌坪、田家寺等新石器至汉代遗址,14.55公里至奉捷故址。悬泉简ⅡT0315①:35有"□□至略阳卅五里,略阳至街泉五十五里"的记载。根据该简地名排列顺序,"□□"在略阳以西,街泉在略阳东。西汉"卅五里"合今14.55公里,无法识读的地名当在今秦安县莲花镇上河村;"五十五里"合22.89公里,街泉县治当在张川县川王镇稍东,不在凉州刺史治所通天水平襄主干道沿线。《汉书·地理志》记载

---

[1] (北魏)郦道元著,(清)杨守敬疏:《水经注疏》卷17《渭水注》,江苏古籍出版社1989年版,第1485页。

[2] (南朝宋)范晔:《后汉书》卷15《来歙传》,中华书局1965年版,第587页。

天水郡有十六县，①其中阆干、奉捷位置失考。氐人聚居区多有带"捷"（音）地名，如"阴平街""武阶""阶陵""街泉"等，②略阳西边的地名当为"奉捷"。汉献帝初平年间（190—193 年），聚集在略阳川的氐人曾在兴国筑城以自保，"兴国"与"奉捷"音近，"兴国"城当在西汉"奉捷"故城基础上加筑而成。1961 年，莲花镇北山下、清水河北岸 1 座被破坏的汉代砖室墓中出土灰陶俑、陶马、陶熏炉、陶釜等随葬品。③民国时期，在上河村南堡子山下筑莲花城，长宽各约 300 米，东、西、北三面筑有城墙，南靠断崖，城西有城门和戏台，东面有菩萨楼。

3. 成纪。由奉捷故址北渡清水河，沿古道遗迹经扯弓塬、李家坪至下店注（清水河与葫芦河汇流处），西渡葫芦河，折西北进入葫芦河支流南河河谷，继续沿古道遗迹在南河两岸阶地交替前行，经马家店子、李店镇，33.7 公里至静宁县治平乡刘河村东南汉代古城。该城位于南河及其支流刘家河淤积的黄土台地上，北垣、东垣被刘家河所环绕，分别长 158 米、126 米；西垣原长 127 米，靠南一角被现代公路破坏，其余均被刘家河故道洪水冲毁；南垣下临南河，长期遭河水冲刷，残长 95 米。城内曾出土板瓦、筒瓦残片和各种粗细绳纹、篮纹陶片及各类文字的瓦当（"长乐无极""长乐未央""帛美禾大"）、"回"字纹铺地砖、鸱吻残件、唐彩俑、宋元瓷片等。④从出土的汉代文字瓦当和回纹铺地砖看，古城内曾有高级别建筑，非普通聚落所在地。离古城不到 1000 米的五方河村东鱼池汉墓出土"成纪容三升"铭文陶壶。⑤《水经注》记成纪水（今南河）"导源西北当亭川，东流出破石峡，津流遂断，故渎东径成纪县故城东，……又东潜源隐发，通之成纪水"⑥。当亭川即通渭陇川；破石峡即静宁下刘仁村至杨店之间的峡谷。2015 年 10 月 4 日，笔者考察时发现古城西南角一段南河断流，与《水经注》"东流出破石峡，津流遂断"的记载完全符合。

---

① （汉）班固：《汉书》卷 28 下《地理志》，中华书局 1962 年版，第 1612 页。
② 李祖桓：《仇池国志》，书目文献出版社 1986 年版。
③ 国家文物局主编：《中国文物地图集·甘肃分册（下）》，测绘出版社 2011 年版，第 152 页。
④ 静宁县志编撰委员会：《静宁县志》，甘肃人民出版社 1993 年版，第 462—464 页。
⑤ 王科社：《汉"成纪"陶壶印证治平古城乃汉成纪县治》，《平凉日报》2008 年 9 月 18 日。
⑥ （清）杨守敬：《水经注疏》卷 17《渭水注》，江苏古籍出版社 1989 年版，第 1482—1483 页。

4. 天水郡治平襄。由成纪古城沿南河左岸二级阶地西北行，经治平、杨店、新店、官堡至甘家坡，在甘家坡渡南河至陇川镇，① 由陇川镇溯南河支流两岸缓坡南行至新林村，沿黄土梁继续南行至陇山镇，折西南，经仁马墩、姜家庄至陇阳村下山，入顺散渡河一支流，经周店至孔家岔东，西南翻越头基山至草坡村，顺散渡河另一条支流西南至平襄镇，又西微偏北行，67.7公里至旧店子。该段周店经头基山至草坡村间现代公路附近仍然保留着一段长6公里、宽4.58米的传统道路。始皇二十七年（前220年），曾"巡陇西、北地，出鸡头山，过回中"，② 即始皇经鸡头山巡陇西，过回中至北地。"鸡头山"当为今天通渭境内的"头基山"，穿越"头基山"的传统道路当在秦汉古道基础上修筑而成。《水经注·渭水上》称温谷水（今散渡河）"导源平襄县南山温溪，东北流径平襄县故城南……其水东南流历三堆南，又东流而南屈，入黄槐川"③。温谷水即通渭县西南的汤池河，自西南向东北流，在旧店子东南1.1公里处汇入蜿蜒东南流的散渡河。平襄故城当在温谷水由东北向东南流的转折点以北，即今通渭城西5公里余的旧店子一带。平襄针对深目高鼻、胡须环腮④的貌似吐火罗人的襄人而设。根据汉简里程和《水经注》记载复原的平襄故城的位置均在旧店子，但截至目前，这里没有发现汉代古城。在通渭平襄镇马家磨村南300米发现一座汉代古城，城址形状不详，面积15万平方米。残留城墙夯土版筑，长37.5米，基宽7米，残高0.5—0.21米，夯层厚0.15米。出土有绳纹灰陶罐、粗绳纹板瓦、筒瓦片、"回"字纹砖块、四铢、半两、五铢、新莽钱币、漆器等。暴露汉瓮棺葬、瓦棺葬，其中一块板瓦上有平襄官营制陶作坊的"平"字戳印。何钰先生认为该古城为平襄故城。⑤

---

① 2015年10月3日，笔者考察时获知，该段河谷两岸坡地汉墓密集，说明汉代曾经为人口稠密的交通要道。
② （汉）司马迁：《史记》卷6《秦始皇本纪第六》，中华书局1959年版，第241页。
③ （北魏）郦道元著，（清）杨守敬疏：《水经注疏》卷17《渭水注》，江苏古籍出版社1989年版，第1477—1478页。
④ 四川省文物考古研究所、德阳市文物考古研究所、中江县文物保护管理所：《四川中江塔梁子崖墓发掘简报》，《文物》2004年第9期，第4—33页。
⑤ 何钰：《西汉天水郡治平襄城故址在今通渭城区考》，《西北师院学报》（社会科学版）1984年《敦煌学研究专辑》，第77—82页。

5. 休茵苑城。由平襄故址继续沿散渡河北岸西行，在新店子上史家山，越战国秦长城至锦屏村，又上何家大山至马营下山，继续沿散渡河北岸西行至王家中岔，翻越散渡河和关川河分水岭，44.6公里至关川河上游的宁远镇。敦煌阳关博物馆藏有一枚编号为YB01741的汉简，简文说："建昭五年二月丙子朔己未，右扶风顺丞门下掾章辅、史融仪，郡太守承书从事下当用者，今辅等言：咸等疑过天水休茵苑监，马子实及咸弟勋、妻季、敦煌太守部候赵子都、咸之子狗毚与咸俱亡，茂陵单长伯为狗毚持金（A）。掾喜属耐书佐定（B）。"① 周良霞、李永平认为该简为右扶风顺、丞回签的逮捕亡犯的文书。天水郡休茵苑是西汉设立的三十六苑之一，其位置在今天水市张家川县一带。② 从简文看，咸等人是在茂陵单长伯的资助下，由右扶风经天水郡向西逃窜，目的地可能是赵子都熟悉的敦煌郡。由此可知休茵苑在长安通姑臧南道沿线。但笔者考证今张家川县东的关山顶及西坡一带为流马苑所在地，另外两个天水郡下辖的兰干苑和勇士苑分别在今定西巉口和兰州榆中县境内（详见后文考证）。休茵苑最大的可能在今通渭西部与定西东部。《通渭县新志》云："（通渭）县西八十里之蟾母山，其山极广大，横亘南北，每起雾三日即雨，土多草堪牧。"③ 今通渭与定西间华家岭海拔2000米以上，受垂直带性分异影响，降雨量500毫米以上，为山地草原、森林草原景观，适宜发展山地畜牧业。明朝初年在此设安定监，"东西阔七十里，南北长八十里"，有牧地5260余顷，圉马3570匹。万历十四年（1616年）仍有牧地3215顷。④ 今华家岭东坡、散渡河上游仍遗留有"马营"地名；西坡关川河上游有"牛营""羊营"等地名。所以，休茵苑可能就设在今定西、通渭之间的华家岭一带。宁远镇接近平襄和兰干中点、河谷阶地较为宽阔，有建城的条件，且15公里范围内有数处汉墓群分布，如红土窑、李

---

① 《建昭五年二月右扶风逮捕令》，载《敦煌阳关博物馆文物图录》，甘肃人民美术出版社2013年版，第262页。

② 周良霞、李永平：《阳关博物馆藏记载天水休茵苑汉简及相关问题》，《敦煌研究》2015年第5期，第104—106页。

③ （清）高蔚霞修、苟廷诚纂：《通渭县新志》卷5《山水》，台北成文出版社1976年影印本，第119页。

④ 见通渭马营镇所立明正德十四年《清复牧场碑记》。

家堡子汉墓群等。[1] 管理休茵苑的牧苑城设置在这里的可能性最大。

6. 兰干。由休茵苑城出发，沿关川河谷右岸西北行，经红土窑、店儿川、李家堡、定西市、三十铺，50.8公里至巉口遗址东。20世纪末，旧店子至宁远古道遗迹尚存，其中锦屏、马营分别发现疑似汉代驿站建筑构件的粗绳纹板瓦、筒瓦残片；[2] 宁远至巉口沿线多有新石器遗址和汉墓群分布。[3] 巉口遗址位于祖厉河支流关川河和称钩河交汇处的第一台地上，东西200米、南北500米，文化层厚0.50—1.0米，出土大量汉代板瓦、筒瓦残片、铁器、铁渣和牛、羊、马等畜类骨骼、官铸货币以及"颍阴丞印"封泥、新莽权衡（8件）、[4] 墨玉石刀（1件）、星占卜骨（1件）、玉含蝉（1件）等珍贵文物。新莽衡器、官铸货币的出土说明该遗址并非普通聚落，而是西汉天水郡、东汉汉阳郡所属某县行政机构驻地，其衙署就在遗址西北角新莽衡器[5]和官铸货币出土地附近。《水经注》记载苑川水（今苑川河）、二十八渡水（苦水沟）先后汇入河水（今黄河）后，"又有赤畦川水，南出赤蒿谷，北流径赤畦川，又北径牛官川。又北径义城西北，北历三城川，而北流注于河"[6]。赤畦川水即今祖厉河支流关川河；赤畦川即今定西市所在的关川河谷，因周围山脉为老第三纪红土裸露故名；"牛"与"兰"字形接近，容易混淆，"官"与"干"音近，"牛官川"当为"兰干川"，即巉口一带关川河谷。巉口遗址当为位置失考的兰干故城。[7] "兰干"地名频繁出现于塔克拉玛干沙漠西缘绿洲，维吾尔语中有"驿站"和"腰店子"的意思。[8] "颍阴承印"封泥的出土

---

[1] 何钰：《西汉天水郡治平襄城故址在今通渭城区考》，《西北师院学报》（社会科学版）1984年《敦煌学研究专辑》，第77—82页。

[2] 见何钰《汉代天水郡国都尉治所地望的探讨》，《陇右文博》2001年第1期，第77—82页。今天40%以上古道遗迹已被现代公路破坏。

[3] 定西县志编纂委员会：《定西县志》，甘肃人民出版社1980年版，第728—732页。

[4] 傅振伦：《甘肃定西出土的新莽权衡》，《中国国家博物馆馆刊》1979年第1期，第90—94页。

[5] 薛仰敬：《定西新莽权衡出土的地点和经过》，《中国国家博物馆馆刊》1980年辑刊，第48页。

[6] （北魏）郦道元著，陈桥驿校证：《水经注校证》卷2《河水注》，中华书局2013年版，第50页。

[7] 何钰先生认为该遗址为天水属国都尉治所满福所在地，见《汉代天水郡国都尉治所地望的探讨》，《陇右文博》2001年第1期，第21—25页。

[8] 董林：《读解新疆地名中的"兰干"》，亚心网，2008年11月4日，http://www.iyaxin.com/content/2008-11/04/content_478521.htm。

表明汉颍川郡（今河南境内）颍阴县（治今河南许昌）文书曾递送到此，说明该地位于汉代东西交通干道沿线，与"兰干"地名含义契合。公元前900年前后，操东部伊朗语的塞种人迁入塔克拉玛干沙漠西缘绿洲，①并经河西走廊逼近河套、泾水、渭水流域。②兰干当是针对东迁此地的塞种人而设。遗址中大量的牛、羊、马的骨骼及其东部一座汉墓中墓主人使用金箔饰片的习惯亦有助于揭示这一支戎人的背景。

7. 西苑城。由兰干故城向西至西康家庄上车道岭，经朱家店、阴坡店、车道岭、双墩阳坡、伞坪、犁头下山至甘草店，沿苑川河谷东岸西北行，42.9公里至东古城。东古城位于榆中县东古城村西部的苑川河古河漫滩上，北垣残长59米，残高8米；东垣、南垣分别被民房和打麦场破坏；西垣西南角仅保存一段残墙，残长约16米，残高7米余，其余绝大部分被苑川河水冲毁。城内曾发现过一口枯井，附近采集到唐宋至元明时期砖瓦及圈足碗残片，③因此，该城长期被误认为是宋代城堡。《水经注》："苑川水出勇士县之子城南山，东北流，历此成川，世谓之子城川。又北径牧师苑，故汉牧苑之地也。羌豪迷吾等万余人，到襄武、首阳、平襄、勇士，抄此苑马，焚烧亭驿，即此处也。……有东西二苑城，相去七十里。西城，即乞佛所都也。"④子城南山即今马衔山，子城川即宛谷河和兴隆大河，前者发源于马衔山主峰，经八门寺、宛谷峡、小康营，在接驾嘴折向西北，于东古城西与沙河汇合，后者发源于马衔山，东北流，经兴隆峡、榆中县城南关，于东古城村西北与前两条河流汇合。由东古城向东40余公里（合北魏七十余里）⑤即巉口遗址。巉口遗址为

---

① 陈致勇：《再论丝绸之路古代种族的起源与迁徙》，《现代人类学通讯》2007年第1期，第92—105页。

② 斯维至：《从周原出土蚌雕人头像谈严允文化的一些问题》，《历史研究》1996年第1期，第92—101页。

③ 榆中县志编辑委员会：《榆中县志》，甘肃人民出版社2001年版，第543页。

④ （北魏）郦道元著，陈桥驿校证：《水经注校证》卷2《河水注》，中华书局2013年版，第50页。

⑤ 据文献换算的北魏前尺长0.279米，中尺长0.280米，后尺长0.296米，见《中国历代户口、田地田赋统计》，第541页。但从大同永固陵考古看，北魏一里合今576米，见陈连洛《从大同北魏永固陵制看古代的长度单位一里》，《山西大同大学学报》（社会科学版）2009年第3期，第24—32页。巉口遗址西至东古城遗址最大距离42.7公里，最短距离40.37公里，分别合北魏七十四里、七十里。

《水经注》所说的"东苑城",① 东古城当为"西苑城"。太元二十年（395年）,因南景门坏,西秦迁都苑川城。东古城附近的"太子营""接驾嘴"等地名反映了西秦乞伏乾归在此称王、以太子乞伏炽盘为尚书令的有关史实。靠近打麦场一段古城墙分上下两层：上层夯土层厚度在10厘米以上,皆为本地黄土,下层夯土层厚度只有5至8厘米,内夹杂砂黄土和红黏土。陇西黄土高原毗邻的青海河湟地区汉代古城夯层厚度6—10厘米,唐代8—15厘米,宋代在10—20厘米。② 以此为参照,推断该城分为两期：下层筑于汉晋时期,可能与汉西苑城、西秦苑川城有关；上层筑于唐宋时期,可能与宋代胜如堡有关。③

8. 榆中县。由西苑城西南经双店子、三角城、巩家岘至大坡坪,再折西北经刘家堡子东、二沟墩、连搭、杨兴店、中台坪、麻起营,21.5公里至榆中故城。榆中秦时为地区名,西汉因地置县,属金城郡。④《水经注》卷2《河水注》提到汉榆中县北界,但始终没有提及榆中故城的位置,以致今天史学界对其位置看法多有分歧。⑤《水经注》卷3《河水注》"榆中在金城东五十许里"⑥ 的记载,为解决其地望问题提供了新线索。北魏一里约今576米,五十里合今28.8公里。由金城故城北门（华林坪—马路中段）顺黄河南岸东行至东岗镇,入黄河支流柳沟河,经和平镇、猪嘴岭、定远镇至矿水公路和园区大道交会处东南3.28公里的路程刚好是28.8公里。笔者判读了拍摄于2004年11月27日定远镇周围的冰雪覆盖的卫星影像。发现在G312和园区大道交会处东南2.9公里处有一个东西长732米、南北宽460米的负霜雪标志区域。该区域与周围植被均为种植冬小麦的农田,无任何差异。推断该区域地面以下有遗址存在。地下遗迹土壤比周围自然颗粒细,储存水分多。初冬降雪时,土壤

---

① 巉口遗址中大量的牛、羊、马等畜类骨骼,证明此地为两汉管理官马政的机构。
② 李智信：《青海古城考辨》,西北大学出版社1995年版,第8页。
③ 陈守忠：《河陇史地考述》,甘肃人民出版社2007年版,第281页。
④ （汉）班固：《汉书》卷28下《地理志》,中华书局1962年版,第1611页。
⑤ 关于汉榆中故城的位置有金城西北、苑川河与黄河交汇处、榆中县甘草店、榆中县连搭、兰州市城关区东岗镇、榆中定远镇6种不同的说法。
⑥ （北魏）郦道元著,陈桥驿校证：《水经注校证》卷3《河水注》,中华书局2013年版,第79页。

中储存的水分在从液态转化为固态的过程中向周围散发热量，使盖在遗迹上的雪首先融化，出现负霜雪标志。笔者还判读了该区域2003年7月17日的航天照片，发现标志区以南、以西、以北麦田长势要好于该标志区。负植被标志与负霜雪标志相互印证。宋代在兰州东关堡（东岗村）东南五十里筑定远城。① 依里距推算，宋定远城不在今定远镇，而在其东南18公里的三角城西。清代定远镇故城在定远村，遗迹尚存。因此，该"古城"距离、方位均与《水经注》卷3中所说的榆中故城符合。由西苑城经榆中通金城的道路为西行主干道。《水经注》："苑川水地，为龙马之沃土，故马援与田户中分以自给也。"② 该道所经的三角城、连搭、定远等地是苑川河流域河谷平原，面积开阔，适宜发展农业，是最适合屯田的地方。马莲山汉墓群其中一座墓葬内出土的汉代铁犁铧③和连搭乡寇家沟出土的新莽"大泉五十"钱范④反映了汉代该道沿线的农业和商业活动信息。定远镇定远村南300米有新石器、汉代墓群。已经清理的汉墓有20多座，分为竖穴土坑墓和砖室墓两种：前者规模小，多单人葬；砖室墓分为前后两室，前室覆斗顶，后室券顶，多为夫妻合葬，间有多人葬。出土灰陶罐、绿釉陶壶、陶灶、陶仓、陶井、盘、碟、碗等器物200余件。⑤ 竖穴土坑墓属于当地土著居民羌人墓葬；砖室墓为移民富裕阶层墓葬。定远镇汉墓群反映了汉榆中县居民结构和贫富分化情况。

9. 勇士。古道亦可由西苑城沿苑川河继续西行，经勇士至金城。《汉书·地理志》："勇士，属国都尉治满福，莽曰纪德。"⑥ 肩水金关汉简73EJT24：746有"天水右□长勇士公乘田奉"的记载。⑦ "右□长"当为

---

① （元）脱脱等：《宋史》卷87《地理志三》，中华书局1977年版，第2166页。
② （北魏）郦道元著，陈桥驿校证：《水经注校证》卷2《河水注》，中华书局2013年版，第50页。
③ 榆中县志编辑委员会：《榆中县志》，甘肃人民出版社2001年版，第545页。
④ 兰州历史文物编写组：《榆中王莽时期钱范》，《兰州历史文物》1982年第11期，第34—35页。
⑤ 国家文物局主编：《中国文物地图集·甘肃分册（下）》，测绘出版社2011年版，第54页。
⑥ （汉）班固：《汉书》卷28下《地理志》，中华书局1962年版，第1612页。
⑦ 赵海龙：《〈肩水金关汉简（三）〉所见地名补考》，简帛网，2014年8月31日，http：//www.bsm.org.cn/show_article.php?id=2065。

"右庶长"①，为汉地官爵，与属国官制②有别，说明属国都尉治所尽管在勇士县境内，但与勇士县分而治之，二者并不一定在同一地点。陈守忠发现榆中县贡马井南的中连川一带有个叫"满都沟"的地名，可能与天水属国都尉治所"满福"有关。但由于这里地域狭窄，无建城的可能，因此，将汉勇士县治所定在黄河岸边的青城乡一条城。③ 武沐认为天水属国为武帝时负责安置降汉的一部分匈奴休屠部众的属国，其所在的勇士县设置于汉文帝十一年后不久，位置在榆中金崖乡一带。"金崖"地名可能与休屠部众中金姓一族在此长期居住有关。④ 关于勇士县治所位置还有巉口说、⑤ 夏官营说⑥等不同看法。青城乡一条城一带虽然属于汉勇士县境，但没有出土汉代文物；巉口一带属于《水经注》所记"牛官川"（"兰干川"），不属于汉勇士县管辖范围；考古发掘证明夏官营古城为宋代古城。⑦ 笔者认同汉勇士县在榆中金崖乡一带看法：苑川河北岸金崖镇古城村又名"上古城"，曾有古城遗迹，村南苑川河左岸齐家坪至敬家坪一带汉墓分布密集。⑧《王氏合校水经注》勇士县下引孙星衍校注："今靖远西二百里有勇士故城。"⑨ 由上古城村经金崖镇东北入巴石沟，经黄牛岔翻越苦井岭、顺苦水沟（二十八渡水）至黄河岸边，再沿黄河南岸继续东北行至靖远县的距离是 126 公里。清代一里约今 617.4 米，⑩ 126

---

① 《汉书·百官公卿表上》："（爵）十，左庶长；十一，右庶长……十七，驷车庶长；十八，大庶长。"第 739 页。

② 《汉书·百官公卿表上》载："典属国，秦官，掌蛮夷降者。武帝元狩三年，昆邪王降，复增属国，置都尉、丞、侯、千人。属官，九译令。成帝河平元年省并大鸿胪。"第 736 页。汉简所见属国职官有廥左尉、塞尉、尉史、司马（丞）、城司马、左骑千人、城骑千人、百长、仓长、丞、水长等，参见郭俊然《出土资料所见的汉代属国及地方政府中的民族职官》，《濮阳职业技术学院学报》2013 年第 6 期，第 57—59 页。

③ 陈守忠：《河陇史地考述》，甘肃人民出版社 2007 年版，第 274—275 页。

④ 武沐：《汉陇西属国与勇士县考述》，载王稀隆主编《西北少数民族史研究》，民族出版社 2003 年版，第 401—406 页。

⑤ 金钰铭主编：《兰州历史地理研究》，兰州大学出版社 1999 年版，第 39 页。

⑥ 鲜明：《〈水经注〉苑川考》，《西北史地》1990 年第 4 期。

⑦ 蒋超年：《夏官营古城年代考》，《丝绸之路》2012 年第 6 期，第 37—39 页。

⑧ 榆中县志编辑委员会：《榆中县志》，甘肃人民出版社 2001 年版，第 545 页。

⑨ 《王氏合校水经注》卷 2《河水注》，上海中华书局《四部备要》本，第 34 页 a 面。

⑩ 清代量地尺尺长 0.343 米，一里 1800 尺，约今 617.4 米。见梁方仲《中国历代户口、田地田赋统计》，第 542 页。

公里合清代二百零四里，与孙星衍校注合。勇士城东南距西苑城 14.5 公里，西北距金城县 32.7 公里，比西苑城经榆中至金城的路程较为近便，但沿途河谷狭窄、农业条件较差，非西行干道。

10. 金城县。由榆中故址西北行 29 公里至金城北门，或由勇士城继续沿苑川河右岸西北行至霍家店，折北至水挂台，沿黄河南岸西行，在柳沟河与前道汇合，32.7 公里至金城县。《水经注》卷 2《河水注》："河水又东南径金城县故城北。……《十三州志》曰：大河在金城北门，东流，有梁泉注之，出县之南山，……其水自县北流注于河也。"[①] 梁泉一说是阿干河，一说是五泉山水。金城故城当在黄河由东南折向东流处以南、阿干河或五泉山水以西，这个地方正是华林坪。在华林坪第二马路以北、华林路以东、华林坪第一马路以南有一古城遗址，曾出土棱纹瓦罐、绳纹砖、瓦等汉晋遗物和城基夯土层等遗迹。[②] 判断该城东西约 300 米、南北约 380 米，其北门在华林坪第一马路中段，刚好正对着黄河由东南折向东流的转折点。此城为金城故城无疑。关于汉金城故城位置的看法有多种，[③] 因缺少文献、考古的双重证据的支撑，不足为信。

11. 石城津。由金城故城出发，沿黄河南岸二级阶地西行至东河湾村东南 1.1 公里处，北渡黄河，26 公里至柴家台村西（东西与南北向道路的交会处）。该段土门墩以西至西固城区之间汉墓群密集分布。[④] 东河湾村、柴家台一带黄河河面宽度仅 140 余米，河岸为坚硬的岩石或岩石分化物，两岸河流二级阶地较为宽广，有足够的渡河空间，是理想的渡河地点。《水经注》卷 2《河水注》记载，湟水（为河水之误）郑伯津接纳逆水（庄浪河）后，"又东径石城南，谓之石城津。阚骃曰：在金城西北矣。河水又东南径金城县故城北"[⑤]。郑伯津指今西固河口镇庄浪河汇入处附近一段黄河，石城津当在河口镇以东、华林坪以西，期间最适宜渡

[①] （北魏）郦道元著，陈桥驿校证：《水经注校证》卷 2《河水注》，中华书局 2013 年版，第 49—50 页。

[②] 薛方煜：《两汉魏晋时期的金城故址》，《兰州学刊》1993 年第 2 期，第 62—64 页。

[③] 参见刘满《汉金城县治所地理位置考辨》，《中国历史地理论丛》1997 年第 1 期，第 19—37 页。

[④] 西固区志编委会：《西固区志》，甘肃人民出版社 2000 年版，第 928—929 页。

[⑤] （北魏）郦道元著，陈桥驿校证：《水经注校证》卷 2《河水注》，中华书局 2013 年版，第 49 页。

河的地点就在柴家台一带。柴家台村附近有两处古城遗址：一是柴家台村北面黄河三级阶地上的柴家台堡，为明代所筑，① 另一处是柴家台西北黄河三级阶地上的对格台古城。南北长80米、东西宽50米。城墙黄土夯筑，基宽1.2米、顶宽0.2米、残高1—3米，夯土层厚0.1—0.15米，土质疏松。地表散见晋代灰陶片。② 20世纪70年代柴家台村民架设水管、平田整地时被夷为平地。对格台西、西南下临黄河，西侧有一条沟，沟内乱石突兀、荆棘丛生，名曰"石沟"。③ "石城""石城津"之得名盖源于此。亦可由今东河湾村继续向西至郑伯津渡黄河至河西，但今西固城区以西至河口镇青石村以东的黄河南岸少有汉代遗迹发现，似乎不为常道。

12. 枝阳。由石城津沿黄河北岸二级阶地西行至庄浪河与黄河汇合处，又沿庄浪河古河道东岸北行，20.6公里至枝阳故址。《汉书·地理志》载："乌亭逆水出参街谷，东至枝阳入湟。"④《水经注》卷2《河水注》又载："逆水又东径枝阳县故城南，东南入于湟水。"⑤ "乌亭逆水"、"逆水"、"涧水"均指庄浪河。⑥ 由于比降减小，庄浪河在苦水至河口镇段有显著曲流现象，出现"东径枝阳县故城南"的可能性最大。笔者判读了苦水镇周围2014年12月14日卫星影像，发现在苦水街村东南150余米处有一个近似梯形的正霜雪标志区，北边长近190米、南边近200米、东边近350米、西边近280米，周长约1020米；在夏秋季节拍摄的卫星影像中，该区域一直表现为负植被标志，推断其地面以下可能有古城遗迹：因为遗址区土壤要比周围自然颗粒细，储存水分多。深冬降雪后，土壤中储存的水分冻结，土壤及其地表存在一个温度接近0摄氏度的恒温层，当遗址周围地面因太阳照射而使降雪融化时，遗址区近地面空气温度仍保持在0摄氏度，因此

---

① 西固区志编委会：《西固区志》，甘肃人民出版社2000年版，第924页。
② 国家文物局主编：《中国文物地图集·甘肃分册（下）》，测绘出版社2011年版，第22—23页。
③ 柴世昆编著：《柴家台村书》，1991年8月，第173页。柴世昆：《拾捆集》，2009年11月，第182—183页。
④ （汉）班固：《汉书》卷28下《地理志第八下》，中华书局1962年版，第1610页。
⑤ （北魏）郦道元著，陈桥驿校证：《水经注校证》卷2《河水注》，中华书局2013年版，第49页。
⑥ 王宗元：《汉金城郡乌亭逆水、涧水考》，《西北师大学报》（社会科学版）1998年第5期，第72—78页。

冰雪不化，出现正霜雪标志。永登属于半干旱区，春、夏、秋三季蒸发量大于降水量，遗址区土壤因颗粒细小或致密，毛管现象明显，土地蒸发比周围旺盛，土壤相对干旱，因此出现负植被区域。《大清一统志》记载："苦水湾堡，在平番东南百二十里。"① 苦水驿堡在今苦水街村内，部分古建筑尚存，因此，排除该"城"为苦水堡的可能。该遗迹极有可能是历史上的"枝阳县故城"。② 经复原，历史时期的庄浪河从古城西南160余米处流过，与"逆水又东径枝阳县故城南"记载基本符合。

13. 令居。由枝阳故址沿庄浪河故道东岸继续北行，69.7公里至令居故城。由《水经注》"（涧）水出令居县塞外，南流径其县故城西"③ 的记载看，令居故城在涧水（今庄浪河）东岸。有关令居位置有八种不同说法，④ 其中庄浪河东岸的永登县城说⑤与"南流径其县故城西"的记载符合，最容易被学术界接受。笔者以为今永登县城中堡镇庄浪河西岸的罗城滩村东南100米的罗城滩是历史上的令居城故址。原因有三：一是古城西有庄浪河古河道痕迹，与逆水在令居"故城西"的记载符合。笔者研究发现，历史时期的庄浪曾长期沿上石咀子东—赵家圈西—罗城滩村中、西部—大营村西—何家营村一线南流，后因上石咀子村东北山崖滑坡体壅塞河道而改由罗城滩村以东南流。今罗城滩村及其西南古河岸线依然清晰可辨，虽然高出今天庄浪河面20—30米，但罗城滩村几乎家家户户都可在自家院子中打出自来水。上石咀子—赵家圈—罗城滩一线以东庄浪河改道东流的痕迹仍历历在目。二是令居极有可能与广武故城同处一地，而罗城滩古城位置与广武故城符合。《水经注》载："（逆）水出允吾县（允街县之误）之参街谷，东南流径街亭城南，又东南径阳非亭北，又东南径广武城西，故广武都尉治。……逆水又东径枝阳县故

---

① （清）穆彰阿主修：《嘉庆重修大清一统志》卷268《凉州府二》，上海书店1984年影印本，第4页b面。
② 河口镇古城村有一座叫古城子的城址，经笔者复原，历史时期庄浪河在古城西、南流过的可能性不大，故排除其为永登亭、枝阳县故城的可能。
③ （北魏）郦道元著，陈桥驿校证：《水经注校证》卷2《河水注》，中华书局2013年版，第48页。
④ 关于令居故城的位置目前学术界争议较大，有西宁东北说、小咸河中游说、连城或连城北1公里说、永登西北说、天祝古城说、罗城滩古城说、玉山古城说和永登县城说8种不同说法。
⑤ 王宗元：《汉金城郡令居县故城考》，《中国边疆史地研究》1997年第2期，第8—11页。

城南，东南入于湟水。"① 令居县置于汉武帝元鼎二年（前112年），汉昭帝始元六年（前81年）置金城郡后，从令居析置允街、枝阳两县。从以上引《注文》看，允街（街亭）在逆水上游，枝阳在逆水下游，令居当在二者中间。广武城也在街亭、枝阳之间，且与令居同在逆水东岸，因此，前凉广武城极有可能与令居故城同处一地。《元和郡县图志》："广武县，中下。南至（兰）州二百二十五里。"② 二百二十五唐里合今121.5公里，测得从唐兰州治所五泉县（兰州甘南路与金昌路交会处一带）至永登罗城滩古城的距离是122.6公里，与历史文献记载的广武至兰州间距离基本符合。三是罗城滩古城有地层明确的汉晋与唐代遗物、遗迹，从考古角度印证了汉代令居、前凉与唐代广武故城间的前后承袭关系。永登县文化馆曾于1983年在城址南部开2×1米探方一处，在距地表50—60厘米处发现一层硬面，上覆灰烬，夹杂瓦片、木碳屑等，并找到一方唐代莲花纹瓦当。硬面下约30厘米处又有一层硬面，发现了汉晋时期灰陶片等遗物。③ 参照文献记载与出土文物，唐代文化层当属唐广武城遗存无疑，其下叠压的汉晋文化层极有可能是前凉广武城和汉令居城遗存。罗城滩古城大体方形，每边长约300米，20世纪70年代尚完整，80年代仅余部分残迹。④ 2015年10月3日笔者至此考察时，已毁坏殆尽，在一犁地村民的帮助下，仅在田埂草莽间找到数米西垣残迹，其他遗迹已无处可寻。

14. 允街。由令居故城出发，在其东北3.3公里处过庄浪河故道，沿其西岸一级阶地后缘至金强驿村，北渡庄浪河，51.5公里至允街故城。据《水经注》记载，阳非亭在广武城北，街亭城（原允街城）在阳非亭北。前考广武城为罗城滩古城，依照一日行30公里左右计算，阳非亭最近位置当在罗城滩古城以北27公里余的岔口驿。由阳非亭至允街故城，最少也要30公里左右的路程。在岔口驿北24.5公里、乌鞘岭垭口南麓脚

---

① （北魏）郦道元著，陈桥驿校证：《水经注校证》卷2《河水注》，中华书局2013年版，第49页。

② （唐）李吉甫：《元和郡县图志》卷39《陇右道上·兰州》，中华书局1983年版，第988页。

③ 永登地方志编纂委员会：《永登县志》，甘肃民族出版社1997年版，第692页。

④ 李并成：《晋河会城、缠缩城、清塞城考》，《中国历史地理论丛》1999年第2期，第171—178页。

下的安门村，有一座汉晋时期古城址，俗称安门古城。"因地处高寒，人为破坏较轻，故城垣得以部分保存。夯筑，南北 100 米许，东西 130 米，残高 0.7—2 米，南开一门。其规模较一般的长城亭障遗址要大，无疑应属更重要的城址。城内地表散落大量汉晋时的灰陶片、灰陶纺轮残片以及残瓦当等遗物"[1]。《后汉书》李贤注："允街……属金城郡，故城在今凉州昌松县东南。城临丽水，一名丽水城。"[2]《太平寰宇记》："乌逆水，一名逆水，今名丽水。源出（昌松）县南金山。"[3] 可知，丽水即今庄浪河。今庄浪河打柴沟以上称为金强河，其得名可能与"金山"有关。金强河由西北向东南在安门古城南流过，与《水经注》"（逆）水东南流径街亭城南"的记载完全吻合。《读史方舆纪要》引《周地图》说："允街城，地势极险阻。沮渠蒙逊增筑，以为防守之所。"[4] 李并成先生对安门村一带的形势有过精彩的论述："安门一地，位当乌鞘岭要隘南麓前冲，控扼塞险，'足资弹压'，位置紧要。这里除汉长城主线穿越外，另有一条夯筑长城支线分出，顺金强河支流碳窑沟与石灰沟之间的山梁延向西南，约 5 公里，至峰顶（海拔 3182 米）附近消失。此道支线无疑是为护卫安门一地而特意加筑的。安门古城恰在两道长城塞垣的交会点上。'安门'之名当寓'门户安全'之义。"[5] 东晋隆安元年河西鲜卑"曜兵广武，攻克金城。光遣将军窦苟来伐，战于街亭，大败之"[6]。从这条文献记载看，后凉和南凉间在街亭一战发生在南凉军队占领广武、金城之后。后凉得知广武、金城沦陷，派军队从姑臧出发越过洪池岭（乌鞘岭）自北向南进攻，南凉军队从广武城北上，占据有利地形迎击，大败后凉，取得决定性胜利。由此判断，街亭城即前允街城必然在广武城以北，而非清代文献中所说的东南。

15. 苍松县。由允街故城出发，西北经永丰村、乱泉脑村西、乌鞘岭

---

[1] 李并成：《晋河会城、缠缩城、清塞城考》，《中国历史地理论丛》1999 年第 2 期，第 171—178 页。

[2] （南朝宋）范晔：《后汉书》卷 2《显宗孝明帝纪第二》，中华书局 1965 年版，第 98 页。

[3] （宋）乐史：《太平寰宇记》卷 152《陇右道三》，中华书局 2007 年版，第 2938 页。

[4] （清）顾祖禹：《读史方舆纪要》卷 63《陕西十二》，上海书店出版社 1998 年影印本，第 437 页。

[5] 李并成：《晋河会城、缠缩城、清塞城考》，《中国历史地理论丛》1999 年第 2 期，第 176 页。

[6] （唐）房玄龄：《晋书》卷 126《秃发乌孤传》，中华书局 1974 年版，第 3142 页。

村、安远村、龙沟堡，32.7公里至苍松故址，或由安门经上南泥湾、安远镇龙沟堡，25公里至苍松故址。前一条道路虽然迂回，但绕开了泥淖之地，易于行走，后者虽然近便，但上南泥湾、南泥湾一带因春夏冰雪融水形成的泥淖遍地，不利于旅行，似乎不为常道。根据悬泉汉简90DXT0214①：130"仓松去鸾鸟六十五里，鸾鸟去小张掖六十里，小张掖去姑臧六十七里"①的记载，算得汉苍松故城在姑臧故城（今武威市东关）东南一百九十二里，合今82.6公里，其位置当在古浪县黑松驿镇黑松驿村一带。《汉书·地理志》记载武威郡苍松县"南山，松陕水所出，北至揟次入海。莽曰射楚"。颜师古注说两山之间叫陕。② 松陕水，即今古浪河，古浪以上流经祁连山峡谷，历史上两岸山地森林茂密，尤多松树，"苍松县"和"松陕水"因此而得名，今"黑松"地名当是历史上"苍松"地名的孑遗。《嘉庆重修大清一统志》："黑松堡，在古浪县南三十里，东至安远堡三十里，城周三百二十二丈，今设把总。"③ 黑松堡原城南北长约500米，东西宽350余米。1991年7月25日李并成先生来此考察时，城墙已经被拆得不完整，仅存西垣，基宽5米许，顶宽2米，残高1.5米。城内建房时曾掘出过铜镜、铜簪子等文物。他认为黑松驿村为汉代苍松故城所在地。④ 20世纪50—60年代修建兰新铁路时，在黑松驿村东陈家河沿汉代遗址出土数量较多的铁制生产工具（铁锹6把、铁镢头5把、铁斧5把、铁铧1把和铁铲、车串等）、东汉建武十一年正月造"大司农平斛"1件、骨刻片3件（有封泥，上残存"令居"二字）；⑤陈家河北部的刘家台汉墓出土木俑、方石片、圆石片、铜带钩、木器残件、红绸和黄绸残片、陶器（包括灰陶缶、灰陶罐、灰陶壶、灰陶瓮）、木梳、五铢钱等。⑥ "大司农平斛"的出土证明黑松驿

---

① 胡平生、张德芳编撰：《敦煌悬泉汉简释粹》，上海古籍出版社2001年版，第56页。
② （汉）班固：《汉书》卷28下《地理志》，中华书局1962年版，第1612页。
③ 《嘉庆重修大清一统志》卷268《凉州府二》，上海书店出版社1984年影印本，第3页b面。
④ 李并成：《汉代河西走廊东段交通线路考》，《敦煌学辑刊》2011年第1期，第58—65页。
⑤ 中国人民政治协商会议甘肃省古浪县委员会：《古浪名胜古迹选编》，甘肃人民出版社2000年版，第92—96页。
⑥ 甘肃省文物管理委员会：《甘肃古浪峡黑松驿董家台汉代木椁墓清理概况》，《文物参考资料》1955年第7期，第88—94页。

一带为东汉某地方政府衙署驻地,"令居"字样封泥说明金城郡令居县官府文书曾送达于此。传世文献、出土文献与文物均印证了李并成先生的判断是正确的。

16. 鸾鸟县。由苍松故址顺古浪河二级阶地前缘北行六十五里(合27公里)至鸾鸟故城。鸾鸟为西汉武威郡下辖十县之一。① 关于鸾鸟的位置在历史文献中记载比较混乱:《元和郡县图志》和《太平寰宇记》均认为姑臧西北七十里的嘉麟县城是在汉鸾鸟城的基础上修筑的;《后汉书·段颎传》李贤注认为唐代昌松县北有鸾鸟故城;② 《读史方舆纪要》和《永昌县志》认为在永昌西南;乾隆《大清一统志》认为在武威南。据悬泉90DXT0214①:130"仓松去鸾鸟六十五里,鸾鸟去小张掖六十里,小张掖去姑臧六十七里"记载,鸾鸟县在姑臧东南一百二十七里,而非姑臧西北七十里。李并成先生最终认定古浪城北7公里的小桥堡村东南一堵城为汉鸾鸟故城。③ 李先生调查这里原有一道残墙,为一座古城的西墙,因正好作为两个村的界线而一直被保存了下来。1983年残墙被毁,今仅存墙基,残长200米以上,残宽4米许,残高0.5米,仍被作为地埂。墙基西侧存深约1米、宽50米的槽沟一道,俗称城槽子,应为护城壕残迹。访问得知南、北、东三面墙垣百余年前就被毁了。城址周围今已无遗物可寻,但村民言残墙中曾挖出过五铢钱。1991年春该墙东约半里的胡庄子还出土汉简数枚。城西1公里多的平顶山山前缓坡上向南直到县城一中一带,范围10余平方公里的范围内分布着大量汉代小型砖室墓,出土汉灰陶罐、汉砖等物。④ 一堵城南距唐昌松故城5公里余,《元和郡县图志》关于"苍松故城,在(昌松)县东北十里"中的"苍松故城"当为"鸾鸟故城"之误。

17. 小张掖。由鸾鸟故城西北行,六十汉里(合25公里)至小张掖,与从长安经高平(固原)至武威的北道会合。关于小张掖的位置争议比较大:李并成先生根据居延新简EPT59:582记载和多年反复实地踏查,

---

① (汉)班固:《汉书》卷28下《地理志》,中华书局1962年版,第1612页。
② (南朝)范晔:《后汉书》卷65《段颎传》,中华书局1965年版,第2148页。
③ 李并成:《汉代河西走廊东段交通线路考》,《敦煌学辑刊》2011年第1期,第58—65页。
④ 李并成:《河西走廊历史地理研究》,甘肃人民出版社1995年版,第50—51页。

考得小张掖即东河乡王景寨古城；① 郝树声认为王景寨古城与悬泉Ⅱ0214①:130 记载的鸾鸟、小张掖、姑臧间的里程不符，根据悬泉简记载的方位与里程，她认为小张掖在武威谢河镇武家寨子。② 1984 年武威韩佐乡五坝山 3 号墓出土的木牍有"张掖西乡定武里田升宁今归黄（泉），过所无，难留也，故为□□□"③ 等语，可知宏化村一带为汉小张掖县西乡辖地。五坝山汉墓群年代上起西汉王莽末，下至东汉晚期。④ 据此判断，小张掖县西乡出现的年代在王莽时期（9—23 年）或稍早。小张掖设置于元狩二年（前 121 年）前后，而小张掖西乡直到汉末才出现？这一谜团的最合理的解释是小张掖治所可能在西汉末年某个时候由王景寨南迁至武威韩佐乡以东不远处。西乡与东乡相对，是南迁后设置于小张掖以西不远处的一个县级以下行政单位。居延简 EPT59：582 出土于破城子A8 探方 T59 第二层，属于西汉元、成、哀帝时期堆积；悬泉简90DXT0214①：130 出土于 I 区探方 T0214，属于西汉成、哀、平帝时期堆积，⑤ 后者最晚年代（平帝时期）与五坝山汉墓群最早时间界限（王莽时期）前后相接。完全有理由相信，居延简 EPT59：582 记载的是小张掖南迁前的交通路线，悬泉简记载的是小张掖县南迁以后的交通路线。另外一种解释是，这里的"小张掖"是"张掖置"，而非县名。从一堵城出发，经李家台、下台子、王家东台、谢河镇、张家店至高墙村沟的距离是 25 公里（合六十汉里），由高墙沟至武威东关的距离 27.9 公里（合六十七汉里），⑥ 分别与悬泉汉简记载的鸾鸟至小张掖、小张掖县至姑臧的距离符合，所以，高墙沟村一带极有可能是小张掖县治所在地。西汉时期，聚落总体上分布在县城内部或离县城非常近的地方，县城和墓葬之间的平均距离一般是 2—6 公里。进入王莽时期和东汉以后，聚落产

---

① 李并成：《汉代河西走廊东段交通线路考》，《敦煌学辑刊》2011 年第 1 期，第 58—65 页。

② 郝树声：《敦煌悬泉里程简地理考述（续）》，《敦煌研究》2005 年第 6 期，第 63—68、104 页。

③ 李均明、何双全：《散见汉简合辑》，文物出版社 1990 年版，第 25 页。

④ 中国考古学会：《中国考古学年鉴》，文物出版社 1985 年版，第 259—260 页。

⑤ 何双全：《汉代西北驿道与传置——甲渠候官、悬泉汉简〈传置道里薄〉考述》，《中国历史博物馆馆刊》1998 年第 1 期，第 62—69 页。

⑥ 从带"台"字地名看，该道处于清代由河西走廊通新疆的递送军报和文书的驿道沿线。

生了集体离散的现象，县城和墓葬之间的平均距离也随着增加，达11公里。① 高墙沟西北去五坝山汉墓群12公里，周围10公里范围内尚没有发现汉墓，从另外一个角度证明了推论的合理性。

18. 姑臧。由小张掖故城西北行，六十七汉里（合27.9公里）至姑臧。关于武威郡治姑臧的位置，学术界仍然存在较大争议：梁新民根据武威城区出土东汉、前凉、后凉时期重要的考古遗址，认为姑臧故城遗址在武威市内，东汉武威郡官署驻地就在武威地区行政公署院内。② 李并成先生认为西汉姑臧县最初在今武威市西北2公里处的三摞城，西汉后期至东汉前期迁至武威市内。③ 王乃昂、蔡为民等将文献记载、考古发现、残留城址的碳十四年代测定技术结合，得出姑臧在今武威市东北方向的城内东关及城郊新鲜村、郭家寨子一带。④ 李并成先生认为姑臧最初在三摞城的观点有理有据，但需要补充说明两点：一是该城10公里范围内发现多处汉墓群，符合西汉城址与墓葬间距离较近的时代特点；二是姑臧城迁至今武威城内的时间可能要早于东汉初期。依据悬泉汉简ⅡO214①：130记载确定的姑臧故城的位置刚好在今武威东关一带，而不在其西北的赵家磨村。所以笔者认为，姑臧城东迁的时间不会晚于西汉末年的平帝时期（1—5年）。王乃昂、蔡为民以梁新民先生的研究为基础，展开了进一步深入研究。不过他们复原的姑臧旧城的南北范围与考古发现存在一定出入：首先，古城台遗址内出土的是汉代以后的遗物，不应该作为汉姑臧故城的北界，其可靠的最北界限应该在古城台南500米处明确包含汉代信息的东岳台至雷台汉墓一线以南；其次，王乃昂、蔡为民提出的姑臧旧城南界并没有将武威市政府院内的东汉"澄华井"遗址⑤包括在内。又因为"澄华井"遗址南海燕商场内曾发现两座汉墓，所以，汉姑臧旧城南界当在南海燕商场以北、武威市政府以南。据此测得

---

① 金秉骏：《汉代聚落分布的变化——以墓葬与县城距离的分析为线索》，《考古学报》2015年第1期，第35—54页。
② 梁新民：《姑臧故城地理位置初探》，《敦煌学辑刊》1987年第1期，第107—112页。
③ 李并成：《河西走廊历史地理研究》，甘肃人民出版社1995年版，第36页。
④ 王乃昂、蔡为民：《凉都姑臧城址及茂区变迁初探》，《西北史地》1997年第4期，第9—14页。
⑤ 梁新民：《姑臧故城地理位置初探》，《敦煌学辑刊》1987年第1期，第107—112页。

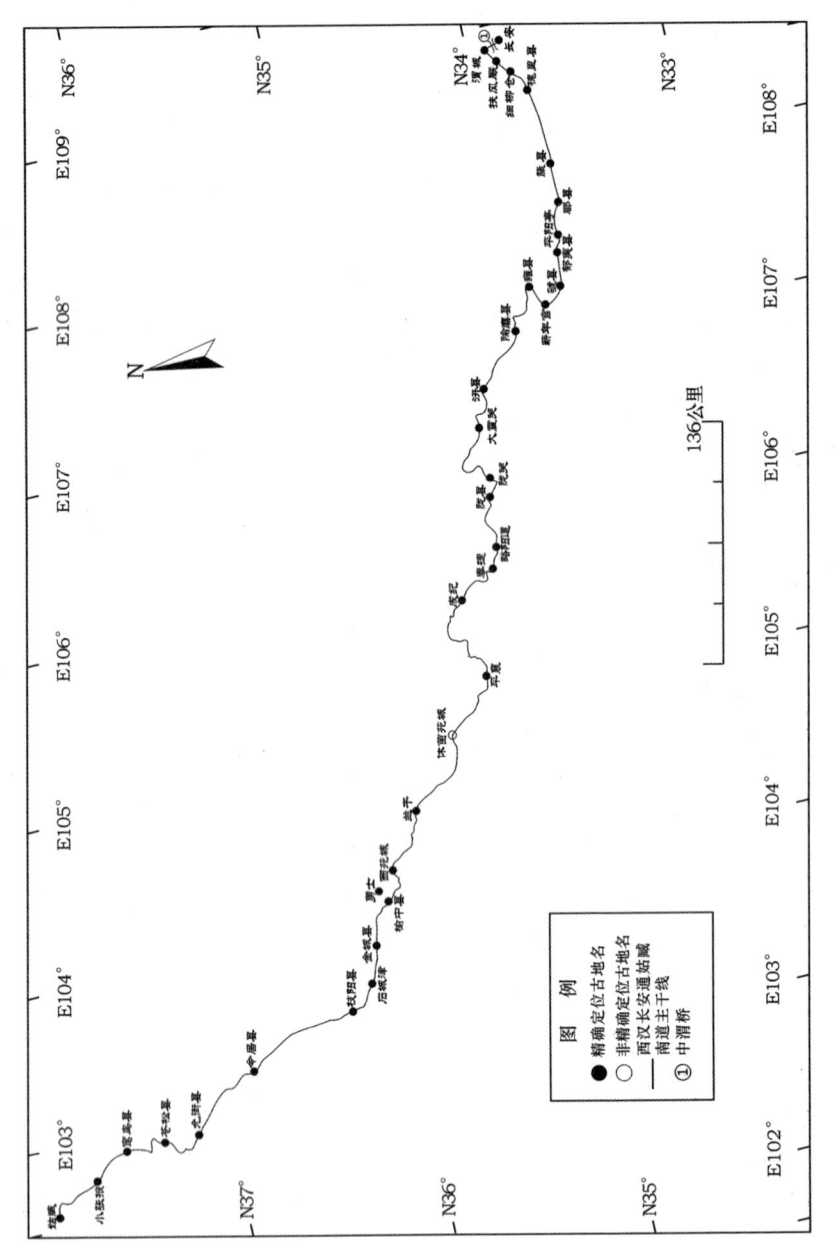

148　/　丝绸之路秦陇南道历史地理考察

图4.1　西汉长安通站臧南道线路图

南北两线之间的距离 1.2 公里余，约合西汉三里；姑臧旧城西界当在鸠摩罗什寺和武威市政府之间，东界在大云寺以东附近，东西不超过 500 米，约汉代一里余，这与王隐《晋书》记载的"南北七里，东西三里"[①] 有明显差距。王隐生活于前凉前期，其记载的实际上是西晋末年张氏增筑姑臧城后的规模。

第四节　长安通姑臧南道支线

根据上节对悬泉汉简VT1611③：39 记录的悬泉至长安的线路，西汉长安通姑臧南道主干道由长安经凉州刺史治所经天水平襄至姑臧，并不经过金城郡治所允吾。但简文明确记载了悬泉至"金城允吾二千八百八十里"的里程。说明存在着一条由长安经金城郡治允吾通姑臧的路线。这条路线至陇关后，不去凉州刺史治所，而是经清水、上邽、绵诸道、桥亭、上邽、冀、洛门聚、襄武、首阳、高城岭、狄道、沃干岭至金县与主干道会合，或由狄道经大夏县、白石县、河关、白土城、龙支城、允吾、浩亹至令居与主干道会合通姑臧。《三国志·魏志》卷 22《陈泰传》详细记述了由上邽（治今天水市）经陇西郡（治襄武，在今陇西县城内），西越高城岭（洮河支流上峪河与渭河支流后河的分水岭）至狄道（治今临洮），翻越沃干阪（今马寒山），经金城（治今兰州市内）至凉州（治姑臧，今武威）的交通线路。[②] 其实早在马家窑文化马家窑类型二期以后，兰州盆地和洮河下游之间就有文化交流。[③] 该道沿线经过的重要遗址有以下这些：

1. 李家崖遗址。古道由道堡石梁至弓门镇后，在弓门镇下峡村折西北上山梁至古土村，再顺樊河西边的山梁梁脊南行至常杨村，下山至李家崖遗址，全程 60 公里，或在咀头山下山至牛头河北岸，西行至西城村古城，全程 64.6 公里。清水盆地内有发现两个清水县。武帝元鼎三年

---

① （北魏）郦道元著，陈桥驿校证：《水经注校证》卷 40《禹贡山水泽地所在》，中华书局 2013 年版，第 908 页。
② （晋）陈寿：《三国志·魏志》卷 22《陈泰传》，中华书局 1971 年版，第 640 页。
③ 苏海洋：《论马家窑文化形成的动因及传播路线》，《青海民族大学学报》2019 年第 1 期，第 103—108 页。

（公元前 115 年），从陇西郡析置天水郡，清水为天水郡下辖 16 县之一。①东汉废清水县。三国魏复置清水县。"（北魏）成帝和平五年（464 年），分略阳置清水郡，寻废。至永安三年（530 年），移于清水城。"② 隋开皇三年罢郡，清水县属秦州。唐代为秦州下辖的五县之一。③《水经注》卷 17《渭水注》记载："东亭川水，又西得清水口，水导源东北陇山，二源俱发，西南出陇口，合成一水，西南流，历细野峡，径清池谷，又径清水县故城东，王莽之识睦县矣。其水西南合东亭川，自下亦通谓之清水矣。又径清水城南，又西与秦水合，……秦水又西南历陇川，径六盘口，过清水城，西南注清水。"④ 按东亭水即今牛头河；清水即牛头河支流樊河；秦水即牛头河支流后川河。从《水经注》的描述看，在樊河汇入牛头河之前的樊河西岸有一个"清故水城"，后川河以西有一个"清水城"。1981 年，清水县文化馆在清水县城北三里李家崖村北 230 米的坪上发现一座古城，该城位于牛头河与樊河交汇的第二台地上，南接李家崖遗址，北至山原 200 米，东临樊河河畔。残存夯土版筑北垣 36 米，残高 1—3 米，夯土层厚 0.13—0.15 米，另有断续残垣数处。城内满布残砖断瓦及柱础等建筑材料。农民犁地时常有灰陶器皿和布纹陶片出露。2010—2011 年，考古工作者对李家崖遗址进行考古挖掘，在遗址二级台地上发掘出北魏时期一道夯土墙基、一座方形建筑和一处夯土城墙遗迹：墙基西北—东南走向，总长约 20 米、宽 2 米。内含北魏时期的陶片和瓦片，被多个灰坑打破，根据灰坑出土的布纹瓦，莲花瓦当，套索纹、水波纹、短线纹带的陶片，判断其年代为西魏至唐代，该夯土墙基废弃时间约为西魏以后；方形建筑被北魏至唐代灰坑打破，其建造年代不晚于北魏。夯土城墙为一古城城墙，其北墙及东墙北部夯土城墙遗迹仍在地表可见，东城墙南段已无遗迹可寻。西南城墙不见夯土遗迹，北墙西端城墙遗迹已接近一条天然深沟，该沟深 20—30 米，宽 50—60 米，呈西南走向，可

---

① （汉）班固：《汉书》卷 28《地理志下》，中华书局 1962 年版，第 1612 页。
② （宋）乐史：《太平寰宇记》卷 150《陇右道一·秦州》，中华书局 2007 年版，第 2901 页。
③ （唐）李吉甫：《元和郡县图志》卷 39《陇右道上·秦州》，中华书局 1983 年版，第 980—982 页。
④ （北魏）郦道元著，（清）杨守敬疏：《水经注》卷 17《渭水注》，江苏古籍出版社 1989 年版，第 1495—1497 页。

能是古城西面天然屏障。古城西南部现为白土崖村民居住区。① 方形建筑应该是《水经注》中所说的"清水故城"遗迹，从夯土墙基判断，其实属于北魏时期，当为北魏时期的清水郡城城墙遗迹。因此，所谓"清水故城"当为"清水城"，所谓"清水城"当为"清水故城"。

2. 西汉清水县。前文提到的秦水（今后川河）岸边所谓"清水城"，其实是"清水故城"，即汉代清水县城。在李家崖遗址西7.5公里的红堡乡西城村旁发现一座古城。该城位于牛头河西岸，背靠牛头山，为不规整的四边形，五花土版筑夯成，西垣残长50米、南垣残长560米、北垣残长700米，东垣被白驼河冲毁。夯层厚0.13—0.15米。城内满布汉代残砖断瓦及碎石等建材。曾出土双翼铜镞、绳纹灰陶片等汉代文化遗物，西边梁顶筑有二坞。从出土物判断应该是一座汉代古城。《嘉庆重修大清一统志》卷277《秦州》古迹目引旧志，谓清水故城"在县西十五里牛头山下，俗亦谓之西城"②。结合文献与出土物分析，西城村古城可能为西汉清水故城。《读史方舆纪要》云："清水故城在县西。《括地志》：'县本秦州，非子始封。汉置县于此，后皆因之。'五代唐移置今治。《九域志》：'清水故县，在秦州东九十里。'县北又有冶坊废县，本宋冶坊寨。熙宁五年，改为镇。金升为县，属秦州。元省入清水县。"③ 从李家崖古城内发掘出方形建筑基址看，清水县至迟在北魏时期已经迁至今清水县北三里的李家崖一带，而不是《读史方舆纪要》所说的唐五代时期。

3. 汉绵诸道。古道由西城村古城出发，溯牛头河支流白驼河西北至三台寺峡东口，折南顺牛头河西岸南北向弓形山脉高峰科山梁脊，经马家山、水眼、三堵墙、古道沟山梁、大佛山梁、谭寨、友联，约26公里（现代公路里程）至贾川乡林家河村。1987年文物普查时，在贾川乡政府所在地林家河村林家河南岸的堡子山上，发现一座古城遗址，当地人称为灵芝城。据勘查，该城北据川，南连山。城垣从山脚伸向山腰，形状呈长方形，南北长350米，东西宽250米，占地131亩。古城北垣已湮没

---

① 刘家兴：《甘肃清水李崖遗址考古发掘及相关问题探析》，《丝绸之路》2014年第24期。
② （清）穆彰阿主修：《嘉庆重修大清一统志》卷277《秦州》古迹，《四部丛刊续编》，上海书店出版社1984年影印本，史部，第3页b面。
③ （清）顾祖禹：《读史方舆纪要》卷59《陕西八·秦州》清水县条，上海书店出版社1998年影印本，第416页。

在牛头河支流林家河之中，东、南、西三面城垣仍清晰可辨。城垣夯筑而成，残高2米多，厚1.5—2米，城内曾发现多处建筑基址和墓葬，其中两处汉墓出土铜壶、铜鼎、铜花瓶、铜香炉和剑、箭镞等文物；城内断崖处有灰坑和大量秦汉砖瓦。《水经注》卷17《渭水注》记述清水与秦水（牛头河支流后川河）汇合后，羌水（白驼河）、绵诸水（林家河）先后汇入。绵诸水"导源西北绵诸溪，东南与长思水合，水北出长思溪，南入绵诸水，又东南，历绵诸道故城北，东南入清水"。① 从《水经注》记述及出土遗物看，灵芝城应该是汉绵诸道故城。

4. 桥亭。古道由汉绵诸道故城向南继续沿梁脊行，经金集镇、窑店子、吕家村、寨子村至渭河北岸，里程约18公里（现代公路里程）。《水经注》记藉河汇入渭河后，"又历桥亭南而入绵诸县，东与东亭水合，亦谓之为桥水也，又或为清水之通称矣"。② 由《水经注》可知，桥亭在藉河汇入渭河后和清水汇入渭河前的渭河北岸。桥亭大致位置在麦积区渭河北岸，为由清水故城通向上邽古城（在今天水市内）道路上的必经之地，从"桥亭"这个地名看，由此南渡渭河的渡口可能早在汉魏甚至更早的时候就已经存在。天水放马滩木板地图1号图将此地标为"封丘"，徐日辉认为这是邽县的一个军事据点。③ 军事据点的设置可能与其地扼南北交通的重要位置有关。

5. 上邽。由绵诸道古城南下，经桥亭渡渭河折西行，约17公里至上邽（治今天水市）。上邽故城位于天水盆地中部。天水盆地位于天水市秦城州区藉口乡五十里铺至麦积区二十里铺乡峡口之间，东西长36公里，南北宽1—1.5公里，面积约40平方公里，是渭河上游地区较大的河谷盆地之一。上邽建城历史可以追溯至秦武公十年（前688年）建立的邽县。④ 笔者考证秦至汉魏时期的上邽故城位置在今天水市仁和里—弥陀寺巷—尚义巷以东、藉水以北。1993年天水市秦城区（今改秦州区）南城根广播电视局家属楼基建工地（罗峪河西，藉水北）发掘出土一处春秋

---

① （北魏）郦道元著，（清）杨守敬疏：《水经注》卷17《渭水注》，江苏古籍出版社1989年版，第1497—1498页。
② 同上书，第1494页。
③ 雍际春：《天水放马滩木板地图研究》，甘肃人民出版社2002版，第115页。
④ 《史记》卷5《秦本纪》记载："秦武公十年伐邽、冀戎，初县之。"

早期秦墓,该墓葬出土铜鼎 5 件。① 1986 年,天水放马滩 1 号秦墓出土了战国末期的 460 多枚竹简与 7 幅木板地图,从竹简《墓主记》看,"邽县的长官是邽守,次为邽丞。……邽丞可直接给朝廷御史呈文"。② 南城根墓主地位相当于大夫,极有可能是邽守。战国时,邽县改称"上邽","上邽"一名一直延续至唐代。上邽自西晋开始为州、郡治所,遂逐步成为陇右地区政治、经济、文化、军事的中心。北魏时期,形成上邽故城、上邽东城、上邽西城、上邽北城和上邽南城五城相连的格局。③ 乾隆《直隶秦州新志》云:"陇以西为州者五,惟秦(天水)为最钜。……南通巴蜀,北控朝那,东则关山峻险,此为上游,辕蹄络绎,冠盖接武;西则敦煌、大夏、张掖,述职修贡,织珠皮玉之使,岁无虚日。"④ 民国《天水县志·序》云:"天水东走宝凤,绾毂关中;南下昭广,屏藩巴蜀;西入甘凉,原野千里;北倚六盘,遥控洪流。"⑤

6. 冀县故城与冀县。古道从上邽出发,溯藉河正西行至藉口,再折西北继续溯藉河而上至关子镇。由关子镇向北翻越平缓的中梁山至渭河南岸,西行至汉魏冀县故城,全程约 64 公里。《天水放马滩木板地图》1 号图将甘谷盆地图标注为"故草谷",《水经注》称为"冀川",汉冀县故城具体位置位于冀水(今大沙沟)与渭河交汇处,即今甘谷县城西五里大沙沟以西、渭河以南。⑥ 从公元 74 年至 286 年 200 余年中,冀县曾

---

① 汪保全、李虎生:《瑰宝遗珍——天水馆藏文物精粹》,甘肃人民出版社 2000 年版,第 39 页。
② 何双全:《天水放马滩秦墓出土地图初探》,《文物》1989 年第 2 期,第 12—22 页。
③ 苏海洋:《秦国邽县故城考》,《天水师范学院学报》2006 年第 6 期,第 13—17 页。
④ (清)费廷珍修、胡釴纂:《直隶秦州新志》卷 11《艺文中》,台北成文出版社 1976 年影印本,第 1436 页。
⑤ (民国)姚展修、任承允纂:《天水县志·序二》,民国二十三年(1934 年)修,民国二十八年(1939 年)兰州国民印刷局铅印本,第 1 页。
⑥ 《水经注》卷 17《渭水注》记述渭河出黑峡(今鸡嘴峡)流经冀川(今甘谷川)至岑峡(甘谷渭水峪峡)南北有十一条水注入渭河:"北则温谷水注之,……次则牛水水,南入渭水。南有长堑谷水,次东有安蒲溪水,次东有衣谷水,并南出朱圉山。……其水北径冀县城北……渭水又东合冀水,水出冀谷。次东有浊谷水,次东有当里溪水,次东有托里水,次东有渠谷水,次东有黄土川水,俱出南山,北径冀城东,而北流注于渭。"见(清)杨守敬《水经注疏》卷 17《渭水注》,江苏古籍出版社 1989 年版,第 1477—1480 页。按冀水即甘谷县西 2.5 公里的大沙沟。从注文看,冀县故城位于大沙沟以西和渭河以南。

一度成为区域政治、经济、军事和交通中心。①由汉冀县故城继续西行约20公里至甘谷磐安镇毛家坪。毛家坪遗址可能就是秦武公十年（前688年）设立的冀县。②陕西临潼刘家村秦遗址出土陶文"冀犀""冀□"。③二者是为修建秦始皇陵及其设施，从冀县征发服徭役者陶文。另秦兵器有传世"五十年诏事"戈，其刻铭"五十年诏事宕，丞穆，工中（正面），翼（背面）"。④秦王享年五十以上者，只有昭襄王，故此戈为秦昭襄王五十年分发与翼县之物。又秦官印有"冀丞之印"。⑤《水经注》卷17《渭水注》记载："渭水自落门东至黑水峡，左右六水夹注。左则武阳溪水，次东得土门谷水，俱出北山，南流入渭。右则温谷水，次东有故城溪水，次东有间里溪水，亦名习溪水，次东有黑水，并出南山，北流入渭水，又东出黑水峡，历冀川。"⑥"故城溪水"即毛家坪遗址东边的渭河支流傍拴沟，当地人称为"夯拉河"。"故城"指秦冀县故城，其位置当在傍拴沟以西的渭河南岸二级阶地上的毛家坪遗址一带。遗址西起南河，东至傍拴沟，北至二台地边沿，南靠丘陵，东西长300米，南北宽200米，面积约为6万平方米。文化堆积层厚1—2米。1982年和1983年对遗址其进行两次挖掘，发现三种文化遗存：以彩陶为特征的石岭下文化遗存；以绳纹灰陶为代表的周秦文化遗存（"A"组遗存）；以夹砂红褐陶为代表的西戎文化遗存（"B"组遗存）。2012年，对毛家坪遗址进行再次挖掘，发现各类墓葬731处。以一条自然冲沟为界，分为沟东墓区和沟西遗址区。遗址区C地点发现大量的以绳纹灰陶为代表的秦文化，其中第3层和第4层之间发现战国时期的广场；B地点发现周代车马坑两座。清华简《系年》记载西周初年（3000年前）秦

---

① 东汉永元十七年（74年）汉阳郡治由平襄（治今甘肃通渭）移治于冀县（治今甘谷西）。灵帝永宁元年（168年），凉州刺史治所亦由陇县（治今张川）移治于冀县城。西晋泰始五年（265年）至太康七年（286年）为秦州治，太康七年后移治上邽（治今天水市）。
② 《史记》卷5《秦本纪》记载："秦武公十年伐邽、冀戎，初县之。"
③ 陈晓捷：《临潼新丰镇刘寨村秦遗址出土陶文》，《考古与文物》1996年第4期，第1—7页。
④ 王辉：《秦出土文献编年》，香港新文丰出版公司2000年版，第78页。
⑤ 周晓陆、路东之：《秦封泥集》，三秦出版社2000年版，第409页。
⑥ （北魏）郦道元著，（清）杨守敬疏：《水经注》卷17《渭水注》，江苏古籍出版社1989年版，第1476—1477页。

人从山东迁至朱圉山（甘谷朱圉山附近）。毛家坪遗址以周代秦文化为主，年代从西周延续至战国。从年代、地望与遗址的规模看，极有可能是秦武公设立的冀县县治所在地。"B"组遗存可能就是冀戎的遗存。①因毛家坪遗址没有出土汉代遗物，推测汉代冀县治所已经由洛门盆地迁移至甘谷盆地内。

7. 落门聚。由毛家坪西行约7公里至洛门镇。洛门镇与毛家坪均位于洛门盆地内，盆地西起武山县城，东至甘谷武家河乡，东西长28公里，南北宽2—3公里，面积约70平方公里，是渭河上游最大的河谷盆地。洛门古镇因汉代雒门聚而得名。② 建武十年（33年）来歙拔落门而平陇右的战争就发生在这里。③ 延熙十六年（253年）夏，姜维率数万人，从石营出发，经董亭围南安时，曾经过洛门。④

8. 豲道。豲道最早设置于战国时期。秦献公元年（公元前384年），秦兵临渭首，灭狄、豲戎。⑤ 秦孝公元年（前361年）秦"西斩戎之豲王"，⑥ 完全征服了豲戎，豲道可能设置于此时。相家巷出土秦封泥有"豲道丞印"，⑦ 湖北出土的西汉初年的《张家山汉简·二年律令·秩律》有"豲道"。⑧ 豲戎本隗姓狄人，⑨ 狄为周初鬼方败亡后流徙甘肃境内的一支。⑩ 鬼方源于南西伯利亚米努辛斯克盆地卡拉苏克文化（公元前1500—前800年）。该文化分两路进入中国：一路向南翻越阿尔泰山进入新疆，对邻近的甘青地区的卡约文化产生影响；另一路以蒙古高原为中介进入中国北方长城地带，对中原的晚商文化、西周早期文化产生影响。豲道西汉属天水郡，东汉属汉阳郡。汉灵帝中平五年（188年）分置南安

---

① 梁云、侯红伟等：《甘肃毛家坪遗址》，《中国文物信息网》2013年2月27日。
② （南朝宋）范晔：《后汉书》志27《郡国五》，中华书局1965年版，第3517页。
③ （南朝宋）范晔：《后汉书》卷13《隗嚣传》，中华书局1965年版，第531页。
④ （晋）陈寿：《三国志》卷44《姜维传》，中华书局1971年版，第1064页。
⑤ （南朝宋）范晔：《后汉书》卷87《西羌传》，中华书局1965年版，第2875页。
⑥ （汉）司马迁：《史记》卷5《秦本纪》，中华书局1959年版，第202页。
⑦ 周晓陆等：《于京新见秦封泥中的地理内容》，《西北大学学报》（哲学社会科学版）2005年第4期，第125页。
⑧ 张家山二四七号汉墓竹简整理小组：《张家山汉墓竹简》，文物出版社2001年版。
⑨ 王宗维：《西戎八国考述》，载西北大学历史研究室编《西北历史研究》1986年号，三秦出版社1987年版，第1—55页。
⑩ 祝中熹：《甘肃通史》先秦卷，读者集团、甘肃人民出版社2009年版，第253—254页。

郡，獂道又属于南安郡。① 据《括地志》记载："獂道故城，在襄武县东南三十七里。"② 按襄武县在今陇西东南 2.5 公里；唐里有大里和小里之分，大里约今 540 米，小里约今 442 米，以大里计算，獂道县当在今陇西县东南 22.5 公里处，即武山县桦林镇稍东。1987 年文物普查时发现桦林镇范家坪有大片汉墓群，面积 12 万平方米，出土文物主要有汉代钱币、石花砖、刻花砖、绿釉陶器（陶罐、井、鼎、屏风、灶）、青铜器、兵器等。说明汉代这里有大量居民在此繁衍生息。结合出土物与历史文献记载，汉獂道县应该在桦林乡一带。《水经注》卷 17《渭水注》记："渭水又东南，径獂道县故城西。……赤亭水出东山赤谷，西流径城北。"③ 赤亭水即陇西东南三台附近自西向东注入渭河的大娥沟、小娥沟，因沟中土色发红而得名。郦道元所记"獂道故城"可能不是秦、汉魏时期的獂道治所，而是十六国西秦时所置的南安郡治獂道城。④

9. 襄武县。《汉书·地理志》记载，襄武县为陇西郡属县之一，王莽改为相桓。⑤ "桓"与"獂"音同，襄武与獂道一样，可能也是针对聚居于此地的獂戎而设立。相家巷出土秦封泥有"襄武□□"⑥。据《水经注》，襄武故城位于荆头川水（今陇西县南河）与渭河交汇处的荆头川水与渭河以南。⑦ 其设置的时间可能不会晚于战国时期。汉灵帝中平五年（188 年）从陇西郡分置南安郡后，襄武可能成为陇西郡治所。西河滩遗址的发掘表明早在周代，中原王朝势力就已经深入陇西县境内。该遗址位于陇西县城西西河北岸台地上，范围南至西河，东界李家坪村庄，北

---

① （北魏）郦道元著，（清）杨守敬疏：《水经注》卷 17《渭水注》，江苏古籍出版社 1989 年版，第 1473—1474 页。

② （唐）李泰著、贺次君辑校：《括地志辑校》卷 4《渭州》，中华书局 1980 年版，第 221 页。

③ （北魏）郦道元著，（清）杨守敬疏：《水经注》卷 17《渭水注》，江苏古籍出版社 1989 年版，第 1473—1474 页。

④ 薛方昱：《〈水经注·渭水〉今甘肃段笺证》，载《陇右文化论丛》第 3 辑，甘肃人民出版社 2008 年版，第 91 页。

⑤ （汉）班固：《汉书》卷 28 下《地理志》，中华书局 1962 年版，第 1610 页。

⑥ 周晓陆等：《于京新见秦封泥中的地理内容》，《西北大学学报》（哲学社会科学版）2005 年第 4 期，第 125 页。

⑦ （北魏）郦道元著，（清）杨守敬疏：《水经注》卷 17《渭水注》，江苏古籍出版社 1989 年版，第 1472 页。

至台地边沿，西接西北铝加工厂住宅区，南北长 400 米，东西宽 300 米。文化层深 0.5 米，厚度 0.5 至 1 米。1963 年甘肃省文物考古队部分挖掘，出土了大批文物，有陶鬲、碗、盆、钵、罐等陶器和精细的石器、骨器等，特别是出土的三足陶鬲，是典型的周代文物。1965—1966 再次挖掘，发现窖穴、房址、墓葬和水井遗迹，其中墓葬 16 座，全为仰身直肢葬，出土陶器与关中西周墓存在密切联系。

10. 首阳县。汉朝时置，为陇西郡属县之一。① 晋仍属陇西郡。西魏改为渭源县。首阳县因首阳山而得名，传说商朝上大夫伯夷、叔齐隐居于此。首阳山位于渭源县城东南 34 公里处的莲蓬乡首阳村，有伯夷、叔齐庙及墓冢、墓碑。首阳县故城位于封溪水（今小园子沟）汇入渭水前的渭水北岸，② 即今渭源县城东北。《汉书·冯奉世传》记载，永光二年（公元前 42 年），征陇西羌，冯奉世为中军，屯田于"首阳西极上"③，即此地。

11. 高城岭。由今渭源县向西行约十五里，就到了呈南北走向的渭河支流后河与洮河支流上峪河的分水岭，即历史文献中多次提到的高城岭，④ 岭上置关。⑤ 古道由渭源县西行，在上关坪附近上山，西北行经王家店至柳树坪，⑥ 再由柳树坪下山进入洮河支流上峪河流域。《水经注》卷 2《河水注》云："洮水又北径狄道县故城西……又北，陇水注之，即《山海经》所谓滥水也。水出鸟鼠山西北高城岭……滥水又西北径武街城南，又西北径狄道故城东……又西北流，注于洮水。"⑦ 注文中所说的陇水即洮河支流上峪河。1947 年，裴文中先生至临洮考古调查时，对洮河

---

① （汉）班固：《汉书》卷 28 下《地理志》，中华书局 1962 年版，第 1610 页。
② （北魏）郦道元著，（清）杨守敬疏：《水经注》卷 17《渭水注》，江苏古籍出版社 1989 年版，第 1471 页。
③ （汉）班固：《汉书》卷 79《冯奉世传》，中华书局 1962 年版，第 3297—3298 页。
④ （晋）陈寿：《三国志》卷 22《陈泰传》；《水经注》卷 2《河水注》；《水经注》卷 17《渭水注》。
⑤ （清）顾祖禹《读史方舆纪要》卷 60《巩昌府》云："分水岭关在县西十五里分水岭上。自岭以西之水，悉入洮河，以东之水，悉入渭河。置关于此，为县境之襟要。"上海书店出版社 1998 年影印本，第 419 页。
⑥ 柳树坪一带可能就是《水经注》所说的高城岭，高城岭上的重要关津渭源城就在这里。
⑦ （北魏）郦道元著，陈桥驿校证：《水经注校证》卷 2《河水》，中华书局 2013 年版，第 45 页。

支流上峪河及其与渭河之间的分水岭作了如下描述:"临洮城北洮河有一条支流,自东而西,与渭河上游仅有一平宽之分水岭之隔。史前人类之交通,即以此支流之河谷连接渭河上游及洮河流域。"① 高城岭,即洮河支流上峪河与渭河的分水岭,早在史前时期就是人类交往的天然通道。《三国志·魏志》卷22《陈泰传》记载,魏正元元年(255年),姜维从枹罕进攻狄道,陈泰由上邽至陇西郡,西越高城岭来救,会"凉州军从金城至沃干阪。姜维闻之解围而遁"②。《陈泰传》详细记述了由上邽(治今天水市)至陇西郡(治襄武,在今陇西县城内),西越高城岭(洮河支流上峪河与渭河支流后河的分水岭)至狄道(治今临洮),翻越沃干阪(今马寒山)经金城(治今兰州市内)至凉州(治姑臧,今武威)的交通线路。

12. 东甘铺汉墓群。古道翻越高城岭入东峪河谷,顺东峪河谷西行至二十里铺。在二十里铺南孙家沟和旧庄沟之间的东峪河第一级台地上发现一汉代墓群。墓冢现存四个,最西的冢冢高3.2米,底径为10米,冢的顶端和南部,因取土已破坏了少部分。由此往东的60米,即为第二冢,此冢已被挖去大部分,残存高度约3米,底径为10米。由此冢向南约80米,有一大冢,高约8米,底径19米,保存较完好,仅顶部被垦为耕地。第四个墓冢,位于旧庄沟西岸,高3米,底径12米,保存尚好。在东甘铺北岸,曾发现砖砌卷拱墓九孔,1929年曾出土汉代"尚方仙人镜"一面。另在何家堡村附近,原有三个大冢,一冢在中华人民共和国成立前北山滑坡时埋入山坡内,两冢尚存。在南岸的南山根,发现朝山底方向有砖砌汉墓,墓石门扇,有兽头门环,地面上随处可见到出土的汉代残砖残瓦。

12. 狄道。古道经东甘铺继续向西,至洮河和上峪河交汇处附近,秦汉时期的狄道县治所就设在这里。狄为周初鬼方败亡后流徙甘肃境内的一支。③ 狄道针对狄人而设立。秦献公继位不久,"欲复穆公之迹,兵临

---

① 裴文中:《甘肃史前考古报告》,《裴文中史前考古报告》,文物出版社1987年版,第208—255页。

② (晋)陈寿:《三国志·魏志》卷22《陈泰传》,中华书局1971年版,第640页。

③ 祝中熹:《甘肃通史》先秦卷,读者集团、甘肃人民出版社2009年版,第253—254页。

渭首，灭狄、貘戎"，① 可能在此后设立狄道。从《水经注》记载看，秦汉狄道故城在洮河以东、上峪河以西，即洮河和上峪河交汇处的三角台地上。当地文物工作者根据考古发掘，认为秦、汉狄道在今临洮城北上川一带。在上川一带，发现战国、秦汉的残砖断瓦和建筑构件及夯层遗迹。② 西汉初年的张家山汉简《秩律》有"狄道"。《张家山汉简》属吕后二年之物，距离秦亡尚无多年，按照常规，汉初之县大多是承秦而来。③ 古道由狄道沿洮河东岸北行，经辛店、五户，翻山越马衔山（沃干岭），在榆中银山乡入阿干河谷，④ 顺阿干河谷至金县（兰州市桦林坪一带），与前考长安通姑臧南道主干道会合至姑臧。

至狄道后，亦可经大夏、枹罕、河关、龙支城、允吾、浩亹至令居与主干道会合通姑臧。这条线路早在马家窑文化马家窑类型一期时就已经开通。⑤《三国志·魏志》卷22《陈泰传》详细记述了由上邽（治今天水市）经陇西郡（治襄武，在今陇西县城内），西越高城岭（洮河支流上峪河与渭河支流后河的分水岭）至狄道（治今临洮），翻越沃干阪（今马寒山），经金城（治今兰州市内）至凉州（治姑臧，今武威）的交通线路。⑥ 咸和（326—334年）初年，前凉张骏遣兵攻讨秦州诸郡，选择的也是凉州—金城—沃干岭（今兰州临洮间马寒山）—狄道（治今临洮）线路。⑦ 道宣《释迦方志》说："自汉至唐往印度者，其道众多未可言尽。……依大唐往年使者，则有三道。……其中道者，从鄯州东川行百余里，又北出六百余里至凉州。"⑧ 所谓中道，就是由狄道经大夏（治今广河县西）、河关（积石山县大河家镇）、允吾（上川口古城）、浩亹

---

① （南朝宋）范晔：《后汉书》卷87《西羌传》，中华书局1965年版，第2875页。
② 临洮县志编纂委员会编：《临洮县志》，甘肃人民出版社2001年版，第562页。
③ 后晓荣：《秦陇西郡置县考》，载《秦俑博物馆开馆三十周年国际学术研讨会暨秦俑学第七届年会会议论文集》，2009年，第152—156页。
④ 在甘川公路阿干河谷段发现了汉墓群。
⑤ 苏海洋：《论马家窑文化形成的动因及传播路线》，《青海民族大学学报》（社会科学版）2019年第1期，第103—108页。
⑥ （晋）陈寿：《三国志·魏志》卷22《陈泰传》，中华书局1971年版，第640页。
⑦ （唐）房玄龄等：《晋书》卷86《张轨传》，中华书局1974年版，第2234页。
⑧ （唐）释道宣著，范祥雍点校：《释迦方志》卷上道迹篇第四，中华书局1983年版，第16—40页。

（永登河桥镇西南）至令居（治永登中堡镇罗城滩古城），越乌鞘岭赴河西的线路。此道虽然较为迂回，但穿越陇西黄土高原南部暖温带半湿润区和青东祁连山山地草原带，沿线气候温和、地势平坦、农业相对发达、人口相对稠密，与前考主要穿越陇西黄土高原中部半干旱区的交通线相比，更适宜于开辟官方驿道。

13. 大夏县。由狄道沿洮河东岸北行五十里至康家崖渡口，西渡洮河，再沿大夏川水（今广通河）北岸行七十里至汉大夏县故城，总计一百二十里。严耕望根据《通典》卷174《河州》河州"东南至金城狄道县一百四十八里"的记载，计算出狄道至大夏县之间的距离为七十八里。误。据《元和郡县图志》记载："大夏县，中下。西北至（河）州七十里。本汉旧县，属陇西郡。前凉张骏置大夏郡，县属焉。周改属枹罕郡。隋开皇三年罢郡，县属河州。……大夏山水，经夏南，去县十步。"① 广河县城西5公里的阿力麻土乡刘家庄有一古城，古城位于广通河北岸的第二台地上，三面邻水，北近山坡，背山向阳。1987年7月，陈守忠先生调查时，根据地面遗留物推断，城址东西南北各500米，为一大方城。现仅有南城残垣一段，田间地头有大量汉代陶片遗存。② 距古城东5公里处的贾家村砖瓦厂曾挖出汉墓2座，出土有五铢钱及陶罐，罐上有"光和三年"朱书题记。③ 该城西北离临夏市41.5公里，约七十七唐里，与严耕望据《通典》推算的距离基本一致。从距离和出土物内涵看，刘家庄古城无疑为汉大夏县故城。

14. 白石县。由大夏县故城溯广通河西行，再向北翻越南阳山入大夏河谷。在今临夏市折西南，溯大夏河至临夏县双城村遗址。双城古遗址原来有二城址，因此称双城。据传旧城占地1500亩，因村民居住与种地，城墙已经被拆毁；小城为新城，面积不及旧城的十分之一。1987年8月4日陈守忠先生到此考察时，在旧城址范围内的田埂边及水渠边见到大量的汉瓦片、部分粗绳纹的秦瓦片和菱形纹的战国瓦片。④ 笔者认为旧城为

---

① （唐）李吉甫：《元和郡县图志》卷39《河州》，中华书局1983年版，第990页。
② 陈守忠：《河陇史地考述》，甘肃人民出版社2007年版，第203页。
③ 临夏回族自治州编撰委员会：《临夏回族自治州志》，甘肃人民出版社1993年版，第1166页。
④ 陈守忠：《河陇史地考述》，甘肃人民出版社2007年版，第211—212页。

汉代白石县故城。《水经注》引《十三州志》："白石县在狄道西北二百八十五里,漓水径其北。"① 旧城东距今临洮县城（狄道）120 余公里,约合前凉 280 余里,与《十三州志》记载吻合。冯绳武认为双城村遗址大古城应该为秦枹罕城,双城小古城为汉白石城。②

15. 河关。由白石县故城溯大夏河支流而上,在营滩附近穿越积石山北麓的低山沟谷和山前丘陵,经乩藏、居集、寨子沟、积石山县、石塬、刘集至黄河岸边的大河家镇康吊古城。康吊古城每边长 1 里,分上城与下城,大小不一,上城内原有街道,附近泉水已浇地 200 亩。西城墙外有一防敌深沟,名石头沟。传说此城（名长宁城）早于其西南的大墩城。城内出土有石斧、石火盆、汉瓦（呈灰色,长 40 厘米,宽 15 厘米,重 5 斤）、筒瓦（长 40 厘米）、红色大砖（每条厚 17 厘米、长 80 厘米、宽 40 厘米,重约 50 斤）,还有金顶珠、银筷子（或钗）等文物。此古城建筑在黄河南岸三级阶地上,高出河面约 100 米,就出土文物论,从史前历汉代至宋代,均有遗迹。③ 王宗元先生以为康吊古城就是河关故城。④ 汉宣帝神爵二年（公元前 60 年）曾置河关县,大概其地早有西行的关卡,所以置县时以河关命名。三国时期,夏侯渊派张郃等"平河关,渡河入小湟中"⑤。十六国至隋,由于这里为吐谷浑与北方各政权反复争夺的军事要地,渡口趋于衰落。至迟至西秦时期,河关渡口东部逐渐兴起了一个新的渡口,即凤林关渡口。

16. 白土城。古道由河关故城北渡黄河至白土城。《水经注》卷 2《河水注》记述黄河在进入积石峡之前"临津溪水注之,水自南山,北径临津城西而北流,注于河。河水又东径临津城北,白土城南。《十三州志》曰：左南津西六十里有白土城,城在大河之北,而为缘河济渡之处。

---

① （北魏）郦道元著,陈桥驿校证：《水经注校证》卷 2《河水注》,中华书局 2013 年版,第 43 页。

② 冯绳武：《河州政区城关考》,《兰州大学学报》（社会科学版）1990 年第 1 期,第 151—158 页。

③ 积石山保安族东乡族撒拉族自治县志编纂委员会编：《积石山保安族东乡族撒拉族自治县志》,甘肃文化出版社 1998 年版,第 542 页。

④ 王宗元：《河关故城考》,载积石山保安族东乡族撒拉族自治县志编纂委员会编《积石山保安族东乡族撒拉族自治县志》,甘肃文化出版社 1998 年版,第 540—541 页。

⑤ （晋）陈寿：《三国志》卷 9《夏侯渊传》,中华书局 1971 年版,第 271 页。

魏凉州刺史郭淮破羌，遮塞于白土，即此处矣。河水又东，左会白土川水，水出白土城西北下，东南流径白土城北，又东南注于河"①。临津溪水为发源于甘肃积石山县小积石山北麓，经大河家镇注入黄河的甘河；临津城可能是今康吊古城，是在河关故城的基础上建成或改名而来；白土川水即在官亭镇鲍家村西边注入的黄河河沟；白土城可能就是在鲍家古城所在的地点建立的，鲍家古城极有可能就是白土城。鲍家古城位于民和县官亭镇鲍家村北。在黄河北岸第二台地上，距黄河约250米。城北依山，南临绝壁，东西均为洪沟，依山势而建，呈不规则形。城分为两部分，南部大，长约540米，宽95—119米；北部小，呈一规则的长方形，南北长70米，东西宽40米。城残高一般在1—5米间，最高处达13米。城顶部宽1—3米。夯土筑，夯土层厚6—7厘米。城北墙外有一道护墙，与北墙平行，长度相当。城东南、西南两角有两座城门。城内北高南低，暴露有牛、羊等兽骨和少量泥质灰陶片。从遗物看，难以断定该城时代；从建制看应为早期遗存，疑是晋代白土城。②

17. 官亭盆地中的古文化遗迹。古道在河关渡过黄河后进入青海官亭盆地。官亭盆地位于青海省民和县最南端，是黄河上游众多山间小盆地中的一个。盆地西起积石峡，东至寺沟峡，东西长约12公里，南北宽约5公里，面积约60平方千米。盆地周围为山地所环绕，海拔在2100米左右，主要由白垩系紫红色、红色砂岩组成，山前广泛发育有由红土和黄土组成的台地。盆地内，黄河自西向东流过，河流阶地发育，其中二、三级阶地比较发育，阶地面宽阔平坦，成为人类活动的主要场所，三级以上阶地经后期侵蚀，阶地面已破碎。目前在该盆地内已经发现有不同时期的古遗址约50处，其时代包括新石器时代的仰韶文化、马家窑文化以及青铜时代的齐家文化、辛店文化和卡约文化等。③

18. 拉脊山及拉脊山余脉上的古道、古城遗迹。拉脊山属于祁连山脉东段最南支脉，亦称拉鸡山、积石山或唐述山，位于青海东部，湟水谷

---

① （北魏）郦道元著，陈桥驿校证：《水经注》卷2《河水注》，中华书局2013年版，第41—42页。

② 聪喆：《左南、白土两地考》，《青海民族学院学报》1988年第4期，第1—7页。

③ 杨晓燕、夏正楷、崔之久等：《青海官亭盆地考古遗存堆积形态的环境背景》，《地理学报》2004年第3期，第455—461页。

地与黄河谷地之间。拉脊山呈西北—东南走向。西北部与日月山的西南部相连，东南部延伸至民和县南部官亭黄河之畔。长170千米，宽20—30千米。平均海拔3500—4000米。古人之所以将这个山岭命名为漫天岭、扪天岭，是极言山岭的高峻。拉脊山山体中下部覆盖黄土，第三系红层出露比较广泛。在流水作用和侵蚀下，黄土分布区水土流失严重，地表显得破碎，黄土地貌发育较典型，并时有滑坡发生，不利于交通道路的开辟，但山岭之上一般较为平缓。拉脊山东段山岭绵延不断，长约百里，岭之上宽广而平坦，故又名之曰长夷岭。① 翻越拉脊山东段抵达湟水南岸的古道上至今仍存留着大量古烽燧、古城址遗迹。烽燧多耸立于黄土梁峁顶部，一般相距2.5—4公里，黄土夯成，古城多位于山间盆地。

19. 龙支城。丝绸古道由青海官亭盆地向北溯乾河滩，在甘沟乡境内翻越乾河滩与马营前河的分水岭，至坐落于马营河上游的山间盆地满坪镇。由满坪镇向北翻越马营前河与马营河的分水岭、马营河与隆治沟分水岭抵达湟水支流隆治沟上游的古鄯盆地。古鄯镇北2.5公里的古鄯北古城。古鄯北古城仅有东西城墙，无南北墙，呈橄榄形，东西长约700米，中间宽150米，东部宽100米，西部宽120米，有东、西二门。城残高2—5米，夯土版筑，夯土层厚8—10厘米。城内除齐家文化、汉魏陶片外，隋唐陶片、残砖断瓦随处可见，还有磨盘与柱杵。1985年出土开元通宝30多公斤，内杂有少量西汉半两、五铢和莽钱。据《元和郡县志》记载，龙支县西南有龙支谷，龙支县因龙支沟得名，② 而今流经古鄯镇的小河叫隆治沟，发源于拉脊山，东北汇入湟水，从出土物及历史文献记载推断，可能为汉、唐代龙支城。

20. 小晋兴城。古道由龙支故城北行，翻越隆治沟和巴州川水的分水岭至巴州川水上游的西沟乡。古城塬古城位于西沟乡南塬村古城塬上，东北距民和川口镇约18公里，距浩亹河口约21公里，南经柴沟、古鄯至黄河赵木渡约78公里。古城位于巴州川内东沟、西沟二水交汇处的古城塬上。城呈长方形，南北长600米，东西宽500米，残高0.8—1.5米，基宽1.5米，夯土筑，夯土层厚0.06—0.09米。有内外两重城垣。城址

---

① 刘满：《河陇历史地理研究》，甘肃文化出版社2011年版，第73页。
② （唐）李吉甫：《元和郡县图志》卷39《陇右道上》，中华书局1983年版，第993页。

在平整土地时遭到严重破坏，城内暴露遗物较少。对于这座古城，历代史志均无记载，李智信认为它应是汉代允吾城。① 古城塬古城东北至上川口约 18 公里，与小晋兴城至允吾城（民和上川口古城，见下文允吾条详细考证）里距、方位相当（东晋每尺合 24.2 厘米，每里为 1800 尺，四十里为 17.4 公里）。

21. 允吾。由古城塬古城出发，顺湟水支流巴沟北行 18 公里至湟水与巴沟交汇处的上川口镇（民和县县治所）。在民和上川口镇有一座古城，位于巴沟汇入湟水的三角地带，在巴沟西岸，湟水南岸。古城现存北墙残垣残高约 6 米，城内已垦为农田，破坏严重，有少量晚期遗物。《水经注》卷 2《河水》云："湟水又东径乐都城南……东径破羌县故城南……又东南径小晋兴城北，故都尉治。阚骃曰：允吾县西四十里有小晋兴城。湟水又东，与阁门河合，即浩亹河也。出西塞外，东入塞……又东径浩亹县故城南……又东流，注于湟水。故《地理志》曰：浩亹水东至允吾入湟水。湟水又东径允吾县北为郑伯津，与涧水合……湟水又东径允街县故城南……湟水又东径枝杨县，逆水注之。"② 关于允吾故城的位置，学术界争议较大：有甘肃永靖县境内说，③ 今青海民和县隆治乡下川口说，④ 今民和县上、下川口之间说，⑤ 今民和县古鄯镇说，⑥ 今民和县境内西沟乡说⑦五种不同的说法。《元和郡县图志》云："允吾故城，在（广武）县西南一百六十里。本汉县，属金城。浩亹故城，在（广武）县西南一百三十里。汉县也，属金城郡。亹者，水流峡岸深若门也。"⑧ 按

---

① 李智信：《青海古城考辨》，西北大学出版社 1995 年版，第 21—28 页。
② （北魏）郦道元著，陈桥驿校证：《水经注校证》卷 2《河水注》，中华书局 2013 年版，第 48—49 页。
③ （清）陶保廉著，刘满点校：《辛卯侍行记》，甘肃人民出版社 2002 年版，第 216 页。
④ （清）顾炎武撰，黄坤等校点：《天下郡国利病书》，上海古籍出版社 2012 年版，第 2151 页。
⑤ 张维：《兰州古今注》，甘肃省地方文献征集会校印，第 1 页 "城郭建置" 条下。李并城：《晋河会城、缠缩城、清塞城考》，《中国历史地理论丛》1999 年第 2 期，第 171—178 页。
⑥ 吴景敖：《西陲史地研究》，中华书局 1947 年版，第 10—11 页。薛方昱：《两汉金城郡治允吾故城究竟在何处》，《兰州学刊》1983 年第 2 期。刘满、史志林：《汉允吾县的位置及其在河湟地区交通上的重要地位》，《敦煌学辑刊》2013 年第 3 期，第 53—77 页。
⑦ 李智信：《青海古城考辨》，西北大学出版社 1995 年版，第 26 页。
⑧ （唐）李吉甫：《元和郡县图志》卷 39《陇右道上》，中华书局 1983 年版，第 988 页。

一百六十唐里合今86.4公里，从今永登（唐广武县）西南经通远镇、河桥镇、窑街至民和川口镇的距离约83公里，二者方位与距离十分接近。将《水经注》与《元和郡县图志》记载结合起来考察，笔者认为民和上川口古城可能为汉允吾故城。

22. 浩亹县。由允吾古城渡湟水入大通河流域至浩亹县。汉简记载："甘露三年四月甲寅庚辰，金城太守贤函文，谓过所县、道，遣官浩亹亭长泰贺，以诏书送驰刑伊循。当舍传舍，从者如律令。"（ⅡO114：338）① 此简言派浩亹县的亭长送驰刑徒到伊循，要求沿途各驿置机构提供食宿方便。表明浩亹为金城治所允吾通河西走廊和新疆的必经之地。《水经注》卷2《河水注》云："湟水又东，与阁门河合，即浩亹河也。出西塞外，东入塞……又东，径浩亹县故城南……又东流，注于湟水。"② 浩亹河即今大通河，因宋代在河畔筑大通城，阁门河才改称大通河，并沿用至今。从《水经注》看，浩亹故城在大通河北岸，但具体位置并不清楚。《元和郡县图志》云："浩亹故城，在（广武）县西南一百三十里。汉县也，属金城郡。亹者，水流峡岸深若门也。"③ 按一百三十唐里合今约70公里，有人认为浩亹县古城在今甘肃永登县河桥镇河桥村，古城遗址在1958年前尚依稀可辨。河桥镇距离永登65公里，依据距离测算，浩亹故城应该在河桥镇南5公里余的窑街镇山根新村一带。窑街镇南为大通河汇入湟水前的最后一道长达7公里多的峡谷，峡谷幽深，两岸山峰相对河面高差达200—300米，与《元和郡县图志》"水流峡岸深若门"的记载完全吻合。由浩亹故城至令居故城北，与上节所考道路会合，经苍松、鸾鸟、小张掖，依可至姑臧。

---

① 胡平生、张德芳编撰：《敦煌悬泉汉简释粹》，上海古籍出版社2001年版，第39页。
② （北魏）郦道元著，陈桥驿校证：《水经注》卷2《河水注》，中华书局2013年版，第48页。
③ （唐）李吉甫：《元和郡县图志》卷39《陇右道上》，中华书局1983年版，第988页。

第 五 章

十六国南北朝时期的秦陇南道

第一节 地缘政治与丝路东段南道的演变

继安息之后，西亚又崛起萨珊波斯。由于波斯人不堪斯克泰等民族的歧视，在古波斯后裔阿尔戴西尔的领导下，推翻了安息的统治，建立了以他祖先命名的萨珊王朝。萨珊王朝向东的疆域曾一度扩大到葱岭以西的广大地区，并占领塔什干。萨珊正处于东有中国、西有罗马的大文明的正中，不仅是中国丝绸的重要消费国，并且垄断了中国丝绸向东罗马的出口，在丝路交通上占有十分重要的地位。萨珊波斯统治时期（226—641 年）相当于三国至唐朝初期，中国的绝大部分时间政治上处于分裂割据状态，但中原和西北各政权依然继承了两汉时期抵御北虏、以确保东西交通与贸易畅通的传统政策，西域、中亚各国使节仍络绎不绝。因此，在中国诸政权与萨珊波斯等西亚国家的经营下，联系中国与中亚、西亚的交通大道"丝绸之路"仍畅通无阻。中国丝绸及其他货物源源不断地西运，而波斯等西亚和中亚国家也将银器、香料、宝石、玻璃器、毛织品等输入中国。不过在中国境内，由于受地缘政治的影响，丝绸之路的起点、畅通情况与线路都发生了变化。

一 丝绸之路起点的变化

十六国南北朝时期，由于中国境内经常存在多个政权对峙的局面，随着政治中心的多元化和盛衰变化，丝路起点出现迁移和多元化倾向。洛阳、长安、平城、邺城、建康曾在一定时期内担负起丝绸之路起点的任务。曹魏、西晋和北魏都洛之时，洛阳发挥着丝路起点的重要作用。

自董琬等出使西域至孝文帝太和十八年（494年）迁都洛阳50多年，平城成为丝路起点城市。平城通西域的路线，利用了自汉以来的丝绸之路。当时平城与西域间的商使往来，一方面由洛阳转输，经洛阳西去长安，从而与传统丝路联结起来；另一方面则是从平城出发，沿鄂尔多斯南缘，经原州高平城西进，进入河西走廊。作为丝路起点，邺城也有过一定时期的辉煌。战国时魏文侯便曾以邺为都城。汉末曹操以邺为根据地平定中原；曹丕代汉后邺城仍为魏五都之一。西晋时邺城是北方商业贸易中心。斯坦因在敦煌西北长城烽燧遗址中发现的粟特文古信札，提到那些以凉州为中心经商的粟特人，最东边就到邺城，说明在此之前，粟特商人已经来到这里。魏晋南北朝分裂动乱时期，邺城先后成为后赵、冉魏、前燕的都城。北魏在邺城置行台，以后东魏、北齐都定都邺城。经济的发展和文化的繁荣以及与域外、南朝政治上的交好，使邺城成为沟通南北的中心都市，推动了南北文化的交流，甚至在一定程度上使海上丝路与西北丝路连接起来。①魏晋南北朝时期，长安曾为前秦、后秦、西魏和北周都城，特别是西魏与北周的长安城为隋唐时期长安在丝路贸易和交流中重铸辉煌奠定了基础，可以看作盛世的曙光。东晋南北朝时期，建康为东晋及宋、齐、梁、陈的政治、经济与文化中心。由于南北对峙政治形势的影响，南方诸政权无法通过传统的陆上丝绸之路与域外发生联系。建康作为南方诸政权的都城，是中国南方与北凉、吐谷浑、柔然、丁零进行政治、商贸交往及与印度、西域间的宗教往来的起点。另外，作为陇右、河西割据政权的西秦的都城金城（今兰州西）、苑川（今兰州榆中），南凉的首都鄯城（今乐都），前凉、后凉都城姑臧（今武威），北凉首都张掖，西凉首都酒泉，吐谷浑称白兰王和河南王时期的首都浇河城（今贵德）、吐谷浑城（今都兰）和伏俟城（今铁卜加古城）等都做过丝绸之路的起点。

二　秦陇南道运行状况与线路走向的变化

从地势来看，河西、陇右地区位于我国地势三大阶梯的第二阶梯上，沿着青藏高原北部和东部边缘的河西地区、河湟谷地及甘南高原是地势

---

①　石云涛：《汉唐间丝绸之路起点的变迁》，《中州学刊》2008年第1期，第183—193页。

一、二阶梯的过渡区域。地势西高东低,境内黄河及其支流湟水、渭河、泾河沿着狭窄的谷地咆哮着向东流去。陇中、河西为中西陆路交通要道和农牧民族角逐进退的场所,兄弟民族占领时间长于汉族占领时间,割据分裂时期多于统一时期。十六国北朝时期,由于丝绸之路主干道沿线频繁的战乱和割据政权的对峙,常常使丝路交通受阻或使其线路发生改变。

(一)十六国时期的秦陇南道

1. 西晋灭亡前夕至淝水之战前。西晋灭亡前夕,把持秦州政务和军务大权的南阳王保因未处理好两位部将的关系,秦州境内出现战争,结果使得陇西一带成为战场。《晋书》卷37《宗室传》记载南阳王"保全有秦州之地,自号大司马,承制置百官。陇右氐羌并从之。凉州刺史张寔遣使贡献。及愍帝即位,以保为右丞相,加侍中、都督陕西诸军事。寻进位相国。模之败也,都尉陈安归于保,保命统精勇千余人以讨羌,宠遇甚厚。保将张春等疾之,谮安有异志,请除之,保不许。春等辄伏刺客以刺安,安被创,驰还陇城"①。《晋书》卷86《张轨传》载:"俄而保为陈安所叛,氐羌皆应之。保窘迫,遂去上邽,迁祁山,寔遣将韩璞步骑五千赴难。"② 西晋灭亡后,汉族人张俊在姑臧建立前凉(314—376年)。前凉先后与前赵、后赵发生过战争,多次击败刘曜、石虎的进攻,但慑于对方军事力量的强大,也曾向前赵、后赵称臣纳贡。前凉与前赵、后赵战争时,丝绸之路秦陇南道与河西道关闭;前凉向前赵、后赵称臣纳贡时,丝绸之路秦陇南道与河西道接通。大兴六年(323年),前赵消灭陇右陈安的势力,与前凉在兰州黄河东岸对峙。从太和二年(329年)后赵灭亡前赵、攻克上邽(治今天水市)至青龙元年(350年)后赵因内乱撤兵,前凉与后赵在陇右一带对抗10余年。不过东晋建元二年(344年)以前,前凉表面上称臣于后赵。敦煌人单道开从前凉统治的西平(今西宁)经秦州(今天水市)至后赵首都邺城,就是在这一背景下发生的。单道开曾由敦煌移居西平,"石季龙时,从西平来,一日行七百里,其一沙弥年十四,行亦及之。至秦州,表送到邺,季龙令佛图澄与

---

① (唐)房玄龄:《晋书》卷37《南阳王保传》,中华书局1974年版,第1098页。
② (唐)房玄龄:《晋书》卷86《张轨传》,中华书局1974年版,第2230页。

语，不能屈也。初止邺城西沙门法綝祠中，后徙临漳昭德寺"。① 敦煌人单道开由敦煌至西平的路线大约是由敦煌经当金山口，穿越柴达木盆地北缘至西平，然后经沿秦陇南道经秦州（今天水市）抵达邺城（今安阳北）。氐将苻洪在石虎去世后投降东晋，在后赵内讧时意图夺下关中，但遭人毒死。皇始二年（352年）苻健称帝，定都长安。以陇山为界，丝绸之路陇右段被前凉与前秦分割占领。建元三年（367年），前秦势力越过陇山，在洮湟一带与前凉展开对峙。建元十二年（376年），前秦攻灭前凉，稳定了河西走廊并控制西域。从西晋灭亡前夕至前秦统一北方，陇右道因频繁战乱受阻70余年。

前秦平定凉州后，梁熙时任持节河西中郎将、凉州刺史，领护西羌校尉，镇姑臧，"遣使西域，称扬坚之威德，并以彩缯赐诸国王，于是朝献者十有余国。大宛献天马千里驹，皆汗血、朱鬛、五色、凤膺、麟身，及诸珍异五百余种"②。"鄯善王、车师前部王来朝，大宛献汗血马，肃慎贡楛矢，天竺献火浣布，康居、于阗及海东诸国，凡六十有二王，皆遣使贡其方物"③。东晋孝武帝太元七年（382年），"车师前部王弥寘、鄯善王休密驮朝于坚，坚赐以朝服，引见西堂。弥寘……请年年贡献，坚以西域路遥，不许，令三年一贡，九年一朝"④。丝绸之路秦陇南道、河西道又暂时恢复了畅通。

2. 淝水之战后至北魏平凉州前（384—439年）。淝水之战后，前秦统治逐渐瓦解。在384—439年的半个多世纪里，各族上层分子先后在丝绸之路东段沿线建立十三个政权，分布在关东、关中、陇右和河西地区。关中地区有羌族在长安建立的后秦（384—417年）；陇右地区有鲜卑在金城（在今兰州西）建立的西秦（385—431年）；河西走廊有氐人在姑臧（今武威）建立的后凉（385—403年），沮渠蒙逊在张掖建立的北凉（397—439年），汉人在敦煌、酒泉建立的西凉（400—421年）；湟水流域有河西鲜卑在廉川堡（今乐都）建立的南凉（397—414年）。在这半

---

① （唐）房玄龄：《晋书》卷95《艺术传》，中华书局1974年版，第2492页。
② （唐）房玄龄：《晋书》卷113《苻坚传上》，中华书局1974年版，第2900页。
③ （唐）房玄龄：《晋书》卷113《苻坚传上》，中华书局1974年版，第2904页。
④ （唐）房玄龄：《晋书》卷114《苻坚传下》，中华书局1974年版，第2911页。

个多世纪里，丝绸之路陇右道沿线战乱不宁。

前秦统治崩溃后，在关陇地区形成前秦、后秦和窦秦"三秦"并立的形势。建初三年（388年）至皇初元年（394年），后秦攻破前秦苻登残余势力，接着剪除了在今陕西武功称帝的窦冲的力量。皇初三年（396年），后秦兵出陇右，收复秦州。弘始二年（400年），后秦打败西秦，占领黄河以东的陇中地区，并开始窥视河西。弘始五年（403年），后秦灭后凉并占据河西走廊。后凉灭亡前，在陇右西部，西秦与后凉间展开厮杀：西秦太初十年（397年），后凉吕光派吕纂率部骑3万攻破金城，又派梁恭率甲卒万人出武阳下峡（今靖远县西北黄河峡口），与秦州刺史没奕于夹击西秦。同时派吕延过枹罕攻克临洮（在今岷县）、武始（在今临洮）、河关（在今积石山县大河家镇）等城。次年（398年）西秦转守为攻，利用湟水通道一举攻下允吾（治今青海民和）、枝阳（治今永登县苦水乡庄浪河东岸）、鹯武（治今武威市东南）三城。太初十三年（400年），西秦被后秦打败，失国。在河西走廊东部，后凉与北凉、南凉展开厮杀：后凉吕纂咸宁二年（401年），南凉攻后凉姑臧。神鼎元年（401年），北凉进攻姑臧。神鼎三年（403年），北凉与南凉频繁进攻姑臧。在内外交困的形势下，后凉被迫投降后秦。从后秦弘始三年（401年）西秦乞伏乾归复国至西秦乞伏暮末永弘四年（431年）为夏所灭的30年间，陇右地区战争不断。乞伏乾归时期（401—412年），西秦东征西讨，将疆域扩展至"西至枹罕，东极陇坻，北限赫连，南界吐谷浑"的陇中地区。乞伏炽磐时（412—428年），西秦对外攻略更加频繁。永康三年（414年），西秦借南凉被北凉所逼从姑臧退至乐都的机会，灭南凉。西秦灭南凉，将疆土扩展至河湟地区后，向北凉、吐谷浑用兵。频繁战争加剧内外矛盾，乞伏暮末永弘四年（431年），西秦被赫连夏所灭。后凉灭亡后，北凉驱逐南凉的势力（414年），攻灭西凉（421年），将疆域扩展至包括湟水流域的整个河西地区。太延五年（439年），北魏灭北凉，统一中国北方。

十六国时期，受陇右道沿线长期战争与政权分立的影响，当时从洛阳、长安经秦州（治今天水市）至金城（今兰州）西去不走凉州（今武威），而是西去鄯城（今西宁），向北穿祁连山大斗拔谷（今扁都口）至甘州（今张掖），或继续西至伏俟城，循柴达木盆地北缘经大小柴旦北上，穿越当金山口至阳关、敦煌，或继续西至吐谷浑城（今都兰），循柴达木盆地南缘经茫崖镇北上，穿越阿尔金山口至南疆的若羌。如后秦姚兴弘始元年（399年），高僧法显与慧景、道整、慧应、慧嵬等人从后秦国都城长安（治今西安西北）出发，"逾陇，至乾归夏坐。夏坐讫，前行至耨檀国。度养楼山，至张掖镇"①。然后在敦煌太守李浩的资助下，历险穿过白龙堆沙漠经今若羌、焉耆、于阗、叶城、塔什库尔干进入北天竺。按乾归国指东晋十六国中西秦的统治者乞伏乾归的都城，当时已经由苑川迁至金城（在今兰州西）；耨檀国指东晋十六国中的南凉都城，当时已经由乐都（在今乐都）迁至西平（在今西宁市）；养楼山在今青海西宁市北、大通河南。法显是沿秦陇南道东段至金城后，西渡黄河溯湟水至今西平，又西北行经今扁都口过祁连山至张掖镇。高僧法显当时的西行路线受当时民族政权关系的影响：后秦姚兴弘始元年（399年），正值西秦与后凉交战时，法显无法经河西道西行。在388—399年西秦建都金城期间，西秦曾远征吐谷浑，并在度周川击败吐谷浑，迫使吐谷浑王视罴逃回白兰。因此，法显也无法经吐谷浑道西行。崛起于廉川堡的突发鲜卑与乞伏氏同出鲜卑，彼此亲善并联姻。因此，法显只能经南凉西行。

又如刘宋永初元年（420年），黄龙（今辽宁朝阳）人释昙无竭十分羡慕法显西行，于是召集同志25人，由黄龙出发，"初至河南国。仍出海西郡。进入流沙到高昌郡。经历龟兹沙勒诸国。登葱岭度雪山"至罽宾国，经月氏国、南天竺，由海路返回广州。②释昙无竭西行前后，西秦向吐谷浑发动了三次战争，降服了吐谷浑。永康二年（413年），乞伏炽磐在浇河（今青海贵德南）打败吐谷浑部，掳其民三千户。四月，击破在泣勤川（在今临潭新城乡南）、长柳川（今卓尼县境）、渴浑川（地点不详）活动的吐谷浑各部。永康六年（417年）春，西秦击吐谷浑于尧杆川（在今青海湖西南），俘获其民五千余口，使吐谷浑王树洛干羞愤抱病而死。永康七年（418年）初，乞伏炽磐为防御吐谷浑，在沙漒地置沙州，以木奕于为刺史，镇乐都。建弘二年（421年）四月，新即位的吐谷

---

① （东晋）沙门释法显撰，章巽校注：《法显传》，中华书局2008年版，第3页。
② （南朝梁）释慧皎撰，汤用彤校注：《高僧传》卷3《释昙无竭传》，中华书局1992年版，第93—94页。

浑王阿柴因经受不住秦军进攻，遣使降秦，受乞伏炽磐委署为征西大将军、开府仪同三司、白兰王。西秦以吐谷浑故地置安州，任阿柴为安州牧。将军事势力扩张至青海湖以西。当时，西秦与北凉为敌，无法经河西走廊西行，但西秦从军事上控制了吐谷浑，因此，释昙无竭至西秦后，只能经吐谷浑道西行。

（二）北魏时期的秦陇南道

北魏统一黄河流域后，结束了十六国以来长期割据纷争的局面。随着丝绸之路的再次畅通，秦陇南道与河西道重新成为中国北方与域外交往的主干道之一。延和三年（434年）二月，"蠕蠕吴提奉其妹，并遣其异母兄秃鹿傀及左右数百人朝贡，献马二千匹"。太武帝本月戊寅诏书云："朕承统之始，群凶纵逸，四方未宾，所在逆僭。蠕蠕陆梁于漠北，铁弗肆虐于三秦。……故频年屡征，有事西北。……今四方顺轨，兵革渐宁，宜宽徭赋，与民休息。"[①] 军事的胜利为中西间丝路东段的通畅和中西间交通出现新的局面创造了条件。自北魏太武帝拓跋焘太延元年（435年）起，中西间交通出现了新的局面。先是西域诸国入朝进贡，接着北魏遣使报聘，双方的交往拉开了序幕，其背景是北魏对漠北、西北地区的军事征服以及北魏与柔然关系的缓和，这些为中西交通提供了必要的条件。北魏太武帝太延元年（435年）至太延五年（439年），北魏与西域各国的交往出现第一个高潮。太延元年二月，柔然通好，焉耆、车师遣使进贡方物。太延三年（437年）三月，龟兹、悦般、焉耆、车师、粟特、疏勒、乌孙、竭槃陀、鄯善九国来朝贡，北魏交通西域的态度更加积极起来，又遣董琬西使，董琬一行"出鄯善"西行，经九国至乌孙。不过这一时期河西走廊尚未完全纳入北魏版图，北魏与西域通好主要利用北方草原路进行。

北魏太武帝太平真君五年（444年）至孝文帝太和二十三年（499年），中西间交通出现了第二次高潮。太平真君四年（443年）九月，北魏以轻骑袭柔然获胜，丝路交通出现转机。第二年三月，北魏曾遣使四辈出使西域。十二月，则有粟特遣使入魏。在与西域各国的交往中，北魏的统治者越来越认识到控制丝路的重要，太武帝开始积极经营西域。

---

① （北齐）魏收：《魏书》卷4上《世祖太武帝纪》，中华书局1974年版，第83页。

太平真君六年（445年）四月，进击吐谷浑，吐谷浑王慕利延西走，打通了进军鄯善的道路。这年八月，太武帝命万度归征发凉州以西兵，进攻鄯善。万度归留大军辎重于敦煌，亲率五千轻骑穿越戈壁，抵达鄯善，迫使鄯善国投降。八年（447年）鄯善、遮逸国皆遣王子进贡。九年（448年），以韩牧领护西戎校尉、鄯善王，镇鄯善。悦般国愿与北魏夹击柔然，北魏则派万度归西征，与柔然争夺西域。万度归攻克焉耆和龟兹，命唐和镇守焉耆。这一时期，北魏也频繁遣使西域，他们的足迹远至南亚、波斯和拜占庭。这一时期中西交通发展的重要标志是北魏与南天竺、萨珊波斯和拜占庭建立了正式的外交关系，彼此使节颇繁往来。波斯是北魏交通最远的国家，终北魏之世，波斯与北魏的通交达十次之多。今天中国发现的萨珊文物中，以波斯银币与织锦最多。据夏鼐统计，截至1978年，中国境内发现的萨珊波斯银币达1178枚，出土地绝大部分位于"丝绸之路"上或它东端的西安到另外几个首都（洛阳、大同）的延长线上，另外还有较大量储存的痕迹，说明两国之间贸易的发达。① 西平（今西平）因处于洛阳、长安、金城至张掖通河西走廊的丝绸之路秦陇南道与吐谷浑道的会合处，对外贸易特别发达。1958年，在西宁城隍庙出土76枚波斯萨珊俾路斯（457—483年）银币。② 萨珊俾路斯在丝绸之路秦陇南道沿线的甘肃临夏③、康乐、临洮④、陇西⑤、天水⑥、清水⑦、西安⑧等地也有发现。另外，历史文献也反映了这一时期丝路秦陇南道的繁荣。洛阳时期，河间王元琛任秦州刺史，曾"遣使向西域求名马，远至波斯国，得千里马，号曰'追风赤骥'。……琛常会宗室，陈诸宝器，金瓶银瓮百余口，瓯檠盘盒称是。自馀酒器，有水晶钵、玛瑙杯、

---

① 夏鼐：《近年中国出土的萨珊朝文物》，《考古》1978年第2期，第111—116页。
② 夏鼐：《青海西宁出土的波斯萨珊银币》，《考古学报》1958年第1期，第105—111页。
③ 苏军礼：《综述临夏出土发现的波斯银币》，《甘肃金融》2002年第A2期，第82—83页。
④ 王松朝：《介绍几枚波斯萨珊银币》，《陕西金融》1998年第9期，第65页。
⑤ 牟世雄：《甘肃陇西发现的波斯银币》，《中国钱币》2002年第1期，第49—50页。
⑥ 侯耀森、王波：《天水发现波斯银币》，《中国钱币》1994年第2期，第79页。
⑦ 康柳硕：《甘肃出土的丝路外国钱币述略》，《陇右文博》1996年第1期，第145—149页。
⑧ 姜宝莲、郭明卿、梁晓青：《关于陕西发现波斯萨珊金、银币的研究》，《文博》2008年第2期，第10—16页。

玻璃碗、赤玉卮数十枚。做工奇妙，中土所无，皆从西域而来"。① 秦州为北魏都洛阳后丝绸之路上的枢纽，这个例子从一个侧面说明这时丝绸之路秦陇南道重新恢复了往日的光彩。1997年在甘肃省天水市砖瓦厂附近的取土崖壁上，出土一枚半币（金币），其正面图像应是头戴罗马式标准头盔的皇帝正面胸像，但现存的右半币上只有此像的一半。此币正面残存的全部铭文为"CVSPPNVCC"共9个字母，其中8个是拉丁字母，1个是希腊字母。这应是高度精练的缩略语，意思为"……库斯，这国家的主人"。推测此币乃东罗马巴斯利思库斯皇帝在位期间（475—476年）所颁。② 印证古代欧亚地区间贸易和文化传播的情况及其发生地域。

这时，吐谷浑道不仅是沟通中国南方与西域的重要国际通道，还成为沟通中国北方与西域的重要通道之一。北魏初期，北魏因经营西域大举进攻吐谷浑，双方矛盾激化。北魏孝文帝即位以后，北魏在争夺西域的斗争中失利，吐谷浑进入南疆接通了西域南道与羌中道，为经由丝路东段南道朝贡贸易的东西各政权各地区的商队、使节、僧侣等提供导翻护送，吐谷浑道作为商路而日益繁盛，吐谷浑政权国际地位日趋重要，这使北魏转变了对吐谷浑的态度，双方趋于亲善，于是原来连接江南、塞北、西域的吐谷浑道又与中原大地连通。据松田寿南对《魏书》帝纪中出现朝贡的5次以上国家的统计，结果吐谷浑以64次高居首位。从年代记载看，64次朝贡中有63次发生在孝文帝统治时期。③ 这些朝贡并非单是在吐谷浑与北魏之间进行，西域中亚诸国也常常借吐谷浑之名或经由吐谷浑与北魏朝贡往来。④ 在吐谷浑道沿线也发现了大量的这一时期的丝路文物。如2002年5月底，青海香日德镇东3公里沟里乡牧草村北朝吐谷浑墓葬出土一枚狄奥多西斯二世（408—450年）时铸造的拜占庭金币；⑤

---

① 周祖谟：《洛阳伽蓝记校注》卷4《城西·开善寺》，上海古籍出版社2011年版，第207页。
② 羽离子：《对中国西北地区新出土三枚东罗马金币的考释》，《考古》2006年第2期，第73—80页。
③ ［日］松田寿男著，周伟洲译：《吐谷浑遣使考》，《西北史地》1981年第2—3期。
④ 胡小鹏：《吐谷浑与南北朝的关系述论》，《西北民族文献与历史研究》，甘肃人民出版社2004年版，第26—27页。
⑤ 张武一：《青海都兰县出土拜占庭金币》，《中国钱币》2003年第3期，第70—78页。

青海乌兰出土查士丁二世（565—578年）金币。① 1985—1988年，青海省考古工作者在都兰县发现吐谷浑贵族墓葬，墓葬中出土众多的丝织品，其中112种为中原织造，18种为中亚、西亚织造。西方织锦中粟特锦最引人注目，其中一件钵罗斯文字锦，是目前世界上发现的仅有的一件8世纪波斯文字锦。此外还有波斯金银器、玛瑙珠、玻璃珠、铜香水瓶等出土。② 这些文物证明，5世纪中叶至5世纪末，甘肃东南与青海北部连接中原、西域、中亚、西亚的交通通道曾在历史上发挥过重要作用。

北魏宣武帝景明元年（500年）以后，中西交通出现了新的高潮，可以看作是第三次高潮，盛况空前。这个高潮一直持续至北魏末年。西域、中亚、南亚、西亚和拜占庭等范围内的100多个国家与北魏建立了通史关系。这时，除经传统的河西道通西域外，经秦陇南道、吐谷浑道入西域仍然是西行的重要通道之一。如北魏洛阳崇立寺僧宋云曾于北魏孝明帝神龟元年（518年）与惠生前往天竺取经，他们从洛阳出发，"西行四十日至赤岭"。"发赤岭西行二十三日，渡流沙，至吐谷浑国，路中甚寒，多饶风雪，飞沙走砾，举目皆满，唯吐谷浑城左右暖于余处。"宋云等人从吐谷浑城西行经鄯善城、于阗国、盘陀国逾葱岭至天竺。③ 按赤岭即今日月山；吐谷浑城在青海都兰；④ 鄯善城在今若羌境内；于阗国都城在今和田南；盘陀国在今塔什库尔干。宋云西行的路线是大致由洛阳出发经关中，逾陇山，经秦陇南道的秦州（治今天水市）、河州（治今临夏市）、鄯州（治今乐都）至赤岭（今日月山），翻越赤岭，经今青海湖南、柴达木盆地南缘出阿尔金山口，再沿塔里木盆地南缘至塔什库尔干，逾葱岭至天竺。

---

① 康柳硕：《从中国境内出土发现的古代外国钱币看丝绸之路上东西方钱币文化的交流与融合》，《甘肃金融》2002年第A2期，第9—18页。

② 李永平：《西北地区重大考古发现与丝绸之路研究》，《丝绸之路》1999年第A1期，第16—18页。

③ （北魏）杨衒之著，杨勇校笺：《洛阳伽蓝记》卷5《宋云记行》，中华书局2006年版，第209—216页。

④ 周伟洲和谭其骧根据《宋云纪行》相关信息推断，文献记载的吐谷浑城就在都兰一带。

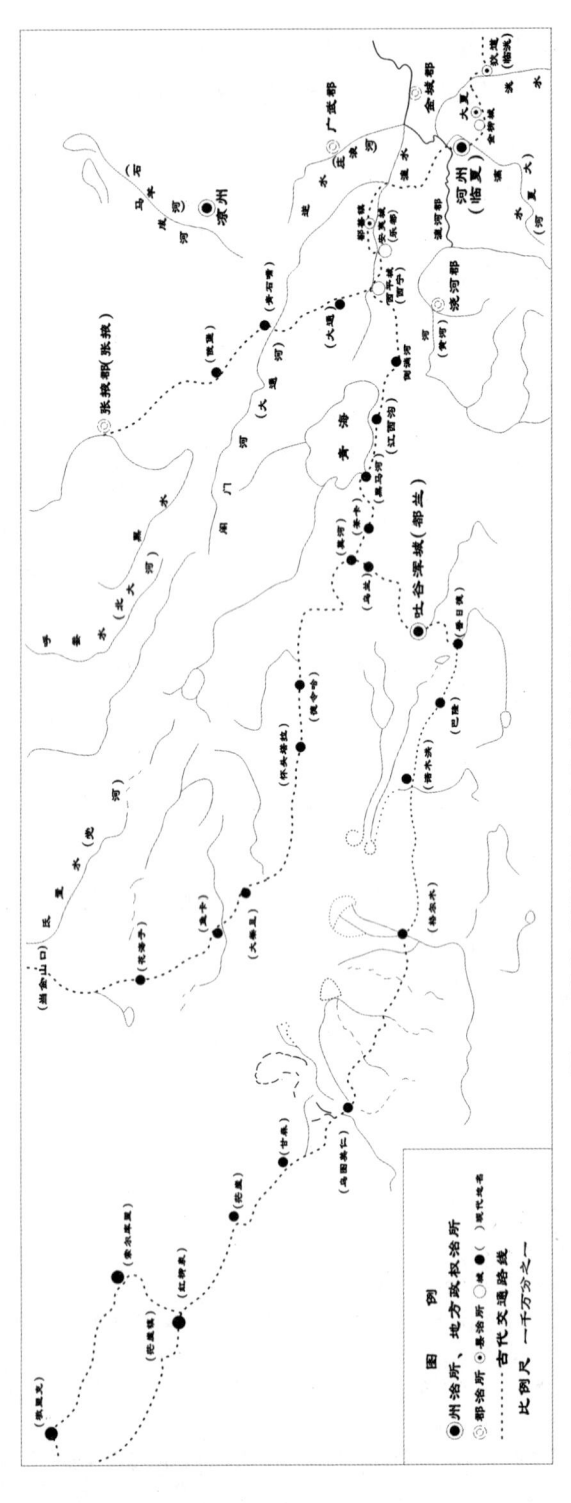

176 / 丝绸之路秦陇南道历史地理考察

图5.1 北魏时期丝绸之路东段南道交通线路图

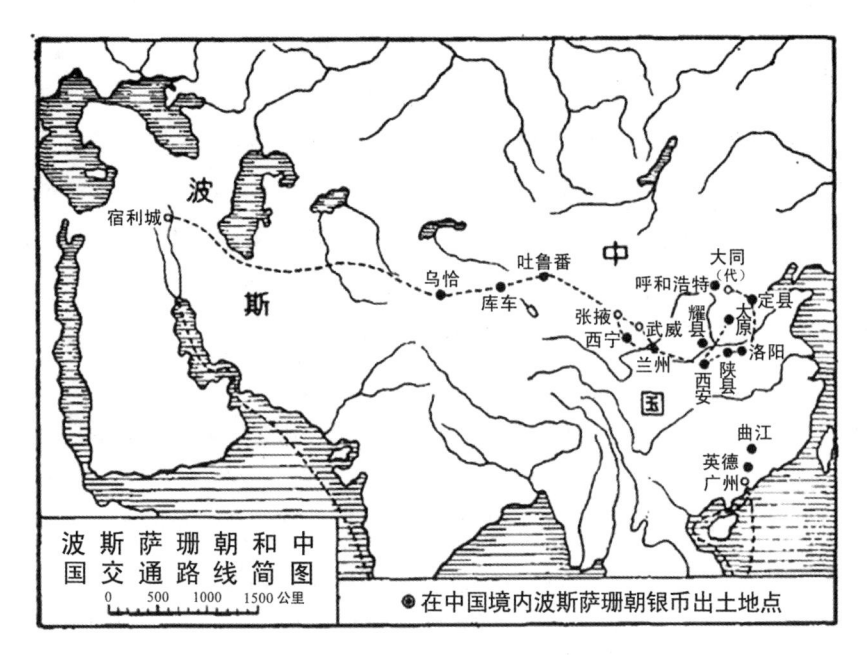

图 5.2　中国境内波斯萨珊朝银币出土地点①

（三）西魏、北周时期的秦陇南道

北魏以后，史云"东西魏时，中国方扰，及于齐周，不闻有事西域"。② 西魏取而代之的北周政权，时间都很短暂，在与西域的往来方面没有北魏时那样频繁，也没有北魏长达 100 多年的内容那样丰富。西魏前期，与西域诸国的交往呈衰落趋势，这有多方面的原因。首先是北魏晚期关陇大起义，致使丝路一度中断。普泰二年（532 年）东阳王元荣敬造《律藏初分》卷十四尾题云："惟天地妖荒，王路否塞，君臣失礼，于兹多载。"③ 其次，西魏开国初期，宇文泰主要集中精力稳定和巩固关陇集团，与东魏相抗衡，而无力经营西域。因而，吐谷浑"犹寇抄不止，缘

---

① 本图采自夏鼐《近年中国出土的萨珊朝文物》，《考古》1958 年第 2 期，第 112 页。有改动。

② （唐）李延寿：《北史》卷 97《西域传》，中华书局 1974 年版，第 3207 页。

③ 宿白：《东阳王与建平公（二稿）》，《中国石窟寺研究》，生活·读书·新知三联书店 2019 年版，第 306 页。

边多被其害"。① 即使敦煌一地，在大统十一年（545年）瓜州刺史邓彦被执之前，与中原朝廷关系也不融洽。《周书》卷32《申徽传》记载："先是，东阳王元荣为瓜州刺史，共女婿刘彦随焉。及荣死，瓜州首望表荣子康为刺史，彦遂杀康而取其位。属四方多难，朝廷不遑问罪，因授彦刺史。频征不奉诏，又南通吐谷浑，将图叛逆。文帝难于动众，欲以权略致之。乃以徽为河西大使，密令图彦。"② 瓜州刺史敢于不奉朝令，也因朝廷无力经营西域之故。与中原政权关系最为密切的高昌国，"至永熙中，特除仪同三司，进为郡公。后遂隔绝。至大统十四年，诏以其世子玄嘉为王"。直到"武成元年，其王遣使献方物。保定初，又遣使来贡"③。这一时期也与中原隔绝。第三，柔然控制着西域往来的道路，造成西魏与西域诸国的往来一度中断。大约在大统十二年（546年），柔然曾派虞弘出使波斯和吐谷浑，④ 说明中国与波斯间的丝路交通控制在柔然手中。西魏大统十一年（545年）前，丝路不是很畅通，中西交往也不密切。但所谓"不闻有事西域"，并不能全面反映当时中西间交通和交流的实际状况。西魏、北周与东魏、北齐都有与西域交往的记载。从《北史·西域传》《周书·异域传下》记载西域诸国与中原往来的情况看，在西魏大统十二年（546年）厌哒国"遣使献其方物"之后，又于"废帝二年、周明帝二年，并遣使来献。后为突厥所破，部落分散，职贡遂绝"⑤。西魏恭帝二年（553年），波斯使节来到西魏都城长安"来献方物"。⑥

北周也积极开展与西域的交通，武帝时最为频繁。《周书》卷49《异域传序》云："有周丧乱之后，属战争之日，定四表以武功，安三边以权道。赵、魏尚梗，则结姻于北狄；厩库未实，则通好于西戎。由是德刑具举，声名遐洎。卉服毡裘，辐凑于属国；商胡贩客，填委于旗亭。

---

① （唐）令狐德棻等：《周书》卷50《异域传下》，中华书局1971年版，第913页。
② （唐）令狐德棻等：《周书》卷32《申徽传》，中华书局1971年版，第556页。
③ （唐）李延寿：《北史》卷97《西域传》，中华书局1974年版，第3214页。
④ 罗丰：《一件关于柔然民族的重要史料》，《胡汉之间》，文物出版社2004年版，第414页。
⑤ （唐）李延寿：《北史》卷97《西域传》，中华书局1974年版，第3231页。
⑥ （唐）令狐德棻等：《周书》卷50《异域传下》，中华书局1971年版，第920页。

虽东略溟三吴之地，南巡阻百越之境，而国威之所肃服，风化之所覃被，亦足为弘矣。"①《周书·异域传》下记载与北周交通的国家远至嚈哒、粟特、安息、波斯。另外西域之高昌、龟兹、鄯善和吐谷浑等都遣使长安，贡献方物。"波斯国"条记载："魏废帝二年，其王遣使来献方物。"② 其年为公元553年。与北周政权往来的西域国家主要有嚈哒、粟特、安息等国。《周书·异域传》"嚈哒国"条记载："大统十二年，遣使献方物。魏废帝二年，明帝二年，并遣使来献。"但"后为突厥所破，部落分散，职贡遂绝"③。《周书·异域传》"粟特国"条记载："粟特国在葱岭之西，盖古之奄蔡，一名温那沙。治于大泽，在康居西北。保定四年，其王遣使献方物"④。2000—2005年，在西安市北郊发掘了北周时期的安伽墓、史君墓、康业墓和李诞墓。前3座为粟特人的墓葬，后1座为罽宾国婆罗门后裔。⑤ 这表明北周时期有数量不少的粟特人和罽宾人旅居中国。北朝初期，粟特商队以敦煌、武威、金城（治今兰州）为据点，深入中原地区的西安、洛阳、蓟州等地，持金币和葡萄酒采购成批成捆的丝绸运往中亚撒马尔罕。⑥ 这时粟特人不仅在传统的丝绸之路干道沿线活动，还深入青藏高原的吐谷浑道沿线。⑦ 印度与北周的官方交往并不见于《周书·异域传》的记载，但民间交往却有历史文献可查。如乾陀罗僧阇那崛多，他先由罗槃陀至于阗（今和田南），然后经吐谷浑至鄯州（治今乐都），于"周明帝武成年初届长安，止草堂寺"。⑧ 乾陀罗僧阇那崛多的路线是由北印度进入南疆，先后循西域南道、吐谷浑道和秦陇南道至长安。丝绸之路秦陇南道沿线及附近渭南北周武成二年（560年）释

---

① （唐）令狐德棻等：《周书》卷49《异域传上》，中华书局1971年版，第884页。
② （唐）令狐德棻等：《周书》卷50《异域传下》，中华书局1971年版，第920页。
③ （唐）令狐德棻等：《周书》卷50《异域传下》，中华书局1971年版，第918页。
④ （唐）令狐德棻等：《周书》卷50《异域传下》，中华书局1971年版，第918页。
⑤ 王维坤：《论西安北周粟特人墓和罽宾人墓的葬制和葬俗》，《考古》2008年第10期，第71—81页。
⑥ 王冀青：《斯坦因所获粟特文〈二号信札〉译注》，《西北史地》1987年第2期，第66—73页。
⑦ 霍巍：《粟特人与青海道》，《四川大学学报》（哲学社会科学版）2005年第2期，第94—98页。
⑧ （唐）道宣：《续高僧传》卷2《阇那崛多传》，台北文殊出版社1988年版，第73页。

迦牟尼像、陕西临潼博物馆6世纪后半叶立佛像、西安湾子村北周释迦牟尼像、武山水帘洞北周大佛、敦煌莫高窟隋第244窟胁侍菩萨像均受印度笈多王朝美术风格的影响，除北周时盛行的"复古"风气之外，这时中印间佛教交流的加强也是其中的因素之一。

北周后期，丝路形势又发生了变化。565年，萨珊波斯与突厥汗国联合击灭厌哒，突厥控制了东西交通的道路。不久突厥又通过粟特商人为首的使团与拜占庭结盟，夹击萨珊波斯，与波斯交通的道路受到严重阻碍。《周书》卷五《武帝纪》和卷五十《异域传》记载，北周天和二年（568年），有安息国使献方物。这里的安息国可能是昭武九姓国中的安国之误，因为安息国既不存在，而作为安息故地的萨珊波斯与中国地隔突厥，遣使交往已经不可能。北齐也注意利用河陇通道与西域交通。史载吐谷浑向西魏称臣，但却与北齐交往，进行贸易活动，因而引起西魏的不满。西魏废帝二年（553年），发生凉州刺史史宁派兵袭击吐谷浑商队的事件。《周书·异域传》"吐谷浑"条记载："是岁，（吐谷浑王）夸吕又通齐氏。凉州刺史史宁觇知其还，率轻骑袭之于州西赤泉，获其仆射乞伏触扳、将军翟潘密、商胡二百四十人，驼骡六百头，杂采丝绢以万计。"① 在吐谷浑至北齐的使团中，竟然有商胡如许之多。所谓商胡都是来自西域的商贾，他们在吐谷浑使节的协助下进入北齐进行商贸活动，他们在北齐得到的大宗商品是杂采丝绢。敦煌莫高窟285窟、296窟西魏、北周时壁画的内容就反映了丝路交通的持续发展。总的说，相对于北魏时的繁盛局面，西魏、北周时与西域交往呈衰退趋向，其主要原因是东、西魏的对峙和北周、北齐的对峙，使它们无暇顾及西域，东魏、北齐不用说，西魏与北周始终没有在西域驻军或设置行政机构。

第二节　十六国南北朝秦陇南道上的石窟艺术与丝绸之路

佛教起源于印度，大约在东汉时期传入内地。到魏晋南北朝时期，

---

① （唐）令狐德棻等：《周书》卷50《异域传下》，中华书局1971年版，第913页。

佛教在内地得到进一步的传播和发展。不但来华西域僧人大增，往西域、印度取经亦成风气。凉、雍州诸郡县的羌、氐等民族因居中西交通要道，加上十六国中的后赵、前秦、后秦、后凉、南凉、西秦等国统治者的极力推崇，很早就信仰了佛教。后秦（384—418年）时期，佛教石窟在中国玉门关以东地区开始兴建，如莫高窟创建于4世纪中叶的前秦时期，炳灵寺第169窟有明确的西秦建弘元年（420年）造像记，河西地区的武威天梯山石窟创建于北凉时期（397—439年）；麦积山石窟始建于西秦时期。

一 炳灵寺石窟与丝绸之路

炳灵寺石窟位于甘肃省永靖县西南35公里的积石山大寺沟内，开凿于白垩系紫红色沙砾岩上，是中国著名的石窟之一。石窟的开凿与鲜卑人建立的西秦有密切关系。[①] 历经北魏、西魏、北周、隋、唐，各代都有修复与扩建，现存（2012年）窟龛183个，共计石雕造像694身，泥塑82身，壁画约900平方米。窟龛中规模最大的是169窟。该窟深27米，高27米，宽9米，有7尊佛像，窟北的石壁上有西秦建弘元年（420年）的造像题铭，[②] 是中国石窟最早的题记。题记、西秦飞天、维摩诘壁画为炳灵寺石窟所独有，堪称中国石窟历代三宝记窟的三个第一。

炳灵寺石窟的兴起与青海道的兴盛有密切关系。青海道历史上最早称羌中道，指东接由兰州或河州西行的丝路大道，从炳灵寺附近渡黄河，取道湟水谷地继续西行，经乐都、西宁、青海湖北岸或南岸，过柴达木盆地南缘，穿越阿尔金山口至若羌，接西域南道，或顺柴达木盆地北缘，出当金山口至敦煌的道路。张骞"凿空"返回时"并南山"，即曾取行该道。汉宣帝神爵元年（前61年）赵充国经营西羌，亦由此道往来。魏晋北朝时沿途为吐谷浑居地，故又称其为吐谷浑道。当时河西走廊大道因战乱受阻，该道愈显重要。炳灵寺题记中与该道有关的记载较多。如第

[①] 杜斗城：《炳灵寺石窟与西秦佛教》，《敦煌学辑刊》1985年第2期，第84—90页。
[②] 甘肃省文化局文物工作队：《调查炳灵寺石窟的新收获——第二次调查（1963年）简报》，《文物》1963年第10期，第1—4页。

169窟3号龛佛像西侧菩萨龛边题:"大代延昌四年（515年）鄯善镇铠曹掾智南郡书干陈雷子等□窟□□。"①据《元和郡县图志》卷39鄯州条记载:"后魏以西平郡为鄯善镇,孝昌二年（526年）改镇立鄯州。"②治所在今青海省乐都县;智南郡为人名,不见于历史记载。又如该窟12号龛壁画旁题记"古鄯信士罗尚锦进香",③他们均为循羌中道而来的进香者。④从炳灵寺附近渡黄河至西宁后,除经青海湖南北西去外,可在西宁附近折向西北,溯大通河而上,翻越祁连山垭口大斗拔谷（今扁都口）,直达张掖,连接河西走廊大道。炳灵寺中与该道往来有关的题记亦不少,如第14龛留有"敦皇（煌）翟奴"的画像和题记,⑤则此翟奴应是经由此道从敦煌到达炳灵寺的。又如第169窟10号龛壁画下层佛像左侧绘有一位颇为醒目的供养僧人像,题名"法显供养之像"。⑥李并成先生考证该法显就是著名的遍游五天竺的高僧法显。法显的行程是经由秦陇南道西行的,必经炳灵寺,在此一带渡过黄河,然后转由大斗拔谷道至张掖继续西去。⑦

　　炳灵寺许多洞窟中还保留了大量经由秦陇南道来往的僧人、行旅的有关题记,而尤以秦州（治天水）等地的行旅为多,生动地反映了该道红尘走马、客旅络绎的史实。第169窟西秦12号龛壁画旁有题记"秦州道人道聪供养佛时"等。第16龛题记:"天水郡人支院吕鸾张□（说）权朝于此礼拜。"⑧秦州,三国魏时初置。西晋合七郡之地置秦州,治冀

---

① 甘肃省文物工作队、炳灵寺文物保管所:《中国石窟·永靖炳灵寺》,文物出版社1989年版,第254页。
② （唐）李吉甫:《元和郡县图志》卷39《鄯州》,中华书局1983年版,第991页。
③ 甘肃省文物工作队、炳灵寺文物保管所:《中国石窟·永靖炳灵寺》,文物出版社1989年版,第256页。
④ 李并成、马燕云:《炳灵寺石窟与丝绸之路东段五条干道》,《敦煌研究》2010年第2期,第75—80页。
⑤ 甘肃省文物工作队、炳灵寺文物保管所:《中国石窟·永靖炳灵寺》,文物出版社1989年版,第256页。
⑥ 同上。
⑦ 李并成、马燕云:《炳灵寺石窟与丝绸之路东段五条干道》,《敦煌研究》2010年第2期,第75—80页。
⑧ 甘肃省文物工作队、炳灵寺文物保管所:《中国石窟·永靖炳灵寺》,文物出版社1989年版,第256页。

城（今甘谷西）。北魏秦州州治移治上封（今天水市），辖天水郡、略阳郡和汉阳郡三郡。天水郡最早设置于汉武帝时。北魏时治上封。李并成先生发现，第6龛"建弘"题记下方绘有成排西秦供养人像并题名"博士南安姚庆子之像""侍生广宁邢斐之像""侍生天水梁伯熙之像""侍生天水杨□之像"等。① 西秦置博士事不见于正史记载，对照汉晋以来的有关制度，该博士可能亦为学官之职，侍生可能是跟随博士的受业者。这几则题记对于补苴西秦学校教育制度有一定意义。南安应指东汉后期分汉阳郡所置的南安郡，时属西秦之东秦州，郡治獂道县，位于今陇西县东南。广宁即西秦所置的广宁郡，治所在今甘肃漳县西南。这些供养人均循秦陇南道而来。第147窟窟门外南侧题写："秦州上邽县杨药师记也。"亦为秦州一带行客所题。李并成先生还发现，第96、102窟一排造像中题记："大代延昌二年岁次癸巳（513年）六月甲申朔十五日戊戌，大夏郡武阳部郡本国中正曹子元造窟一区……"② 据《晋书·地理志》，永宁（301—302年）中凉州刺史张轨分西平界置晋兴郡，"统晋兴、枹罕、永固、临津、临漳、广昌、大夏、遂兴、罕唐、左南等县"③。《魏书·地形志》载，河州金城郡领有大夏县，该县"二汉属陇西，晋属晋兴，皇兴三年（469年）改为郡，后复属。有白水、金柳城。"④ 由题记可推知，"后复属"之"后"，当在延昌二年以后。《隋书·地理志》记枹罕郡统大夏县，枹罕郡下辖的枹罕县"旧置枹罕郡，开皇初郡废。大业三年初置。"⑤《元和郡县图志》卷39《陇右道上》记载，河州大夏县"西北至州七十里"，⑥ 其位置约在今临夏市广河县城以西。武阳部郡，史书无载。《晋书》卷125《乞伏国仁载记》云，孝武太元十年（385年）西秦建元，置武城、武阳等12郡。此武阳或许即北魏武阳部郡。

---

① 《中国石窟·炳灵寺》记第169窟第6龛第二排供养人题记为"比丘慧善之像""博士安□□□之像""侍军□宁□□之像""皇黍深伯熙之像""□生金戍□□之像"。第255页。
② 李并成、马燕云：《炳灵寺石窟与丝绸之路东段五条干道》，《敦煌研究》2010年第2期，第75—80页。
③ （唐）房玄龄等：《晋书》卷14《地理志上》，中华书局1974年版，第343页。
④ （北齐）魏收：《魏书》卷106下《地形志下》，中华书局1974年版，第2620页。
⑤ （唐）魏征等：《隋书》卷29《地理志上》，中华书局1973年版，第814页。
⑥ （唐）李吉甫：《元和郡县图志》卷39《陇右道上·河州》大夏县，中华书局1983年版，第990页。

《元和郡县图志》卷39渭州陇西县条记："后汉末于此置南安郡，隋开皇元年（581年）废郡，移武阳县名于郡理，属渭州，八年改武阳为陇西。"① 李并成先生据此认为武阳的位置应在今甘肃陇西县一带。经由今陇西、广河至临夏、炳灵寺的道路，正是秦陇南道。②

由于炳灵寺石窟位于秦陇南道和吐谷浑道的会合处和东西方文明的交汇地带，石窟艺术共同吸收了域外与中国传统文化的因素。如第169窟，其早期雕塑作品有明显的印度马图拉艺术特征，但壁画更多地采用中国传统画法。马图拉是产生于中印度马图拉地方的佛教雕刻代称，代表着印度本土的佛像艺术，它的特征是头上有高肉髻。面型呈鹅蛋形，眉毛除起，嘴唇较厚，多着右袒袈裟，衣服较薄，紧贴身体，仿佛有被水湿过的感觉。富有装饰性的衣纹。沿两肩向下构成一道道形如新月的曲线。马图拉的佛像还有华丽的背光。马图拉艺术在3—5世纪笈多王朝时期非常繁荣，影响到北印度和中亚一带。此后又与犍陀罗艺术相互产生影响，形成更为定形的样式。马图拉艺术经中亚传入中国后，对佛像的创作产生了较大的影响。赵声良认为，炳灵寺第169窟第7号龛、9号龛、18号龛、16号龛、22号龛和第1窟新剥出的西秦立佛佛像衣纹具有马图拉造像风格。尽管早期造像具有更多的域外风格，但也不可避免地打上了关中佛教的烙印，如炳灵寺石窟最早的塑像为169窟第7、9号龛，稍晚一点的22、1号龛（三坐佛，仅存二身）及4、14、16（三立佛，现存二身）、21号龛（三坐佛，现存二身）的三佛造像（三世佛造像）可能源于关中佛教。后秦姚兴曾著《通三世论》，宣扬过去、当今和未来的三世思想。在姚兴大力倡导和一代佛学大师鸠摩罗什的支持下，三世佛题材成为十六国北朝洞窟的较为流行的题材。炳灵寺石窟第169窟的三佛造像说明以长安为中心的三世佛思想强烈影响到河陇一带。第169窟的壁画除了传自西域的画法外，更多的壁画采用的是"汉晋以来的传统画法，线描选型，平涂色彩，线条表现出粗细的变化，从而体现出毛笔的效果和线的韵味，但由于绘画水平的不同，有的人物则显得线条松散，造型

---

① （唐）李吉甫：《元和郡县图志》卷39《陇右道上》，中华书局1983年版，第984页。
② 李并成、马燕云：《炳灵寺石窟与丝绸之路东段五条干道》，《敦煌研究》2010年第2期，第75—80页。

不准。这种稚拙的表现手法，与河西一带出土的晋墓壁画人物是一致的"。[①] 125 号龛为圆券形浅龛，正壁塑释迦、多宝二佛并坐，两侧二菩萨侍立，龛外浮雕二力士。二佛眉目含笑，神态逼真，则生动展现了北魏晚期佛教与玄学融合后中原、南朝的审美情趣。

二　武山水帘洞石窟群与丝绸之路

武山水帘洞石窟群位于甘肃武山县城东北约 25 公里的钟楼山峡谷内，由水帘洞、拉梢寺、千佛洞、显圣池四部分组成，该石窟开凿于十六国时期的后秦，经北魏、北周、隋、唐、五代、宋、元历代修建。据统计，水帘洞石窟群现遗存下来的历代窟龛有 69 个，塑像 200 余尊，彩绘壁画 2430 平方米，古建筑 24 座，其他文（遗）物 60 余件。水帘洞石窟群的雕塑，根据其题材内容，大体可分为五大类：第一类为一佛二菩萨组合，如拉梢寺第一号泥塑；第二类是一佛二菩萨二弟子组合，这是水帘洞石窟群雕塑的主要内容，占绝大多数；第三类是独立菩萨、作转法轮印的交脚或坐姿菩萨（在拉梢寺石窟的北周造像中）；第四类是供养人泥塑像，其中以拉梢寺中的隋代供养人为代表，它们与麦积山、炳灵寺、莫高窟的隋代供养人的形象十分类似，兼具西魏、北周的特点；第五类是儒、道人物塑像，基本为明清以后所塑，如水帘洞石窟内四圣宫、老君阁内的塑像。

武山水帘洞北周佛教造像艺术既有北周"浑圆饱满""面短而艳"的风格，又受到了西域以及中亚等文化的影响。以拉梢寺北周大佛为例，大佛释迦牟尼结跏趺坐于方形莲花座上，通高 42.3 米。低平肉髻，面相浑圆，肩宽脸大、鼻阔唇厚、颈短肩方，身着紧窄的通肩袈裟，胸前有呈弧形的衣纹，施上红色，绘石绿色田相纹，脚踩法轮，双手叠于腹前作禅定印，身后有头光，呈同心圆形，由内到外共八圈，饰有波浪纹和花卉纹；佛两侧为手持莲花躬身肃立的胁侍菩萨像，通高 20 米，略低于主佛左边为专司佛之智慧的文殊菩萨，头戴三瓣莲式宝冠，脸方圆，额中白毫相，弯眉，双眼半睁略下视，宝缯于两侧垂肩，颈短肩宽，颈饰项圈，上身穿偏衫，臂腕分别戴钏和镯，左手伸于腹前托莲茎底端，右

[①] 赵声良：《炳灵寺早期艺术风格》，《佛学研究》1994 年增刊，第 144—149 页。

手上举持莲茎，披帛自双肩下穿肘而下垂，下着外翻边长裙，腰束带于两腿间下垂，赤足带环，八字立于法台上；右侧为专司法佛之理的普贤菩萨，留高髻宝冠，宝缯垂肩，着绿缘红色僧祇支，披巾绕肩穿肘而下，腰束裙，造像与左侧基本相同。两胁侍菩萨面带微笑，略侧身向佛虔诚而立，造像两侧壁画绘有成排的弟子、菩萨和力士等群像。① 北周时期的佛教造像与北魏、西魏以来形成的以"秀骨清像"为主流风格的造像不同，其共同特点是身体敦实，低平肉髻，面相浑圆，脖颈粗短，着圆领通肩袈裟。拉梢寺的摩崖大佛即体现了这种风格。菩萨的塑造亦简练概括，没有长短璎珞、宝珠等华丽装饰，头戴的花冠上亦只有简单花纹，下系长裙以阴刻单线来表现，显得简洁而富有形式感。佛与菩萨设色更为简洁，仅以白色、上红、石绿为主。这种特点是在北周复古政策和张僧繇"面短而艳"画风的共同影响下形成的。② 主佛所着的通肩式袈裟，衣纹由平行简明的"U"字形细线组成，如流水波动般有韵律感，衣质轻薄，紧贴身体，隐约凸显出身体的轮廓。这是印度笈多王朝马图拉样式的佛像所具有的最典型的特征。

　　北周大佛的独特之处在于基座，此佛座共由七层石胎泥塑的浮雕组成，最下面一层是莲瓣，上面六层由动物形象和双瓣覆莲相间组成。第一、三、五层为莲瓣，第二层为狮子，左边两只，右边三只狮子（原作应该是左右各四只侧向的狮子，中间是一只正向的狮子），狮子均有撩牙，狮头上刻有卷纹，形态各异，有的呈凶相，有的温顺；第四层是九只鹿，中间一只正面相，两侧各四只侧向的卧鹿，单耳、独角，嘴角均露出獠牙；第六层是立象的形象，保存最完整，依旧是左右各四只侧立相，中间是一正立象。象的表情生动，有长牙露出。浮雕既有细节的交代，又保持了总体的统一和谐，塑造手法及线条疏密，吸收了我国传统文化讲究对称美的装饰风格。同时反映了中亚的一些造像主题，动物形象的多样显露出它们与中亚金属制品、木雕、纺织品以及其他艺术手段

---

① 霍永军：《武山拉梢寺石窟造像特点解析》，《文物鉴定与欣赏》2012年第8期，第72—76页。

② 罗杰伟：《北周拉梢寺艺术中的中亚主题》，载巫鸿主编《汉唐之间文化艺术的互动与交融》，文物出版社2001年版，第315—340页。

上那些艺术因素的亲缘关系。①

北魏时期孝文帝实施一系列的汉化措施。但继魏而立的东、西魏和北齐、北周却实施了一系列胡化政策。胡化既包括汉族吸收少数民族的胡化，又包括胡化后接受西域文明的胡化。受胡族影响，北齐、北周整个社会无论从衣、食、住、行还是音乐、绘画、游戏都充满着异域风情。胡化运动一直延续到了唐代中期。② 武山水帘洞石窟群北周造像中包含的印度笈多王朝马图拉造像风格和中亚艺术因素，与北周推行胡化运动的社会背景不无关系。

政治和民族因素也是武山水帘洞石窟群开凿的重要原因之一。乾隆《直隶秦州新志》云："陇以西为州者五，惟秦为最钜。……南通巴蜀，北控朝那。"③ 民国《天水县志·序》云："天水东走宝凤，绾毂关中；南下昭广，屏藩巴蜀；西入甘凉，原野千里；北倚六盘，遥控洪流。"④ 由于秦州处于是东西、南北交往的通道，因而西魏、北周王朝十分重视对它的经营。宇文氏多次巡幸秦州，且派重臣刺史管理，如西魏文帝之子武都王元戊，北周除尉迟迥、独孤信、尉迟运等外姓大臣外，皇室宇文导、宇文广父子等均镇守过秦州。当时的北周地方统治者如建平公于义营建莫高窟、大都督李允信大肆修建麦积山等，他们的开凿活动带动了当时莫高窟、麦积山石窟的大规模开凿，使这些大的石窟得到了又一次的繁荣和兴盛。水帘洞石窟群的开凿与繁荣，与尉迟迥的营建密不可分。尉迟迥任秦州总管后，于秦州之西的渭州建造拉梢寺摩崖三像。由于他的首建，使水帘洞石窟群成为陇右地区仅次于麦积山石窟的大型石窟群，也是北周时期始创的大型石窟寺。⑤ 水帘洞石窟壁画中存有较多的题记，除了尉迟迥造像题记外，还有部分其他的造像题记。由题记可知，

---

① 罗杰伟：《北周拉梢寺艺术中的中亚主题》，载巫鸿主编《汉唐之间文化艺术的互动与交融》，文物出版社2001年版，第315—340页。

② 丁晓东：《北齐、北周胡化现象探析》，《丝绸之路》2013年第8期，第33—34页。

③ （清）费廷珍修，胡釴纂：《直隶秦州新志》卷11《艺文中》，台北成文出版社1976年影印本，第1436页。

④ （民国）姚展修，任承允纂：《天水县志·序二》，民国二十三年（1934年）修，民国二十八年（1939年）兰州国民印刷局铅印本，第1页。

⑤ 魏文斌、吴荭：《甘肃武山水帘洞石窟北周供养题记反映的历史与民族问题》，载《2005年云冈国际学术研讨会论文集·研究卷》，第409—413页。

水帘洞石窟壁画中供养人有莫折氏、权氏、姚、焦、权、梁氏，他们不仅为当地大姓，且这些世家大姓多出自氐、羌等少数民族。① 西北地区自古以来是一个多民族杂居的地区。氐、羌等西北古老民族地区为丝绸之路必经之地，且受传统的儒学的影响较少，很早就信仰了佛教。西域诸国信仰佛教最早受西亚、南亚影响，早在西晋时就开窟造像。十六国前凉张轨时，河西、陇右地区佛教开始兴盛。西秦乞伏炽磐时陇右地区达到兴盛阶段。氐族建立的前秦、羌族建立的后秦和卢水胡所建立的北凉三个政权将佛教信仰推向高峰。南北朝时佛教大盛，无论北统佛教还是南统佛教，都在译经、求法、建寺塔、开石窟、造像上不遗余力，且无不与丝绸之路上的西北诸族关系密切。西北关中地区现存造像碑石不下数十万方，且造像者大多为氐、羌等民族。② 水帘洞石窟造像是西北地区由氐、羌等民族主导的开窟造像活动的一部分。

三　麦积山石窟与丝绸之路

麦积山石窟寺北距绵诸县古城直线距离约20公里，开窟造像应始于公元402年，现保存自后秦，经北魏、西魏、北周、隋、唐、宋、元、明、清十多个朝代开凿的石窟194个，塑像7800余尊，壁画1000多平方米，北朝崖阁八座，有"东方雕塑馆"的美誉，是研究我国古代丝绸之路走向与佛教传播的难得的宝贵资料。麦积山石窟所在地秦州（治今天水市）靠近关中，深受中原文化的影响，因此麦积山石窟早期造像虽然脱离不了印度马图拉和犍陀罗艺术风味，但西域特征极少，其佛教艺术着重反映的是汉民族文化传统，且地方性特征较强。北魏都平城、洛阳时期，昭成子孙中的元崘、位列代北"勋臣八姓"之首的穆亮、汝阳王元天赐第五子元修义等曾任秦州刺史。在云冈、龙门石窟中流行的三佛题材，在麦积山石窟北魏时期的石窟74、78、76、115、126、142窟中流行；凉州石窟中流行的影塑千佛，在麦积山北魏后期（约500—534年）

---

① 霍永军：《武山拉梢寺石窟造像特点解析》，《文物鉴定与欣赏》2012年第8期，第72—76页。

② 周伟洲：《三至九世纪丝绸之路上西北民族与佛教文化传播》，载郑炳林、尹伟先主编《2010丝绸之路与西北历史文化学术讨论会论文集》，甘肃人民出版社2013年版，第385—391页。

115、163、212、154窟中流行；麦积山7、62、65、12、26、27等窟中佛装受到东魏响堂山石窟结合类（里层为搭肘类，外层为搭肩类）的影响；109、141、36、39、32、4、62、12、27、65、7、26窟等佛装受南朝栖霞山石窟中的佛装式样的影响。① 同时，麦积山对周围地区佛教艺术产生了影响：麦积山石窟佛教造像艺术向西滋润至敦煌，直接影响到敦煌莫高窟的佛教造像艺术，乃至西域，② 向南影响到四川，③ 向北影响到庄浪。④ 因此，麦积山石窟是外来佛教艺术中国化及中国佛教艺术在境内石窟寺中交叉弘传的中心轴。麦积山石窟除了受南北朝政治中心的影响之外，还具有浓厚的地方特色。如麦积山第78窟供养人穿左衽窄袖短袍，小口裤。左衽为少数民族的穿法，与汉族右衽不同。根据题记，该窟主要是由来自仇池镇的氐族杨、王两姓供养人出资建造的。

秦州地近关中，西通河西，在古代丝绸之路上的交通位置极其重要。佛教传播早在汉代就可能影响及此地。至十六国北朝时期这一地区成为石窟寺开凿的中心，秦州佛教在全国的地位得以极大的提升。秦州僧人、任职秦州的地方官员以及活动于此地的少数民族信仰佛教，带动了这一地区佛教的迅猛发展。这一时期，见于文献记载的活动于秦州的僧人有帛远（法祖）与帛法祚、单道开、释僧庆、竺法护、道养、姚兴、姚嵩与鸠摩罗什、玄高、昙弘、玄绍、僧隐、时亮等。⑤ 在孝文帝的大力支持下，北魏境内开始了大规模的开窟造像活动。麦积山石窟第74、78、100、128、144、148等一批洞窟正是开凿于孝文帝时期。这一时期与秦州宗教活动有关的僧人有释法光、僧镜、释玄畅、释慧初、竺僧朗、沙门智整；对秦州宗教活动产生重要影响的地方官有秦、雍二州刺史冯朗、秦州刺史穆亮、秦州刺史张翼。这些官员带来的是首都的政策与文化，或有信仰佛教者，如穆亮、张彝等，对秦州地方佛教及佛教艺术当会产

---

① 陈悦新：《中心文化对北朝麦积山石窟的影响》，《敦煌研究》2006年第4期，第15—18页。
② 项一峰：《丝绸之路与麦积山石窟》，《丝绸之路》2000年第1期，第21—24页。
③ 项一峰：《试论天水与四川佛教石窟之间的关系》，《敦煌学辑刊》2002年第2期，第104—108页。
④ 朱林寺的3号、4号窟，佛沟寺的2号洞窟，其窟外形制和麦积山部分北周石窟一致。
⑤ 魏文斌：《汉至北魏秦州佛教史料与麦积山石窟（一）》，《敦煌学辑刊》2013年第1期，第103—108页。

生影响。另外，十六国之时，正是佛教在北方地区大发展的时期，作为外来的宗教，很容易被这些少数民族所接受。氐人建立的前秦、羌人建立的后秦、匈奴人建立的后赵和大夏、氐人建立的仇池国纷纷扶持宗教活动。麦积山第78窟很可能是一批来自仇池镇的供养人所凿。曾先后任秦州刺史、仇池镇将的穆亮，很可能会联合仇池氐一起兴建麦积山石窟。①

---

① 魏文斌：《汉至北魏秦州佛教史料与麦积山石窟（二）》，《敦煌学辑刊》2013年第2期，第62—76页。

第 六 章

隋唐时期长安通凉州南道

第一节　隋代丝绸之路秦陇南道的演变

隋文帝时，对突厥采取离强合弱、恩威并用的民族政策，瓦解了突厥在丝绸之路上的势力。炀帝时又攻灭吐谷浑，设置河源、积石、西海、鄯善、且末等郡，将青藏高原北部和西域东南部纳入隋朝版图。这些军事行动为丝绸之路的畅通创造了有利条件。隋炀帝大业年间，中西交通迎来了一个新的高潮。据《北史》卷97《西域传》记载："隋开皇、仁寿之间，尚未云经略。炀帝时，乃遣侍御史韦节、司隶从事杜行满使于西藩诸国，至罽宾得玛瑙杯，王舍城得佛经，史国得十舞女、师子皮、火鼠毛而还。帝复令闻喜公裴矩于武威、张掖间往来以引致之。其有君长者四十四国，矩因其使者入朝，啖以厚利，令其转相讽谕。大业中，相率而来朝者四十余国，帝因置西戎校尉以应接之。寻属中国大乱，朝贡遂绝。"[1] 大业中（605—618年）"相率而来朝"者有于阗、焉耆、龟兹、康国、安国、石国、女国、米国、史国、曹国、何国、穆国、漕国、波斯等。[2] 其中康、安、曹、石、米、何为来自中亚粟特地区的昭武九姓之国。粟特地区位于中亚阿姆河和锡尔河之间，这一地区被称为古代东西方"文明的十字路口"。由于特殊的地域优势，长期生活于此地的粟特民族被称为"商业民族"，并被认为是中亚历史上最活跃、最神秘的民族。北朝时期，粟特人从西域南道、北道进入河西走廊，经敦煌、酒泉、

---

[1] （唐）李延寿：《北史》卷97《西域传》，中华书局1974年版，第3207页。
[2] （唐）李延寿：《北史》卷97《西域传》，中华书局1974年版，第3223页。

张掖、武威,再东南经原州(今固原)入长安、洛阳,或东北经灵州(今灵武西南)、并州(今太原)、云州(今大同东)至幽州(今北京)、营州(今朝阳),或从洛阳经卫州(今汲县)、相州(今安阳)、魏州(今大名北)、邢州(今邢台)、定州(今定县)至幽州(今北京)。在这条线上的各个城镇,几乎都留下了粟特人的足迹,有的甚至形成了聚落。[1] 北朝晚期至隋代,还有数量不少的粟特人沿丝绸之路秦陇南道移居至秦州(治今天水市)。1982年在甘肃天水市石马坪文山顶一座粟特人墓葬中发现屏风式石棺床,由床座、屏风和床板17块大小不等的画像石板和8方素面石板组成。床拍上雕刻有两条联珠纹带,中间以忍冬纹为装饰。床座上端雕有6个圜底莲瓣形门。内有6位男乐伎;下层对称地雕刻了6个姿态各异的怪兽。其中石屏风由11块彩绘画像石组成,后壁5块,左右侧屏各3块,放置在床板的凹槽上,并以子母扣连接。屏风彩绘浮雕为狩猎、宴饮、出行、泛舟等生活画面。石棺床正面左右两端由镇墓兽支撑,其后背凿平。棺床前面放有鸡首瓶和釉陶烛台,左右两侧对称放着五个坐部乐伎俑。乐伎俑头戴平顶交角头巾,顶部较宽扁,低平,二脚系前额,另二脚反结垂于脑后,身着圆领紧袖左衽长袍,腰束绦带,深目高鼻,应为胡人,手中分别持横笛、贝蠡、排箫、笙和琵琶。棺床上还放有铜镜、石枕和金钗等生活用品。墓门处有墓志一块,朱砂写的铭文已无法辨认。[2] 有专家考证其年代在北周至隋大业年间。[3] 李永平认为,围屏石榻榻屏风上的歌舞人物和同墓出土的手持乐器的胡人,是在"赛祆"仪式上进行演奏。[4] 姜伯勤认为石屏风原编号第9图,有酒自高处人工制造的牛头口中流出,酒流如绳如线,朝夕不辍,下有人跪拜。此图当为粟特等胡人以酒祭祆教雨神得悉神(Tir),此即"雾祭",所用之酒不排除有专用于祆教祭祀的豪摩(Haoma)酒。[5]

---

[1] 荣新江:《北朝隋唐粟特人之迁移及其聚落》,载《国学研究》第6卷,北京大学出版社1999年版,第27—85页。

[2] 天水市博物馆:《天水市发现隋唐屏风石棺床墓》,《考古》1992年第1期,第46—54页。

[3] 宋莉:《甘肃天水石棺床年代考》,《西北美术》2006年第1期,第44—47页。

[4] 李永平:《天水出土围屏石榻刻绘图案的内容及相关的几个问题》,《陇右文博》2001年第2期,第28—32页。

[5] 姜伯勤:《天水隋石屏风墓胡人"酒如绳"祆祭画像石图像研究》,《敦煌研究》2003年第1期,第13—21页。

1989年初,在甘肃省清水县的农田中发现一枚完整的东罗马金币。一面是皇帝的正面戴冠胸像,另一面是站立的背生双翼的胜利之神像。胜利之神的右手扶握一长杆垂立的弯顶十字架,左手托着地球,地球上还竖立着一个小十字架。币面下方有一后人钻出的小孔,损及翼神足下5个铭文字母中的后两个,但仍可毫不困难地看出为"CONOB"。推定该币制造于东罗马帝国的首都君士坦丁堡,为佛卡斯皇帝在位期间(602—610年)铸造的金币。[①] 荣新江指出:"从公元四世纪初,到公元八世纪上半叶,粟特人在中亚到中国北方的陆上丝绸之路沿线,已经建立了完善的商业贩运和贸易网络。在这种情况下,萨珊波斯的商人就很难插足其间,来争夺中亚和中国本土的商业利益了。……由此也可以认为,吐鲁番文书所记和丝绸之路沿线发现的大量萨珊波斯银币,应当是粟特商人带来的,而不是波斯商人。"[②]

隋朝的建立,结束了长达300余年南北分裂的局面,使国家重归统一,为中国封建社会经济文化的高度繁荣与发展奠定了基础。麦积山石窟自十六国后秦开窟至隋,经过160多年的营造,已经具备相当的规模。隋文帝、隋炀帝父子都崇信和提倡佛教,因而使麦积山的开窟造像之风得以延续。仁寿元年(601年),隋文帝教建舍利塔、赐净念寺。麦积山现存洞窟11个,以圆拱顶和弯窿顶为主要形制;大小造像38身,壁画数平方米,风格写实,格调清新明快。第5号崖阁中龛主佛左右两侧的弟子,身高3.2米,大小相同,风格相似。均为落发,半袒胸。内着僧祇支,身披袈裟,下穿裙,跣足站在圆形台座上。其中左侧的弟子迦叶,两手屈举于胸前,面部肌肉松弛,皱纹突出,张口露齿,笑容满面,是一个刚健矍铄的老者形象。右侧弟子阿难,方圆面形,左手屈举,掌心向上,右手牵衣下垂,是一个壮实健美的北方青年形象。第24号窟一佛二菩萨一弟子,右胁侍菩萨与弟子,身高均为1.54米。弟子在左,菩萨在右。弟子落发,内着僧祇支,外披双领下垂袈裟,左手曲肘前伸,掌

---

① 羽离子:《对中国西北地区新出土三枚东罗马金币的考释》,《考古》2006年第2期,第73—80页。

② 荣新江:《波斯与中国:两种文化在唐朝的交融》,载《中国学术》第12辑,商务印书馆2002年版,第62页。

心向上，手指残损后露出铁筋，右手牵衣角自然下垂，足蹬云头履，站在圆形覆莲台座上。菩萨头顶平铺莲瓣形发髻，由细密的阴刻线组成，并有数绺下垂披肩。项圈已失，胸部半袒，双臂外露。内着僧祇支，并于胸前系带作蝴蝶结下垂。腰系长裙，外裹腹围。帔帛自双肩垂下，横于腹际、膝际各一道，其一端搭于左臂，左手戴环，屈肘上举，手指残损后露出的铁筋呈花瓣形。右臂残损，仅存用细麻绳捆绑木条及外敷粗泥，跣足站在圆形覆莲台座上。二像面容丰满，双目平视，鼻高唇棱，嫣然含笑，是淳朴、憨厚、壮实的北方青少年形象。[①] 麦积山雕塑反映出的世俗化特征，是隋代统一后儒家文化向西加速扩展，与外来佛教文化融合的结果。炳灵寺石窟第8窟正壁坛基上原塑一佛二菩萨二弟子，现南侧菩萨为唐代重塑。窟内造像与壁画塑绘结合，表现了维摩诘经变"文殊问疾"的场景。赴会菩萨衣领上绘中亚波斯风格的联珠纹，正壁上方有回鹘文题记，都是丝绸路上各民族交往的见证。

　　隋文帝杨坚建国后，承袭了北周对吐谷浑进行军事打击的策略，夸吕率部众远遁，其名王十三人率部归降。隋炀帝为沟通长安与西域，继续打击处于丝绸之要地的吐谷浑。大业五年（609年）击败吐谷浑，破其伏俟城，伏俟南奔，客居于党项。吐谷浑国亡。隋在吐谷浑故地置西海、河源、且末、鄯善四郡。因隋在河湟地区的统治占据了绝对优势，所以隋代秦陇南道线路基本上继承了十六国北朝时期的线路。据大业五年（609年）隋炀帝西行的路线，可以复原隋代丝绸之路秦陇南道的走向。《隋书》卷3《炀帝纪》记载："夏四月己亥，大猎于陇西。壬寅，高丽、吐谷浑、伊吾并遣使来朝。乙巳，次狄道，党项羌来贡方物。癸亥，出临津关，渡黄河，至西平，陈兵讲武。五月乙亥，上大猎于拔延山。……庚辰，入长宁谷。壬午，度星岭。甲申，宴群臣于金山之上。丙戌，梁浩亹……癸卯，经大斗拔谷……丙午，次张掖。"[②] 按隋陇西郡治襄武，在今陇西东南；此次西巡打猎的地方应该在渭源县鸟鼠山。正在打猎之时，恰逢少数民族使节贡物，他写下《临渭源诗》记其所见所感："西征乃届此，山路亦悠悠。地干纪灵异，同穴吐洪流。滥觞何足

[①] 张锦秀：《麦积山隋代重点石窟述评》，《丝绸之路》2001年第A1期，第85—88页。
[②] （唐）魏征等：《隋书》卷3《炀帝纪》，中华书局1973年版，第73页。

拟，浮槎难可俦。惊波鸣涧石，澄岸泻岩楼。滔滔下狄县，森森肆神州。长林啸白兽，云径想青牛。风归花叶散，日举烟雾收。直为求人隐，非穷辙迹游。"薛道衡有《奉和临渭源应诏诗》："玄功复禹迹，至德去汤罗。玉关亭障远，金方水石多。八川兹一态，万里导长波。惊流注陆海，激浪象天河。鸾旗历岩谷，龙穴暂经过。西老陪游宴，南风起咏歌。庶品蒙仁泽，生灵穆太和。微臣惜暮景，愿驻鲁阳戈。"狄道即今临洮；临津关在今积石山县大河家乡的关门村；拔延山在今青海化隆县青沙山；长宁谷即今湟水支流北川河；星岭是古代的养女山，即今青海大通县境东峡河流经的元朔山；金山即今青海门源县、大通县和互助县境的达坂山，古称养女北山；①浩亹即今大通河；大斗拔谷即今甘肃民乐县东南70里扁都口；张掖即今张掖。隋炀帝西巡的路线是沿陇南道经陇西至狄道，再由狄道西行经枹罕郡（治今临夏市）、临津关（在今积石山县大河家乡镇）渡黄河，上漫天岭（又称长夷岭或扪天岭），经龙支县（治今民和古鄯镇）入湟水河谷，溯湟水河谷至西平（今西宁），在西平"陈兵讲武"后，顺湟水至平安，由平安向南至拔延山打猎。后原路返回西平，再由西平入长宁谷（今湟水支流北川河）、翻越星岭（今元朔山）、金山（今大坂山）至浩亹河谷（今大通河），再经大斗拔谷（今扁都口）至张掖。

第二节　唐代丝绸之路秦陇南道的演变

一　唐代前期的秦陇南道

（一）运营状况

唐高祖武德年间（618—626年），统一全国的战争尚未完成，西北地区丝绸之路沿线国家只有离中原王朝较近的吐谷浑与唐有密切交往，西域诸国中仅见龟兹、于阗来朝贡。贞观二年（628年）唐太宗利用突厥衰乱，派兵击灭这个割据政权，基本上统一了全国。这时，大唐在青藏高原扶植亲唐的吐谷浑势力，以抵制青藏高原南部正在崛起的吐蕃，这些举措为丝绸之路的畅通创造了有利的政治环境。出于国防安全的需要，唐初，中央政府十分重视对西北的屯田经营。对《唐六典》卷7《屯田

---

① 刘满：《隋炀帝西巡有关地名路线考》，《敦煌学辑刊》2010年第4期，第16—47页。

员外郎》统计，陇右道、河西道分别为172屯和154屯，总计326屯，约占全国屯田总数的32.86%。其中丝绸之路秦陇南道和大斗拔谷道沿线的秦州4屯、渭州4屯、临洮军30屯、河州6屯、鄯州6屯。① 唐在陇右地区的屯田不仅满足了驻军的需求，促进了当地经济的发展，还为丝绸之路秦陇南道的畅通和繁荣奠定了经济基础。

太宗贞观年至玄宗开元天宝时期，中国迎来了对外交往的高潮。太宗贞观初年，随着东突厥的失败，天山南路诸小国逐渐摆脱了突厥的统治，归附唐朝，并建立了与唐王朝的稳定的朝贡关系。据《旧唐书·西戎传》记载，龟兹国贞观四年后"朝贡不绝"；焉耆国贞观十四年（640年）开始"贡方物"，自太宗葬昭陵后"朝贡不绝"。② 除天山南路诸小国外，贞观年间对外交往的范围扩大至中亚、南亚与东欧。中亚昭武九姓之一的康国贞观九年（635年）"遣使供狮子"后，"朝贡岁至"③。贞观十七年（643年），"拂菻王波多力遣使献赤玻璃、绿金精等物"。此后的乾封二年（667年）、大足元年（701年）、开元七年（719年）遣使与唐通好。④ 葱岭以南的罽宾国于贞观十一年（637年）首次来华，"遣使送名马"。此后于贞观十六年（642年）、开元七年（719年）遣使朝贡。开元二十七年（739年）和天宝四年（745年），还接受了唐的册封。甚至在安史之乱期间的唐肃宗乾元元年（758年）仍然遣使来华通好。⑤ 天竺是隋炀帝派裴矩"应接西番"中唯一与中国没有通好的地区。贞观年间，王玄策遣使天竺后，"四天竺国王咸遣使朝贡"。贞观二十年（646年），五天竺众多小国之一的伽没路国"遣使贡方物"。天授二年（691年），五天竺地区五王国遣使"并来朝"。景龙四年（710年），"南天竺国复遣使来朝"。开元二年（713年），"西天竺复遣使贡献方物"。开元八年（720年），"南天竺国遣使献五色能言鹦鹉"。开元十七年（729年），"北天竺国三藏法门献质汗等药"。开元十九年（731年），中天竺

---

① 尹伟先、杨富学、魏明孔：《甘肃通史·隋唐五代卷》，读者集团、甘肃人民出版社2009年版，第98页。
② （后晋）刘昫等：《旧唐书》卷198《西戎传》，中华书局1975年版，第5301—5305页。
③ （后晋）刘昫等：《旧唐书》卷198《西戎传》，中华书局1975年版，第5310—5311页。
④ （后晋）刘昫等：《旧唐书》卷198《西戎传》，中华书局1975年版，第5314—5315页。
⑤ （后晋）刘昫等：《旧唐书》卷198《西戎传》，中华书局1975年版，第5309—5310页。

"大德僧来朝"。开元二十九年（741年），"中天竺王子李承恩来朝"，"天宝中，累遣使来"①。唐玄宗开元、天宝时期，是唐朝对外交往的最兴盛的时期。这时与唐友好交往的国家和地区有天竺、罽宾、孛律国、康国、波斯、拂菻、大食等。孛律国在吐蕃和罽宾之间，"开元中频遣使朝献。八年，册立其王苏麟陀逸之为孛律国王，朝贡不绝。二十二年为吐蕃所灭"②。波斯国"自开元十年至天宝六载，凡十遣使来朝，并献方物"，此后在天宝九年和大历六年两次遣使携贡品来朝。③。大食国（阿拉伯）永徽二年（651年）始遣使朝贡。龙朔（661—663年）初年，大食"击破波斯，又破拂菻，至始有面米之属。又蒋兵南侵婆罗门，吞并诸胡国。并胜兵四十余万。长安中，遣使献良马。景云二年，又献方物。开元初，遣使来朝，进马及宝钿带等方物"④。在所有与唐交往的国家中，以吐蕃和唐的关系最为密切。从贞观八年（634年）松赞干布首次派遣使者入唐至咸通五年（864年）吐蕃王朝崩溃的213年间，双方使者往来共290余次，其中唐入蕃共100余次，蕃入唐190余次。⑤ 在和平交往时期，形成"金玉绮绣，问遣往来，道路相望，欢好不绝"的亲密关系；在战争时期，一方面给唐蕃双方造成了伤害，另一方面也促进了藏族和汉族以及其他少数民族间的交流。⑥

初唐至盛唐的100余年间，是丝绸之路秦陇南道最繁荣的时期。丝绸之路秦陇南道不仅是西入河西通西域的重要通道，亦为唐蕃古道所经，交通盛极一时。岑参《呈宇文判官》诗"一驿过一驿，驿骑如星流，平明发咸阳，暮至陇山头"描述了秦陇南道的繁忙景象。唐太宗贞观元年（627年）玄奘西行去天竺取经，贞观八年（634年）唐朝征讨吐谷浑，贞观十五年（641年）文成公主下嫁吐蕃，贞观十七年（643年）、贞观二十一年（647年）和唐高宗显庆二年（657年）王玄策经吐蕃出使天

---

① （后晋）刘昫等：《旧唐书》卷198《西戎传》，中华书局1975年版，第5307—5309页。
② （后晋）刘昫等：《旧唐书》卷198《西戎传》，中华书局1975年版，第5310页。
③ （后晋）刘昫等：《旧唐书》卷198《西戎传》，中华书局1975年版，第5313页。
④ （后晋）刘昫等：《旧唐书》卷198《西戎传》，中华书局1975年版，第5316页。
⑤ 谭立人、周原孙：《唐蕃交聘表》，《中国藏学》1990年第2期，第150—157页。
⑥ 杨永红：《使者往来与唐蕃军事》，《西藏大学学报》（社会科学版）2009年第2期，第69—74页。

竺，僧侣玄太、玄照、道玄、道方、道生、道宣经吐蕃至天竺取经，唐穆宗长庆元年（821年）刘元鼎出使吐蕃都经过秦陇南道。文人学士西出陇右者大多从此道经过，如岑参赴安西，王维赴张掖，高适赴武威，杜甫赴秦州，而走北道者仅颜真卿一人。秦陇北道从长安至凉州1800里，南道全长2000余里，较北道迂回，但秦陇南道所经地区自然条件优越、人口稠密、经济富庶，后勤补给便利；北道虽然便捷，但由于自然条件相对恶劣，且唐政府在南自秦州、渭州（治今陇西），西至狄道（治今临洮），北至会州（治今靖远），东至原州（治今宁夏固原）的幅员千里的地方建立养马基地，以致北道所经地区人口稀少，补给困难，所以行人稀少。唐睿宗（756—762年）以后，受吐蕃占领西域、河西与陇右的影响，唐与中亚、南亚、西亚和欧洲的交往不见于史籍记载。

（二）线路的变化

唐代初年，因受唐与吐谷浑关系的影响，丝绸之路秦陇南道线路发生局部改变。道宣《释迦方志》云："自汉至唐往印度者，其道众多，未可言尽。……依大唐往年使者，则有三道。……其东道者从河州西北度大河上漫天岭，减四百里至鄯州，又西减百里至鄯城镇。……又西南减百里至故承风戍……又西减二百里至清海。……海西南至吐谷浑衙帐。又西南至国界，名白兰羌。……又西南至苏毗国，又西南至敢国。又南少东至吐蕃国，……其中道者，从鄯州东川行百余里，又北出六百余里至凉州，……至沙州，又西南入碛，七百余里至纳缚波故国，即娄兰地，亦名鄯善。又西南千余里至折摩陀那故国，即沮沫地，又西六百余里至都罗故国，……其北道入印度者，从京师西北行三千三百余里，至瓜州。又西北三百余里至莫贺延碛口。又西北八百余里出碛，至柔远县，又西南百六十里至伊州，又西七百余里至蒲昌县。又百余里至西州，即高昌故地。"[①] 笔者考得这三条道路的走向是：所谓东道，就是顺隋炀帝西征的路线至鄯城后，溯湟水支流牛心川，上承风岭（西宁与贵德之间的拉脊山），经承风戍（在今湟中县西南的千户庄）至日月山南侧，顺倒淌河至青海湖南岸，至黑马河后折西南经茶卡至都兰，都兰即吐谷浑衙帐

---

① （唐）释道宣著，范祥雍点校：《释迦方志》卷上《遗迹篇第四》，中华书局1983年版，第14—20页。

所在地。接下来的道路如何走？多弥、苏毗、白兰到底在何处？据《唐会要》卷97吐蕃条记载："自中国出鄯城五百里，过乌海（今冬给措纳湖），入吐蕃部落多弥、苏毗及白兰等国，至吐蕃界。"① 可见《唐会要》中所指的多弥、苏毗、白兰不在传统所认为的柴达木盆地，而在冬给措纳湖以南地区。又据《新唐书·苏毗传》记载，"苏毗本西羌族，为吐蕃所并，号孙波，在诸部最大。东与多弥接，西距鹘莽峡……多弥亦西羌族，役属吐蕃，号难磨。滨犛牛河，土多黄金"②。犛牛河即通天河；鹘莽峡在唐古拉山南索曲上游高山峡谷。综合《唐会要》与《新唐书·苏毗传》记载，可知多弥在今冬给措纳湖至通天河之间的地区；苏毗应该在通天河以南至唐古拉山南侧索曲上游一带。林梅村认为，苏毗原居住在今西藏昌都一带，为吐蕃军队的主要组成部分，以后随着吐蕃帝国的扩张不断东迁，一部分苏毗人迁入四川西北，建立"东女国"；另一部分苏毗人则在青海东部定居，与吐谷浑为邻，③ 因此，唐朝节度使哥舒翰在天宝十四年（755年）写给唐玄宗的信件中说："苏昆（毗）一蕃，最近河（黄河上游），北吐泽（浑），部落数倍居人。盖是吐蕃举国强授（援），军粮兵马半出其中。"④ 传统认为白兰在今柴达木盆地布尔汗布达山一带，⑤ 而胡小鹏先生认为在多弥、苏毗东南的四川阿坝草原一带，不当唐蕃古道大道。⑥ 由冬给措纳湖以南的花石峡向西南经多弥、苏毗可至吐蕃；向东南沿阿尼玛卿山与喀拉山之间的高寒草甸草原可至白河、黑河和黄河环绕的白兰羌牧地—阿坝草原。可见，离开吐谷浑衙帐（治今都兰）后，古道走向应该继续向西南至香日德，后沿香日德河、冬给措纳湖南下至花石峡，由花石峡西南渡黄河、通天河，逾唐古拉山至吐蕃。所谓中道即由秦陇南道至河州（治今临夏市）后，于凤林关渡黄河至汉允吾故城（今青海民和上川口古城），继续北行经浩亹故城（永登县河桥

---

① （宋）欧阳修、宋祁：《新唐书》卷221下《苏毗传》，中华书局1975年版，第6257页。
② （宋）王溥：《唐会要》卷97《吐蕃》，上海古籍出版社2006年版，第2049页。
③ 林梅村：《丝绸之路考古十五讲》，北京大学出版社2006年版，第271页。
④ 《册府元龟》卷977《外臣部·降附》，明抄本，第18页。
⑤ 松田寿男著、周伟洲译：《吐谷浑遣使考》，《西北史地》1981年第1—2期。
⑥ 胡小鹏：《白兰考辨》，胡小鹏著：《西北民族文献与历史研究》，甘肃人民出版社2004年版，第71—78页。

驿镇南）至广武县（永登县中堡镇），翻越洪池岭（经乌鞘岭），经河西走廊、塔里木盆地南缘，逾葱岭入印度。所谓北道是至瓜州后，经莫贺延碛道至伊州（治今哈密），再沿天山南麓、塔里木盆地北缘西行，逾葱岭至印度的道路。

唐与吐谷浑关系的变化是影响唐初丝绸之路秦陇南道线路变化的主要原因。吐谷浑于隋代末年复国，占有青海及新疆东南部。唐高祖李渊时期，唐欲消灭盘踞河西的李轨势力，却受制于东突厥的实力，又不期望吐谷浑倒向东突厥给自己施加压力，同时想让吐谷浑牵制李轨，所以，"高祖遣使与伏允通和，令击李轨以自效，当放顺返国"。太宗即位后，伏允先后袭击唐鄯州、兰州、廓州等地，"太宗频遣宣谕，使者十余返，竟无悛心"①。由于唐高祖武德年间至唐太宗贞观初年吐谷浑继续控制着青海道和西域南道，所以唐代初年经丝绸之路秦陇南道入印度的三条通道中，东道和中道都必须经过吐谷浑。贞观元年（627年）玄奘西行求法时走的是《释迦方志》所谓的"中道"。贞观三年（629年）借东突厥内部矛盾并伴以天灾之机，唐军数路出击，次年，击败东突厥军力，俘获领利可汗，中原与西域的丝绸通道的最大障碍已消除。唐朝使者可经由丝绸之路秦陇南道、河西道经天山北麓逾葱岭至印度，这条路线就是《释迦方志》所说北道。这时由于鄯州处于吐谷浑袭扰的前线，丝绸之路秦陇南道至狄道后不再继续西行经河州、鄯州入甘州，而是至狄道后折北经兰州入河西走廊。贞观九年（635年）唐朝派五路兵马讨伐吐谷浑国，伏允自杀，又给吐谷浑国以沉重打击，从此使吐谷浑进入了依附唐朝的历史阶段。②吐谷浑对鄯州、河州的威胁暂时解除，丝绸之路秦陇南道至狄道后可继续西行，经河州、鄯州入凉州。这条路线，就是《释迦方志》所说的"从鄯州东（川）行百余里，又北出六百余里至凉州"的路线。

唐与吐蕃的关系是影响唐代丝绸之路走向变化的最主要的因素。吐蕃灭吐谷浑前，在西北地区唐蕃并不接壤。咸亨元年（670年），吐蕃灭吐谷浑，破唐西域羁縻十八州及安西四镇。上元三年（676年）吐蕃入寇

---

① （后晋）刘昫等：《旧唐书》卷198《西戎传》，中华书局1975年版，第5298页。
② （后晋）刘昫等：《旧唐书》卷198《西戎传》，中华书局1975年版，第5298—5301页。

鄯（治今乐都）、廓（治今尖扎南）、河（治今临夏）、芳（治今迭部东南25公里）等州，占领吐谷浑故地，与唐朝陇右诸州接境，丝绸之路秦陇南道沿线的鄯州、廓州、河州经常受其骚扰。上元元年（676年）闰三月，吐蕃侵鄯、廓、河、芳四州。① 丝绸之路秦陇南道穿越的鄯州、河州已经是唐蕃战争的前线，交通安全无法保证，推测可能就在此时，丝绸之路秦陇南道至狄道（今临洮）后，西行经河州、鄯州至凉州的支线衰落，而经金城（今兰州）赴凉州（今武威）通道成为最主要的通道。吐蕃灭吐谷浑，占领吐谷浑故地后，唐入印度的东道局部路线发生了变化。丝绸之路秦陇南道至青海后，不再绕行吐谷浑城（今都兰），而是由鄯城（西宁）—临蕃城（多巴镇北古城）—白水军城（湟源县光华古城）—定戎城（湟源县日月乡克素儿古城）—石堡城（湟源县日月乡小茶什浪村大、小方台城）—赤岭（日月山）—尉迟川（倒淌河）—苦拔海（尕海滩）—王孝杰米栅（东巴村）—莫离驿（东巴镇西）—公主佛堂（恰卜恰）—大非川（沙珠玉河流域）—那禄驿（大河坝附近）—暖泉（温泉）—烈漠海（豆错）—花石峡与吐谷浑时期的东道会合入印度。

  由于地缘政治与交通形势的变化，丝绸之路东段沿线的城市地位发生了巨大变化。为抗击吐蕃的侵扰，仪凤二年（679年）在鄯州设置行政与军事合一的机构都督府，下设河源军（治西宁）、积石军（治贵德）和莫门军（治临潭）。② 三军互为犄角，在湟水上游、黄河上游和洮河上游形成防御吐蕃东进的据点。河源军所在的西平东接秦陇南道通河州，北接大斗拔谷道通张掖，因军事位置最为重要，城内驻官兵14000人，为三军中人数最多的。秦陇南道上的狄道既处于长安赴安西、北庭的绿洲丝绸之路干道上，又处于唐蕃古道上，交通位置极其重要。为了加强对吐蕃的防御，保障丝绸之路的安全，久视元年（700年）置临洮军，③ 管兵15000人，马8400匹，是陇右道规模最大的一支驻军；临洮军屯田30屯，是陇右道诸屯田区域中规模最大的，足见其战略地位的重要。隋代至唐代初年，甘州是河西地区经济最发达和贸易最繁荣的地方。吐蕃灭

---

① （后晋）刘昫等：《旧唐书》卷5《高宗下》，中华书局1975年版，第101页。
② （唐）李吉甫：《元和郡县志》卷39《陇右上》，中华书局1983年版，第991页。
③ （唐）李吉甫：《元和郡县志》卷39《陇右上》，中华书局1983年版，第1002页。

吐谷浑后，占领甘州南部地区，丝绸之路大斗拔谷道阻塞不通，而且甘州要面对突厥与吐蕃的南北夹击，"左右受敌，但户止三千，胜兵者少，……兵少不足以制贼"。① 因此甘州经济在长安年间（701—704 年）后逐渐衰落。长安元年（701 年），名将郭元振出任凉州都督后，斥地拓境，屯田积谷，很快扭转了昔日的境况。"旧凉州粟麦斛至数千，及汉通收率之后，数年丰稔，乃至一匹绢糴数十斛，积军粮支数十年。"② "至是岁登，至匹缣易斛，支廥十年，牛羊被野"。凉州的经济地位逐渐超过了甘州。睿宗景云二年（711 年），"以江山阔远，奉使者艰难，乃分山南为东西道，自黄河以西，分为河西道"③，凉州成为河西道政治中心和河西节度使驻地，政治地位超过甘州。凉州既处于丝绸之路秦陇南道和北道会合处，又是河西地区政治、经济与军事中心，至唐代中期，已经取代张掖成为河西走廊的商业中心和国际商贸都会。凉州人口众多，物产丰富，北通突厥，南达吐谷浑、吐蕃，一些西方商人常居住这里从事转手贸易，遂使这里成为"商旅往来，无有断绝"的繁华的国际都会。④ 唐凉州之繁华盛况屡见于唐诗。岑参《凉州馆中与诸判官夜集》写道："弯弯月出挂城头，城头月出照凉州，凉州七城十万家，胡人半解弹琵琶。"凉州（今武威地区）商人足迹甚至远及巴蜀。研究者在四川巴中石窟造像中发现了唐代河西地区居民在巴中活动的踪迹。这些河西居民大多是商人，他们在巴中南龛留下了若干重妆佛像的题记。如南龛第 4 号龛龛外左侧下方有题记一则："凉商冯明正重彩"；南龛第 16 号龛右侧壁题："凉商童□□彩"；南龛第 17 号龛外龛右侧壁题："凉商周邦秀装修" 等。他们妆彩的造像多属盛唐时期作品。⑤ 凉商指来自河西走廊的凉州一带的商人。开元初，为抵御吐蕃，加强对丝绸之路秦陇南道沿线重镇姑臧、兰州、河州的防卫，在湟水上游至黄河河曲一线设白水军（在今湟源

---

① （宋）欧阳修、宋祁：《新唐书》卷 107《陈子昂传》，中华书局 1975 年版，第 4073 页。

② （后晋）刘昫等：《旧唐书》卷 97《郭元振传》，中华书局 1975 年版，第 3044 页。

③ （后晋）刘昫等：《旧唐书》卷 40《地理三》，中华书局 1975 年版，第 1639 页。

④ 杨建新、卢苇：《历史上的亚欧大陆桥》，甘肃人民出版社 1992 年版，第 132—136 页。

⑤ 姚崇新：《试论广元、巴中两地石窟造像的关系——兼论巴中与敦煌之间的古代交通》，《四川文物》2004 年第 4 期，第 63—70 页。

县)、安人军(在今大通县)、镇西军(在今循化县),开元二十一年(733年),又在鄯城设立陇右节度使,统领临洮军、河源军、白水军、安人军、振威军、威戎军、莫门军、积石军、镇西军以备"西戎"(吐蕃)。[①] 唐高宗初期,由于准备不足,唐兵屡为吐蕃所败。不过当时唐王朝处于上升阶段,国力强盛,河西、陇右兵多将广,军镇守捉相连,烽燧相望,吐蕃在与唐的战争中虽然有小胜,但始终不能占上风。强大的政治、军事实力保障了丝绸之路秦陇南道的畅通与繁荣。

二 唐代中期的秦陇南道

公元7世纪,亚洲大陆上崛起四大帝国,西边继萨珊波斯兴起阿拉伯帝国,东边为大唐帝国,中间为吐蕃帝国,北边为回纥汗国。从7世纪至8世纪中叶,阿拉伯通过扩张,其疆域东起帕米尔高原西麓和印度河流域,西临大西洋比斯开湾,包括西亚至中亚的半个亚洲、撒哈拉大沙漠以北的整个北非、西南欧的比利牛斯半岛,是一个地跨欧、亚、非三大洲的空前庞大的帝国,领土超过波斯帝国、亚历山大帝国、罗马帝国等古代所有帝国。阿拉伯人的征服活动使旧大陆三大洲连为一体,尤其是向东袭来的浪潮,重新打通了古代就有的东西交通通道,从而使帕米尔以西的丝绸之路全部纳入帝国版图。阿拉伯帝国在其版图内组建以巴格达为中心的交通网,从巴格达向东北方向延伸的呼罗珊大道,是丝绸之路西段最主要的干线,向东越过葱岭与塔里木盆地南北缘的丝绸之路东段相衔接。7世纪初叶,青藏高原上以逻些(今拉萨)为中心兴起了一个强大的政权——吐蕃。7世纪中叶,吐蕃为了控制丝路东段南道,东出陇右、北入河西、西出西域,与吐谷浑、唐朝展开激烈争夺。咸亨元年(670年),吐蕃灭吐谷浑,破唐西域羁縻十八州及安西四镇。上元元年(676年)吐蕃入寇鄯(治今乐都)、廓(治今尖扎南)、河(治今临夏)、芳(治今迭部东南25公里)等州,占领吐谷浑故地。755—763年,吐蕃趁安史之乱占领河西、陇右地区,建立起西至新疆塔里木盆地,东至甘肃、青海、四川、云南的庞大帝国。吐蕃势力进入西域后,唐朝为管理和开通丝路而建立的各种军事设施和机构处于瘫痪和半瘫痪状,

---

① (唐)李吉甫:《元和郡县志》卷39《陇右上》,中华书局1983年版,第991页。

从赤松德赞至热巴金（公元8世纪中后期至9世纪前期）约1个世纪的时间里，吐蕃控制了帕米尔—西域南道—河西这个东西方交流的主要地带，从而使唐与中亚、西方的传统的丝绸之路联系受阻。唐睿宗（756—762年）以后，唐与中亚、南亚、西亚和欧洲的交往不见于史籍记载。吐蕃占领陇右、河西前后，唐通过传统的丝路干道陇右道、河西道与西域沟通的道路受阻，被迫改走回鹘道以通西域。该道从长安出发北经坊州（治今黄陵）、鄜州（治今富县）、延州（治今延安）、夏州（治今白城子）至丰州（治今五原），[1] 与严耕望先生考证的河上军城通回纥的道路在中受降城相连接，[2] 构成长安北通回纥的主道，此道曾一度成为唐与西方交往的重要通道。

与传统认为的丝绸之路秦陇南道、河西道受阻观点不同，笔者认为吐蕃占领陇右、河西后，传统的丝绸之路东段主干道交通并未断绝。吐蕃占领陇右、河西后，曾设立青海（治青海湖东）、鄯州（治青海乐都）、河州（治临夏）、凉州（治武威）、瓜州（治瓜州）五节度使，在河州设立东境大节度使管辖五节度使，主管河西、陇右乃至西域的重大军事活动和交通。河州成为吐蕃统治东方的政治、经济、文化中心。以河州为中心，吐蕃构筑了四通八达的道路交通网。吐蕃在河陇地区沿用了唐朝设置的驿路，将其与本土驿路相连接，使政令得以有效传达，并与唐朝互通驿使。安史之乱后吐蕃据有河陇、西域，与唐朝接触较以前大为增加，此时吐蕃驿传也较为完备，故屡见于史料记载。立于长庆初年的唐蕃长庆会盟碑云："每须通传，彼此驿骑一往一来，悉遵囊昔旧路，蕃汉并于将军谷交马，其绥戎栅已东，大唐祗应，清水县已西，大蕃供应。"[3] 这里的交马即换马，使臣入对方国境，马匹由对方供应，"囊昔旧路"则说明在长庆会盟（821年）以前唐蕃通好时期两国之间的驿路就已存在。而在安史之乱之前的赤岭会盟（730年）时，"吐蕃又请交马于赤岭"[4]，则此时吐蕃当已有驿传存在。吐蕃驿传应是吐蕃王朝在

---

[1] 王育民：《中国历史地理概论》，人民教育出版社1987年版，第405—411页。
[2] 严耕望：《唐代交通图考》，台北"中研院"历史语言所1985年版，第608—618页。
[3] 王尧：《吐蕃金石录》，文物出版社1982年版，第3页。
[4] 王忠：《新唐书吐蕃传笺证》，科学出版社1958年版，第74页。

对外扩张和与周边地区交往过程中逐渐建立和完善起来的。安史之乱前，唐蕃经济交往频繁。元稹《西凉伎》写到："大宛来献赤汗马，赞普亦奉翠茸裘。"使臣往来时携带的礼物种类丰富，唐赠给吐蕃的礼品主要以丝织物为主，有杂彩、丝布、绫、缦等，如唐玄宗开元七年（719年）六月，吐蕃遣使请和，唐玄宗"以杂彩二千段赐赞普，五百段赐赞普祖母，四百段赐赞普母，二百段赐可敦，一百五十段赐垄达廷，一百三十段赐论乞力徐，一百段赐尚赞咄及大将军、大首领各有差。皇后亦以杂彩一千段赐赞普，五百段赐赞普母，二百段赐可敦"[1]。开元二十一年（733年）正月，李暠使于吐蕃，送"国信物一万匹，私觌二千匹，杂以五彩"[2]。吐蕃使臣入唐携带的礼物有金银财宝、玉器、方物、各种动物等，如贞观二十一年（647年）唐军东征返回，松赞干布"遣禄东赞来贺，并献金鹅"。金城公主在《谢恩赐锦帛器物表》中说："伏蒙皇兄所赐信物，并依数奉领，谨献金盏、羚羊衫、缎、青长、毛毡各一，奉表以闻。"[3] 吐蕃使臣到长安后还会购买当地的产品，进行经商活动。唐对于吐蕃人的经商持友好与宽容的态度，正如《鸿胪寺中吐蕃使人素知物情慕此处绫锦及弓箭等物请市未知可否》所言："听其市取，实可威于远夷，任以私收，不足损于中国。宜其顺性，勿阻蕃情。"[4] 安史之乱后，唐与吐蕃的经济文化交往，并没有因为双方的战争而中断。唐德宗建中二年（781年），常鲁为判官随使臣崔汉衡出使吐蕃时，曾在吐蕃赞普帐中看到内地的寿州、舒州、顾渚、蕲门、昌明、灉湖生产的茶叶。[5] 长庆元年（821年）刘元鼎出使吐蕃时，吐蕃赞普夏季牙帐中"乐奏秦王破阵曲，又奏凉州、胡渭、录要、杂曲，百戏皆中国人"[6]。互市也是双方经济交往的重要方式。武后时，吐蕃使臣曾请市"绫锦及弓箭等物"。[7]

---

① 《册府元龟》卷980《外臣部·通好》，明崇祯十五年（1642）刻本，第8页。
② 《册府元龟》卷653《奉使部·称旨》，明崇祯十五年（1642）刻本，第18页。
③ 《全唐文》卷100《谢恩赐锦帛器物表》，嘉庆刊本，第14页b面。
④ 《全唐文》卷172《鸿胪寺中吐蕃使人素知物情慕此处绫锦及弓箭等物请市未知可否》，嘉庆刊本，第17页b面。
⑤ （唐）李肇撰：《唐国史补》卷下，上海古籍出版社1957年版，第66页。
⑥ （宋）欧阳修、宋祁：《新唐书》卷216《吐蕃传》，中华书局1975年版，第6103页。
⑦ 《全唐文》卷172《鸿胪寺中吐蕃使人素知物情慕此处绫锦及弓箭等物请市未知可否》，嘉庆刊本，第17页b面。

《资治通鉴》卷213记载，玄宗开元十九年（731年）九月，吐蕃宰相来唐，"请于赤岭为互市，许之"①。《资治通鉴》卷239记载，宪宗元和十年（815年）十一月，"吐蕃款陇州塞，请互市，许之"②。这几则史料说明，在唐中前期，通过互市贸易，唐蕃之间有着比较密切的经济交往。

三　晚唐五代时期的秦陇南道

公元840年，回鹘为黠戛斯所败，西迁碛西及河陇一带，回鹘路逐渐消亡。武宗会昌年间（841—846年），吐蕃内乱，洛门川讨击使论恐热与鄯州节度使尚婢婢兵戎相见，吐蕃实力大损，走向衰落。大中二年（848年），沙州豪族张议潮率众起义，相继收复沙、瓜、甘、肃等州。大中三年（849年）唐收复河湟后，诏令"秦州至陇州以来道路，要置堡栅，与秦州应接，委李珰与刘皋即便度计闻奏。如商旅往来兴贩货物，任择利润，一切听从，关镇不得邀诘。其官健父兄子弟，通传家信，关司并亦不得邀诘阻滞"③。陇右的收复，为秦州路的畅通创造了条件。大中五年（851年），张议潮遣兄议潭奉天宝陇右道十一州图经户籍入京。唐军攻克清水后，秦、原、安乐三州及原州石门、驿藏、制胜、石峡、木靖、木峡、六盘七关相继归唐。此后，唐军相继收复河、渭、灵、夏、邠等州，黄河以东河陇地区又重归唐朝版图。咸通二年（861年），归义军收复凉州，河西东通长安驿路复通。《张淮深变文》记载："河西沦落百余年，路阻萧关雁信稀。……赖得将军开旧路，一振雄名天下知。"④河西旧路不仅指由长安出发，经萧关而入凉州，西行经甘、肃而至瓜沙通西域的道路，也应该指由长安出发，经大震关而入凉州，西行经甘、肃而至瓜沙通西域的道路。五代初，秦州归岐王李茂贞管辖，李茂贞与后梁对峙，不与其通声气。后唐、后晋时，

---

① 《资治通鉴》卷213，明嘉靖二十三至二十四年（1544—1545）杭州孔天胤刻本，第18页。
② 《资治通鉴》卷239，明嘉靖二十三至二十四年（1544—1545）杭州孔天胤刻本，第20页。
③ 《全唐文》卷79《收复河湟制》，嘉庆刊本，第7页。
④ 张涌泉、黄征：《敦煌变文校注》，中华书局1997年版，第193页。

秦州虽然隶属于中原王朝，但时隔不久，又被前蜀夺去，直到后周显德间重新归于中原王朝，由于这种情况的存在，故经过秦州进入河西走廊的道路并不十分畅通。不过，这并不意味着丝绸之路秦陇南道在唐末五代时期完全断绝。据《旧五代史》卷132《李茂贞传》注引《九国志·李彦琦传》，凤翔节度使李茂贞为汴军所围，"大军之后，库府空竭，彦琦请使甘州以通回鹘，往复二载，美玉、名马相继而至，所获万计，茂贞赖之"①。李茂贞与甘州回鹘的交往应该取秦陇南道至河西。甘州回鹘与岐王李茂贞的交往说明秦陇南道在个别时候还是畅通的。

开成五年（840年）漠北回鹘汗国灭亡后，大批回鹘人迁至河西走廊。大约在884—900年期间建立甘州回鹘政权，控制河西走廊东部，截断了传统的河西道，归义军政权（851—1036年）与唐、五代政权的交往取灵州道。大中二年至五年（848—851年），其时沙州使节"驰表献捷"，假借天德军和朔方军事重镇灵州，辗转到达长安，灵州道得以开通。晚唐五代中原使节入沙州亦取灵州道，如大中十年（856年）陈元弘、乾符年间（874—879年）押衙阴信均为首的外交使国、光启元年（885年）嗣大夫、文德元年（888年）宋光庭等人、乾宁元年（894年）康克珣等人、天复元年（901年）麻大夫、贞明四年（918年）裴押衙、天福四年（939年）高居海等、天福八年（943年）旌节官告国信使副某、开宝五年（972年）丁守功勋等均取灵州道至沙州。原灵州道由东京开封西行经洛阳至西京长安，由此北上至邠州（治今陕西彬县），循马岭河而上经庆州（治今甘肃庆阳）、环州（治今陕西环县）至朔方节度使治所灵州（治今宁夏灵武），自灵州渡黄河，出贺兰山口西行，穿越瀚海（今腾格里沙漠），趋白亭海（今石羊河终端湖，已干涸）、白亭河至凉州（治今武威），或穿越巴丹吉林沙漠，溯额济纳河（今黑河）南下至张掖绿洲，然后顺河西旧路经肃州（治见甘肃酒泉）、瓜州（治今甘肃安西）、沙州（治今甘肃敦煌）抵西域。② 至于甘州回鹘与中

---

① （宋）薛居正：《旧五代史》卷132《李茂贞传》，中华书局1976年版，1740页。
② 赵祯：《敦煌文书中所见晚唐五代宋初的灵州道》，《中国历史地理论丛》2001年第4辑，第83—92页。

原政权的交通则取凉州—灵州路、甘州—天德军路、凉州—河州路、甘州—青海路。①

第三节　长安至大震关段线路走向与沿线所经

　　初唐、中唐时，为了维系大统一国家的正常运转，保证中央王朝在全国的有效统治，开辟了庞大的交通、通信网，构建了高速高效的馆驿站系统。《通典》云："东至宋（今河南商邱）、汴（今河南开封），西至岐州（今陕西凤翔），夹路列店肆待客，酒馔丰溢，每店皆有驴赁客乘，倏忽数十里，谓之驿驴。南诣荆（今湖北江陵）、襄（今湖北襄阳），北至太原（今山西太原）、范阳（今北京），西至蜀川（今四川，实指成都）、凉府（今甘肃武威），皆有店肆，以供商旅，远适数千里，不持寸刃。"② 曾荒凉的陇右地区交通大开。岑参《初过陇山途中呈宇文判官诗》描写了长安经秦州通凉州的丝路南道上驿馆数量的众多和交通的快捷："一驿过一驿，驿骑如星流，平明发咸阳，暮至陇山头。"发达的丝路与驿道交通编织出陇右的繁荣与富庶。《资治通鉴》卷216天宝十二年（753年）条年云："是时中国盛强，自安远（开远门）西尽唐境万二千里，闾阎相望、桑麻翳野，天下富庶者无如陇右。"③ 但由于史籍阙载，这条丝路上所设的馆驿名称、具体位置和驿道的经行路线，在现存的唐代文献中都无完整记录。台湾学者严耕望先生所撰《唐代交通图考》卷二《河陇碛西区》博采史传、地志、诗文、政书、杂著，旁搜本草、佛藏，兼取敦煌残卷及宋代地图和石刻拓本，对其作了系统考证。④ 由于严先生未经过实地调查，所用地图为民国旧本，难免出现疏漏和错误。因

---

　　① 陆庆夫：《论甘州回鹘与中原王朝的贡使关系》，《民族研究》1999年第3期，第62—70页。

　　② （唐）杜佑：《通典》卷7《食货七》，岳麓书社1995年版，第78页。

　　③ （宋）司马光：《资治通鉴》卷216《唐纪三十二》天宝十二年条，中华书局1956年版，第6919页。

　　④ 严耕望：《唐代交通图考》卷2《河陇碛西区》，台北"中研院"历史语言所1985年版，第354—384页。

此，有必要作进一步实证研究。

1. 都亭驿。唐代最大的驿站称"都亭驿"，只有西京长安和东都洛阳才设置，每驿配驿夫 25 人，服务水平最高，专门接待外宾，类似"大使馆"。关于都亭驿的位置，严耕望在《唐两京驿馆考》一文中提出唐长安城里有两个地方设立过都亭驿。一个在朱雀门西边、皇城南面第二坊，一个在城东南隅、曲江池北的敦化坊。辛德勇认为，唐长安城都亭驿只有一个，既不在第二坊，也不在敦化坊，而是在朱雀街西第一街第二坊通化坊。[①] 笔者同意辛德勇先生的观点。

2. 开远门。开远门是隋唐长安城西墙北起第一门，唐代又有安远门之称。安远门（开远门）西尽唐境一万二千唐里[②]，是隋唐时期丝绸之路的起点。唐玄宗天宝八年"五月辛巳，于开远门外作振旅亭"[③]。唐肃宗至德二年玄宗自蜀还望贤宫，自开远门入长安。[④] 开远门遗址已经被大土门村建筑所叠压。

3. 临皋驿。从都亭驿西行，出长安开远门第一驿为临皋驿。据《旧唐书·昭宗本纪》载：景福二年（893 年）九月，凤翔节度使"李茂贞陈兵临皋驿，教宰臣杜让能之罪，请诛之"[⑤]。《长安志》卷 12《京兆府》咸阳县条云："临皋驿在（咸阳）县东北十一里，开远门外。"[⑥] 今人则根据解放后在该地发掘的考古资料证明：临皋驿当在唐长安城西十里、开远门外小严村附近，即今西安市莲湖区潘家村枣园附近。[⑦] 李健超认为临皋驿在今西安市玉祥门外、枣园村东南。[⑧] 辛德勇认为北周已经有临皋驿之名，位置在长安故城西。隋开皇三年移至开远门下。临皋驿距唐长

---

① 辛德勇：《唐长安都亭驿考辨——兼述今本〈长安志〉通化坊阙文》，载史念海主编《唐史论丛》第 1 辑，陕西人民出版社 1988 年版，第 136—140 页。
② 《资治通鉴》卷 216《唐记三十二》，中华书局 1956 年版，第 6919 页。
③ （后晋）刘昫等：《旧唐书》卷 9《玄宗纪下》，中华书局 1975 年版，第 223 页。
④ （后晋）刘昫等：《旧唐书》卷 10《肃宗纪》，中华书局 1975 年版，第 248 页。
⑤ （后晋）刘昫等：《旧唐书》卷 20 上《昭宗本纪》，中华书局 1975 年版，第 750 页。
⑥ （宋）宋敏求撰，辛德勇、郎洁点校：《长安志》卷 12《京兆府》，陕西出版传媒集团、三秦出版社 2013 年版，第 383 页。
⑦ 李之勤：《柳宗元的"馆驿使壁记"与唐代长安城附近的驿道与驿馆》，载《中国古都研究（第一辑）——中国古都学会第一届年会论文集》，1983 年，第 124—143 页。
⑧ 李健超：《唐长安临皋驿》，《考古与文物》1984 年第 3 期，第 91—92 页。

安县10里，由长安县治长寿坊至开远门已有8—9里，临皋驿位置应该侧临开远门下。① 该驿为京师西行第一驿，故公私送迎多宴饯于此。

4. 三桥。临皋驿至咸阳途经三桥。如唐兴元元年德宗由兴元回京，过咸阳而至三桥；唐昭宗景福二年，李茂贞经兴平进屯三桥，继之陈临皋驿。三桥架设于漕渠之上，其旁有民家店舍，呼为漕店，具体位置在今西安市西北三桥街。②

5. 磁门驿。辛德勇考证，"临皋驿西有磁门驿，乾元元年唐肃宗送其女宁国公主出嫁回纥，曾至此驿。磁石门传为阿房宫北阙，但实际与阿房宫殿基有相当距离。《水经注》载阿房宫在昆明池北泄水道之东，而磁石门却在滴水之东。唐肃宗送女乃西向咸阳，磁门驿应在长安至咸阳途中。三桥正当阿房宫北，磁石门和磁门驿应在其附近"③。

6. 西渭桥。由三桥磁门驿过西渭桥（便桥）至咸阳。汉代西渭桥遗址位于今咸阳市西南5公里、沙河入渭处以东1公里处的钓台镇马家寨。辛德勇依然认为，唐代西渭桥也在这里。④

7. 望贤宫。《资治通鉴》卷218记载，至德元年六月乙未凌晨，唐玄宗自京师仓惶出幸，"食时，至咸阳望贤宫"⑤。《旧唐书》记载，唐肃宗至德二年十月"癸亥，上自凤翔还京，仍遣太子太师韦见素入蜀迎上皇，凤翔郡给复五载。丙寅，至望贤宫，得东京捷书至，上大喜。丁卯，入长安"⑥。《长安志》咸阳县云："唐望贤宫在（咸阳）县东数里。"⑦ 辛德勇考证唐代在便桥（西渭桥）西北端置望贤驿，临驿有行

---

① 辛德勇：《隋唐时期长安附近的陆路交通——汉唐长安交通地理研究之二》，《中国历史地理论丛》1988年第4期，第145—171页。
② 辛德勇：《隋唐时期长安附近的陆路交通——汉唐长安交通地理研究之二》，《中国历史地理论丛》1988年第4期，第145—171页。
③ 辛德勇：《隋唐时期长安附近的陆路交通——汉唐长安交通地理研究之二》，《中国历史地理论丛》1988年第4期，第145—171页。
④ 辛德勇：《隋唐时期长安附近的陆路交通——汉唐长安交通地理研究之二》，《中国历史地理论丛》1988年第4期，第145—171页。
⑤ 《资治通鉴》卷218，明嘉靖二十三至二十四年（1544—1545年）杭州孔天胤刻本，第6页。
⑥ （后晋）刘昫等：《旧唐书》卷10《肃宗纪》，中华书局1975年版，第248页。
⑦ （宋）宋敏求撰，辛德勇、郎洁点校：《长安志》卷13《咸阳县》，陕西出版传媒集团、三秦出版社2013年版，第410页。

宫，名望贤宫。① 望贤宫与望贤驿应该在汉代细柳仓所在的位置，即今咸阳市秦都区两寺渡村附近。

8. 陶化驿。《长安志》卷13《京兆府》咸阳县条云："陶化驿在县郭下，东去京兆府四十里。西去兴平县四十五里。"② 由于该驿设在咸阳城内，故又称咸阳驿。又因"咸阳故城亦名渭城"，该驿亦有渭城驿之称。唐时的迁客、骚人经常饯别于此，故留下了不少酬唱佳句。崔颢《渭城少年行》中有"渭城桥头酒新熟，金鞍白马谁家宿"句。③ 其中王维的《送元二使安西》一诗最为著称："渭城朝雨浥轻尘，客舍青青柳色新。劝君更尽一杯酒，西出阳关无故人。"④ 据望贤宫位置，唐咸阳县当在今咸阳市秦都区两寺渡村西数里。⑤

9. 温泉驿。温泉驿是西出咸阳后丝路南道上的第一驿站。《长安志》卷13《京兆府》咸阳县条记载："温泉驿在县西二十里。今废。"⑥ 据此可知，该驿当在今陕西咸阳市西二十里茂陵南"上官道"附近，在唐代西行大道通槐里驿与茂陵的分岔处。

10. 槐里驿。咸阳西行四十五里，中经温泉驿至始平县，郭下置槐里驿。《元和郡县志》卷2《京兆府·兴平县》记载："兴平县，畿。东至（京兆）府九十里。本汉平陵县，属右扶风。魏文帝改为始平，晋武改置始平郡，领槐里县，历晋至西魏数有移易。景龙二年，金城公主出降吐蕃，中宗送至此县，改始平县为金城县，至德二年改名兴平。"⑦ 所以，

---

① 辛德勇：《隋唐时期长安附近的陆路交通——汉唐长安交通地理研究之二》，《中国历史地理论丛》1988年第4期，第145—171页。

② （宋）宋敏求撰，辛德勇、郎洁点校：《长安志》卷13《咸阳县》，陕西出版传媒集团、三秦出版社2013年版，第403页。

③ 参看《全唐诗》第二函第九册崔颢《渭城少年行》，清康熙四十四至四十六年（1705—1707年）扬州诗局刻本，第4页。

④ 《唐诗选注》上册，北京出版社1978年版，第76页。

⑤ 辛德勇认为："《元和郡县志》及新旧唐书《地理志》叙咸阳建置沿革仅止于唐武德二年徙置咸阳于白起堡（今咸阳市东），但咸阳治此，不过四年，武德六年又徙于便桥西北（今咸阳市），后迄无移徙。"

⑥ （宋）宋敏求撰，辛德勇、郎洁点校：《长安志》卷13《咸阳县》，陕西出版传媒集团、三秦出版社2013年版，第403页。

⑦ （唐）李吉甫：《元和郡县图志》卷2《关内道二》京兆府兴平县，中华书局1983年版，第25页。

此驿又称金城驿、兴平驿。《长安志》卷14《京兆府·兴平县》："槐里驿在兴平县郭下，东至咸阳驿四十五里。"①《通鉴》卷218至德元年六月条载：六月十二日黎明，唐玄宗"出延秋"，"夜将半，乃至金城。……驿中无灯，人相枕藉而寝，贵贱无以复辨"②。金城当指金城驿。依据里程，该驿应位于今陕西兴平县板桥遗址附近。

11. 娄馆。《通鉴》卷260昭宗乾宁三年六月条载。凤翔节度使李茂贞"引兵逼京畿，覃王与战于娄馆，官军败绩"③。胡三省注曰："娄馆，盖在京兆兴平县西。"

12. 马嵬驿。由槐里驿又西二十里至马嵬驿。据《通鉴》卷218肃宗至德元载六月条载，唐玄宗偕随行官兵自金城驿西行，"丙申，至马嵬驿"，禁军首领"陈玄礼以祸由杨国忠，欲诛之"，"国忠走至西门内，军士追杀之，屠割支体，以枪揭其首于驿门外"；"军士围驿"，"上乃命（高）力士引贵妃于佛堂，缢杀之。舆尸置驿庭，召玄礼等入视之"④。这就是历史上有名的"马嵬驿事件"。又《雍录》卷6《马嵬》条载："马嵬故城在兴平县西北二十三里，雍都西九十里。城本马嵬筑以避难。马嵬者，姓名也。有驿。"⑤据板桥遗址的里距，"二十三里"当为"十三里"之误。由于杨贵妃墓在该处，故历代文人学士赋文咏诗者，不可胜纪。现在杨贵妃墓已修葺一新，供游人观览。

13. 望苑驿。《酉阳杂俎续集》卷2有云："（唐德宗）贞元中，望苑驿西有百姓王申，手植榆于路旁成林，构茅屋数椽，夏月常馈浆水于行人。"⑥唐人温庭筠在《题望苑驿》诗前引前人诗说："东有马嵬驿，西有相思树。"⑦可见，此驿当在马嵬驿与武功驿之间。

---

① （宋）宋敏求撰，辛德勇、郎洁点校：《长安志》卷14《兴平县》，陕西出版传媒集团、三秦出版社2013年版，第425页。
② 《资治通鉴》卷218，明嘉靖二十三至二十四年（1544—1545年）杭州孔天胤刻本，第7页。
③ 《资治通鉴》卷260，第20—21页。
④ 《资治通鉴》卷218，第6—8页。
⑤ （宋）程大昌撰，黄永年点校：《雍录》卷6《马嵬》，中华书局2002年版，第116页。
⑥ （唐）段成式撰：《酉阳杂俎续集》卷2，中华书局1985年版，第180页。
⑦ 《文苑英华》卷298，明嘉庆元年（1567）刻本，第10页a面。

14. 武功驿。由马嵬驿西经望苑驿三十里至武功驿。①《长安志》卷14《京兆府·兴平县》载，武功驿在兴平县西六十五里。②李并城先生据《元和郡县图志》卷2以及《太平寰宇记》卷27，认为"兴平县西至武功县应为五十里，非六十五里。《新五代史》卷14《唐家人传第二》记，后唐庄宗长子魏王李继岌伐蜀东还，途经凤翔、武功、兴平，所经亦即这条驿道，此为长安西去的大道。唐武功县驿位于今陕西省武功县城内。③笔者认为《长安志》所载武功驿至兴平县之间的距离是可信的。宋代一里约今561米，六十五里约合今36.5公里，武功驿位置当在今武功县武功镇。唐人姚合有《武功县中作三十首》，其中一诗云："漫作容身计，今知拙有余。青衫迎驿使，白发忆山居。"④

15. 扶风县。由武功驿西行，经高店、杏林店、罗店，五十里至扶风县。严耕望根据《元和郡县图志》"武功县东至京兆府一百四十里一，扶风县西至凤翔府一百里，凤翔府东至京兆府三百一十一里"的记载，推断武功县至扶风县（今县）的距离为七十唐里。⑤七十唐里合今37.8公里；今武功镇至扶风县之间的距离约27公里，合五十唐里。严耕望考证可能有误。具体位置有104公路与渭河支流交会处的后河东岸。

16. 龙尾驿。自武功驿西行三十里至此驿。因岐山县东二十里有龙尾坡而得名。《读史方舆纪要》卷55《凤翔府岐山县》云："龙尾坡，县东二十里，旧有龙尾堡。晋义熙十一年，夏赫连建入后秦之新平。姚弼与战于龙尾堡，擒之。唐武德七年，移岐山县治于龙尾驿。"⑥龙尾坡在今

---

① 严耕望：《唐代交通图考》第2卷《河陇碛西区》，台北"中研院"历史语言所1985年版，第356页。

② （宋）宋敏求撰，辛德勇、郎洁点校：《长安志》卷14《兴平县》，陕西出版传媒集团、三秦出版社2013年版，第425页。

③ 李并成：《唐〈始平县图经〉残卷（S.6014）研究》，《敦煌研究》2005年第5期，第51—53页。

④ 《全唐诗》第八函第三册姚合三《武功县中作三十首》，康熙四十四至四十六年（1705—1707年）扬州诗局刻本，第37页a面。

⑤ 严耕望：《唐代交通图考》第2卷《河陇碛西区》，台北"中研院"历史语言所1985年版，第356页。

⑥ （清）顾祖禹：《读史方舆纪要》卷55《凤翔府·岐山县》，上海书店出版社1998年版，第389页。

岐山县城东10公里的龙尾沟。《全唐诗》有温庭筠《龙尾驿妇人图》一诗："慢笑开元有幸臣，直教天子到蒙尘。今来看画犹如此，何况亲逢绝世人。"① 具体位置在岐山县龙尾村东龙尾沟东岸。

17. 石猪驿。由龙尾驿西行二十里至岐山县石猪驿。《读史方舆纪要》卷55《凤翔府·岐山县》记载，"岐山旧县，在今县东北"，唐武德七年"移于龙尾驿城。贞观八年，移治于石猪驿南，即今治也"②。据此可知，石猪驿当在今岐山县北，东去龙尾驿约二十里。具体位置在今岐山县城凤鸣西路与天柱北路交会处以西不远处。

18. 凤翔驿。由石猪驿西行，经横水店（今横水镇），③ 约五十里即至凤翔驿。该驿因设于唐凤翔府治所天兴县城故名。《元和郡县志》卷2《凤翔府》天兴县条载："（天兴县）本秦雍县，秦国都也。……（唐肃宗）至德二年分置凤翔县，永泰元年废，仍改雍县为天兴县。"④ 唐天兴县即今陕西凤翔县，凤翔驿当设于此。这里因"居四山之中，五水之会，陇关西阻，益门南扼"，地势高昂，易守难攻，为唐关西重镇，也是丝路南道上的一个重要驿站。《旧唐书·僖宗本纪》载：光启二年（886年）四月，"朱玫、李昌符迫宰相萧遘等于凤翔驿舍"⑤。当即此驿。姚合《题凤翔西郭新亭》诗有云："西郭尘埃外，新亭制度奇。地形当要处，人力是闲时。"⑥ 2012年凤翔县从一盗墓团伙缴获14件石棺床构件，其中8块墓石上刻有蔓草纹，剩余6块正面刻有瑞兽纹和明显的"火焰纹"图案。文物专家初步判定，这组文物为隋唐时期居留凤翔的波斯商人的遗物。瑞兽纹、蔓草纹和"火焰纹"图案被融合运用到石棺床中，也反映

---

① 《全唐诗》第十七函第五册温庭筠九《龙尾驿妇人图》，康熙四十四至四十六年（1705—1707年）扬州诗局刻本，第8页b面。

② （清）顾祖禹：《读史方舆纪要》卷55《凤翔府岐山县》，上海书店出版社1998年版，第389页。

③ 宋代郑刚中《西征道里记》中说，在凤翔府和兴平县附近，道路中有横水店。转引自严耕望：《唐代交通图考》第2卷《河陇碛西区》，台北"中研院"历史语言所1985年版，第358页。

④ （唐）李吉甫：《元和郡县图志》卷2《关内道二》凤翔府天兴县条，中华书局1983年版，第41页。

⑤ （后晋）刘昫等：《旧唐书》卷19下《僖宗纪》，中华书局1975年版，第723页。

⑥ 《全唐诗》第八函第三册姚合四《题凤翔西郭新亭》，康熙四十四至四十六年（1705—1707年）扬州诗局刻本，第1页。

了东西文化的兼容并蓄。①

19. 汧阳县。由凤翔驿西北行，越冯家山，七十里至汧阳县。②《太平寰宇记》记载："汧阳县，……本汉隃麋地。以县东八里隃麋泽为名，属右扶风。阚泽《县道记》云：'隃麋县，因原以为名，今县东古城是汉理之所，晋省。后周天和五年于今县西四十里马牢故城置汧阳县及汧阳郡，以在汧山之阳为名，寻废郡，以县属陇州。建德四年移于今理。'"③据《大清一统志》记载"汧阳故城，在今县西五里汧河之东，晖河之西。其北里许又有古城，乃隋唐宋旧治也"。④ 王仲荦认为所谓隋唐宋旧治即北周建德四年所迁的县治，在今县西五六里。⑤ 其具体位置在汧河和晖川河交汇处的汧河以东、晖川河以西。1978 年 12 月，千阳县崔家头公社社员在黄里发现一处窖藏，内有 94 件通体鎏金的铜造像，并出土三枚"乾元重宝"。考古人员推断隋唐时期这里有一座规模宏大的寺院。⑥ 侧面反映了唐代汧阳县佛教的繁荣。

20. 汧源县。由汧阳县西北行八十里至汧源县，置驿馆。《元和郡县图志》记载："本汉汧县地，属右扶风。在汧水之北，后魏改为汧阴县，隋改为汧源县。"⑦ 唐代中叶以后"陇隘为国路"，唐蕃使节例所取途，每当"入蕃使回，垂馆填咽"也。在陇县城关乡北坡村、县砖瓦厂、东南乡党家庄、杜阳乡糜家河、温水乡阎家湾等地均出土了唐代彩陶俑镇墓兽等文物，其中大多数为胡俑，且多数有彩绘，造型精美，形态各异，为陇县一带唐代时与西方各民族文化贸易频繁交往的重要实物

---

① 《陕西凤翔发现唐代波斯人古墓》，神秘的地球，2012 年 6 月 23 日，www.uux.cn/? action-viewnews-itemid-36664。

② 《元和郡县图志》卷 2《关内道二·陇州》记载陇州"东至凤翔府一百五十里"，汧阳县"西至州八十里"，则汧阳县东至凤翔府七十里。

③ （宋）乐史：《太平寰宇纪》卷 32《关西道八》陇州条，中华书局 2007 年版，第 688 页。

④ （清）蒋廷锡：《大清一统志》卷 143《凤翔府》，道光九年（1849）木活字本，第 25 页。

⑤ 王仲荦：《北周地理志》卷 1《关中》，中华书局 1980 年版，第 45 页。

⑥ 千阳县文化馆、宝鸡市博物馆：《千阳县发现大批唐代鎏金铜造像》，《考古与文物》1984 年第 5 期，第 52—56 页。

⑦ （唐）李吉甫：《元和郡县图志》卷 2《关内道二》陇州汧源县条，中华书局 1983 年版，第 45 页。

证据。县城北桑家坡村南开元寺开元十六年（728年）竖立的陀罗尼经幢和城关乡神泉村觉皇寺出土的石佛、唐砖、唐瓦见证了唐代陇州佛教的繁荣。

21. 安戎关。陇州（治今陇县）又西行三十里至安戎关。安史之乱后，秦陇地区沦陷于吐蕃，因吐蕃屡经大震关入寇关中，马燧立石植树塞关。秦州收复后，因为故关久废，大中六年（851年）薛逵东移三十唐里筑安戎关，称为新关，以别大震故关。①《唐会要》卷86《关市》记载：（大中）六年三月，陇州防御使薛逵奏：'伏奉正月二十六日诏旨，令臣筑故关讫闻奏者。伏以汧源西境，切在故关。昔有堤防，殊无制置，僻在重岗之上，苟务高深；今移要会之口，实堪控扼。旧绝泉井，远汲河流，今则临水挟山，当川限谷，危墙深堑，克扬营垒之势，伏乞改为定戎关。关吏铃辖往来。臣当界又有南由路，亦是要冲，旧水关，亦请准前扼捉。去正月二十七日起工，今月十七日毕。谨画图进上。敕旨：'薛逵新置关城，得其要害，形于图画，颇见公忠，宜依所奏。'"②薛逵所说"故关"即大震关，"新置关城"即"安戎关"。《新唐书·地理志》陇州汧源县："西有安戎关，本大震关。大中六年，防御使薛逵徙筑，更名。"③《大清一统志》卷143《凤翔府》关隘目大震关条引《地道记》曰："陇州有新故二关，新关西去故关三十里。"④ 这里的新关当为安戎关。依里距，安戎关当在今陇县县城西16.2公里的段家峡村。

22. 大震关。由安戎关西北行三十唐里至大震关。《元和郡县图志》陇州汧源县条记载："陇山，在县西六十二里……大震关在州西六十一里，后周置，汉武帝至此遇雷震，因名。"⑤ "六十一里"约合今32.94公

---

① 严耕望：《唐代交通图考》第2卷《河陇碛西区》，台北"中研院"历史语言所1985年版，第361页。

② 《唐会要》卷86《关市》，清乾隆（1736—1995）武英殿聚珍本，第16页b面至第17页a面。

③ （宋）欧阳修、宋祁：《新唐书》卷27《地理志一》，中华书局1975年版，第968页。

④ （清）蒋廷锡：《大清一统志》卷143《凤翔府》道光九年（1849）木活字本，第32页。

⑤ （唐）李吉甫：《元和郡县图志》卷2《关内道二·陇州》，中华书局1983年版，第45页。

里，根据距离，大震关在今陇县固关镇西菜子河和千河交汇处的附近。此处扼守由道堡石梁和老爷岭翻越陇山的道路。关于大震关的位置学术界意见很不统一，有清水县东陇山东坡说、① 通关河西陇山西支脉东坡说、② 陕西陇县西北固关说、③ 陕西陇县西境陇山主脉说、④ 陇县西边陇山山顶的洪家滩说和陇县与张川交界处的鬼门关说六种看法，笔者⑤赞同陕西陇县西北固关说。隋唐时期，大震关被列为京城四面关中的六"上关"之一，成为东西交通及唐与吐蕃交往攻防的重要关隘，"凡戎使往来者，必出此"⑥。无论吐蕃输款"请互市"，或东寇关中，还是商旅往来，唐王朝立驿设馆，置使命官，或塞道移关，其所经营与往来者，皆为此道。唐武德五年（622年），突厥攻陷大震关。肃宗至德二年（757年），安禄山遣其将高嵩诱降河陇将士，被大震关使郭若乂擒斩。安史之乱后，吐蕃占据陇右，又常出大震关入侵，马遂"按行险易，立石植树以塞之，下置二门，设篱橹"拒之。代宗大历三年（768年）凤翔节度使李抱玉派李晟率千人出大震关至临洮击吐蕃。大中三年（849年），秦州收复，宣宗即命李玭等于"秦州至陇州以来道路，要置堡栅，与秦州应接……商旅往来，兴贩货物，任择利润，一切听从，关镇不得邀诘"⑦。以岑参《初过陇山途中呈宇文判官》、王维《陇头吟》等为代表的大量诗赋，都有对陇山及大震关的描述。以上诸例是陇关道在隋唐时期兴盛繁忙的最好写照。根据测量和地貌考察，唐代大震关在陇县固关镇西菜子河（千河支河）与千河交汇处附近。

---

① 见新编《辞海·历史地理分册》，上海辞书出版社1982年版。
② 谭其骧主编《中国历史地理地图集》将大震关标在清水县东的盘龙铺一带。
③ 见刘满《大震关考辨》，《西北史地》1983年第3期，第18—24页。严耕望：《唐代交通图考》第2卷《河陇碛西区》，台北"中研院"历史语言所1985年版，第361—364页。吴永江：《陇山古道考》，《西北史地》1985年第2期，第93—96页。
④ 吴洁生：《唐大震关考》，载《历史地理》第7辑，上海人民出版社1990年版，第134—138页。
⑤ 卢耀光主编：《唐蕃古道考察记》，陕西旅游出版社1989年版，第41—42页。
⑥ 沈亚之：《陇州刺史厅记》，载（清）董诰等辑《钦定全唐文》卷736，清嘉庆十九年（1814年）刻本，第10页b面。
⑦ 《全唐文》卷79《收复河湟制》，清嘉庆十九年（1814年）刻本，第7页。

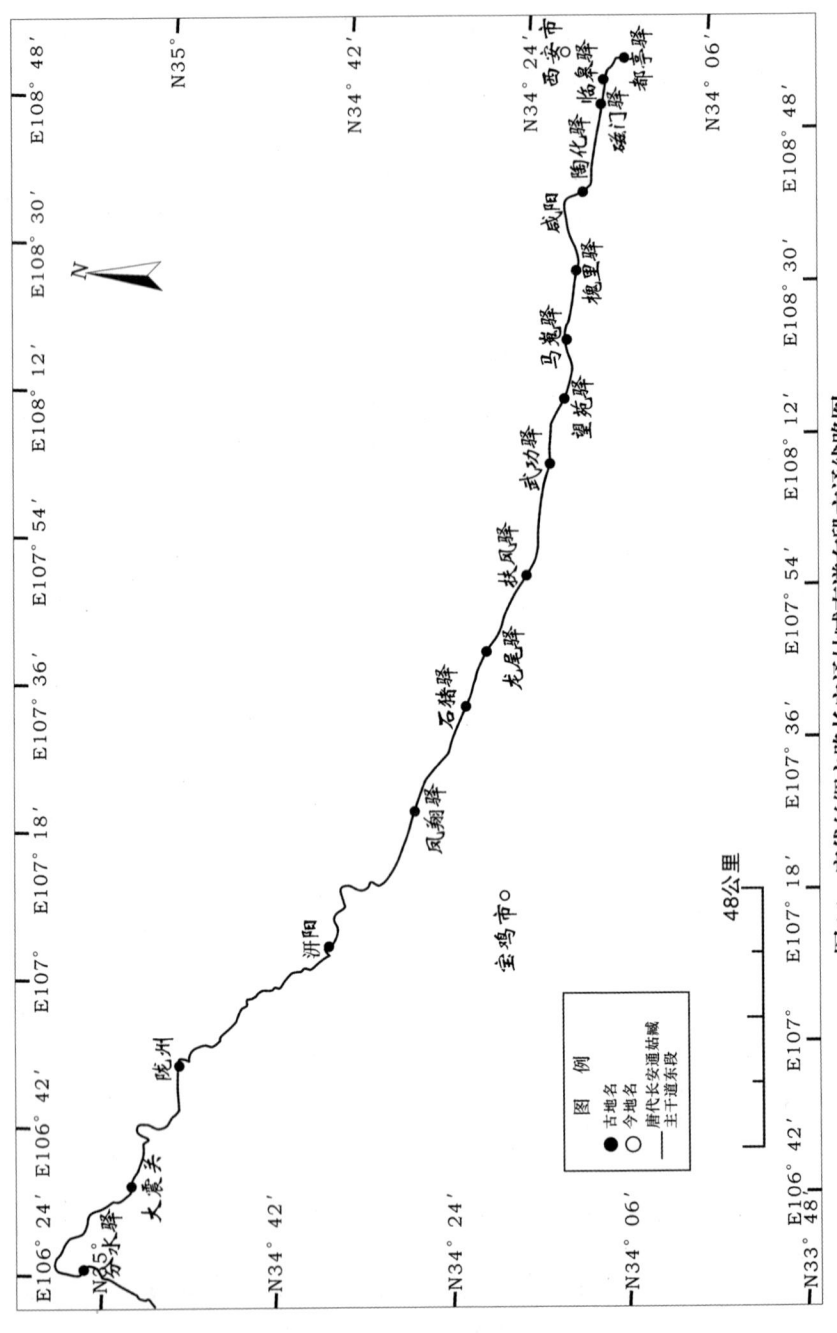

218 / 丝绸之路秦陇南道历史地理考察

图6.1 唐代丝绸之路长安通站臧南道东段交通线路图

第四节　大震关至姑臧线路走向与沿线所经

1. 分水驿。由大震关往西至五十里至分水驿。《元和郡县图志》记载："小陇山一名陇坻，又名分水岭……陇上有水，东西分流，因号名为分水驿……东去大震关五十里。"① 关于《元和郡县图志》所说的"分水岭"的位置，严耕望先生认为在今天张川县马鹿一带。② 张国藩、赵建平认为在老爷岭。③ 由今陇县固关镇西菜子河和千河交汇处经溯菜子河西行，经二桥至十桥，由一段石板路至老爷岭的距离是约11公里，合二十唐里。因此，张国藩、赵建平说法有误；张川县马鹿一带已经处于陇山西坡，与"陇上有水，东西分流"的记载不符。笔者利用谷歌地球标尺高精度模拟测量，菜子河和千河交汇处西行至柴家咀，经下关厂、上关厂、秦家塬至道堡石梁的距离是27公里，合唐代五十里。因此，《元和郡县图志》所说的"分水岭"的位置应该在道堡石梁。分水驿就在道堡石梁顶丁字路口附近。

2. 恭门。"恭门"一名源于宋代太平兴国三年设置的弓门寨。④ 恭门下城子遗址位于张川县恭门镇，下城子村南、樊河东岸台地上。城区断面均可见灰层堆积，最厚处达2米；还有瓦片、瓦砾、烧土堆积，夹杂大量筒瓦、瓦片，多青灰色素面。还有大量陶器口沿及器底残片，多青灰色素面，轮制，烧制火候高；少量青、白两色瓷器残片，玉璧形底，底部有化妆土，不施釉；另有黑釉碗残片、建筑构件等。梁云等人根据城内出土物，断定城址年代为唐宋时期。⑤《读史方舆纪要》记载："弓川寨，在县东。五代汉乾祐初，王景崇以凤翔降蜀，汉兵围之。蜀遣山

---

① （唐）李吉甫：《元和郡县图志》卷39《陇右道上·秦州》，中华书局1983年版，第982页。

② 严耕望：《唐代交通图考》第2卷《河陇碛西区》，台北"中研院"历史语言所1985年版，第364页。

③ 张国藩、赵建平：《丝绸之路陇坂古道考察散记》，《丝绸之路》2001年第1期，第107—111页。

④ （宋）王存撰：《元丰九域志》卷3《秦凤路》，中华书局1984年版，第124页。

⑤ 早期秦文化联合考古队：《牛头河流域考古调查》，《中国历史文物》2010年第3期，第4—23页。

南西道帅安斯谦出散关赴救,复遣秦州帅韩保贞引兵出汧阳以分汉兵之势。保贞寻出新关,屯陇州,会斯谦以食尽引退,保贞亦退保弓川寨。九域志:'弓川寨在秦州东一百六十五里。宋曰弓门寨。'又有永安、威塞、西顾等堡,皆在县境,金废。"① 恭门为由大震关翻越陇山至秦州的必经之地。《续资治通鉴长编》卷一百三十九记载:"自黄石池、弓门、穰穰、长山寨至秦州止二百余里。"② 该书又记载:"自陇州入秦州,由故关路,山阪险隘,行两日方至清水县,清水北十里则穰穰寨,自清水又行山路两日,方至秦州。"③ 由恭门沿樊河西岸山梁南行,经穰穰寨(清水北十余里)至清水。

3. 清水县。据严耕望考证,分水岭西行一百零五唐里至清水县,④ 合今约56.7公里。经测量,由道堡石梁至弓门镇后,在弓门镇下峡村折西北上山梁至古土村,再顺樊河西边的山梁梁脊南行至常杨村,下山至李家崖遗址的距离是54.6公里,与分水驿至清水县的距离接近。2010—2011年,考古工作者在今清水县城北2.5公里的李家崖遗址进行考古挖掘,城内发掘的夯土建筑基址属于北魏以前,打破的城墙及建筑基址的大量灰坑为北魏以降至隋唐时期的遗迹。从打破的城墙及建筑基址的大量灰坑看,北魏以降至隋唐仍在使用,北魏以后至唐代的清水县城可能在这里。清水县赵充国陵园碑林中保存有一通宋代仪制令碑,高约89厘米,宽约67厘米,厚约10厘米,系白石质材,无背纹。碑中段上部刻有"仪制令"三个大字,右书"贱避贵,少避老",左书"轻避重,去避来"。据史料记载,"仪制令"起源于唐代,盛行于宋代。这通勒字刻碑立于道路旁的交通法规加一个方位词,间接反映了唐宋时期清水在丝路交通上的重要地位与驿骑奔忙的繁荣景象。

4. 清水至秦州的驿路走向。由李家崖古城向西行至牛头山下红堡乡西城村折西北,溯牛头河支流白驼河至三台寺峡东口,再折南顺牛头河

---

① (清)顾祖禹:《读史方舆纪要》卷59《陕西八》清水县条,上海书店出版社1998年版,第416页。
② (宋)李焘:《续资治通鉴长编》,中华书局2004年版,第3340页。
③ (宋)李焘:《续资治通鉴长编》,中华书局2004年版,第3605页。
④ 严耕望:《唐代交通图考》第2卷《河陇碛西区》,台北"中研院"历史语言所1985年版,第364页。

镇。关子镇盆地就是《水经注》所说的当亭川,①北魏太平真君八年（447年）曾于此置当亭县。② 由当亭县向北翻越平缓的中梁山,沿中梁山北麓的沙石坡沟（当里溪水）南下至渭河南岸,③ 西行约3公里至伏羌城。由今天水市直接向北翻越中梁山至渭河南岸再折西行,亦可抵达伏羌故城,但必须穿越两道渭河峡谷,路途十分艰险；由秦州溯藉河河谷西行至当亭故城（在今关子镇）的道路平坦开阔,不需要穿越峡谷。只需由当亭故城向北翻越起伏平缓的中梁山,即可抵达渭河南岸的伏羌故城,因此,由秦州西至伏羌,当亭县故城为必经之地。

7. 伏羌县。古道由当亭故城出发,向北上中梁山,经三十铺、二十铺、沙石坡至渭河南岸,折西沿渭河南岸至伏羌。因"东沙石坡古车道历年山崩路塞,咸丰七年,邑侯段公赀开之,迁道田家湾",④ 即清咸丰七年以后古道至二十里铺后改由田家湾和小沙沟东侧南行至渭河南岸,入甘谷盆地。改道前,下山通道在平缓的沙石坡通过。甘谷盆地东西长22公里,南北宽2—3公里,面积约66平方公里,是渭河上游面积最大、自然条件最优越的河谷盆地之一。《天水放马滩木板地图》1号图标注为"故草谷",《水经注》称为"冀川"。伏羌县原称冀县,其建城史可以追溯到秦武公十年（前688年）。⑤ 汉冀县故城位于今甘谷县城西五里大沙沟以西、渭河以南。⑥ 从公元74年至286年的200余年中,冀县曾一度

---

① （北魏）郦道元著,（清）杨守敬、熊会贞疏:《水经注》卷17《渭水注》,江苏古籍出版社1989年版,第1490页。

② （北齐）魏收:《魏书》卷106《地形志》,中华书局1974年版,第2610页。

③ （北魏）郦道元著,（清）杨守敬、熊会贞疏:《水经注》卷17《渭水注》,江苏古籍出版社1989年版,第1480页。

④ （清）侯新严修,方承宣纂:《续修伏羌县志》卷2《舆地志》,同治十一年（1872年）刻本,第8页。

⑤ （汉）司马迁:《史记》卷5《秦本纪》,上海书店、上海古籍出版社1986年版,第23页。

⑥ 《水经注》卷17《渭水注》记述渭河出黑峡（今鸡嘴峡）流经冀川（今甘谷川）至岑峡（甘谷渭水峪峡）南北有十一条水注入渭河:"北则温谷水注之,……次则牛谷水,南入渭水。南有长堑谷水,次东有安蒲溪水,次东有衣谷水,并南出朱固山。……其水北径冀城北……渭水又东合冀水,水出冀谷。次东有浊谷水,次东有当里溪水,次东有托里水,次东有渠谷水,次东有黄土川水,俱出南山,北径冀城东,而北流注于渭。"见（清）杨守敬《水经注疏》卷17《渭水注》,江苏古籍出版社1989年版,第1477—1480页。按冀水即甘谷县西2.5公里的大沙沟。从注文看,冀县故城位于大沙沟以西和渭河以南。

成为区域政治、经济、军事和交通中心。① 唐武德三年（620年）在冀县故址置伏羌县，北距渭河一里，② 东距大像山一里，③ 具体位置在今甘谷县西3公里的五里铺乡杨赵村④。甘谷留下许多丝路文物，其中最有代表性的是三彩凤首壶：1972年1月发现于甘谷县渭阳乡杨家庄鸭儿沟，凤首壶是中亚波斯萨珊王朝器形特征与中国三彩工艺凤鸟形象结合的产物。凤鸟的头形和嘴融合了中国凤鸟和西亚金翅鸟的特点。⑤ 三彩凤首壶以它精致的造型、鲜艳的色彩、诱人的魅力，见证了冀县故城在丝绸之路历史上辉煌的一页。

8. 鸡嘴峡栈道。丝绸之路由伏羌故城出发，沿渭河南岸西行至西三十里铺以东河滩时要穿越鸡嘴峡，因渭河南岸山峰向北突出、渭河向南摆动呈鸡嘴状而得名。从甘谷县小沙沟以西至西三十里铺渭河南岸的山峰为由水平产状的红色砂岩构成的顶平、坡陡、麓缓的丹霞地貌，因山色发红，《水经注》认为是《尚书·禹贡》中所记的与西倾山、鸟鼠山和太华山齐名的朱圄山；西三十里铺以东河滩鸡嘴峡《水经注》称其为黑水峡。⑥ 峡谷中渭河南岸河谷阶地狭窄，山峰壁立。2005年夏，笔者在西三十里铺调查时，当地村民说新中国成立前渭河河水上涨时峡谷中无法通行，只能从山顶绕道东行。2011年笔者在鸡嘴峡鸡儿嘴隧道外侧断崖上发现10余处排成一排的方形椿眼，为古栈道遗迹。

9. 陇西县。严耕望考证，由伏羌县西行四十里至洛门川，又西稍北约

---

① 东汉永元十七年（74年）汉阳郡治由平襄（今甘肃通渭）移治于冀县（今甘谷西）。灵帝永宁元年（168年），凉州刺史治所亦由陇县（今张川）移治于冀县城。西晋泰始五年（265年）至太康七年（286年）为秦州治，太康七年后秦州州治移治上邽（今天水市）。

② （唐）李吉甫：《元和郡县图志》卷39《陇右道上·秦州》，中华书局1983年版，第981页。

③ 《元和郡县图志》卷39《陇右道上》伏羌条云："伏羌县，中。东北（应为东南）至州一百二十里。"又据《太平寰宇记》卷150载，宋大潭县南（北）一百三十里有古城："平襄城，汉县也……大像，在废县东一里，石崖上有大像一，躯长八尺（丈），自山顶至山下一千二百三十丈，有阁道可登。"中华书局2007年版，第2905页。

④ 范三畏：《"甘谷"县名的深层文化意蕴——兼考旧县址之位置》，《西北史地》1995年第1期。

⑤ 汪保全、李虎生编著：《瑰宝遗珍——天水馆藏文物精粹》，甘肃人民出版社2000年版，第97—98页。

⑥ （北魏）郦道元著，（清）杨守敬、熊会贞疏：《水经注》卷17《渭水注》，江苏古籍出版社1989年版，第1476—1478页。

九十里至陇西县。据《元和郡县志》记载："陇西县，中，西距（渭）州五十里，本汉獂道县也。"五十唐里合今27公里；渭州治襄武，在今陇西县东南5公里。按距离，唐代陇西县在今武山鸳鸯镇。又《元和郡县图志》记载，秦（治今天水市）渭（治今陇西）间距离为三百唐里，秦州至伏羌一百二十唐里，[①] 则伏羌县至陇西县间距离为一百三十唐里，合今70.2公里。经测量，二者之间实际距离为57公里，比推算距离少13.2公里。说明秦渭间交通主干道并不经过陇西县。唐蕃古道考察队调查了由洛门西行至今陇西的两条路：一条是由洛门西行至武山县城，然后在城西渡过渭河，溯马河北行，经何家沟、马家沟、草滩至何家门，随后沿永吉沟西下，经赵家门、乔家门、贾家门至三台，在三台附近渡过渭河至文峰镇，由文峰镇至渭州故城（治今陇西县城）；另一条是出洛门沿渭河西行，经山丹至鸳鸯镇、桦林、牙儿峡、四十里铺、三十里铺到达文峰，与第一条路线会合。考察队认为，以上两种走法都得翻山越岭，第二种走法更是山高峡深，道路崎岖，且水涨路阻，不能通车，只能走单骑，但里程稍短。考察队比较了两种走法，认为第一种走法应该为主要的、经常的通道。[②] 经笔者利用谷歌地球标尺测量，如果循着第二条路线，伏羌县至渭州间距离是97.2公里，合一百八十唐里，与伏羌县至渭州间距离完全符合。

10. 襄武县。由陇西县西北行五十唐里至渭州治所襄武故城。[③] 严耕望考证襄武故城在今陇西东南五里。从《水经注·渭水注》记载看，汉魏时期的襄武故城似乎位于荆头川水（今陇西县城西南四河）[④] 与渭河交汇处以南。《嘉庆重修大清一统志》卷256《巩昌府二》古迹条记载："襄武故城，在陇西县西南……府志：'襄武故城，在今县东五里。'"[⑤]

---

① （唐）李吉甫：《元和郡县图志》卷39《陇右道上·秦州》，中华书局1983年版，第981—983页。

② 卢耀光主编：《唐蕃古道考察记》，陕西旅游出版社1989年版，第45页。

③ 据（唐）李吉甫《元和郡县图志》卷39《陇右道上·秦州》记载："襄武县，本汉县也，属陇西郡。隋开皇三年罢郡，县属渭州，大业三年复属陇西郡。武德元年改属渭州。"

④ 四河发源于陇西县西偏南之蹶头山，与荆头川音相似；穆彰阿主修《嘉庆重修（大清）一统志》记载："荆头川水在陇西县南"；《巩昌府志》记载："有南河，源出府南三十里荆谷。东北流经府南锁谷山之烽火台下，北入渭"，《巩昌府志》所说"南河"实际为四河之支流。

⑤ （清）穆彰阿主修：《嘉庆重修大清一统志》卷256《巩昌府二》古迹，《四部丛刊续编》，上海书店出版社1984年影印本，史部，第1页a面。

陇西县西南的襄武故城，应该是汉魏时期的古城，陇西县东五里的古城，才是唐代襄武故城。严耕望先生考证，唐代渭州向西有西南、西北两条驿道，"西南行三百里至岷州，开元中置八驿。又西转南行经洮、叠至松州，有三交驿者（今三岔镇），在郏县西七十里，盖即岷渭间一驿也……其行程则由州西行微北九十里至渭源县（治今县东北），置渭源镇"①。在汉代，由襄武故城向北还可以经天水郡兰干县（在今定西巉口）至勇士县，再由勇士县渡黄河至河西。康熙《巩昌府志》云："江分蕃境，阶文洮固（涠）为之藩，河限边防，安会兰靖张其掖；云栈扼三巴之喉，金城拊五凉之背"，② 十分精辟地评价了其形胜。今陇西重要的丝路文物有东罗马拜占庭帝国狄奥多西斯二世（408—450年）王朝金币。③ 岑参赴安西经过渭州时有《西过渭州，见渭水思秦川》诗："渭水东流去，何时到雍州。平添两行泪，寄向故园流。"

11. 渭源县。由襄武故城西行偏北九十里至渭源县。两汉、三国、西晋时，在渭源县附近置首阳县，西魏设郡，隋罢郡，将渭源县并入渭州，④ 唐置镇，⑤ 宋置渭源堡。⑥ 渭源是渭河流域通向洮水流域的咽喉。渭源堡又叫王韶堡，宋神宗熙宁五年（1072年）王韶曾驻兵渭源堡。《宋史》卷328《王韶传》记载，王韶于"（熙宁）五年（1072年）七月，引兵陈渭源堡及乞神平，破门罗角、抹耳水巴等族"⑦。渭源堡位于渭源县城北辽洼上，今天仅存东、西、南三面墙，残长100米，残宽50米，残高8米。由渭源通往临洮的古道有两条：一条是经渭源堡故址逾高城岭入洮河支流上峪河流域，经武街故城至临洮，为主干道；另一条经竹牛岭（在今渭源五竹乡）循抹邦山，过会川古城至临洮，为军道。

---

① 严耕望：《唐代交通图考》第2卷《河陇碛西区》，台北"中研院"历史语言所1985年版，第374—375页。

② 《巩昌府志》卷2《形胜》，清康熙二十七年（1688）刻本，第2页。

③ 牟世雄：《陇西发现东罗马拜占庭金币》，《甘肃金融》1999年第9期。

④ （唐）李吉甫：《元和郡县图志》卷39《陇右道上·渭州》，中华书局1983年版，第983—984页。

⑤ 胜州都督王先墓志铭云："如意元年改渭州渭源镇副"，可知渭源县置镇。

⑥ （宋）脱脱等：《宋史》卷87《地理志》，中华书局1977年版，第2162页。

⑦ （元）脱脱等：《宋史》卷328《王韶传》，中华书局1977年版，第10580页。

熙宁五年王韶开拓熙河，就是沿着这两条路线进入熙州的。①

12. 武街驿。古道翻越高城岭约十五里至洮河支流上峪河流域的武街驿。《读史方舆纪要》云："武街城在（渭源）县西。《水经注》：武阶城，在汉狄道县东，白石山西北。或曰，即武街也。晋惠帝置武街县，属狄道郡。前凉张骏因前赵之亡，收河南地，至于狄道，置武街、石门、侯和、漒川、甘松五屯护军，与后赵为界。晋永初二年，石虎将王棹击张重华，袭武街。即此。《唐志》：武街城为武街驿，属渭源县。开元二年，陇右防御使薛讷拒吐蕃于此。"②宣统《续狄道州志》将武街故城的位置确定在临洮东四十里铺东峪沟北岸的田家坪和大坪之间。或有人以为武街故城在临洮县窑店乡东十里黄家川。据《旧唐书》卷93《王晙传》记载："开元二年，吐蕃精甲十万寇临洮军，晙率所部二千人卷甲倍程，与临洮两军合势以拒之。贼营于大来谷口……晙乃出奇兵……夜袭之……死者万计。俄而摄右羽林将军薛讷率众邀击吐蕃，至武阶谷，去大来谷二十里，为贼所隔。晙率兵迎讷之军，贼置兵于两军之间，连亘数十里。晙夜出壮士衔枚击之，贼又大溃。乃与讷合军，掩其余众，追奔至洮水，杀获不可胜数，尽收所掠牧马而还。"③从这条历史记载看，武阶谷与大来谷相距二十里，但无法确定二者的相对位置。又据《旧唐书》卷93《薛讷传》记载："其年八月，吐蕃大将坌达延、乞力徐等率众十万寇临洮军，又进寇兰州及渭州之渭源县，掠群牧而去。诏讷白衣摄左羽林将军，为陇右防御使，与太仆少卿王晙等率兵邀击之。十月，讷领众至渭源，遇贼战于武阶驿，与王晙掎角夹攻之，大破贼众。追奔至洮水，又战于长城堡，……又败之，杀获万人。"④从这条史料记载可以清楚地看到，薛讷是从渭源自东向西进攻，在武阶驿与吐蕃遭遇，因此，可以断定武街谷在大来谷东二十里。从地貌特征看，东峪河流域东西相距二十里，并适宜设伏兵的河谷只有两个：一个是东峪河上源，先自西南向东北流，至庆平折向西北流；另一是东峪河支流南峪沟，自西

---

① （元）脱脱等：《宋史》卷328《王韶传》，中华书局1977年版，第10580页。
② （清）顾祖禹：《读史方舆纪要》卷60《临洮府》渭源县条，上海书店出版社1998年版，第419页。
③ （后晋）刘昫：《旧唐书》卷93《王晙传》，中华书局1975年版，第2986页。
④ （后晋）刘昫：《旧唐书》卷93《薛讷传》，中华书局1975年版，第2984—2985页。

南向东北流，在窑店西汇入东峪河；庆平与窑店东西相距恰好是二十里，因此，庆平以东的东峪沟可能为武街谷，东峪沟支流南峪沟可能为大来谷。宋熙宁五年（1072年）于熙州（治狄道，今临洮）东六十七里置庆平堡。① 康熙《临洮府志》卷之四记载："庆平堡，在（渭源）县西北三十里，有城垣，常缮治，足避兵。"今庆平镇东南1.5公里黄土台地上有一古城遗址，据笔者步测，古城东西、南北约180步，庆平镇中学、庆平二郎庙位于庆平堡内。庆平堡西北距窑店二十里，所以庆平堡一带可能就是武街驿所在地。唐蕃古道考察队则认为庆平堡一带东峪河谷为大来谷，窑店之"武家"与"武街"发音接近，应为武街驿所在地。② 误。

13. 狄道县。由武街驿出发，顺东峪河西北行，约七十里至狄道（治今临洮）。狄道之"狄"为周初鬼方败亡后流徙甘肃境内的一支。③ 秦献公时兵临渭首，灭狄、獂戎后，④ 可能就设立了狄道县。西晋改为武韶县。隋又改为狄道，属兰州。唐天宝（742—756年）初年，"割兰州狄道县又别置安乐县置临州。州郭旧有临洮军，久视元年置，宝应元年陷于吐蕃"⑤。宋熙宁五年（1072年）收复，熙宁六年仍置狄道县。⑥ 金、元、明、清仍称狄道县。当地文物工作者根据考古发掘，认为秦、汉狄道在今临洮城北上川一带；西晋、十六国狄道在今城东北校场附近；唐狄道在今城南烧瓦窑附近；金、元、明、清狄道在今城内。⑦ 由狄道向西在临夏附近渡黄河可至河湟地区；向东南经殪虎桥（唐三交驿），再转西南至岷县与丝绸之路河南道洮河支道相接通；向北经兰州通河西。顾祖禹《读史方舆纪要》用"襟带河湟，控御边裔，为西垂之襟要"来概括

---

① （宋）王存等：《元丰九域志》卷3《陕西路·熙州》狄道县条，中华书局1984年版，第126页。
② 卢耀光主编：《唐蕃古道考察记》，陕西旅游出版社1989年版，第47页。
③ 祝中熹：《甘肃通史先秦卷》，读者集团、甘肃人民出版社2009年版，第253—254页。
④ （南朝宋）范晔：《后汉书》卷87《西羌传》，中华书局1965年版，第2876页。
⑤ （唐）李吉甫：《元和郡县图志》卷39《陇右道上·临州》，中华书局1983年版，第1002页。
⑥ （清）顾祖禹：《读史方舆纪要》卷60《临洮府》狄道县条，上海书店出版社1998年版，第419页。
⑦ 临洮县志编纂委员会编：《临洮县志》，甘肃人民出版社2001年版，第676—678页。

狄道的形胜。① 临州为由长安赴安西、北庭的丝绸之路大道所经：从岑参《发临洮将赴北庭留别》诗"白草通疏勒，青山过武威"句，可知从临洮军出发，经河西走廊的武威可达塔里木盆地安西都护府疏勒镇；从岑参《临洮泛舟赵仙舟自北庭罢使还京》"白发轮台使……云沙万里地……池上风回舫，桥西雨过城……东望羡归程"句看，由天山北麓北庭都护府赴长安，临洮军也为必经之地。《临洮客舍留别祁四》《临洮龙兴寺玄上人院同咏青木香丛》是岑参从西域返回长安路过临洮时所作。② 朱庆余《自萧关望临洮》诗"玉关西路出临洮，风卷边沙入马毛。寺寺院中无竹树，家家壁上有弓刀。惟怜战士垂金甲，不尚游人著白袍。日暮独吟秋色里，平原一望戍楼高"，③ 亦说明临洮为唐代西出玉门关的必经之地。

14. 长城堡。由狄道县沿洮河东岸行三十五里至长城堡。开元二年（714 年）薛讷、王晙在今东峪河谷东西夹攻吐蕃，先后战于大来谷、武街驿，大败之，后追奔至洮水，又破之于长城堡。④《大清一统志·兰州府》古迹目云："长城……秦筑长城所起，唐筑长城堡。"《狄道州志》记载："长城，府城北三十五里。"⑤ 由长城堡溯洮河支流改河翻越马寒山入苑川河谷西北行，亦可通兰州五泉县。

15. 沃干岭。魏正元元年（255 年），姜维从枹罕进攻狄道，陈泰由上邽至陇西郡，西越高城岭来救，"维乃缘山突至，泰与交战，维退还。凉州军从金城南至沃干阪。泰与经共密期，当向其还路。维等闻之，遂遁"。⑥ 咸和（326—334 年）初年，前凉张骏"遣武威太守窦涛、金城太守张阆、武兴太守辛岩、扬烈将军宋辑等率众东会韩璞，攻讨秦州诸郡。曜遣其将刘胤来距，屯于狄道城。韩璞进度沃干岭。……积七十余日，军粮竭，遣辛岩督运于金城。……于是（胤）率骑三千，袭岩于

---

① （清）顾祖禹：《读史方舆纪要》卷 60《临洮府》，上海书店出版社 1998 年影印本，第 419 页。
② 《全唐诗》第三函第八册《岑参三》，康熙四十四至四十六年（1705—1707 年）扬州诗局刻本，第 14 页 a 面、第 9 页 a 面、第 22 页 a 面。
③ 《全唐诗》第八函第六册《朱庆徐一》，第 11 页 a 面。
④ （后晋）刘昫：《旧唐书》卷 93《薛讷传》，中华书局 1975 年版，第 2984—2985 页。
⑤ 乾隆《狄道州志》卷 11《古迹》，台北成文出版社 1970 年影印本，第 729 页。
⑥ （晋）陈寿：《三国志·魏志》卷 22《陈泰传》，中华书局 1971 年版，第 639—640 页。

沃干岭，败之……胤乘胜追奔，济河，攻陷令居，入据振武，河西大震"①。从以上两条记载看，沃干阪在金城南、狄道北，为上邽经狄道至金城、凉州的孔道所经。张国常《皋兰县志》卷10："沃干岭，在（皋兰）县南五十里，有沃干阪……今自县南赴狄道必经阿干镇。其西南二十里之摩云岭正当孔道，与阿干镇诸山相连不断。《韵会小补》：阿一音屋，屋与沃同母音近，沃干应即阿干，沃干岭应即摩云岭。惟古今名称不同，里数小异耳。"②清代兰州、狄道间驿路走向是从兰州兰泉驿出发入阿干河谷，四十里至阿干镇，六十里至摩云驿，经关沟墩（摩云关南二十里）、中铺（关沟墩南二十里）、乱山墩（中铺南十里），六十里至沙泥驿（有黑沟墩），再经太石铺（沙泥驿南十里）、康家墩（太石铺南三十里）、四十里铺、三十里铺、二十里铺、十里铺，九十里至狄道，总计二百一十里。③唐代金城至狄道间驿程计一百九十里。④古道由临洮出发顺洮河东岸至安家嘴，折东北溯洮河支流站沟而上至白土坡分为两道，一路北上至中铺，经关沟至摩云关，下摩云岭至阿干镇，顺阿干河谷通兰州；一路继续溯站沟东北行，经五户、阳洼、鸽子堂，在旋马滩翻越关沟和朱家沟（阿干河支流）分水岭，顺朱家沟东北行，至皋兰县银山乡丁家门入阿干河谷，顺阿干河谷至兰州，这条路绝大部分在河谷中穿行，比前道平坦、便捷，可能为唐代驿道所经。沃干岭可能指关沟和朱家沟（阿干河支流）分水岭，而非张国常所说的摩云岭。

16. 金城关与临河驿。古道由狄道翻越沃干岭一百九十唐里至兰州治所五泉县。《元和郡县图志》记载："五泉县，本汉金城县地，属金城郡。前凉张寔徙金城郡理焉。隋开皇三年罢郡，县属兰州，皇朝因之。……黄河，流经县北，去县二十里。金城关，在州城西。周武帝置金城津，

---

① （唐）房玄龄等：《晋书》卷86《张轨传》，中华书局1975年版，第2234页。
② （清）张国常：《重修皋兰县志》卷10《舆地中》，民国抄本，第3页。
③ （清）升允等修，安维俊等撰：《甘肃新通志》卷19《建置志·驿递》，清宣统元年（1909）刻本，第16—17页。（清）呼延国华修、吴镇纂：《狄道州志》卷6《兵防》，民国官报书局排印本，第8页。
④ （唐）李吉甫：《元和郡县图志》卷39《陇右道上·临州》狄道县条，中华书局1983年版，第1002页。

隋开皇十八年改津为关。"① 据《元丰九域志》记载：兰州金城郡"东北至黄河三里，西北至黄河三里"②。又据《读史方舆纪要》记载："金城关，州北二里，当黄河西北山要隘处。本汉置。阚骃《十三州记》：金城郡有金城关是也，后废。宋绍圣四年，复置关于此，据河山间筑城为固。崇宁二年，王厚请移关于北境之斫龙谷。不果。今设巡司于河南岸。"③ 后两条记载证明黄河"去县二十里"实为"去县二里"之误。由西北、东北和北去黄河的距离推测，关城在今兰州市区七里河区呈倒"U"字形状流淌的黄河的南岸不远处，即在清代兰州城以西七里。岑参《题金城临河驿楼》云："古戍依重险，高楼见五凉。山根盘驿道，河水浸城墙。庭树巢鹦鹉，园花隐麝香。忽如江浦上，忆作捕鱼郎。"④ 从这首诗看，兰州金城关设有驿，名临河驿，在黄河南岸，由此渡河至黄河北岸，驿道沿黄河北岸山脉山脚曲折西行通凉州。明洪武五年（1372年），宋国公冯胜在兰州城西七里处建黄河桥。明洪武九年（1376年），卫国公邓愈将此桥移至城西十里处，称为"镇远桥"。明洪武十八年（1385年），兰州卫指挥杨廉将浮桥移至现在的位置——白塔山下，"用巨舟二十四艘横亘河上，架以木梁，栅以板，围以栏。南北两岸铁柱四，木柱四十五，铁缆二，各长一百二十丈，棕麻、草绳各相属，冬拆春建"，号天下第一桥。1909年耗银30余万两在此建成黄河铁桥，为黄河上最早、最重要的桥梁之一，大大便利了内地与新、青、藏边疆地区的联系。

17. 广武县。由金城临河驿北渡黄河西出金城关，经十里店、浸湾墩、沙岗墩、安定堡、三道桥、沙井驿、白家铺、新田铺、关帝庙、韩家沟、石碑沟、胡家山岑至苦水驿，⑤ 溯逆水（今庄浪河）而上至广武县。庄浪河河谷平直宽阔，是通往河西的重要通道。如第四章第三节根

---

① （唐）李吉甫：《元和郡县图志》卷39《陇右道上·兰州》五泉县条，中华书局1983年版，第987—988页。

② （宋）王存等：《元丰九域志》卷3《兰州》，中华书局1984年版，第135页。

③ （清）顾祖禹：《读史方舆纪要》卷60《兰州府》，上海书店出版社1998年影印本，第420页。

④ 《全唐诗》第三函第八册《岑参三》，康熙四十四至四十六年（1705—1707年）扬州诗局刻本，第19页b面。

⑤ （清）林则徐：《荷戈纪程》，转引自邓明《明清驿道上的兰州渡口西北岸》，《发展》2011年第9期，第55页。

据文献记载、考古调查、地貌考察和路径测量，广武故城在永登县中堡镇罗城滩古城。

18. 洪池岭。由广武县至凉州途中需翻越洪池岭。严耕望先生考证洪池岭在今武威东南、古浪县北。① 李并成先生根据历史文献与实地考察，纠正了严耕望先生的错误，认为洪池岭即今乌鞘岭，位于今武威市东南85公里、古浪南30公里，"该岭东西长17公里许，南北宽约10公里，西接雷公山、代乾山与祁连山脉相连，东经毛毛山、老虎山没入黄土高原。东西横亘，屏蔽天成，为黄河流域与内陆河流域的分水岭，雄踞河西走廊东端，控扼我国东南半壁通往西北半壁的襟喉之地，历来被称作古丝绸之路国际大通道上的'金关铁锁'，军事、交通地位十分显要"②。《行都司志》记载"（乌鞘）岭北接古浪界，长二十里，盛夏风起，飞雪弥漫。今山上有土屋数椽。极目群山，迤逦相接，直趋关外。岭端积雪皓皓夺目，极西有大山特起，高耸天际，疑即雪山矣。五里下岭，十五里安远，有堡城，地居万山中，通一线之路"。

19. 昌松县。古道由广武县经洪池岭二百零五里至昌松县。《元和郡县图志》记载："昌松县，中。西北至州一百二十里。本汉苍松县，属武威郡。后凉置昌松郡，县属焉。隋开皇三年改昌松为永年县，后以重名，复为昌松。金山，在县南一百八十里，丽水出焉。苍松故城，在县东北十里。汉苍松县也。"③ 按清古浪县至武威距离为一百三十里，唐昌松县应该在古浪县城以北。据考证，汉苍松县治为今古浪县城北7公里的小桥村一堵城。④ 据《元和郡县图志》，唐昌松县在汉苍松故城西南十里（约合今4.5公里），亦证明唐昌松县在今古浪县城北两三公里的地方。具体位置在今古浪县城北丰泉村一带。

20. 凉州治所姑臧县。由昌松县一百二十里至凉州治所姑臧县。《唐书》卷40《地理志》云："姑臧，汉县，属武威郡。所理，秦月氏戎所

---

① 严耕望：《唐代交通图考》第2卷《河陇碛西区》，台北"中研院"历史语言所1985年版，第383—384页。
② 李并成：《晋河会城、缠缩城、清塞城考》，《中国历史地理论丛》1999年第2期。
③ （唐）李吉甫：《元和郡县图志》卷40《陇右道下·凉州》昌松县条，中华书局1983年版，第1020页。
④ 李并成：《河西走廊历史地理研究》，甘肃人民出版社1995年版，第50—51页。

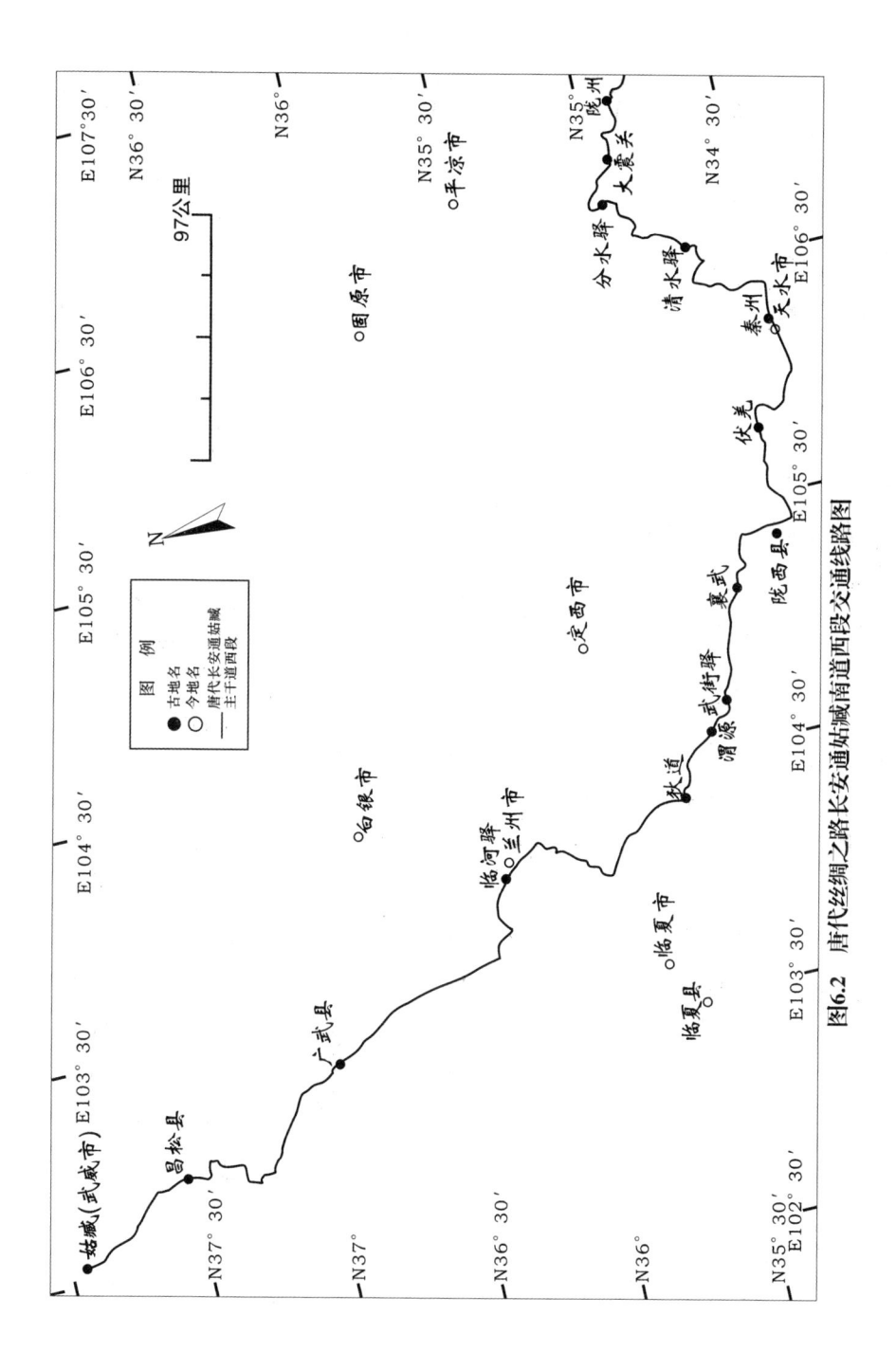

第六章　隋唐时期长安通凉州南道 / 233

图6.2　唐代丝绸之路长安通姑臧南道两段交通线路图

处。匈奴本名盖臧城，语讹为姑臧城。西魏复置凉州。晋末，张轨据姑臧，称前凉。吕光又称后凉。后入于元魏，为武威郡。武德初，平李轨，置凉州，州界有猪野泽。"① 即是说唐的姑臧县是置于匈奴所筑的盖臧城及其后的汉武威县城。《元和郡县图志》记载："（凉）州城本匈奴所筑，汉置为县。城不方，有头尾两翅，名为鸟城。南北七里，东南三里，地有龙形，亦名卧龙城。"② 李并成先生认为，今武威市区东北一带至今仍可找到唐代城市建筑遗迹。今天这里的和平街小学就是1949年后在唐凉州大云寺寺址上修建的。武威市博物馆现藏有明代翻刻的唐景云二年《凉州大云寺古刹功德碑》可资证明。寺内悬挂大云晓钟的古钟楼在今和平街小学围墙外东南角，唐钟亦存。③ 唐代凉州人口众多，物产丰富，北通突厥，南达吐谷浑、吐蕃，一些西方商人常居住这里从事转手贸易，遂使这里成为"商旅往来，无有断绝"的繁华的国际都会。④

第五节　狄道—凤林关—凉州段线路走向与沿线所经

除前考自长安经大震关（今陇县固关）、秦州治所上邽县（今天水市）、伏羌县（今甘谷县西）、陇西县（武山鸳鸯镇）、渭州治所襄武县（今陇西东五里）、渭源县（今县东北）、高城岭、武阶驿（今渭源庆平）、临州治所狄道（今临洮）、沃干岭（马寒山）、金城关临河驿、广武县（今永登中堡镇罗城滩古城）、洪池岭（今乌鞘岭）、昌松县（今古浪北）至凉州治所姑臧县（今武威）的路线外，由临州西行，出河州（今临夏）凤林关，又西北经鄯州，又东北经凉州至甘州，亦为通河西走廊及西域的又一条通道。道宣《释迦方志》云："自汉至唐往印度者，其道众多，未可言尽。……依大唐往年使者，则有三道。……其东道者从河州西北度大河上漫天岭，减四百里至鄯州，又西减百里至鄯城

---

① （后晋）刘昫等：《旧唐书》卷40《地理志三》，中华书局1975年版，第1640页。
② （唐）李吉甫：《元和郡县图志》卷40《陇右道下·凉州》昌松县，中华书局1983年版，第1018页。
③ 李并成：《唐代凉州（武威郡）诸县城址的调查与考证》，《敦煌研究》1990年第1期。
④ 杨建新、卢苇：《历史上的亚欧大陆桥》，甘肃人民出版社1992年版，第132—136页。

镇。……又西南减百里至故承风戍……又西减二百里至清海。……海西南至吐谷浑衙帐。又西南至国界,名白兰羌。……又西南至苏毗国,又西南至敢国。又南少东至吐蕃国。……其中道者,从鄯州东川行百余里,又北出六百余里至凉州。……其北道入印度者,从京师西北行三千三百余里,至瓜州……"①《释迦方志》所言"从鄯州东川行百余里"即由凤林川北行一百四十里至龙支县(治古鄯北古城);"又北出六百余里至凉州"即由龙支城向北,经汉允吾故城(民和隆治乡下川口)、浩亹故城(永登县窑街驿镇)、通远乡、唐广武县(永登县中堡镇)经洪池岭至凉州治所姑臧(今武威)。由张籍《凉州词》"凤林关里水东流,白草黄榆六十秋。边将皆承主恩泽,无人解道取凉州"可知,除由临州治所狄道越沃干岭北经兰州至凉州的路线外,还可向西经凤林关至凉州。结合《释迦方志》记载,由临州治所狄道经凤林关至凉州必然要经过汉允吾故城。据此可知,长安至姑臧南道至临州治所狄道后还有一条支道,即由临州西行经河州(今临夏)至凤林关渡黄河,北上漫天岭,经龙支县(民和古鄯镇)、汉允吾故城(民和下川口)、浩亹故城(永登县窑街镇)至广武县(永登县中堡镇)与狄道—兰州—凉州道会合通姑臧。

1. 狄道至河州的道路。由临洮军西渡洮水有两条路可走:一路西北渡洮河,沿广通河西行,经汉大夏县故城,越洮河、大夏河分水岭,再经东谷(大夏河支流牛津河)至河州;另一路西渡洮水,经虎关至广河,与前道会合至河州。由狄道至河州的里程《通典》记作"一百四十八里"②,《元丰九域志》记作一百四十里和一百六十里,③《读史方舆纪要》记作一百八十里。④ 今临夏康乐至临洮间公路里程为105.9公里,合一百九十六唐里;今临夏经广河至临洮间老公路里程为100.6公里,合一百八十六唐里。因此笔者认为《通典》所谓"一百四十八里"当为"一百八

---

① (唐)释道宣著,范祥雍点校:《释迦方志》卷上《道迹篇第四》,中华书局1983年版,第16—40页。

② 《通典》卷174《州郡第四·古雍州》,明刻本,第4页b面。

③ (宋)王存撰,王文楚、魏嵩山点校:《元丰九域志》卷3《陕西路》,中华书局1984年版,第125、134页。

④ (清)顾祖禹:《读史方舆纪要》卷60《陕西九》,上海书店出版社1998年版,第419页。

十四里"之误。

2. 金钮故城与大夏县。由汉大夏县故城出发，沿广通河北岸西行二十里至唐大夏县。《元和郡县图志》记载："大夏县，中下。西北至（河）州七十里。本汉旧县，属陇西郡。前凉张骏置大夏郡，县属焉。周改属枹罕郡。隋开皇三年罢郡，县属河州。金剑山，在县西二十里。大夏川水，经县南，去县十步。"① 在今蒿支沟口、广通河北岸阶地上有一古城遗迹。民国时尚有残垣存在，城门处留有大青石凿成的门窝，1972年平整地时将仅存的城墙残角毁坏殆尽。在古城遗址下平田整地时挖掘出一些古币、箭矢、斧戟、刀剑、锥马针和烧结铁块、碳化粮食等物。古币中有五铢钱、大泉及宋熙宁、崇宁时的铜币。邓隆认为是前凉金钮城。② 据《太平寰宇记》卷154《河州》大夏县条："金剑山，在县西二十里。亦有金剑故城，一号金柳城，即前凉曾为金剑县于其中。"③《水经注》卷2《河水注》则记述了汉大夏县故城与金钮（剑）城的相对位置："洮水右合二水，左会大夏川水。水出西山，二源合舍而乱流，迳金钮城南。《十三州志》曰：大夏县西有故金钮城，去县四十里，本都尉治。又东北迳大夏县故城南。《地理志》，王莽之顺夏。《晋书地道记》曰：县有禹庙，禹所出也。又东北出山，注于洮水。"④ 根据《水经注》描述，金钮城在广通河条支流达浪河和杜家沟汇合后折而东流的河流的北岸，金钮城在西、大夏故城在东，两城相距四十里。《十三州志》成书于北魏，但其记述的金钮城为前凉时期，其所本资料也可能源于当时地志。前凉奉晋为正朔，其里制当继承西晋时期。西晋1里约合今416米，四十里合今16.6公里，蒿支沟口古城东距刘家庄古城约16公里，二者距离十分接近，所以刘家庄古城应该为汉大夏县故城，蒿支沟口古城当为前凉金钮城。

3. 东谷。古道由金钮故城出发，溯蒿支沟西行十里，翻越金剑山（今南阳坡）进入古城川水（今牛精河谷）。在张家沟（牛精河支流）与

---

① （唐）李吉甫：《元和郡县图志》卷39《陇右道上·河州》大夏县，中华书局1983年版，第990页。

② 陈守忠：《河陇史地考述》，甘肃人民出版社2007年版，第203—204页。

③ （宋）乐史：《太平寰宇记》卷154《河州》大夏县，中华书局2007年版，第2970页。

④ （北魏）郦道元著，陈桥驿校证：《水经注校证》，中华书局2013年版，第45页。

牛精河汇合处有一座古城址,①为宋代的东谷堡。②由东谷堡沿牛津河谷西北十五里至河州治所枹罕县。

4. 河州治所枹罕县。据《元和郡县图志》记载:"河州,……禹贡雍州之域。本西羌地。汉昭帝分陇西、天水、张掖三郡立金城郡,今州即金城郡之枹罕县也。……张骏二十一年,以州界辽远,分置河州,以禹贡'导河积石,至于龙门',积石州界,故曰河州。……枹罕县,……本汉旧县,属金城郡。故枹罕侯邑,秦灭为县,后遂因之。"③唐代河州城在今临夏市东郊,20世纪20年代尚可见到东边一段城墙基,后为农田、民房、飞机场(已经废弃)及临夏师范所占,早夷为平地。白塔寺(即宝觉寺)在城北门外。20世纪60年代残余城墙的夯土层在校内仍然可以辨认。旧有"故城尕庙",即建在城墙外墙基上。此庙"文化大革命"时被毁,现在建有二郎庙。④宝觉寺位于临夏市东北四里,山麓下有万寿寺,亦称白塔寺,亦称宝觉寺,俗呼北寺,或曰北滩。屡毁屡修。旧有砖塔十二级,传为唐尉迟恭创建。明解缙诗"河州城东万寿寺,古碑上有贞观字"。1929年阴历五月初十日塔圮,仅余塔基。1960年临夏市折桥公社设农业中学于此,学生平地种菜,于塔基下挖出金贞祐三年(1215年)瑞容佛光塔石碑,置之墙下。⑤

5. 凤林关。由河州治所枹罕县西北行,约百里至凤林关。《元和郡县图志》记载:"凤林县,中下,东南至(河)州八十里。本汉白石县地,后魏大统十二年(546年),刺史杨宽于河南凤林川置凤林县,因以为名。仪凤元年,于河州西移安乡县理此,又名安乡,天宝元年改名凤林。"⑥凤林川即今银川河和大夏河入黄河口之间黄河南岸的宽阔的谷地。凤林川的得名,来源于凤林山(今五女山),因"昔有凤鸟,飞游五峰"传说

---

① 陈守忠:《河陇史地考述》,甘肃人民出版社2007年版,第203—204页。
② (宋)王存撰《元丰九域志》卷3《河州》记载:"东谷,州东南一十五里。"中华书局1984年版,第124页。
③ (唐)李吉甫:《元和郡县图志》卷39《陇右道上·河州》大夏县,中华书局1983年版,第988页。
④ 陈守忠:《河陇史地考述》,甘肃人民出版社2007年版,第204页。
⑤ 张思温:《甘肃临夏瑞容佛光塔名牒考释》,《文物》1964年第2期,第43—47页。
⑥ (唐)李吉甫:《元和郡县图志》卷39《陇右道上·河州》,中华书局1983年版,第990页。

而得名。① 凤林关是不是就在凤林县治旁边，或县址与关址相距一段距离？唐代文献没有明确记载。宋代文献《武经总要》记载："自（河）州北百里过凤州（林）关。"② 这是凤林关距离河州方向与距离的最早的、最具体的记载。刘满先生从讨论《法苑珠林》关于唐述谷寺记载的标点入手，另立新说，认为凤林津在唐河州西北五十里，即今唵哥集渡口，否定了凤林关在今临夏县原莲花城的传统观点。刘先生还认为"唵哥集地处黄河寺沟峡下峡口，河岸较窄，渡口所在的黄河中没有河滩，而且渡口两岸是岩石，基础稳定；而原莲花城所在的黄河段，上下河岸比较宽阔，渡口附近的黄河中有沙滩，渡口两边都是较低的河川地，基础不稳定"，所以，以北魏时的人力和物力条件，应该将凤林县城设在西边的唵哥集。他还以冯国瑞先生当年亲自到唵哥集实地考察时在河边巨石上刻有"凤林关"三字及唵哥集所在的地方古代桥梁遗迹为证据，证明其观点的正确性。③ 笔者认为，刘满先生关于凤林津在今黄河寺沟峡下峡口原唵哥集的判断是正确的。但他对《法苑珠林》有关唐述窟的一段记述的断句是不正确的："晋初河州唐述谷寺者，在今河州。西北五十里度凤林津，登长夷岭，南望积石山，即《禹贡》导河之地也。……南行二十里得其谷……号此谷名曰唐述，羌云鬼也。"由临夏市西偏北行，经南塬至银川河入黄河处附近的距离约27公里（约合五十唐里），与《法苑珠林》河州"西北五十里度凤林津"的记载符合。两汉三国西晋时，古道由今临洮向西至临夏后并不向北至黄河刘家峡东口渡黄河，而是西南溯漓水（今大夏河）至枹罕故城（今临夏双城遗址）后，折西北经今韩家集、乩藏、桥头、居集、吹麻滩、刘集至河关故城（今积石山县大河家镇康吊古城），于积石峡西口的河关渡黄河西去湟水流域。前凉设凤林县后，改由积石峡东口即银川河入黄河处渡黄河。因此，古道至桥头

---

① 《水经注》卷2《河水注》云："河水又东得野亭南，又东北流历研川，谓之研川水。又东北注于河。河水又东历凤林北。耆彦云：昔有凤鸟飞游五峰，故山有斯目矣。《秦州记》曰：枹罕原北有凤林川，川中则黄河东流也。河水又东，与漓水合。"按研水即今银川河；漓水即今大夏河；枹罕原即今临夏北塬，凤林川即今银川河和大夏河入黄河口之间的黄河谷地阶地。

② 《武经总要前集》卷18下《西蕃地界》，第311页。

③ 刘满：《凤林津、凤林关位置及其交通路线考》，《敦煌学辑刊》2013年第1期，第1—23页。

后，改由东北方向顺银川河而下，经铺川（四十里铺）、银川至银川河入黄河处渡河，西去湟水流域。由今临夏至银川河入黄河处近60公里，与《武经总要》河州至凤林津"百里"（合今56公里）路程十分接近。因此，凤林关应该在银川河与黄河汇合处附近。凤林关曾有"金玉绮绣，问遗往来，道路相望，欢好不绝"的繁荣景象。从唐太宗贞观八年（634年）至唐武宗会昌六年（846年）一百余年间，唐蕃通使达190余次，几乎每年都有使节往来。① 宋代在此筑安乡关，并"夹河立堡，以护浮梁，久通湟水漕运，商旅负贩入湟者，始络绎于道"②。

6. 漫天岭。刘满认为《释迦方志》中的漫天岭即《晋书·乞伏乾归载记》中的"扣天岭"、《法苑珠林》中所说的"长夷岭"，即今永靖县杨塔乡、王台镇、小岭乡、川城镇和青海民和县塔城乡、马营乡等乡镇所在的山岭，该山岭在杨塔乡境的一段，正位于今炳灵寺所在的小积石山北边的山上，"因为这个山岭周边高峻，山岭之上宽广平坦，岭上的道路既不翻山，也不穿越大涧深沟。我们认为，古人之所以将这个山岭命名为漫天岭、扣天岭，是极言山岭的高峻；因为这里山岭绵延不断，长约百里，岭之上宽广而平坦，故又名之曰长夷岭"。③ 所谓的长夷岭事实上是拉脊山的一部分。拉脊山也称为拉鸡山、积石山、唐述山等，位于中国青海省祁连山脉东段。山体两翼明显不对称，北翼湟水谷地南侧切割较浅；南翼黄河谷地北侧切割深，较陡峻。山体中下部覆盖黄土，第三系红层出露比较广泛；在流水作用侵蚀下，黄土分布区水土流失严重，地表显得破碎，黄土地貌发育较典型，并时有滑坡发生。红层分布区发育较为典型的丹霞地貌，为炳灵寺等石窟的开凿创造了自然条件。黄土地貌区山体中下部地表崎岖不平，而黄土梁部分地面平坦完整，古代道路和现代公路多沿黄土梁脊或较宽阔的河谷开辟。由凤林关渡黄河上"长夷岭"，在今周家岭折西南，经八墩湾、樱沟、鲁家、白家一带梁脊，下山至黄河北岸，再折东至大寺沟（黄河支流）口，里程12.4公里，合

---

① （唐）魏季随撰：《灵岩寺记》开元十九年（731年）。

② （元）脱脱等：《宋史》列传第180《姚雄传》，上海古籍出版社、上海书店出版社1986年版，第1248页。

③ 刘满：《河陇历史地理研究》，甘肃文化出版社2011年版，第73页。

唐代二十三里，与《法苑珠林》"南行二十里得其谷"基本符合。翻越拉脊山东段的古道上至今仍存留着大量古烽燧、古城址等遗迹。烽燧多耸立于黄土梁峁顶部，一般相距2.5—4公里，黄土夯成，如临夏县北塬的尕墩底、积石山自治县的东山坡墩、大墩和青海民和古鄯附近的塔墩、王墩岭、大墩等。①

7. 龙支县。由凤林关（今原唵哥集）过黄河，经今永靖县杨塔乡、王台镇、小岭乡、川城镇、青海民和县塔城乡、马营乡至古鄯镇。《武经总要》云："自（河）州北百里过凤州（林）关，渡黄河百四十里至鄯州龙支县。又百六十里至鄯州镇西军。"② 可见，龙支县地当河州经凤林关渡黄河去鄯州的大道上。按宋代一里约今560米，一百四十里合今78.4公里，与原唵哥集对面黄河北岸至古鄯镇北古城的距离（79.5公里）十分接近。又据《元和郡县志》记载，龙支县西南有龙支谷，龙支县因龙支谷得名，③ 而今流经古鄯镇的小河叫隆治沟，发源于拉脊山，东北汇入湟水，因此，龙支县可能在古鄯镇境内。唐蕃古道考察队认为龙支县故址应该在古鄯镇古城以北二公里柴沟（隆治沟支流）与隆治沟交汇处的条形岗地上。柴沟古城呈长方形，东西长约700米，南北宽120—150米，基宽10米以上，残高5米左右。一条东西大道笔直穿过古城中心。东西城门城墙内侧堆积大量卵石、石块，为礌石。在古城内外，除齐家文化、汉魏陶片外，隋唐陶片、残砖断瓦随处可见，还有磨盘与柱杵。1985年还出土开元通宝30多公斤，内杂有少量西汉半两、五铢和莽钱。古鄯镇北古城无疑为唐代古城，但其距乐都85公里，与《元和郡县图志》记载的鄯州（今乐都）至龙支县"一百三十五唐里"④（合今约59.7公里），距离不符。

笔者用谷歌地球尺标在大比例尺卫星影像上模拟测量，由古鄯北古城沿河谷至乐都的距离是74.86公里（合一百三十九唐里），在湟水南岸河谷与山地中交替穿行的最大距离是88.48公里（合一百六十四唐里），交替前行的最短距离是79.35公里（合一百四十七唐里）。由此可见，《元和郡县

---

① 李并成、马燕云：《炳灵寺石窟与丝绸之路东段五条干道》，《敦煌研究》2010年第2期，第75—80页。
② 《武经总要》前集卷19《西蕃地里》，第974页。
③ （唐）李吉甫：《元和郡县图志》卷39《陇右道上》，中华书局1983年版，第993页。
④ （唐）李吉甫：《元和郡县图志》卷39《陇右道上》，中华书局1983年版，第993页。

图志》记载的龙支县至鄯州的距离与实测最短距离接近；《武经总要》记载的距离与实测最长距离相当。因此，从出土物及与鄯州的相对距离看，古鄯北古城为龙支县治所无疑。

古道由龙支城经今民和北入大通河谷，经浩亹故城至广武县，与长安通凉州主干道会合，经洪池岭（今乌鞘岭）、昌松县（今古浪北）至凉州治所姑臧县。

第六节　吐蕃占领时期丝绸之路东段南道线路走向的变化

唐代前期，吐蕃与唐朝在西域对安西四镇进行反复争夺，使敦煌至于阗的交通受到很大影响，传统的丝绸之路西域南道通行不畅，中原与中亚、南亚、西亚的商旅和使节大多选择西域北道，经西州（治高昌，今吐鲁番）东西往来。但吐蕃占领河西、西域后，为加强对这一地区的统治，在沙州、鄯善、于阗之间设置了驿路，丝绸之路西域南道沙州至于阗这一段重新恢复，使凉州、甘州、肃州、瓜州、沙州、鄯善、于阗之间的联系大为加强。在陇右地区，吐蕃灭吐谷浑后，与唐鄯、廓、河、洮、叠等州直接接壤，长安经青海东南部通凉州的交通路线受阻。但吐蕃占领陇右后，在原来唐蕃驿道交通的基础上，开辟了以河州为中心的东经秦陇南道通唐、西南通吐蕃本部、西经青海通西河和西域的驿道，秦陇交通又恢复了畅通。吐蕃在西北地区的驿传建设及驿传制度对后世西夏和元朝西藏地区的驿传制度也都产生了重要影响。

一　唐通吐蕃线路变化

（一）从吕温诗文看吐蕃占领陇右时期的交通线路走向

吐蕃占领陇右后，基本上沿用了以前唐蕃双方开辟的驿路。贞元二十年（804年）三月，吐蕃来使，报其牟尼赞普卒。这年冬天，三十三岁的吕温以侍御史身份出使吐蕃。根据吕温诗文，其去程为出大震关，经清水县、薄寒山（在渭州）、临洮军至河州，由河州左南桥北渡黄河，经河源军（在西宁）至吐蕃衙帐。《全唐文》卷627《代都监使奏吐蕃事宜状》记载：吕温"前月十四日至清水县西，吐蕃舍人郭至崇来迎。便请将书诏先去。

臣以二十一日到薄寒山西,去蕃帅帐幕二十余里停止"。① 又据《全唐诗》卷371《吕温诗集·临洮送袁七书记归朝》"忆年十五在江湄,闻说平凉且半疑。岂料殷勤洮水上,却将家信托袁师"② 诗意,为吕温出使吐蕃时的作品,断定吕温去程经过狄道。据《全唐诗》卷371《吕温诗集·题河州赤岸桥》:"左南桥上见河州,遗老相依赤岸头。匝塞歌钟受恩者,谁怜被发哭东流。"③ 断定吕温由临洮西行经河州至左南桥吐蕃。左南桥之名源于左南城。清光绪年间河州进士邓隆在他的《左南城考》中说:"左南城,晋惠帝永宁中置,属晋兴郡,当系凉州张氏所置,在河州北六十里之白塔寺川,水经所谓河水迁左南城南是也。前凉张瑁从左南缘河截赵麻秋军即此地。"赵仁魁、康玲结合历史文献、地貌、传说、历史地名考察,认为赤岸即东乡源下红崖子,左南城在红崖子对岸干渠沟之西不远的高韩村。该段河上早在西秦乞伏炽盘时就建有飞桥,其具体位置就在刘家峡上口。④ 据《全唐诗》卷371《吕温诗集·经河源军汉村作》"行行忽到旧河源,城外千家作汉村。樵采未侵征房墓,耕耘犹就破羌屯。金汤天险长全设,伏腊华风亦暗存。暂驻单车空下泪,有心无力复何言",⑤ 吕温由河州左南桥渡过黄河后,必沿前考河州经鄯州通鄯城的旧道,抵达旧河源军(在鄯城内),再沿旧时吐蕃所开驿道至吐蕃首都逻些城。

(二)从刘元鼎往返吐蕃路线看秦陇南道线路走向的变化

1. 刘元鼎入吐蕃路线。吐蕃占领陇右时期,在沿用以前唐蕃双方开辟的驿路的同时,还在秦陇南道主干道北侧与原唐蕃古道青海段南侧开辟了新的支线。据《新唐书·吐蕃传》记载,长庆元年(821年)刘元鼎出使吐蕃,"逾成纪、武川,抵河广武梁,故时城郭未隳,兰州地皆秔稻,桃李榆柳岑蔚,户皆唐人,见使者麾盖,夹道观。至龙支城,耋老千人拜且泣……过石堡城…右行数十里,土石皆赤,虏曰赤岭。而信安王祎、

---

① 《全唐文》卷627《代都监使奏吐蕃事宜状》,清嘉庆十九年(1814)刻本,第4页。
② 《全唐诗》第六函第四册《吕温集二》,康熙四十四至四十六年(1705—1707年)刻本,第5页a面。
③ 《全唐诗》第六函第四册《吕温集二》,康熙四十四至四十六年(1705—1707年)刻本,第3页a面。
④ 赵仁魁、康玲:《左南城和乞佛飞桥考》,《中国历史地理论丛》1993年第1期,第115—117页。
⑤ 《全唐诗》第六函第四册《吕温集二》,第3页a面。

张守珪所定封石皆仆,独房所立石犹存。……度悉结罗岭,凿石通车,逆金城公主道也。至麋谷,就馆"①。成纪在今天水秦安县叶堡镇。《元和郡县志》卷39《陇右上》秦州条云:"成纪县,中。东南至(秦)州一百里。"②成纪原治治平川,东汉以后,成纪由治平川迁移至仁大川。西魏废成纪县。北周在今秦安安伏盆地重置成纪县。③《旧唐书·地理志》记载,"秦州天水,中都督府。……开元二十二年(734年),缘地震,徙成纪县之敬亲川。天宝元年(742年)……还治上邽。……成纪汉县,属天水郡。旧治小坑川(安伏盆地)。开元二十二年徙治敬亲川"④。大中三年(849年)从吐蕃手中收复秦州后,秦州州治上邽再度迁移于此。⑤1965年,秦安叶堡乡金城村南杨家沟唐墓出土一块字砖,上有"□(秦)州成纪县安乐乡安乐里"字样,可证明唐代敬亲成纪治所可能在郭嘉河与葫芦河汇合后的葫芦河西岸的金城村附近。杨家沟唐墓出土180余件唐代三彩武士、文吏、牵驼、骑马、骆驼、马牛等俑,其中有许多头戴幞头或毡帽,足蹬长筒毡靴,高鼻深目而卷发,八字胡上翘的外国使者形象。⑥这一发现有力地证明了郭嘉川在丝路交通上的重要位置。

关于武川在何处,有两种说法:鲜肖威认为武川在今通渭县城东、秦安县城西,武川为长川之误;⑦刘雁翔认为武川为《水经注》所说的"武城川"(今山丹川)或"武阳川"(今武山洛门镇至武山县城之间的川道)。⑧鲜肖威认为武川即历史上的长川县,即开皇十八年(598年)由安阳县所改之长川县。《隋书·地理志》记载:"后魏置安阳郡,领安阳、乌水二县。西魏改曰北秦州,后又改曰交州,开皇三年郡废,十八

---

① (宋)欧阳修、宋祁:《新唐书》卷216《吐蕃传》,中华书局1975年版,第6102—6103页。
② (唐)李吉甫:《元和郡县志》卷39《陇右上》,中华书局1983年版,第983页。
③ 刘雁翔:《成纪县治迁徙讨论》,《敦煌学辑刊》2009年第3期,第129—144页。
④ (后晋)刘昫等撰:《旧唐书》卷40《地理志三》,中华书局1975年版,第1631页。
⑤ (宋)欧阳修、宋祁:《新唐书》卷40《地理志四》,中华书局1975年版,第1040页。
⑥ 汪保全、李虎生著:《瑰宝遗珍——天水馆藏文物精粹》,甘肃人民出版社2000年版,第102—105页。
⑦ 鲜肖威:《甘肃境内的丝绸之路》,《兰州大学学报》1980年第2期,第14—21页。
⑧ 刘雁翔:《成纪县治迁移讨论》,《敦煌学辑刊》2009年第3期,第129—144页。

年改州曰纪州，安阳曰长川。"① 据今人王仲荦《北周地理志》考证，安阳在今秦安北，乌水在今秦安西北。② 开皇十八年由安阳所改的长川县之长川，即《水经注》所言之长离川，为葫芦河流经庄浪县阳川乡一段的河谷冲积平原，因东汉三国时期长离羌居住于此故名，其位置正好在秦安北。乌水为《水经注》所言之虾蟆溪水，即今郭嘉河（葫芦河的一条支流），其下游是一个南北长18公里、东西宽0.3—1公里的河谷盆地，盆地气候温和，土地肥沃，为今秦安著名的瓜果产地。郭嘉河下游明清称为"阳兀川"，隋代乌水县应该设在这里。所谓武川即乌川之讹，非长川之讹。明清之阳兀川即唐代的"乌川"，"乌"与"兀"同音。

广武梁在今庄浪河入黄河处（河口）附近。刘元鼎至广武梁后，是如何到达龙支城的呢？目前有两种不同看法：严耕望认为，刘元鼎逾广武梁后，必经赤岸桥（今大夏河至洮水口之间的黄河南岸）、出凤林关至龙支县；唐蕃古道考察队认为由兰州西行取道黑嘴、红古、海石湾、接路口、窑街、冰沟、老鸦堡去乐都的道路全程三百九十七里，与《元和郡县志》记载的兰鄯之间四百里里程极为相近，当为兰鄯之间常道，并认为刘元鼎渡过黄河以后，可能走下面两条路：一是由兰州至红古城，南渡湟水，由隆治沟西南行到达龙支城；一是由兰州至河咀一带渡湟水，由南路到达龙支城。相较之下，唐蕃古道考察队判断较为合理，但刘元鼎至龙支城后，如何抵达石堡城，没有下文。笔者研究发现，积石山北麓的黄土丘陵高差200余米，起伏平缓，水草丰美，非常方便通行。刘元鼎至龙支城后，最合理的路线是溯柴沟经米家垭豁入巴河，西北经腰岘垭豁、窑洞村、峡门镇、嵳湾山、华家岭、洪水镇至湟水北岸，再西行至西宁，全程75.7公里，合一百四十唐里，与《元和郡县志》记载的里程完全吻合。由今乐都经西宁至湟源，再折西南至石堡城遗址。关于石堡城位置，有恰卜恰说、哈拉库图城附近石堡山说、哈拉库图城东南古营盘说、哈拉库图城说、甘肃卓尼羊坝城说和大小方台城说多种观点。依据里程与考古文物，石堡城应该为湟源县日月乡小茶什浪村的大、小方

---

① （唐）魏征等撰：《隋书》卷29《地理志上》，中华书局1973年版，第814页。
② 王仲荦：《北周地理志》，中华书局1980年版，第148页。

台城。① 考古工作者在大小方台发现唐代房址、铜钱、陶片和砖等遗物。另外，在大小方台城西发现北京台石城，可能为吐蕃所置的纥壁驿。严耕望认为哈拉库图城（湟源县日月乡莫多吉古城）为石堡城。哈拉库图城南距大小方台城、北京台石城约11公里，与《新唐书·地理志》"又南隔涧七里有天威军，军故石堡城"记载不符合。《新唐书·吐蕃传》中的"赤岭"即日月山。2014年，唐蕃古道考察队在青海湟源县日月山发现唐蕃分界碑。②《旧唐书·李暠传》记载，开元二十一年（734年），"金城公主上言，请以九月一日树碑于赤岭，定蕃、汉界。树碑之日，诏张守珪、李行祎与吐蕃使莽布支同往观焉"③。

综上所论，在刘元鼎入吐蕃的路线是逾大震关后西经张川—陇城—叶堡—郭嘉—通渭—巉口—苑川河—兰州西固—河口（广武梁）—隆治沟龙支城—乐都—西宁—湟源与唐蕃古道主干道西段会合至吐蕃衙帐。在陇山以西路段，并没有沿着以前的丝绸之路长安通姑臧南道主干道。

2. 刘元鼎返回路线。刘元鼎出使吐蕃返回时"虏元帅尚塔藏客馆大夏川……元鼎逾湟水，至龙泉谷，西北望杀胡川，哥舒翰故壁多在。湟水出蒙谷，抵龙泉与河合。河之上流，繇洪济梁西南行两千里……河源东北直莫贺延碛尾殆五百里，碛广五十里，北至沙州，西南入吐谷浑寰狭，故号碛尾。隐测其地，盖剑南之西。元鼎所经见，大略如此"④。这里的莫贺延碛即海南藏族自治州境内黄河以南、茫拉沟以东、沙沟以西三角地带之间的沙丘与戈壁，不是玉门关至伊州之间的莫贺延碛；沙沟即吐谷浑四大镇戍之一莫贺川，亦为吐谷浑沙州所在地。唐代中叶吐蕃占领此地后相继建立树墩城、大莫门城和洪济城。洪济城可能是青海共和县沙沟入黄河处对面即龙羊峡北出口黄河北岸的曲沟古城。洪济城因洪济梁得名。洪济城南有桥通黄河南岸，名洪济桥，唐败吐蕃后，在洪

---

① 唐蕃古道考察队：《唐蕃古道考察记》，陕西旅游出版社1989年版，第108—117页。
② 陕西省考古研究院、甘肃省文物考古研究所、青海省考古研究所、四川省考古研究院、西藏自治区文物保护研究所：《从长安至拉萨——2014唐蕃古道考察纪行》，上海古籍出版社2017年版，第86页。
③《旧唐书》卷112《李暠传》，中华书局1975年版，第3336页。
④（宋）欧阳修、宋祁：《新唐书》卷216《吐蕃传》，中华书局1975年版，第6103—6104页。

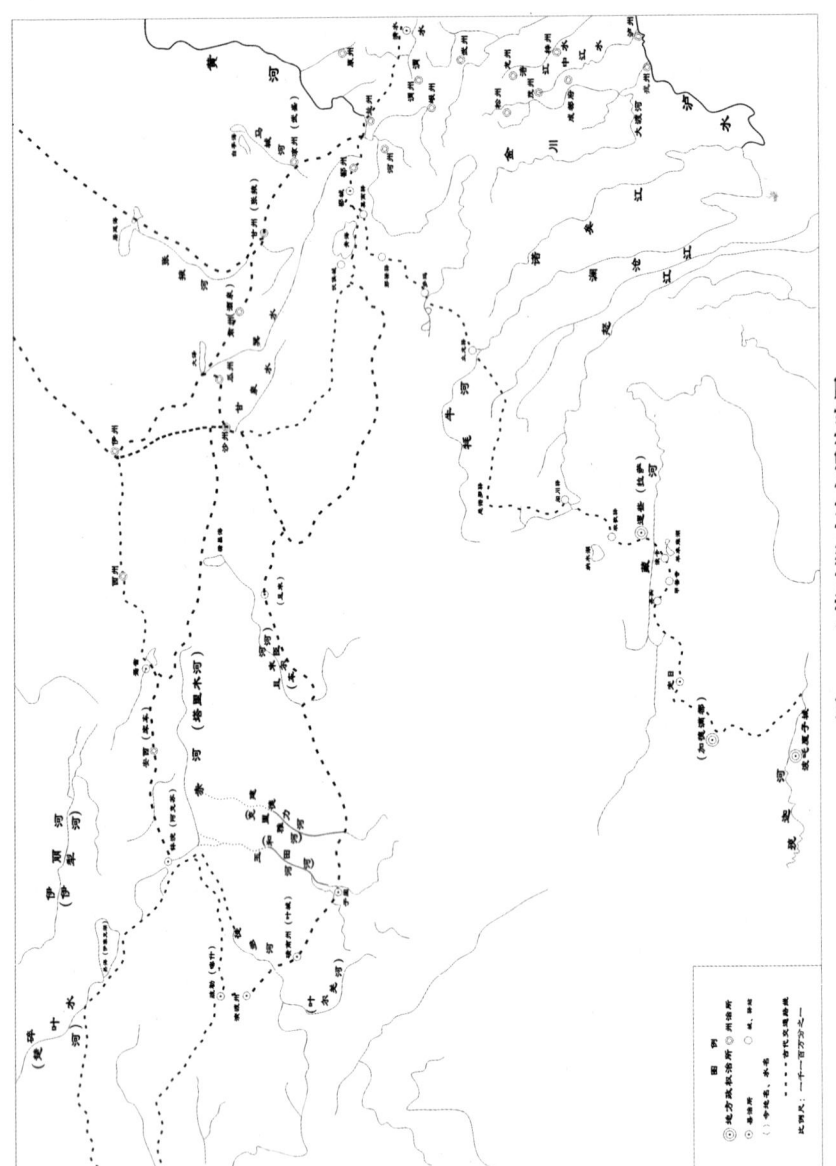

246 / 丝绸之路秦陇南道历史地理考察

图6.3 吐蕃时期对外交通线路图

济桥侧的黄河南岸置金天军。刘元鼎返回时必然要过洪济桥至黄河南岸，才可能见到莫贺延碛。《旧唐书·吐蕃传》亦记载"是时元鼎往来，渡黄河上游，在洪济桥西南两千余里，其水极为浅狭"①。刘元鼎返回时要到达洪济桥，必然至恰卜恰，后顺恰卜恰河谷南下至洪济城（今共和县曲沟古城）。渡河后要到达河州（今临夏），最可能的路线是经金天军（沙沟下游）、武宁军（约治今共和县沙沟乡东让村）、曜武军（约治今同仁县保安乡保安村）、振武军（约治今夏河县甘加乡政府东八角城）、麻当、双城至河州（治今临夏）。刘元鼎至河州后，又逾湟水至龙泉谷。从"湟水出蒙谷，至龙泉与河合"的记载看，龙泉谷指湟水与黄河交汇处附近的湟水河谷。唐蕃古道考察队认为龙泉谷在今兰州市张家寺以东的大沙沟一带。刘元鼎到底是如何由河州到达湟水南岸，又是在什么地方渡湟水至龙泉谷的呢？唐蕃古道考察队据《甘肃省新通志·舆地图》考证了一条由河州北出凤林关，经杨塔、小岭、康家沟、白家川渡湟水至龙泉谷的路线。经考察，刘元鼎在凤林关过黄河后至湟水和黄河交汇处的最可行的路线是，北偏西杨塔至马连滩，折东北经黑茨湾、后山、白石湾、红泉镇、风湾岭至黄河岸边，后沿黄河北岸经盐锅峡镇至湟水与黄河汇合处，或沿黄河北岸阶地至湟水与黄河汇合处，北渡洮水，沿黄河北岸东行，在金城关南渡黄河至兰州。刘元鼎在龙泉谷渡河后，必然经金城、武川、成纪、大震关原路返回。其返回的路线刚好给我们勾勒了经秦陇南道通吐蕃的另外一条支线，即逾大震关后，西经今张川—陇城—叶堡—郭嘉—通渭—巉口—苑川河—西固（渡河）—河口（广武梁）—龙支城（古鄯邑北二里）—凤林关（炳灵寺黄河南岸）—河州（治今临夏）—双城—麻当—振武军（约治今夏河县甘加乡政府东八角城）—曜武军（约治今同仁县保安乡保安村）—武宁军（约治今共和县沙沟乡东让村）—恰卜恰，与原唐蕃古道西段主干道会合。

二 河州通西域道路

（一）河州通沙州线路

该道从河州（治今临夏）出发，经鄯州（治今乐都）、临番城（在

---

① （后晋）刘昫等撰：《旧唐书》卷196《吐蕃传》，中华书局1975年版，第5265页。

今多巴镇)、绥戎城(在今湟源县)、赤岭(今日月山)、伏俟城、墨离海(苏干湖)、马圈(今马圈口)至沙洲(治今敦煌)。P.2555《佚名氏诗五十九首》(作于安史之乱后),吟诵了敦煌陷落于吐蕃后,诗作者被从沙州(今敦煌)押送往临蕃城一路所见所闻及感受。诗作有《冬出敦煌郡入退浑国,朝发马圈作》《至墨离海奉怀敦煌知己》《青海卧疾之作》《夜度赤岭怀诸知己》《晚宿白水古戍见白骨之作》《晚秋至临蕃城被禁之作》等。马圈即今马圈口;墨离海一般认为即柴达木盆地北缘苏干诺尔;青海即青海湖;赤岭即今日月山;白水古戍即今湟源县城关镇光华村东2公里的光华古城;临蕃城即今湟源县多巴北古城。诗人所走路线由敦煌出发东南经当金山口、柴达木盆地北缘、青海湖南岸至倒淌河,再折东北翻越日月山至湟源,后折西南至湟源多巴镇。

该道沿线发现了吐蕃占领时期丝绸之路依然畅通的考古遗迹与文物的证据。炳灵寺石窟第11窟为晚唐吐蕃控制时所开,壁画中的菩萨头戴宝冠,下着薄纱透体长裙,双腿线条隐现,透视技法具有吐蕃艺术特征。藻井中绘有飞天,飘带飞扬,身姿舒展,具有唐朝画圣"吴带当风"的艺术风范,为吐蕃艺术与中原艺术融合的产物。青海乌兰县城内的佛塔塔基由夯筑而成,平面呈长方形,东西长约12.5米、南北宽约10米。塔基东南凿有佛龛,内有彩绘与泥塑雕像。塔基上有塔体,底部素土夯筑,上部长条形土块垒砌。塔基与南北朝隋唐时期西域所见风格十分相似。[1] 2002年8月,青海文物考古队与海西州民族学博物馆联合考古队对德令哈郭里木乡的两座古墓进行挖掘,从中发现三具唐代彩绘木棺,上有四神图案和莺歌燕舞图等。[2] 林梅村认为,在棺木外绘制彩色图案,是东汉以来在河西走廊和罗布泊一带兴起的葬俗。在新疆和田发现的晚唐五代时期的彩绘木棺,上绘有四神兽图案,与郭里木彩绘木棺如出一辙。[3] 四神兽指青龙、白虎、朱雀、玄武,其观念最早起源于中国,图像早在战国时期的中原地区已经出现,唐代更加流行。郭里木四神兽直接取法中

---

[1] 陈良伟:《丝绸之路河南道》,中国社会科学出版社2002年版,第195—196页。
[2] 许国兴:《郭里木吐蕃墓葬棺板画研究》,《中国藏学》2005年第1期。
[3] 林梅村:《丝绸之路考古十五讲》,北京大学出版社2006年版,第268—277页。

原，同时受吐蕃、印度与西亚的影响：朱雀的形式与中亚、西亚凤鸟纹较为接近；白虎、朱雀体态曲折多变，玄武被蛇反复缠绕，整体复杂的装饰与纤细的线条表现出吐蕃绘画本身的风格和地域特色；① 四神兽陪衬着云气、莲花和复杂的忍冬藤纹未见于中原唐墓，可能受印度佛教的影响。在怀头塔拉西约40公里的宗务隆山南麓发现一处岩画。岩画内容有牛、羊、骆驼、马、鹿、蛇、鹰、狼和狩猎场面，还有古藏文文字。表明塔里木盆地北缘为包括吐蕃在内的游牧民族栖息往来的必经之地。这些例子说明吐蕃统治时期由河州经柴达木盆地北缘，再出当金山口经敦煌至南疆的丝绸之路是畅通的。唐代由沙州（治今敦煌）西行出阳关通西域有两条路：一路顺阿尔金山山前洪积冲积扇戈壁、沙丘地带前行，经菖蒲海（今罗布泊）南岸、七屯城（汉伊循城）至石头城（汉楼兰国，亦名鄯善），沿途几无水草，但路况平坦易走，且能全天候通行；一路沿阿尔金山北麓行进至石头城，靠近山根，水草条件好，且较为平直，距离较短，但路况较为险峻，不能夜行或全天候通行。由石头城（今若羌）继续向西沿今车尔臣河至今且末，通于阗（今和田）及其以远。② 唐代前期，吐蕃与唐朝在西域对安西四镇进行反复争夺，使敦煌至于阗的交通受到很大影响，传统的丝绸之路南路通行不畅，中原与中亚、南亚、西亚的商旅和使节大多选择北路取道西州（高昌）而行。吐蕃占领河陇、西域之后，为加强对这一地区的统治，在沙州、鄯善、于阗之间设置了驿路，丝绸之路西域南道沙州至于阗这一段畅通无阻，使凉州、甘州、肃州、瓜州、沙州、鄯善、于阗之间的联系大为加强。前考柴达木盆地北缘德令哈、乌兰考古遗迹与南疆的联系，与吐蕃对丝路东段南道的经营密切相关。

（二）河州通若羌的线路

吴景敖、③ 周伟洲④考述了由柴达木盆地入西域的三条道路：第一条是由伏俟城至白兰（今青海都兰、巴隆一带），再西北经今小柴旦、大柴

---

① 林梅村：《丝绸之路考古十五讲》，北京大学出版社2006年版，第268—277页。
② 李并成：《盛唐时期河西走廊的区位特点与开发》，《唐代地域结构与运作空间》，上海辞书出版社2003年版，第60—69页。
③ 吴景敖：《西陲史研究》，上海中华书局1948年版，第6—7页。
④ 周伟洲：《吐谷浑史》，广西师范大学出版社2006年版，第138—139页。

旦至今甘肃敦煌，由敦煌西出阳关至西域鄯善（今若羌）。① 慕璝之子被囊为躲避魏军追击，曾沿此路逃走。第二条是由伏俟城经白兰，西至今格尔木，再西北经尕斯库勒湖，越阿尔金山至西域鄯善，与前一条路会合，为古青海路主线。北魏时慕利延西遁于阗及唐大将李大亮追击吐谷浑伏允可能取此道。第三条是由伏俟城经白兰，西至今格尔木，再往西南之布伦台，溯楚拉克阿干河谷入新疆，西越阿尔金山，顺阿牙克库木湖至且末，再与上述一、二条路线会合。此道为通往新疆较捷之路，解放前仍为西宁、和阗之间的商队行道。但此道入新疆多经山岭，旅途不便，只能视为古青海道的一条支线。该道主干线由河州（治今临夏）经鄯州（治今乐都）、临番城（在今多巴镇）、绥戎城（在今湟源县）、赤岭（今日月山）青海湖南岸至莫河后，与河州经伏俟城通西域道路分途，西南经都兰县、香日德、诺木洪、格尔木、乌图美仁，逾阿尔金山口西去且末或若羌。1985—1988 年，青海文物考古研究所在都兰东南 10 公里的热水乡发现了一座吐蕃大墓，从中发现了大量的波斯织锦、粟特系金银器、波斯、拜占庭织锦以及阿拉伯世界出产的大食锦等珍贵文物，②生动反映了青海道西段国际贸易的盛况。研究认为，7 世纪伊斯兰文明迅速取代拜占庭、波斯与粟特文明，但伊斯兰兴起之初不得不依赖各地被统治民族的艺术。7 世纪随着萨珊波斯覆亡，许多波斯王室成员流亡唐朝，都兰血渭一号大墓出土的波斯织锦写有波斯王的名字，与波斯王室有关。波斯织锦显然是由波斯难民带入中国的。③ 因此，都兰波斯织锦、粟特系统金银器、波斯和拜占庭织锦以及阿拉伯大食锦的发现，可能是吐蕃与阿拉伯帝国交往的结果。交往的方式可能是直接的军事冲突或以粟特人为中介进行。唐朝爆发安史之乱，吐蕃乘虚而入，攻占河陇和西域大部。虽然大食和吐蕃曾经联盟对付唐朝，在唐朝退出中亚以后，这两大帝国也开始为西域大打出手。791 年吐蕃击败驻守西域的李元忠与郭昕才后，中亚进入阿拉伯和吐蕃的争夺战。吐鲁番出土的一件粟特语文

---

① 其实，由伏俟城向西，经今乌兰、德令哈、小柴旦、大柴旦即可抵达敦煌抵达西域，不需要绕道都兰、巴隆。

② 许国兴：《都兰吐蕃墓中镀金银器属粟特系统的推定》，《中国藏学》1994 年第 4 期，第 31—46 页；《都兰吐蕃墓出土含绶鸟织锦研究》，《中国藏学》1996 年第 1 期，第 3—26 页。

③ 林梅村：《丝绸之路考古十五讲》，北京大学出版社 2006 年版，第 266 页。

书记录了9—10世纪粟特人在欧亚大陆的经商路线，这条商路自西而东为：拂菻、占国、波斯、安国、吐火罗、石国、粟特、拔汗那、朅盘陀、佉沙、于阗、龟兹、焉耆、喀喇沙尔、高昌、萨毗、吐蕃、吐谷浑、乎药和薄骨律。[1] 起点"拂菻"即粟特人对罗马帝国的称谓，唐代此称谓指拜占庭（东罗马），其终点薄骨律则是鲜卑人对宁夏灵武的称谓，唐代为朔方节度使府，其间的吐蕃、吐谷浑等在青海地区。《旧唐书》记载，唐高宗龙朔（661—663年）以后，大食击破波斯、拂菻，臣服西域康国、石国等昭武九姓之国。[2] 都兰波斯织锦、粟特系统金银器、波斯和拜占庭织锦以及阿拉伯大食锦可能是来自中亚的康国、石国的粟特人带来的。

第七节　隋唐时期丝绸之路秦陇南道上的石窟艺术与中西交流

隋唐时期，天水、陇南一带开凿的石窟寺相对较少，主要有武山水帘洞石窟群中的显圣池、甘谷大像山、武山木梯寺、西和八峰崖、成县大云寺和徽县佛爷台6处。其中八峰崖和大云寺基本已无任何遗存，大像山和木梯寺的唐代造像虽然保留有部分唐代造像的特点，但已被后代多次重修和改塑，仅显圣池和佛爷台的隋唐造像和壁画保存尚好。[3] 与渭河上游相反，位于甘肃省永靖县西南约40公里处黄河北岸的小积石山的炳灵寺石窟迎来了兴窟造像的空前高涨时期。在炳灵寺石窟中，仅唐代窟龛就达130多个，占现存石窟的三分之二以上。[4] 甘肃东部隋唐时期的石窟艺术具有鲜明的时代特色与地域特色，是该时期中西文化交流的历史见证。

一　麦积山石窟艺术的时代和地域特色

在隋代，隋文帝父子的崇信和提倡，使佛教得到迅速发展，也使麦

---

[1] 杨铭：《唐代吐蕃与粟特关系考述》，《西藏研究》2008年第2期，第5—14页。
[2] （后晋）刘昫等撰：《旧唐书》卷198《拂菻传》，中华书局1975年版，第5316页。
[3] 孙晓峰：《甘肃天水、陇南中小石窟的初步考察》，《敦煌学辑刊》2006年第4期，第42—51页。
[4] 董玉祥：《炳灵寺石窟综述》，载甘肃省文物工作队、炳灵寺文物保管所编《中国石窟·永靖炳灵寺》，文物出版社1989年版，第169—181页。

积山的开窟造像之风得以延续。开皇二十年前开凿的洞窟有第14、15、26、27、36、39窟,开皇二十年地震后开凿的有第32、35、28、30、12、11、9、7窟。① 唐代也开凿了不少石窟,唐开元二十二年大地震,曾使中部崖壁大面积崩塌,窟群遂分为东崖与西崖两部分。② 崩塌的范围从西崖的第78窟向东延伸至东崖的第43窟。③ 残存的麦积山隋唐时期的石窟形制多为平面马蹄形穹隆顶和平面方形四角攒尖顶,也有宫殿式崖阁和摩崖造像等。内容多供奉阿弥陀佛或释迦牟尼佛,也有三世佛等。造像40余尊。这些塑像在继承北周敦厚壮实风格的基础上,又有了创新和发展,进一步民族化、世俗化了,因而出现了不少真实自然、栩栩如生的艺术形象。隋代塑像更写实,稍显厚重质朴,多憨直敦厚之感,而唐代造像更为端庄丰润、雍容华贵。衣饰肌肤显露、衣料透薄、色彩鲜艳、造型多样、配饰丰富。具有浓郁的时代特色。④ 麦积山石窟现遗存的壁画,其绘作内容多为佛、菩萨、供养人、飞天等,线条流畅圆润,色彩浓重热烈,格调大气雄浑,形神兼备、气韵生动。

  第5窟牛儿堂正壁左龛的左胁侍菩萨,面目端丽,体态妖娆,神情洒脱,是麦积山唐代的代表作;中龛外左侧唐代站在牛背上的天王,身着长甲护胸,赤须虬髯,双掌平握。头向右扭动,俨然是一位镇定自若的将军形象。天王脚下的牛犊昂首而跃,奋力欲起,表现出天真而又顽皮的性格特征,特别逗人喜爱。第13窟东崖大佛为高浮雕石胎泥塑一佛二菩萨,经宋代重修。中间坐佛通高15米多,双目微微下视,神态安详自若;两旁菩萨侧身侍立,微露笑容,神采感人。第14窟站在两侧的菩萨腰肢半扭,笑容可掬,恰似当地良家少妇在劳作之余倚墙小憩。守护在左侧的金刚显得孔武有力,勇猛异常。第37窟右侧的隋代菩萨滋润而有弹性,含情微笑,形体修长,双手自然交叉于胸际,姿态优美,表现手法简练,是一个美丽少女的形象。另外,有一些造像的时代色彩和地方特征也比较突出。如第8窟侍立在佛两边的菩萨,比例适度,身材窈

---

  ① 李裕群:《麦积山石窟东崖的崩塌与隋代洞窟判定》,《考古》2013年第2期,第86—96页。
  ② 张锦绣:《麦积山石窟志》,甘肃人民出版社2002年版,第15页。
  ③ 何静珍:《麦积山石窟大事记》,《麦积山石窟》,甘肃人民出版社1983年版,第208页。
  ④ 伏蓉:《麦积山石窟造像隋唐时期服饰艺术研究》,硕士学位论文,西安工程大学,2014年,第29—30页。

窕，手指嫩秀而柔美，既有浑厚朴实的北方气质，又有清秀典雅的南方风度，是隋统一全国后南北风格融合的表现。第10窟的菩萨和弟子穿的云头履、圆口鞋和牛耳鞋，正是当时流行的样式。第24窟用细泥直接塑做的弟子和菩萨，也极像当地山坡老实憨厚农民的模样。

唐代壁画以第5窟最多。其中残存在廊顶西部一方壁画中的飞廉最为生动传神，它昂首扬尾，四蹄腾空，前有佛珠导引，周围飞天环绕，又有流云、莲花衬托，并一同飞腾前进。整个画面色彩鲜明，气氛热烈，富有强烈的运功感。绘制在右龛楣上部的大型壁画"西方净土变"，场面壮观。右下方绘男女供养人著窄袖悬裳，为唐初较多的服饰。中龛顶部左侧的男女供养人，色彩艳丽，形象极为生动。绘制在第4窟诸龛之间的五幅单身菩萨及龛外上部正壁的两块说法图，线条刚劲流畅，仪态丰满潇洒，为麦积山盛唐时期的杰作。第37窟为隋代窟，龛内塑坐佛一身，右侧一胁侍菩萨。主佛高体躯健美，神态安详。右胁侍菩萨，面容丰满。

麦积山隋唐时期石窟艺术具有鲜明的时代特点和地域特点。菩萨帛裙宽绰，绢带束胯，冠带披肩，披巾长垂，梳高髻，半露酥胸，这种对以裸露为美的开放的审美情趣，与当时隋唐国力强盛、经济富裕密切相关。一尊尊精美的菩萨、佛弟子等造像完全是隋唐时期贵族女性的身姿与体态，源自隋唐时期民间艺人大胆地对各民族服饰文化创作艺术的引进和吸收，反映出当时社会人们思想的自由与开放。在受宫廷影响的同时，更多地散发出大众化、通俗化的气息。如第24窟中的菩萨和佛弟子不仅面相表现上没有那种肃穆凝重的感觉，人物造型美丽淡雅，楚楚动人，而且在服饰上也体现出简约的特点，尤其是右侧菩萨造像的头发束理与天水少女十分接近。又如第14窟的菩萨形象就如一位体态健美神情优雅的世俗女子。再如第60窟右侧隋代补塑菩萨，比例匀称，透过衣裙可看到她的形体与动态，其神情、体态、服饰都是对现实生活中瞬间的生动写照。[1]

---

[1] 伏薏:《麦积山石窟造像隋唐时期服饰艺术研究》，硕士学位论文，西安工程大学，2014年，第33页。

二 大像山石窟艺术的域外因素

大像山位于甘谷县城西南2.5公里秦岭西端的文旗山上。自山脚拾级而上至巅，总长1.5公里，占地面积约640亩，是古丝绸之路上甘肃东南部融石窟和古建为一体的重要文化遗存之一，2001年被国务院公布为国家级重点文物保护单位。山上松桧丛生，丁香溢彩，亭台楼阁依山而建，雕栋画廊绿树掩映。山中悬崖间峭壁上有大洞窟一个，洞内坐石胎泥塑大佛一尊。大像山石窟为甘谷八景之一的悬崖大象，大佛洞窟两旁，依山附势修有长长的走廊，如同一条腰带。廊上窟龛相连，巍峨壮观，现存二十二个窟龛，大都平面近方形。正壁开大圆拱龛和设高坛基，并有僧人修行的禅窟，这是大象山窟龛特殊之处，在全国也很罕见。大像山石窟第6号窟位于窟群中部的山崖之巅，是一个平面作长方形的圆拱形大殿。殿高34米、宽14米、底深4.5米。殿内石胎泥塑一佛，高23.3米，肩宽9.5米。大佛身躯为半圆雕，躯体浑厚雄伟，神态静穆安详，头顶为大螺旋式高肉髻，面部较平，细眉大眼，眼角较长，两眉间有毫光。鼻高而直，嘴大唇厚，上唇有短须，腮部饱满，双耳垂肩。内着僧祇支，腰系一带于胸前打结，外着双领下垂式袈裟。左手抚膝，右手上举，神态端庄，善跏趺坐于方形须弥座上，赤足踏仰莲台。[①] 2006年5月西安市东郊村民取土时发现了5尊巨型彩绘石佛像，五尊佛像立姿手印完全一致，均立于莲花座上，身着通肩袈裟，右手屈臂上伸，施无畏印，左手牵握袈裟靠于腹部。整体造型敦厚简练，佛像形体饱满，面相丰圆，表情肃穆凝重。四件佛座雕刻精美，基座上部四角雕狮、象，神态生动、栩栩如生。基座侧面浮雕或线刻伎乐人物、飞天、供养人、僧人、神兽等形象。其中一尊佛像嘴角和下颌刻有细条状胡须，身着袒右胸衣，胸前有系带。其中一件佛座有北周大象二年（580年）刻铭，结合五尊立佛的造型艺术特点分析，专家初步判定五尊立佛均为北周时期的释迦牟尼佛。据专家解释，这些文物体现了佛像雕刻在发展过程中逐渐中国化的过渡特点。其中那尊带胡须的大佛和甘谷大像山大佛很相像，因此，大像山大佛像即有可能完成于北周，后经历代维修改动，才形成了现在的

---

① 李亚太：《甘肃甘谷大像山石窟》，《文物》1991年第1期，第56—61页。

形象。因为，北周时期佛像多低肉髻，方圆面形，上身内着僧祇支，外着敷搭双肩袈裟（麦积山第 26、32 等窟）。有的外着半披肩或通肩袈裟（麦积山第 40、41 窟）。莫高窟的佛像，上身外部着下垂袈裟，自袈裟引出双带作小结，善跏趺坐，双腿较短（第 290、296 等窟）。[①] 这些特征与大像山大佛像及其相似，但北周武帝灭佛时，不可能如此大规模修造佛像。因此这尊佛像极可能是开凿于北周早期的，到大雏形即将形成时由于某种迫不得已的情由而被迫终止，以后又重新修复。[②] 从外观看，大佛既有印度早期佛教犍陀罗风格所特有的蓄有须发以及笈多王朝时期佛教造像的螺型头发，且两眉之间有白毫相等特征，又表现出北周时期颈部较粗、鼻宽短、面部神情温和韶秀等特征，还显现出盛唐时期面容饱满、唇润颐丰、双眉弯曲、两眼明澈而略显凸起的审美要求。而大佛头顶的大螺旋式高肉髻则反映了其造像所跨越的北魏至盛唐的历史时空，在后来宋、明、清各代的修缮和重妆中同样也留下了时代的印记。尤其是大佛宽厚的上唇上的短须在佛教造像中并不多见，是中西文化相互融合的见证。

三 炳灵寺与丝绸交通

炳灵寺许多洞窟中保留了唐代大量经由秦陇南道来往的僧人、行旅的有关题记，而尤以秦州（治今天水市）等地的行旅为多，生动地反映了该道红尘走马、客旅络绎的史实。如第 169 窟 2 号龛佛像背光西侧墨书："天宝十三载（754 年）天水郡人康伏奚一心供养。"3 号龛龛内南侧菩萨龛边题："天水郡人康伏涣供养，天宝十二载。"龛右侧背屏、侧面墨书："秦州道人法通□供养佛时。"佛像东侧力士龛边题记："方炽管泾川四开府于闻无（大总管泾州四门府折冲都）……/乾元三年（760 年）正月一日。"[③] 唐之泾州，位于今甘肃泾川县境。据《新唐书·地理志》，该州辖有四门、泾阳、兴教、纯德、肃清、仁贤等军府，折冲都尉为该

---

① 阎文儒：《中国石窟艺术总论》，广西师范大学出版社 2003 年版，第 192 页。
② 赵燕林：《甘谷大像山石窟之大佛像雕塑艺术研究》，硕士学位论文，西北师范大学，2009 年，第 16 页。
③ 甘肃省文物工作队、炳灵寺文物保管所编：《中国石窟·炳灵寺》，文物出版社 1989 年版，第 254—255 页。

军府最高长官。① 可见泾州一带的行旅亦在此道往来。第 5 号龛内背屏北侧柱上墨书："信士佛弟子使持节都督洮州/诸军事安□□军世袭洮州刺史/□州都督洮阳公姜□。"② 据《旧唐书·地理志》，武德二年（619 年）置洮州，永徽元年（650 年）置都督府，③ 其位置在今洮河上游的甘肃临潭县。第 12 龛壁画旁有题记"河州安乡县□于此一心礼拜""衡州人纥奚河曹供养佛早得家保□（佑）华还入庞中要遇""山西信士王道进香"等。④ 唐代河州安乡县天宝元年（742 年）改名凤林县，即位于凤林关近侧。衡州即今湖南省衡阳市。

唐蕃古道东接由长安、兰州或河州而来的秦陇南道，在炳灵寺附近渡过黄河，取道湟水谷地西行，经乐都、西宁等地，翻越日月山，又穿过青海高原腹地，南越昆仑山，再越唐古拉山口，经安多、那曲等地至拉萨（古逻些）。文成公主、金城公主入藏，唐使节王玄策出使天竺，刘元鼎入蕃会盟，均循此道。该道向南可进入尼泊尔、印度等地，故又成为一条唐代对外贸易的重要通道。炳灵寺许多洞窟中保留了大量有关唐蕃关系的史料，弥足珍贵。第 169 窟东壁 12 号龛壁画旁墨书题记："佛弟□□贫□/秦州陇城县□（防）秋健儿郭思□/于此修尊检校/□□一心供养/佛敬记之。"⑤ 防秋健儿属长征健儿，但又有所不同，他们是唐代边疆地区秋熟季节防御吐蕃前来抢夺粮食的特殊部队。《资治通鉴》卷214 记，开元二十七年（739 年）一次就选募"关内、河东壮士三五万人，诣陇右边遏，至秋末无寇。听还"⑥。炳灵寺一地正是吐蕃前来的通道，也是"防秋"的重点地区之一和唐蕃交往的要地。唐高宗仪凤三年（678 年），由宰相李敬玄、工部尚书刘审礼等率领的大军出击吐蕃，就曾途经炳灵寺，并由同行的刑部侍郎张楚金于此撰写长篇题记，刻在 64 龛上方。该题记凡 40 行，每行 42 字，虽部分文字剥落，但其大意尚可明

---

① 《新唐书》卷 37《地理一》，中华书局 1975 年版，第 968 页。
② 甘肃省文物工作队、炳灵寺文物保管所编：《中国石窟·炳灵寺》，文物出版社 1989 年版，第 255 页。
③ 《旧唐书》卷 40《地理三》，中华书局 1975 年版，第 1636 页。
④ 同②第 256 页。
⑤ 同上。
⑥ 《资治通鉴》卷 214，明嘉靖二十三至二十四年（1544—1521 年）杭州孔天胤刻本，第 21 页 a 面。

了，记载了当时的唐蕃关系及战事情况，以及对炳灵寺奇异幽雅的景色和佛教盛况的赞美，并描述了凤林关、积石关的险峻："……参沧海，唯此石门最为险狭，□□□氏导河□迹施功之一……有门之左右，各有……（也）云霓初入□门□时成□（获）……削成万仞高林……"①李敬玄等出军吐蕃事，《旧唐书·高宗本纪》《新唐书·李敬玄传》《新唐书·吐蕃传》《资治通鉴》卷202等均有记载。也由此可见炳灵寺在唐蕃交通、唐蕃关系上的重要性非同寻常。更值得注意的是，第148窟北侧留有唐开元十九年（731年）御史大夫崔琳率领的一支庞大的"和蕃使团"的副使缮部郎中魏季随所写《灵岩寺记》，灵岩寺即唐代的炳灵寺。此题记阴刻在距地面30多米的悬崖上，凡31行，每行40余字不等。记曰："钟羌不庭，疟乱西鄙，岁践更华，毒于华人年久。开元皇帝大怜黔黎……谋尔孙式，敬惟畅德迹潜训，化融滋草，颙神钦开，且已百祀。洎开元岁，边守不□，度□□或金以□心，……闲道洽，而柜壤制兵罗，而形来干戈，日□征委□□人袄金，以□（乱）□□勒……王因忘怒，念其姻旧之戚，许以自新之惠，思所以还□□王命奉鸿，休克难其人异……"②崔琳出使吐蕃事，查《旧唐书·玄宗本纪》《资治通鉴》卷213"开元十九年"条、《册府元龟》卷654、《唐会要》卷97等皆有相似记载，唯《唐会要》将出使时间误为十七年。崔琳出使不仅为了国事和边界问题，同时也为了金城公主下嫁赞普之事前往吐蕃报娉。当时吐蕃亦频繁遣使请交马互市、立界碑等以求和，唐蕃关系维持了一段友好相处的时日。炳灵寺保存的上述题记，对于研究唐蕃关系至为珍贵，由此也充分说明炳灵寺一地在唐蕃古道、唐蕃交往中的重要地位。

炳灵寺下寺区中段崖面之第54龛题记："大唐永隆二年（681年）闰七月八日陇右道巡察使行殿中侍御史王玄策，敬造阿弥陀佛一躯并二菩萨。"王玄策为唐代杰出的外交活动家，从贞观十七年（643年）至麟德二年（665年）曾四次奉敕出使天竺，在中外文化交流史上建立过不朽

---

① 甘肃省文物工作队、炳灵寺文物保管所编：《中国石窟·炳灵寺》，文物出版社1989年版，第244页。

② 甘肃省文物工作队、炳灵寺文物保管所编：《中国石窟·炳灵寺》，文物出版社1989年版，第252页。

业绩。第 54 龛题记为我们研究玄策事迹提供了新材料。该题记位置显著，字迹刻写清晰，唯"策"字因年久风化，有所剥落，稍显模糊。著名学者阎文儒一行于 1963 年 8 月在对炳灵寺的系统调查中，即释此字为"策"。2002 年 9 月 23—25 日，李并成先生在出席炳灵寺石窟学术研讨会期间，特就此字实地细细辨认。其字形虽然有些模糊，但因系石刻，基本笔画仍可辨认，特别是其上部的竹字头和下部的"木"字较为分明，此字确应为"策"，题写者确为王玄策。玄策西使所走的路线即途经炳灵寺的唐蕃古道。与王玄策题记同一年的还有如下题记：第 51 龛："大唐永隆二年（681 年）闰七月八日巡察使典雍州醴泉县骆弘爽，敬造救苦观世音菩萨一躯。"第 52 龛："大唐永隆二年闰七月八日，御□（史）台令史蒲州河东县张积善奉为过往亡尊及见存眷属、一□（切）法界众生，敬造救苦观世音菩萨一躯。"第 53 龛："大唐永隆二年闰七月八日巡察使判官岐州郿县丞轻车都尉崔纯礼为亡考亡妣敬造阿弥陀佛一躯并二菩萨。"这些巡察使的题记，可能与当时的唐蕃关系有关。其说颇有见地。炳灵寺地连唐蕃，其交通地位的重要，由是亦昭昭可见。①

炳灵寺第 8 窟正壁坛基上原塑一佛二弟子二菩萨，现南侧菩萨为唐代重塑。窟内造像与壁画结合，表现了维摩诘经变中"文殊问疾"的场景。赴会菩萨衣领上绘中亚波斯风格的联珠纹，正壁上方佛项光两侧有回鹘文题记，均为丝绸之路上各民族往来交流的见证。第 13 龛尖拱顶浅龛石雕一立像，佛右手下垂作与愿印，左手举于胸前握一袈裟角，其造像特征与唐代洞窟中大量出现的番禾瑞像如出一辙，是河西瑞像信仰在炳灵寺传播的实例。第 17—47 龛是一组 31 个大小不一的摩崖浅龛，共有佛像 24 尊，菩萨 46 身，弟子 16 身，天王 4 身，夜叉 4 身，均完成于唐高宗至武则天时期（650—705 年），造型生动简洁，形态各异，具有浓厚的生活气息，是中原佛教进一步社会化、世俗化的集中表现。第 11 窟为晚唐吐蕃控制时所开。壁画的菩萨头戴宝冠，下着薄纱透体长裙，双腿线条隐现，透视技法具有吐蕃艺术特征。藻井中绘有飞天，飘带飞扬，身姿舒展，具有唐朝画圣"吴带当风"的艺术风范。

---

① 李并成、马燕云：《炳灵寺石窟与丝绸之路东段五条干道》，《敦煌研究》2010 年第 2 期，第 75—80 页。

第七章

北宋时期的秦陇南道

第一节　北宋时期秦陇南道的演变

　　9世纪中期至13世纪初期蒙古西征的近400年内，丝路西段与东段因大国衰落，割据政权林立而同时走向衰落。在丝路西段，9世纪中期以后，阿拉伯帝国过了它的百年"黄金时代"，各地诸侯和突厥将领日渐壮大，割据称雄，先后在帝国的版图上出现阿拔斯王朝、伊德利斯王朝、法蒂王朝、图伦王朝、绿衣大食、黑衣大食、布维希王朝、塔黑尔王朝、萨法尔王朝、萨曼王朝。几乎在阿拉伯帝国解体的同时，蒙古高原上的回鹘汗国的统治崩溃，其部众分为三支西迁：一支西迁河西走廊，建立甘州回鹘政权，后为西夏攻灭；一支在新疆建立西州回鹘政权；一支西奔中亚，在10世纪初期建立哈拉汗王朝。此后加兹尼王朝、古尔王朝、赛尔柱突厥帝国、西辽、花剌子模先后在丝路西段角逐。在丝路东段，9世纪中期，吐蕃帝国的统治由于内讧而土崩瓦解。张仪潮于大中二年（848年）乘机发动起义，大中五年（851年）携河西、陇右十一州归唐，成为唐王朝在河西的一个藩镇。大中三年（849年），唐朝收复秦（治今天水市）、原（治今固原）、安乐（治今中卫）等州。然而由于唐王朝势力衰微，河陇各地处于割据称雄的半独立状态。半个世纪后，大唐帝国由于藩镇割据而解体，中国进入五代十国割据与辽、宋、夏、金分裂对峙时期。由于受欧亚大陆地缘政治格局变化的影响，中国境内丝绸之路的线路和贸易主体、贸易特点及市场分布都发生了变化。

一 交通路线的演变

安史之乱（755—763年）后，因吐蕃占领陇右、河西，经传统的秦陇南道、河西丝路干道通西域的交通受阻塞，唐通西域被迫改走回鹘道。回鹘道从长安出发北经坊州（治今黄陵）、鄜州（治今富县）、延州（治今延安）、夏州（治今白城子）至丰州（治今五原），[①] 此道与严耕望先生考证的河上军城通回纥的道路在中受降城相连接,[②] 构成长安北通回纥的主道，此道曾一度成为唐与西方交往的重要通道。

武宗会昌（841—846年）以后，回鹘、吐蕃王国相继瓦解，回鹘一部南下迁居甘州（今甘肃张掖），建立政权。宣宗大中二年（848年），张议潮在沙州（今敦煌）起义，以瓜（今甘肃安西县）、沙地区归唐，唐封其为归义军节度使。河西大镇凉州（今甘肃武威）则由吐蕃人团聚为六谷族建立地方政权。传统的秦陇南道仍然被散处于秦陇地带的吐蕃各部族隔断，于是灵州遂成为连接河西的交通枢纽。灵州道由东京开封西行经洛阳至西京长安，由此北上至邠州（治今陕西彬县），循马岭河而上经庆州（治今甘肃庆阳）、环州（治今陕西环县）至朔方节度使治所灵州（治今宁夏灵武），自灵州渡黄河，出贺兰山口西行，穿越瀚海（今腾格里沙漠），趋白亭海（今石羊河终端湖，已干涸）、白亭河至凉州（治今武威），或穿越巴丹吉林沙漠，溯额济纳河（今黑河）南下至张掖绿洲，然后顺河西旧路经肃州（治见甘肃酒泉）、瓜州（治今甘肃安西）、沙州（治今甘肃敦煌）抵西域。[③] 五代十国时期，陆上丝绸之路也并未完全中断，中西贸易仍然继续进行着，只是贸易路线稍有变化，贸易额已经不能与唐时相比了。从贸易路线看，主要变化在东段，西段的路线仍然沿袭着传统的路线。东段主要与秦州的归属变化直接相关，秦州（治今甘肃天水市）在唐末五代初期归岐王李茂贞管辖，李茂贞与后梁对峙，不与其通声气。后唐、后晋时期，秦州虽然隶属于中原王朝，但时隔不久，

[①] 王育民：《中国历史地理概论》，人民教育出版社1987年版，第405—411页。
[②] 严耕望：《唐代交通图考》，台北"中研院"历史语言所1985年版，第608—618页。
[③] 赵祯：《敦煌文书中所见晚唐五代宋初的灵州道》，《中国历史地理论丛》2001年第4期，第83—92页。

又被前蜀夺去，直到后周显德年间重新归于中原王朝，由于这种情况的存在，故经过秦州进入关中的道路并不十分畅通。在秦州道受阻之时，灵州一直处于中原王朝的有效控制之下，遂使这里成为这一时期通往中国内地的必经之处，灵州道逐渐发展成为唐末五代乃至北宋初年的丝绸之路的干线路段。[1]

北宋初年，西域贡使、商旅、僧侣主要取灵州道抵达宋境。宋初因与夏州李氏保持密切关系，故由夏州亦可以通往西域。宋太宗太平兴国七年（982年），李继迁叛，此后和宋朝交往时断时续，淳化五年（994年），宋朝放弃夏州，还其民于绥、银等州。夏州道即被西夏隔绝。[2] 宋真宗咸平五年（1002年），西夏李继迁大集蕃部，攻陷宋西北重镇灵州，从此灵州道隔绝。

夏州、灵州二道被阻绝之后，宋朝通往河西的道路以故原州（唐代原州）即宋代镇戎军为枢纽，东南至渭州（今平凉）、泾州（今泾川），西北至凉州（今武威）以通西域。北宋为了恢复中西交通，镇抚西北吐蕃，招徕西域商旅，在开通泾原路的同时，逐步打通了秦州路与青唐道。宋朝建国之初，自秦州伏羌寨（今甘谷城）以西沿渭水过洮水直至青唐城，均有吐蕃部族分居。仁宗皇祐四年（1052年），宋朝力量伸展至古渭州，筑古渭寨。宝元元年（1038年），西夏元昊称帝，大举攻宋，宋遣使臣诏谕唃厮啰出兵，从侧面牵制西夏。宋神宗熙宁五年（1072年），宋将王韶开拓熙河，从其行军路线，得悉这条路径的详细经过，是从古渭寨至渭源城，分两路：一路越鸟鼠山（指高城岭）经庆平堡，循东峪沟到临洮城（吐蕃称武胜军，宋朝改称熙州）；另一路经竹牛岭（渭水与洮水支流抹邦河的分水岭，在今五竹乡），循抹邦山过会川城至临洮城。过洮西则又合为一路，经康乐寨、当川堡至定羌城（今广河县城），往西越南阳城入牛精谷（今地名仍旧）到河州。由河州经北塬至安乡城（旧永靖县城，今没入刘家峡水库），由炳灵寺渡河（渡口在寺东一里处，今没入

---

[1] 杜文玉：《唐末五代时期西北地缘政治的变化及特点》，《人文杂志》2011年第2期，第141—147页。

[2] 陈守忠：《北宋通西域的四条道路的探索》，《西北师范大学学报》（社会科学版）1988年第1期，第75—82页。

水库），上一条山梁经现在的杨塔（有古城名宋家城）、川城至邈川，循湟水至青唐城。经陈守忠先生调查，宋代康乐寨（今康乐县城北六里处）出土大量汉瓦片，最早为汉城。汉大夏县在今广河县城西十华里古大夏河西岸。由康乐至今临夏市，又由今永靖县盐锅峡以西经杨塔、川城直至乐都有一条烽燧线，每十里一烽墩，现均保存，为汉代保护交通线的军事设施。自河西走廊被西夏阻隔，青唐城（在今西宁）及其西四十里之林金城（在今西宁市西多巴镇），就成为西来的贡使、商人往宋朝必经之中转枢纽。

从林金城出发，过日月山至青海湖南面的大草原（唐代称大非川），然后循昆仑山北麓、柴达木盆地南沿，一直向西至茫崖镇以西，穿越阿尔金山至新疆若羌、且末以达于阗。[1]秦州路、青唐道与伊吾（治今哈密）路相连接，确保了河西南侧新的交通路线的畅通。唃厮啰、于阗、龟兹、高昌、回纥商人和拂菻（东罗马帝国）使臣多经青唐道、秦州路至北宋境内。李远《青唐录》卷三十五："自青唐西行四十里至林金城，城去青海，善马三日可到。……海西皆平衍无垄断。其人逐善水草，以牧放射猎为生，多不粒食。至为铁堠，高丈余，羌之此以识界。自铁堠西皆黄沙，无人居，西行逾两月即入回鹘、于阗界。"[2]另据《长编》记载，元丰四年（1081年），拂菻国（西亚地中海沿岸地）贡方物。其贡使尔厮孟令厮孟判言其东来的行程是："东至西大食，及于阗新福州，次至旧于阗，次至约昌城，乃于阗界。次东至黄头回纥，又东至种榲，又东至董毡所居。次至林檎城，又东至青唐，乃至中国界。"[3] "西大食"当为大食国西部，看来大食国当时已分裂为东、西两部分，根据拂菻使者所经国家和地区看，"大食国"也在于阗国以西的不远处；"新福州"又译作"新复州"，其地在旧于阗之西，当在今新疆喀什市或叶城县一带；"旧于阗"故址在今新疆和阗市；"约昌城"的"约"，当是"灼"的误写，"灼昌"即"朱里章"和"车尔臣"的异译，指新疆且末县的

---

[1] 陈守忠：《北宋通西域的四条道路的探索》，《西北师范大学学报》（社会科学版）1988年第1期，第75—82页。

[2] （宋）李远：《青唐录》卷35，见孙菊园辑《青唐录辑稿》，《西藏研究》1982年第2期，第155页。

[3] 《长编》卷317，神宗元丰四年十月己未条，中华书局2004年版，第7661页。

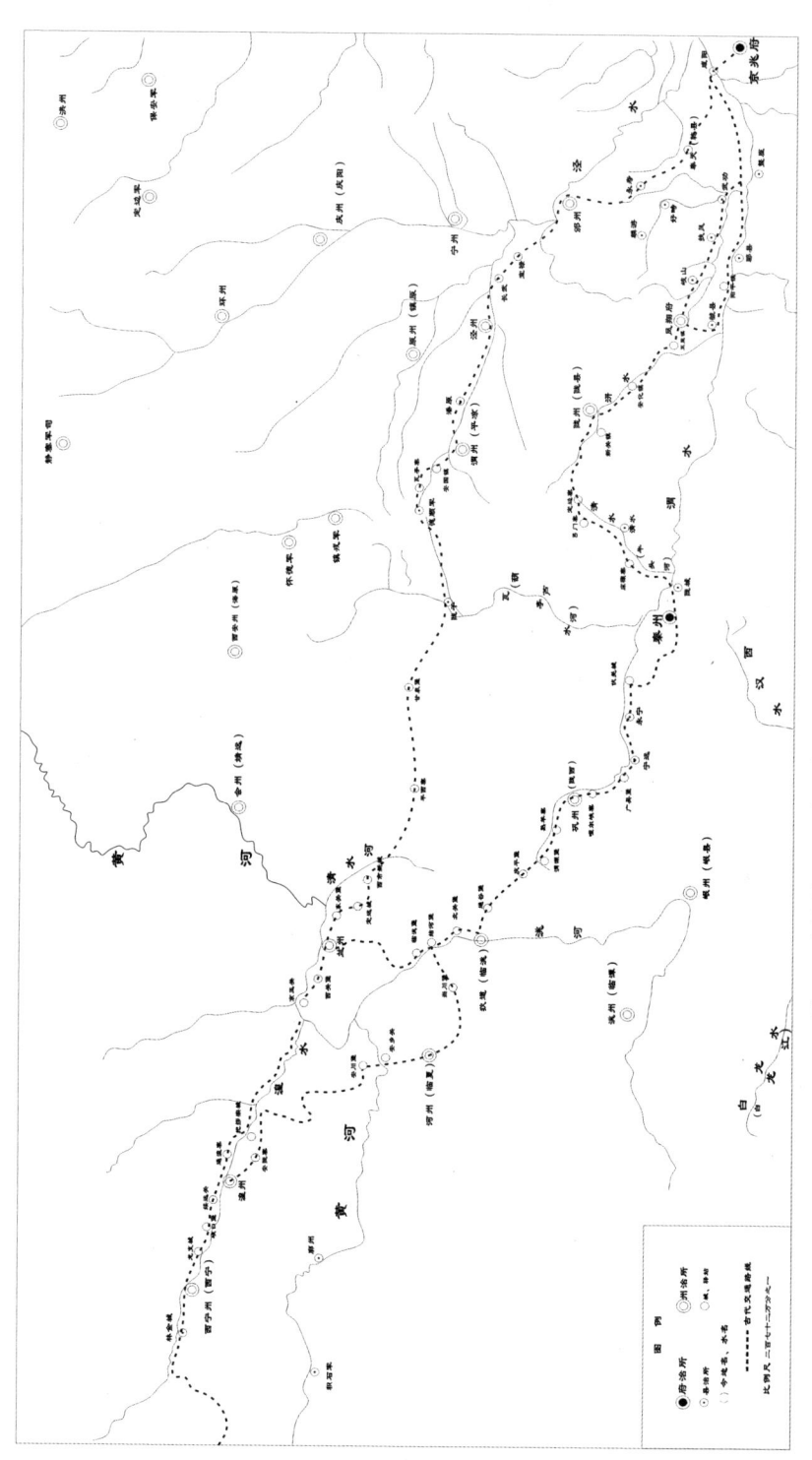

第七章 北宋时期的秦陇南道 / 263

图7.1 元丰四年（1081年）李宪取兰、会后北宋通河湟地区的交通路线

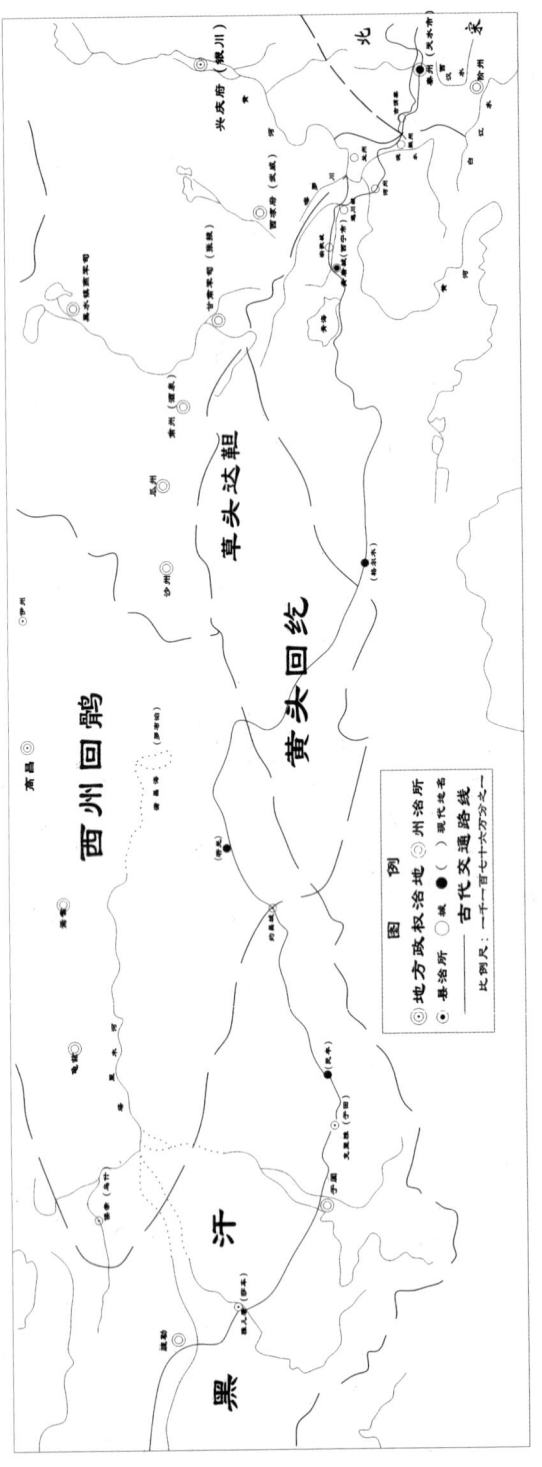

264　/　丝绸之路秦陇南道历史地理考察

图7.2　元丰四年（1081年）拂菻国使各东来路线（甘、青、新段）

古城;"黄头回纥"为撒里畏兀儿(Sarig Uigur)的意译,指当时的龟兹回鹘国,居住在罗布泊南;鞑靼为蒙古高原的鞑靼部族分支,又称"草头(黄头)鞑靼",当时是黄头回纥的属部;"种榅"又译为仲云、众熨、重云,是由臣属于回鹘汗国的西突厥处月部落演变来的,当时立国于罗布泊东南的草原中;"董毡"是青海地区的吐蕃首领,因其政治中心在青唐城,历史上又称之为青唐政权;"林檎城"故址在今青海多巴镇;"青唐城"故址则在西宁市区;"中国"指宋朝。从拂菻使者的行程看,他们一过大食国,即走西域南道和青海道。

元丰四年(1081年)李宪攻克兰州、会州后,将熙河路扩建为熙河兰会路,使宋的西北边境越过马衔山至黄河边,且远抵天都山。在此之前,宋朝通往西域的交通由京兆府(今陕西省西安市)经扶风(今陕西扶风县)、凤翔(今陕西凤翔县)、汧阳(今陕西千阳县)、陇州(今陕西陇县)过大震关(今陕西固关附近)至清水(今甘肃清水县)、秦州,循渭河河谷,至通远军(今甘肃陇西县)、渭源城(今甘肃渭源县)、熙州、河州,由炳灵寺渡河达湟水流域,与青海道连接。元丰五年后,可由熙州至兰州,经西市城、定西城、平西寨、打罗城,至天都寨,南下到德顺军(今甘肃静宁)东向经笼竿城(今夏隆德县)过六盘山至渭州(今甘肃平凉市),沿泾河河谷抵达京兆府;或由天都寨至镇戎军(今宁夏固原县)南下瓦亭寨,至渭州以达京兆府。这样,宋朝西北边境鄜延、环庆、泾原、秦凤、熙河五路就有南北两道贯通,相互间联系更加紧密。[①]

二 贸易主体与贸易特点的变化

北朝至唐代中期,由于丝绸之路东段相继被北魏、北周、隋、唐和吐蕃统一,中亚成为古代东西方"文明的十字路口"。由于特殊的地域优势,长期生活于此地的粟特民族主宰了丝绸之路的贸易。唐末、五代至北宋时期,随着大国的解体,丝绸之路东段被民族政权分割占领,致使长距离国际贸易衰落,粟特人逐渐退出丝路贸易的舞台。回鹘、吐蕃、于阗以及瓜、沙地方政权一跃成为与中原朝贡的主体。杨蕤从《宋会要

---

① 杨作山:《北宋时期秦州路考略》,《宁夏社会科学》2007年第3期,第94—99页。

辑稿》《宋史》《玉海》等汉文典籍中辑出诸番与北宋之间的朝贡贸易（见表7-1）①。

表7-1

朝贡者时间	甘州回鹘	西州回鹘	回鹘	龟兹	于阗	鞑靼	瓜州沙州	大食	总计
961—1036	24	7	14	13	10	2	8	1	79
1037—1084	0	0	3	6	10	0	3	1	23
1084—1127	0	0	1	23	0	0	1	25
总计	24	7	17	20	43	2	11	3	127

根据此表，杨蕤将诸蕃与宋朝间的朝贡贸易分为三个时期：第一时期为宋朝建国到西夏攻占河西走廊，共计75年。由于这一时期丝路较为顺畅，甘州回鹘、西州回鹘、回鹘、龟兹、于阗、鞑靼、瓜、沙地方政权在继承五代丝路贸易的基础上，频繁入贡，且回鹘占据主导地位。原因有三个：一是公元9世纪下半叶，回鹘西迁，占据了丝绸之路的主动脉，河西、西域回鹘人连成一片，在河西、西域地区形成了"回鹘势力区"；二是回鹘人有着经商的传统；三是自唐以来，能与中原政权间保持良好的关系。第二时期为西夏攻占河西到元丰七年，共计48年。由于西夏歼灭了甘州回鹘政权，并占领瓜、沙二州，进逼西州，河西回鹘受挫，朝贡贸易大受影响。甘州回鹘退出朝贡贸易，而其他回鹘集团的朝贡次数也锐减。第三时期是从元丰八年到北宋灭亡，共53年。大致从元丰年间开始，于阗成为主要的朝贡者。据《宋史》卷490《于阗传》记载："于阗国，自汉至唐，皆入贡中国，安、史之乱，绝不复至。晋天福中，其王李圣天自称唐之宗属，遣使来贡。"东喀喇汗王朝大约于1006年击灭了于阗李氏王朝，此后汉文史料中多以"于阗黑汗王"的名称出现，又称"新复州于阗"，在丝绸之路上颇为活跃。大中祥符二年，于阗黑汗王使臣向宋廷讲："昔时道路尝有剽掠，今自瓜、沙抵于阗，道路清谧，

---

① 杨蕤：《北宋时期陆上丝路贸易初探》，《西域研究》2003年第3期，第33—38页。

行旅如流。"① 宋朝熙宁开边以后，于阗进入中原的道路畅通无阻，便掀起了一个朝贡贸易的小高潮。"熙宁以来，远不逾一二岁，近则岁再至"②。

由于受到北宋时期地缘政治以及民族格局的影响，北宋时期丝路贸易中的长途贩运不如前朝，但割据形势造就了兴盛的中继贸易，并促成了贸易网络的形成。隋唐时期，中原政权不仅与西域诸胡保持着频繁的贸易往来，而且还与东罗马帝国、波斯帝国以及阿拉伯人有着密切的经济交往。有史可证的波斯帝国与唐朝的朝贡就达 27 次。③ 宋时，有迹可寻的有"大食"从陆路朝贡仅 3 次。西域诸番于阗、回鹘等就成了宋、辽最远的顾客。中继贸易取代长途贩运。北宋时期的丝路中继贸易之所以较为兴盛，一方面是吐蕃、回鹘、党项等割据集团对丝路的"阻滞"作用，导致商路的不畅；另一方面是诸番与内地进行经济交流的客观要求。在长途贩运较为困难的情况下，外来商品就像接力棒似地辗转进入中原市场，并且将吐蕃、回鹘、西夏、于阗、辽、宋等民族政权席卷进去，形成了庞大的贸易网络，并促成了宋代西北区域市场的形成。

三 中继贸易与区域市场的发展

德国经济地理学家克里斯·泰勒认为，中心地的空间分布形态受市场因素、交通因素和行政因素的制约，形成不同的中心地系统空间模型。在市场原则基础上的中心地系统一般是三个中心地构成的三角形的重心，是低一级中心地布局的区位点。在交通原则基础上形成的中心地系统的特点是，各个中心地布局在两个比自己高一级的中心地的交通线的中间点。行政原则基础上形成的中心地系统不同于市场原则和交通原则作用下的中心地系统，前者的特点是低级中心地从属于一个高级中心地。克里斯·泰勒进一步强调，高级中心地对远距离的交通要求大，因此，高级中心地按交通原则布局，中级中心地布局行政原则作用较大，低级中心地的布局用市场原则解释比较合理。初唐至盛唐时期，丝路东段被统

---

① （元）脱脱等：《宋史》卷 490《于阗传》，中华书局 1977 年版，第 14107 页。
② （元）脱脱等：《宋史》卷 490《于阗传》，中华书局 1977 年版，第 14108 页。
③ 李明伟：《丝绸之路贸易史》，甘肃人民出版社 1997 年版，第 373—374 页。

一政权管辖，丝路沿线的城镇如敦煌、酒泉、张掖、武威、秦州、长安等城市经济腹地不仅仅局限于其行政管辖的范围，而且还背靠广阔的欧亚大陆，形成享誉一时的国际大都，这些城市空间分布主要受交通原则的支配。五代北宋时期，丝绸之路东段被吐蕃、回鹘、西夏、于阗、宋分割占领，长距离贸易大大衰落，原来形成的国际大都会地位下降为区域性城市。以民族政权首都和区域政治中心为中心地，以行政管辖区域为经济腹地，形成不同等级的区域市场。在沟通不同割据政权的交通线路沿线的政治中心、交通枢纽或沿边城镇则形成开放性的较高等级的地域市场。这里主要考述交通线路沿线蕃汉间贸易市场。如以唃厮啰政权首都青唐城为中心的青唐市场，北宋开拓熙河过程中在秦州路、青唐道沿线形成的以秦州、通远军、熙州、河州、兰州、湟州等为中心的市场，市场中流通蕃汉双方的需求物、军队物货、西域商人的商品等。

（一）秦州市场

宋代国防要地有两个：一是抵御辽和金的北面防线；二是抵御西夏和吐蕃的西面防线，宋人称为"二边"，秦州为西面防线的咽喉地带。宋神宗熙宁三年（1070年）开边前，湟（今青海乐都）、鄯（今西宁）、廓（今青海化隆）、河（今甘肃临夏）、岷（今甘肃岷县）、洮（今临潭）等州处于吐蕃唃厮啰地方政权的控制之下，秦州处于西北国防的前沿阵地。为适应国防安全的需要，秦州守臣韩琦扩建秦州城。《宋会要辑稿·方域》记载，庆历元年（1041年），守臣韩琦"增筑外城，乃广外城十一里，与内城联合为一城，秦民德之，号韩公城。兴功于元年十月三日，成于二年正月二十七日。广四千一百步，高三丈五尺，计工三百万。"[①]秦州城跃居西北各城镇之首，是当时最大的都会。

当时的秦州是唃厮啰和西域诸国使者入歇之地及蕃货集散的主要场所，吞吐量仅次于青唐城。王安石曾对宋神宗说："秦州蕃货四流"，"今蕃户富者往往有二三十万缗钱。"[②]《续资治通鉴长编》卷95天禧四年

[①]《宋会要辑稿》卷8086《方域》八之二二至二三，中华书局1957年版，第7451—7452页。

[②]《续资治通鉴长编》卷213，熙宁三年七月己亥，中华书局2004年版，第5177页。

（1020年）条记载，宋王朝"令西凉府回鹘，自今贡奉并由秦州路出入"①。西凉府（甘肃武威）是吐蕃六谷部首领潘罗支所建地方政权的府邑，常遣使贡献良马。秦州又是吐蕃属户的聚居地带。秦州㖫家位（驿站）不仅最为密集，而且宋王朝还打算在有些㖫家位为青唐吐蕃"置屋贮财"，如"曾诏于永宁寨（甘谷西西十里铺）以官屋五十间给唃厮啰收贮财物"②。可见秦州汉蕃互市的规模相当可观。秦州因在丝绸东路上占有十分重要的地位，故宋人把出大震关过陇山，经秦州及古渭寨而入青唐城的道路，称之为"秦州路"。

神宗熙宁七年（1074年）北宋政府颁布茶马法后，极大地促进了秦州市场的茶马贸易。秦州所建诸多镇堡寨中都设有卖茶场，以便招引蕃部贸易。熙宁八年（1075年），于秦州置市易司，③并在州城及清水县（今甘肃清水县）百家镇（今甘肃清水县东北六十里百家乡）、铁冶镇（今天水市天水镇）、陇城县（今天水市东三十五里）、伏羌城（今甘肃甘谷县）、甘谷城（今甘谷县北）、三阳寨（今甘肃天水市西北）、安宁寨（今址不详）、弓门寨（今甘肃张家川回族自治县东南恭门镇）、鸡川寨、陇城寨（今甘肃秦安县东北九十里陇城镇）、永宁寨置茶场。④这些茶场除了满足当地蕃部的需要外，还以回赐的形式流入唃厮啰、于阗商人的手中。宋朝熙宁开边以后，于阗进入中原的道路畅通无阻，便掀起了一个朝贡贸易的小高潮。据统计，从元丰八年到北宋灭亡（1084—1127年）的53年中，于阗朝贡达23次之多。唃厮啰死后，董毡即位，"（熙宁）十年（1077年）……董毡贡珍珠、乳香、象牙、玉石、马，赐以银、彩、茶、服、缗钱"⑤。于阗、青唐等国使团不一定要至京师贡献方物，往往是秦州守臣奉命代表朝廷行权宜之计，对番使就地予以回赐，回赐物品中应该包括蜀茶。

（二）古渭寨市场

古渭寨（今甘肃陇西县）位于秦州以西的渭河上游，东距秦州三百

---

① 《续资治通鉴长编》卷95，天禧四年三月壬申，中华书局2004年版，第2185页。
② 《续资治通鉴长编》卷135，庆历二年二月庚辰，第3220页。
③ 《宋史》卷186《食货下八》，中华书局1977年版，第4551页。
④ 《宋会要辑稿》卷17560《食货》二九之一四，中华书局1957年版，第5314页。
⑤ 《宋史》卷492《吐蕃传》，中华书局1977年版，第14164页。

里，嘉祐八年（1063年），宰臣韩琦说："秦州永宁砦旧以钞市马，自修古渭砦，在永宁之西，而蕃汉多互市其间。"① 因渭寨"正居要冲，愿建为州为陇右根本"②。所以，熙宁五年（1072年）"割秦之古渭寨以为通远军"③。古渭寨为秦州通往熙河的前沿。《续资治通鉴长编》上说："时拓土临洮自古渭始。"④ 因地理位置重要，古渭寨战略地位不断上升。熙宁十年（1077年）"诏……熙河、岷州、通远军各置榷场，贸易百货，以来远人，获利助边"⑤。通远军榷场不仅满足当地吐蕃部族的日常需求，还吸引了"远人（远方商人）"来此交易。元丰二年（1079年），经制熙河路边防财用李宪说："卢甘、丁吴、于阗、西蕃，旧以麝香、水银、硃砂、牛黄、真珠、生金、犀玉、珊瑚、茸褐、驼褐、三雅褐、花蕊布、兜罗绵、碙砂、阿魏、木香、安息香、黄连、氂牛尾、狨毛、羚羊角、竹牛角、红绿皮交市，而博买牙人与蕃部私交易，由小路入秦州，避免商税打扑。乞诏秦熙河岷州、通远军五市易务，募博买牙人，引致蕃货赴市易务中卖，如敢私市，许人告，每估钱一千，官给赏钱二千，如此则招来远人，可以牢笼遗利，资助边计"⑥。从这条记载看，远人指来自"卢甘、丁吴、于阗、西蕃"的商人。卢甘为青海东南部黄河源附近的羌人部落；⑦ 丁吴当为于阗与卢甘之间的部族，可能在青海境内；西蕃是对以唃厮啰政权为代表的河湟吐蕃部族的称呼。

（三）熙州市场

熙州地处洮河中游，距渭水源头很近，是宋由渭河流域向洮河流域转运物资的重要枢纽。王安石曾说："洮西必为内地，武胜更移市易即必为都会，洮河据夏国上游，足以制其死命。"⑧ 熙河之役后，由于秦州吐蕃对宋的仇视，秦州的茶马贸易受到影响，而洮水流域的熙州成为当时西北最大的茶马贸易中心。

---

① 《宋史》卷198《兵志十二马政》，中华书局1977年版，第4935页。
② 《续资治通鉴长编》卷230，熙宁五年二月乙亥，中华书局2004年版，第5604页。
③ 《续资治通鉴长编》卷238，熙宁五年九月丙午，第5787页。
④ 《续资治通鉴长编》卷241，熙宁五年十二月己亥，第5887页。
⑤ 《续资治通鉴长编》卷286，熙宁十年十二月甲午，第7000页。
⑥ 《续资治通鉴长编》卷299，元丰二年七月庚辰，中华书局2004年版，第7272页。
⑦ 汤开建、吴玉娴：《卢甘国考》，《青海民族研究》2007年第3期，第45—46页。
⑧ 《续资治通鉴长编》卷237，熙宁五年八月壬辰，第5769页。

熙宁五年（1072年）八月熙州收复后，北宋政府于"镇洮军置市易司，赐钱帛五十万，其管勾官令缘边安抚司保举以闻"，"以司农寺钱二十万缗赐秦凤路缘边安抚司，又以三司钱三十万缗赐镇洮军，并为常平本。"① 九月，以镇洮军"并边新造之地，宜有储积，以待警急，愿以其事下张诜、张穆之使并置博折务，仍分十五万与通远，七万与镇洮军"②。政府对茶马贸易的高度重视，实现了"牢笼遗利，资助边计"的目的。据《续资治通鉴长编》记载："向者是熙河每岁籴军粮二十二万石、马料一十万石，买草八十万束，以本路市易茶盐场息钱并酒税课利充籴本。"③

为防止吐蕃获取银、铜等金属铸造武器，宋政府采用榷禁蜀茶专用于博马的政策。熙宁七年（1074年），在成都设榷茶司，在秦州设置买马司，分管四川茶叶与吐蕃马匹的互市事宜。不久，又以提举茶事的官员兼管买马。自成都榷茶司设置以来，"每年欲起发茶四万驮赴秦州、熙河路依市价卖"④。熙宁十年（1077年）各卖茶场卖茶实际数额为：秦州5924驮，熙州10379驮，通远军6960驮，永宁军7091驮，岷州3386驮。元丰元年政府规定应卖茶额：秦州6500驮，熙州10900驮，通远军7600驮，永宁军7500驮，岷州4000驮。⑤ 熙河路实际销售量和预计销售量占总数的三分之一左右。据统计，从熙宁七年（1074年）至元丰六年（1083年），熙河路以茶为主要支尝物购马12万余匹。元祐元年（1086年）至宣和五年（1123年）购马38.7万余匹。⑥ 熙州市场在茶马贸易中举足轻重的地位可见一斑。

（四）青唐市场

11世纪初叶，河湟吐蕃首领唃厮啰统一河湟吐蕃诸部，以宗哥城（今乐都）为根据地，"东南至永宁九百一十五里，东北至西凉府五百里，西北至甘州五百里，东至兰州三百里，南至河州四百一十五里。又东至兖谷五百五十里，又西南至青海四百里，又东至新渭州千八百九十里"，

---

① 《续资治通鉴长编》卷237，熙宁五年八月己巳，第5771页。
② 《续资治通鉴长编》卷238，熙宁五年九月丙午，第5787页。
③ 《续资治通鉴长编》卷272，熙宁九年正月乙亥，第6670页。
④ 《续资治通鉴长编》卷282，熙宁九年五月庚午，第6914页。
⑤ 《宋会要辑稿》卷11683《职官》四三之五一，中华书局1957年版，第3299页。
⑥ 王晓燕：《官营茶马贸易研究》，民族出版社2004年版，第101—108页。

形成四通八达的交通网。明道（1032—1033年）初年，唃厮啰徙居青唐城（今西宁）建立政权。据李远《青唐录》记载，青唐城广二十里，由东、西两座相连的城组成。西城集中了唃厮啰政权的所有政权机构，王室的议事大殿、国相厅事和国王亲属厅事等，东城则是商业区和居民区。因青唐吐蕃第一任国主嘉勒斯赉生于高昌，其在位期间唃厮啰政权与回鹘、于阗友好往来，于阗、回鹘商人开始进入青唐。唃厮啰晚年，其幼子董毡娶于阗女章穆辖卜为侍婢，有恩宠，由是于阗商人开始侨迁青唐城。董毡晚年，鄂特凌古在位期间（1087—1096年），于阗进贡使团和商队猝然增多，云集青唐城，居时少则岁余，多则数年，有的长住不返，成为当地新移民。甚至有元丰年间宋王朝大批雇用于阗人畜运输军需之事。据《宋会要辑稿·蕃夷》记载，元丰六年五月，熙河路守臣言："西贼犯兰州，破西关，虏掠和雇运粮于阗人并橐驼。诏虏掠于阗人畜，令制置司优恤之。"① 除了于阗人外，青唐城还有为数不少的回鹘人。景祐中（1034—1038年），唃厮啰打败西夏的进攻，"潘罗支旧部往往归厮罗，得回纥种人数万"②。后回鹘商人继续东迁，定居秦陇间。

自大中祥符八年（1015年）二月唃厮啰等西蕃首领联合遣使贡名马，此后唃厮啰频繁遣使朝贡。唃厮啰死后，继任者董毡继续了与北宋友好交往的政策。熙宁十年（1077年），"董毡贡珍珠、乳香、象牙、玉石、马"③。唃厮啰政权统治区并不出产珍珠、乳香、象牙、玉石。把它们与《宋史·于阗传》中记载的熙宁十年（1077年）于阗人给宋朝的贡物"珠玉、珊瑚、翡翠、象牙、乳香、木香、琥珀、花蕊布、硇砂、龙盐、西锦、玉鞦辔马、腽肭脐、金星石、水银、安息鸡舌香"④ 相对照，发现绝大部分源于于阗商人。它们应该是从唃厮啰政权与于阗商人交换中得来的。作为交换另一方的于阗商人也从唃厮啰商人那里得到中原的丝绸、茶叶等商品，并运销到西域及中西亚国家。以唃厮啰政权为核心的青唐市场起到了中国与域外贸易中转站的作用。蜀茶，正是以青唐市场为最

---

① 《宋会要辑稿》卷4810《蕃夷》四之一七，中华书局1957年版，第7722页。
② 《宋史》卷492《吐蕃传》，中华书局1977年版，第14161页。
③ 《宋史》卷492《吐蕃传》，中华书局1977年版，第14146页。
④ 《宋史》卷490《于阗传》，中华书局1977年版，第14108页。

重要的中继站，不断地进入中亚市场。

第二节 蕃化与汉化：北宋时期秦陇南道上的佛教艺术

北宋时期，随着陆上远距离丝路贸易的衰落，中国与域外佛教文化交流减少。同时随着中继贸易的兴起和区域贸易的兴起，秦陇南道沿线佛教中国化、地方化和民族化趋势加强。具体表现在处于甘肃东部的渭河流域属于北宋版图，石窟明显受到北方禅宗的影响，而洮河流域和湟水流域曾经是吐蕃部族的聚居地区，藏传佛教和汉地佛教融于一体，故而独具风仪。

一 渭河流域石窟群反映的汉化倾向

麦积山石窟发展的高峰是在北朝时期，在经过隋代短暂的新发展之后，由于受地震、战争、政权割据等诸多因素的影响，现存的唐到五代300多年的塑像不足10身。但到了宋代，由于佛教世俗化和较为宽松的宗教政策、皇家和政府的支持、丝绸之路秦州路的兴盛、秦州及邻近地区贸易的繁荣、农业生产力的提高、农民依附关系的减弱及稳定的外部环境，[①] 麦积山又重新迎来了一个发展高峰期，这一时期虽没有重新开窟，但却是大规模地重修塑像。经过调查，经宋代重修的洞窟有50余个，将近占麦积山洞窟总数的1/3。其中的13（东崖摩崖大佛）、98（西崖摩崖大佛）、3、4、9、28、30、43、165等洞窟重修规模之大令人惊叹。在这一时期，寺院的规模也远大于往昔。

甘肃麦积山地处中国北方，与北宋息息相关，宋代石窟造像整体风格倾向于严肃、静穆，体现了禅宗北派注重坐禅，讲究禅定内观的特点。第43窟原为西魏文帝的文皇后乙弗氏寂陵，五代、宋时期演变为石窟。该窟龛（前室）内后侧正中塑一倚坐弥勒佛，左右侧前方各塑一身胁侍菩萨，龛后壁上方高浮塑两龙女、两条龙头的椅背，前廊左右侧各塑一

---

① 董广强：《宋代麦积山石窟发展的社会背景》，《敦煌学辑刊》2001年第2期，第60—67页。

身力士，后室内左侧前方立一尊石刻佛像。主佛螺髻，方圆脸，细长弯眉，双眼微合上斜，鼻小，唇厚，大耳，短颈，宽肩，挺胸；内着僧祇支，外着双领下垂袈裟，下衣贴腿；双足踏莲，倚坐于工字形坛座上；体态端庄，神情肃穆。力士头戴宝珠花冠，双眉倒竖，额部凹凸隆陷，怒目高鼻，两耳紧贴脑后，大嘴或闭或张；上身袒裸，戴项圈、手环，手握金刚杵；下着短裙，紧贴身躯，双腿叉开，身体斜倾，跣足立于云头形低台上，身上飘带飞扬。臂、腿、手、足肌肉多处隆起，筋脉血管暴涨。① 尽管动作夸张幅度很大，仍然给人以距离感。第133窟为佛与弟子的彩塑，大佛通高3.78米，神态端庄肃穆，梵式发型很典型，从中仍可窥见隋唐佛像遗风。双掌合十、虔诚礼拜于佛前的弟子塑像高约1.56米。两尊塑像高矮悬殊，表现的是迦叶向达摩传教的情节。第90窟有一尊坐禅佛像，盘膝而坐，掌心朝上，相叠于腹下，上身不偏不倚，表型的是禅宗北派所极力提倡的渐修方法形式——坐禅。② 水帘洞石窟宋代一佛二菩萨主佛面目庄严肃穆，口紧闭，同样给人的整体感觉是宗教氛围浓烈，缺少生活气息，这与北派注重坐禅，讲究禅定内观的特点有关。受宋代世居秦州渭河沿岸的吐蕃诸部的影响，麦积山第11、100、127等窟造像特点在某种程度上反映出唐代以来密宗在秦州地区的传播与流行情况。③

二　洮湟流域宗教信仰的吐蕃化倾向和炳灵寺石窟的衰落

早在唐末吐蕃占领时期，洮湟流域的石窟艺术就出现吐蕃化的倾向。如前举炳灵寺第11窟为晚唐吐蕃控制时所开，壁画中的菩萨头戴宝冠，下着薄纱透体长裙，双腿线条隐现，这种透视技法具有吐蕃艺术特征。藻井中绘有飞天，飘带飞扬，身姿舒展，具有唐朝画圣"吴带当风"的艺术风范。北宋时期，今河西走廊、洮河流域和青海的湟水流域佛教艺术融西域佛教、藏传佛教和汉地佛教于一体，出现独特的艺术风格。由

---

① 项一峰：《麦积山第43窟研究》，《敦煌研究》2003年第6期，第54—57页。
② 张海澄：《五代两宋佛教雕塑的佛学内涵》，《雕塑》1997年第2期，第8—13页。
③ 孙晓峰：《关于麦积山第127窟宋代造像的几点思考》，《敦煌学辑刊》2018年第4期，第54—63页。

于河陇地区汉、蕃（亦作番）地方政权的崇佛重僧和宋王朝的大力支持，寺庙林立，规模宏大，浮屠（宝塔）突兀，僧侣接踵，呈现出一派昌盛气象。宋李远《青唐录》说，青唐城（吐蕃政权的首府，今西宁市）外西郊，建有大寺院，"广五六里，绕以冈垣，屋至千余楹。为大像，以黄金涂其身，又为浮屠十三级以护之。阿里骨敛氏作是像，民始离。吐蕃重僧，有大事必集僧决之……城中之屋，佛舍（居）半，维国主殿及佛舍以瓦，余号（虽）主之宫室，亦土覆之"①。这座大寺院，围墙周长四五里，寺内殿堂屋宇多至千余排，每排少则三屋计，竟有三万余间。诸佛殿顶，以青瓦覆盖，殿柱均加彩绘。殿内大佛，高数丈，或镀以黄金，或纯金铸塑，饰以珍珠，覆以羽盖。辅臣高僧于佛像两侧议决军政大事。护佛浮屠，饰以金箔铜铃，高耸云霄，仰望之，不寒而栗。寺院规模之大，装饰之华丽，着实令人咋舌。至于都邑青唐城内，一半为瓦屋佛舍，只有国主朝见群臣的大殿，方可与佛舍等贵贱，以瓦覆之，余皆为土屋，其中包括国主和公主的寝宫，亦为土室。

熙河地区（甘肃洮水流域），蕃部族帐繁多。依吐蕃人的请求，宋王朝拨专款在蕃区修建寺院。宋神宗熙宁六年（1073年），宋将王韶收复熙（甘肃临洮）、河（甘肃临夏）、岷（甘肃岷县）、洮（甘肃临潭）、宕（甘肃宕昌）五州后，宋神宗诏令在收复区由政府拨专款众建寺院。《长编》卷239熙宁条载："乃救数州皆建佛寺"，并"赐秦凤路缘边安抚司钱一万缗与镇洮军建僧寺"。一缗为一千文，镇洮军（治所在今甘肃临洮），置于熙宁五年，政府拨专款在此大兴佛寺。熙宁五年，熙州建"大威德禅院"。熙宁六年，河州建"广德禅院"。同年又建起"东山禅院"和"东湖禅院"。禅院，即佛寺。熙宁七年，岷州修建"广仁禅院"。大凡蕃区著名的新建寺庙，多由宋王朝赐名，汉蕃僧俗把由皇帝赐名的禅院又呼之为"御书院"，以示莫大的荣宠。宋神宗赐东山禅院曰"慈云"，东湖禅院曰"慧日"，赐镇洮军新建佛寺以"大威德禅院为额"，"赐岷州新置寺名曰广仁禅院，仍给官田五顷，岁度僧一人"。大致蕃区寺院都拥有由政府划拨的官田，以供其僧人生活和佛事活动方面的消费。佛寺

---

① （宋）李远：《青唐录》卷35，载孙菊园辑《青唐录辑稿》，《西藏研究》1982年第2期，第154页。

建筑规模仍然巍然壮观。《宋会要辑稿·蕃夷》载,元丰七年(1084年),立广仁禅院碑,从碑文看,广仁禅院巍然风光,耸立于郁郁丛林中,灵气洋溢于清空,钟声回荡于旷野。大殿内金身大佛像,光彩照人,肃敬之意,油然而生。寺内四百六十区的屋宇楼阁,排列有序,有专供僧徒的常住居屋,有供善男信女憩息的旅舍,亦有储藏的米仓和洗手间以及藏经书的楼阁,俨然自给自足,别无他求。大约广仁禅院的设施风格,当是蕃区寺院的一般模式。《长编》卷481载:接踵拔地而起的一座座宝刹,都饰以从内地赐予的金箔、珠子、璎珞、绢彩、金银。青唐吐蕃国主阿里骨为修饰佛寺,经常派使臣赴宋,求赐赠金箔、彩绢。寺院主事高僧皆衣紫色袈裟,气度轩昂,亦有师号和法名。他们的紫袍袈裟、师号、法名,都是宋王朝赐予的。[1]

在洮湟地区广建寺院的同时,丝路明珠炳灵寺石窟趋于衰落。主要原因是北宋后期的两次开拓河湟都影响到河州,整个河州社会处于战备的紧张状态,没有一个稳定的社会环境使炳灵寺石窟得以进一步发展繁荣。其次北宋中后期,随着伊斯兰教的东进,西域同中原的宗教交流主要是伊斯兰教,因此,中原王朝不再遣佛僧往西域学法,而从西域至中原传教的僧侣也大量减少,从而使处于丝绸之路南道枢纽位置的炳灵寺石窟不能补充新鲜血液而渐渐衰落。[2]

---

[1] 任树民:《独具风仪的河陇吐蕃佛教文化》,《西藏艺术研究》2003年第1期,第57—60页。

[2] 彭尧嘉:《明珠的黯淡——北宋炳灵寺石窟衰落原因蠡测》,《卷宗》2018年第12期,第228—229页。

第 八 章

元明时期的秦陇南道

蒙元王朝是依靠军事征服而建立起来的空前统一的封建帝国，所以其必然带有许多落后性因素。但是，就其盛时状况而言，无论在其版图广度上、军事力量上，还是在经济发展上、海陆交通畅达上以及对外开放的规模上，都超越了前代。其对外贸易并没有因战事而停滞，相反却得到了较大的发展。元帝国政治、军事的强大实力和驿站制度的实施，为陆上丝绸之路贸易的回升提供了有利的条件。13世纪蒙古西征中亚及元统一以后，中西陆上交通又恢复畅通，陆上丝绸之路又呈现出一派繁荣景象。

一 元明时期秦陇南道的演变

（一）元代丝绸之路秦陇南道

元代东西陆路交通的基本干线有三条：即北道、中道和南道。北道，从和林出发，沿天山北路，到达中亚、西亚，甚至到达欧洲。中道，出河西走廊，经高昌过银山道至焉耆，西达龟兹（今新疆库车），再越勃达岭进入热海道，又从昭武九姓地区进入波斯境内，往西经两河流域地区直至地中海东岸。南道，出河西走廊后，由罗布淖尔南沿昆仑山之北，往西至可失哈耳越葱岭，再由阿姆河南、里海南，往西进入两河流域地区，直到地中海东部地区。三条道路中，南道来往人数最多，也最为繁荣。河西走廊再一次成为重要的交通要道，通过这些交通要道，中亚、西亚的回回商人不停地来往于华。这些商人一般携带的是大量的金银、珠宝、药材、奇珍异兽、香料、竹布等商品，在他们所经过的地区沿途出售，然后购买中国的缎匹、绣彩、金锦、丝绸、茶叶、瓷器、药材等商品而返。

据《析津志·天下站名》和《经世大典·站赤》记载，从长安通西北有三条驿道：一是沿着唐末至宋初的灵州道，开通了从长安向西北通往灵州（治今宁夏灵武），再折西去河西走廊的道路，此道长安至灵州间的驿站有咸阳、兴平、乾州、永寿、邠州、宁州、庆阳、环州、萌井等站；二是从长安向西经凤翔、秦州至狄道（今临洮），再向西通宣政院辖区（今青海省和西藏自治区）的驿道。沿途经过的驿站有咸阳、兴平、武功、扶风、岐山、凤翔、临汧、汧阳、故关（今陕西故关镇）、上邽（今清水县）、社树坪（今社棠镇）、秦亭（今天水市）、伏羌（今甘谷）、文盈（文峰镇）、巩昌（今陇西）、首阳（今渭源），狄道以西经河州去青海、西藏，或经兰州入河西走廊；三是从凤翔府向北，经泾州西北往兰州以至河西、西域的驿路。这条驿路经过的驿站有小川、蛮坊、董店、泾州（今甘肃泾川县）、白水（平凉东南白水镇）、平凉、瓦亭（宁夏回族自治州瓦亭镇）、德顺军（今静宁县）、吴家湾、会州（今会宁县）、定西州（今会宁县）、金州（今榆中县）和兰州。从定西分支路去西宁。从泾川到瓦亭一段，是汉唐时期从长安通河西走廊以及西域的驿道北线，秦始皇、汉武帝、周太祖、唐太宗均曾巡行于这条道路上。李学勤先生认为泾州之南置驿以通凤翔，瓦亭之西置静宁、会宁、定西以通兰州，可能与唐代末年对吐蕃，尤其是北宋时期对西夏的军事活动有关。至于瓦亭至兰州间，此线经过的德顺军、会州、定西州、金州附近，隋唐时期连一个州县治所也没有，并非驿道所经。当时从长安西通河西、西域的驿道北线，系由瓦亭北折固原，再转西北，于今景泰附近渡黄河，越腾格里沙漠南缘而西去凉州。北宋初年，西夏兴起，北线阻隔，中原与西域的交通改为河湟青海路。而在宋夏交界地区，由于军事上的需要，两国竞建军城堡寨，修筑联系这些军城堡寨的道路。并陆续以这些军城堡寨为基础设置了一些郡县。北宋仁宗庆历三年（1043年）始置德顺军，哲宗元祐八年（1093年）始置陇干县。金改德顺为州，增设西宁、安西、怀远三县，后又分别升为会州、定西州、金州，又增设了隆德县。

元代初年，奉元路长安西通临洮的驿道有过一次改线，即这条驿道的凤翔、陇州、秦州、巩昌、临洮的驿站曾全被裁撤，移并经泾州、平凉府、静宁州、会州、定西州、金州以至兰州之线。据《经世大典·站赤》记载，元世祖"至元三十年八月，陕西汉中道肃政廉访司申：秦州正当重要去处，往来使臣频并。自至元二十三年改移站赤前去平凉安置，本处并无存留铺马，……西至巩昌，东至陇州，近系山路。……平凉府道子径直，更好水草"①。据上文可知，平凉府"道子径直，更好水草"是一度废除秦州路站赤的原因之一。秦州路只有陇州以东的关中平原和秦州附近道路较为平坦，其他地方坡陡路险，而泾川、平凉、静宁、定西一路，六盘山以东至奉元府近半数的驿路，都处于关中平原和陇东黄土高原平坦的塬面上，六盘山及其以西葫芦河和祖厉河上源山区的道路，虽然也多起伏盘折，但处于葫芦河和祖厉河上源山区塬顶上或川道中的道路大多都可以车行无阻，路程也比秦州、巩昌路缩短二百里。所以明代在这条线路的长安、兰州间设置的专司运粮递运所近30所，而陇州、秦州、巩昌至狄道线上设置的递运所不到10处。也就是说，汉唐以来由长安西通河西走廊、青藏高原的驿路已经由秦州路、临洮路转移到平凉、兰州线上来。②改道的另一个原因是陇右地区的饥荒使大批军民站户流亡，秦州路交通难以为继。据《元史·世祖纪》记载，元世祖至元十六年（1279年）"（六月）癸卯，以临洮、巩昌、通安等十驿岁饥，供役繁重，有质卖子女以供役者，命选官抚治之"③。至元十七年（1280年）"十二月丙辰，赈巩昌、常德等路饥民，仍免其徭役"④。元世祖至元二十二年（1285年）巩昌府发生严重饥荒，大批"军民站户并诸人奴婢，因饥流入陕西、四川"⑤。由于秦州、巩昌地区驿道被废，往来这条驿道上的官员都集中到平凉、兰州线上来，所以平凉、兰州驿路格外繁忙。另外值得注意的是，秦州路除了交通地位发生变化之外，局部路线也发生了变化。《经世大典·站赤》记载由上邽（今清水县）至秦亭（今天水市）的路线中间要经过社树坪（今社棠镇）。元代以前，由今清水县至天水市的路线一直沿牛头河西岸的梁脊南行。元代，可能由于气候变化，

---

① 解缙等编：《永乐大典》卷19423引《经世大典·站赤》，中华书局1986年版，第7261页上。
② 李之勤：《元代陕西行省的驿道和驿站》，《西北史地》1987年第1期，第1—8页。
③ （明）宋濂等撰：《元史》卷10《世祖纪七》，中华书局1976年版，第213页。
④ （明）宋濂等撰：《元史》卷11《世祖纪八》，中华书局1976年版，第229页。
⑤ （明）宋濂等撰：《元史》卷13《世祖纪十》，中华书局1976年版，第279页。

280 / 丝绸之路秦陇南道历史地理考察

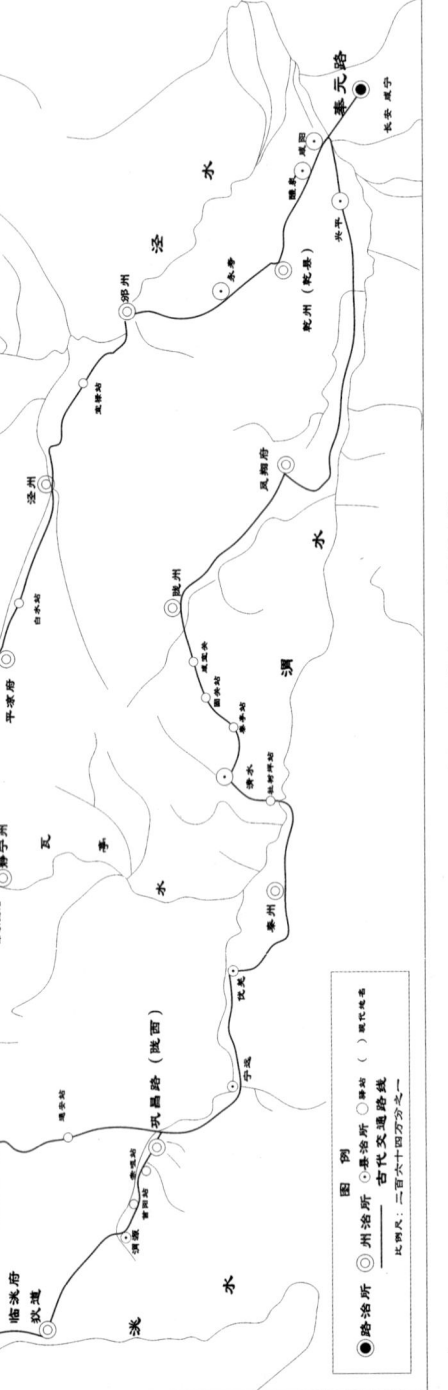

图8.1 元代奉元府治长安西至兰州的驿道

清水县迁至牛头河南岸一级阶地，从而引起局部交通线路的变化。从奉元路长安经灵州西去河西走廊的驿路，由于南北绕行过远，驿程较之前述两路都多，而且沿途多荒凉缺水无人的沙碛荒漠地区，旅途安全和食宿都缺乏保障，所以行人稀少。

（二）明代的丝绸之路秦陇南道

明仁宗洪熙年（1425年）以前，明政府以"关西七卫"之一的哈密卫为出发点，招来西域诸国，别失八里、撒马尔罕、哈列、八剌黑等国与明友好往来，和平相处，[1] 丝路河西道仍然呈现出一派繁荣景象。当时，外国商人以贡使的名义，通过丝绸之路与中国进行着广泛而频繁的商贸活动。对于他们带来的所有物品，除粗劣之物外，明朝一概准许入境。其主要物品有马匹、骆驼、狮子、钻石、卤砂、宝石、地毯、纸张、葡萄干、金银器皿、宝刀等。西域商人以此来换取中国的瓷器、红玉、丝绸、布匹、棉花、花毯、茶叶、乌梅、麝香、大黄、颜料、金箔、桐油等。正如《明史·西域传》所载："回人善营利，虽名朝贡，实图贸易。"这些外国商人代表所在国国王，并随身携带部分侍从，通过肃州（今酒泉）、甘州（今张掖）、凉州（今武威）、庄浪、兰州、平凉、西安、潼关、临清等地而至北京，须在春节之前到达，利用新年之际觐见皇帝。他们每到一地，当地官员都要组织一次出色的盛会，欢迎他们的到来。同时，起送使臣可以在所经过的城镇短暂游览，但不得从事交易。他们的大部分行李存在甘州等地，只携带一部分优质商品前往北京。[2] 从外国商人觐见中国皇帝的线路看，他们由兰州至西安的线路绕开秦州，秦州路在中西交通中的地位进一步下降。在秦州、临洮路下降的同时，平凉、兰州路地位得到加强。明在这条线路的长安、兰州间设置的专司运粮递运所近30所，而在陇州、秦州、巩昌至狄道线上设置的递运所不到10处。

明仁宗洪熙年以后，改变以前通西域下南洋的积极政策，招来西北边境无休止的纷扰。15世纪下半叶，瓦剌始强，不时抢劫往来商旅，加之吐鲁番与明王朝争夺哈密，侵犯肃州，战乱不已，河西道再度阻塞。

---

[1] 赵丽生：《明朝的西域关系》，《东岳论丛》1981年第1期，第86—91页。
[2] 田澍：《明代丝绸之路上的外国商人》，《光明日报》2003年1月28日。

这时，盘踞柴达木盆地的阿端、曲先也多次邀劫西域贡使与明朝使臣。据《明史·西域传》记载"洪熙时，曲先酋散即思邀劫朝使，协阿端指挥锁鲁丹偕行。已，大军出征，锁鲁丹惧，率部众远窜，失其印。宣德初遣使招抚，锁鲁丹犹不敢归，依曲先杂处"①。青海道阻塞不通。与东亚形势相同，中亚亦烟云遍地，战乱不息，千百年来东西方人民用血汗浇铸而成的丝绸之路，到此时，东西方商旅视为畏途，一切商业贸易和来华使节，全部改为海路，陆上交通为之隔绝。随着丝绸之路的衰落，秦陇南道由国际交通线路蜕变为区域交通线路。

由国际交通线路演变为区域交通线路后，秦陇南道线路曾有过一次重大改线："明正统时，因关山路阻，始改从咸宜凿山开道，径通秦凤"②。"咸宜"一名最早见于《资治通鉴》，后梁贞明六年（920年）蜀使王宗俦"将兵伐岐（凤翔），出故关，壁于咸宜，入良原，……攻陇州"③。据李之勤考证，元代从兴元府向西经秦州（治今天水市）至临洮通宣政院的道路上，自东向西经过的驿站有咸阳、武功、兴平、扶风、岐山、凤翔、临汧、汧阳、故关、上邽、社树坪、秦亭、伏羌、文盆、巩昌、首阳各站，说明故关虽废，但仍然为陇道上的必经之地。咸宜关道从陇县西行至曹家湾、咸宜村、崖付沟口、马鞍子、骆驼巷、鬼门关、菜子河、南寨铺或在崖付沟口继续前行，迂回三十里经小老爷岭（碑志梁）至南寨铺，再由南寨铺至长宁驿。④清代在这条线路上自东向西依此设麻黄铺、流渠铺、咸宜铺（置关）、焦家铺、捉蛇铺、分水铺、南寨铺、长宁铺，共一百一十里。⑤咸宜关道也是在"便捷"原则的指导下选定的，但其科学、合理的成分较少："沟谷路段随地形起伏跌宕，艰险异常。布线至谷底，未采用回头弯道技术，直线上山，坡度达到50%左右，人为地设置了一道障碍。咸宜关道的作用仅仅在于沟通陇县与天水的交

---

① （清）张玉廷：《明史》卷218《西域传二》，中华书局1974年版，第8553页。
② 乾隆《续陇州志》卷2《关梁》，台北成文公司出版社1976年影印本，第165页。
③ 《资治通鉴》卷271，明嘉靖三十三至三十四年（1544—1545年）杭州孔天胤刻本，第6页。
④ 张国藩、赵建平：《丝绸之路陇坂古道考察散记》，《丝绸之路》2001年第1期，第107—111页。
⑤ 乾隆《续陇州志》卷2《关梁》，台北成文公司出版社1976年影印本，第171—172页。

通，线路标准低就是理所当然的"①。由于交通地位的下降，政府投入减少，线路标准也随之降低。

二　秦陇南道沿线佛教石窟文化的变迁

元明时期，由于秦陇南道在国际交通中地位的下降、伊斯兰教在西域的扩展和在甘肃境内的逐渐兴盛，秦陇地区佛教与域外佛教交流进一步减少，而大一统王朝政治的渗透、程朱理学的兴起和道教的传播，使佛教世俗化和民族化进一步加深。

元明清时期，天水、陇南一带的新开凿的石窟规模明显变小，且散布在一些偏远的山村地区，更多的开凿和重修活动主要集中在原来就规模较大的石窟寺中。窟龛形制上，单纯依山开凿的方式锐减，更多是利用天然崖穴略加修凿，或采取前殿后窟形式，或单独依山建殿。孙晓峰认为窟龛形制上的变化，一方面反映了建筑技术的进步，另一方面则直接折射出早期石窟寺以禅修、观像、做功德为主的功能正逐步被世俗化、大众化的实用崇拜功能所替代。造像内容上，不再是佛教题材独占天下的局面，特别是明代以后开始大量出现太上老君、玉皇大帝、药王孙思邈、三官像、送子娘娘、孔子、关帝、魁星等反映道家和儒家内容的造像。②

秦陇南道沿线佛教石窟、造像和壁画，在受儒家和道教影响的同时，还受到民族文化的强烈影响。水帘洞石窟的拉稍寺和千佛洞单元保留元代壁画约350平方米，特别是拉稍寺北周摩崖大佛和胁侍菩萨像的周围，保存有大量元代重绘的诸天听法、千佛、说法图、西方净土变等，在绘画技法和表现形式上体现出浓郁的藏传佛教风格。水帘洞石窟东壁壁画表层正中所绘大佛菩萨和南上浮雕喇嘛教塔，大佛长鼻深眼，嘴角胡须上翘，手法粗狂拙劣，为元代重作，亦有浓郁的藏传佛教风格。麦积山第58窟的元代水月观音，第48窟的元代四臂观音等都属于密宗造像。③

---

① 张国藩、赵建平：《丝绸之路陇坂古道考察散记》，《丝绸之路》2001年第1期，第107—111页。

② 孙晓峰：《甘肃天水、陇南地区中小石窟的初步考察》，《敦煌学辑刊》2006年第4期，第42—51页。

③ 同上。

藏传佛教，或称藏语系佛教，又称为喇嘛教，是指传入西藏的佛教分支。藏传佛教是以大乘佛教为主。至元朝，随着蒙古军队的铁蹄横扫，原来属于宋、西夏、吐蕃的广大土地尽归其所有。藏传佛教借助蒙古战车向内地传播。这时候的藏传佛教相当成熟，出现了好几个教派，如宁玛派、噶当派、萨迦派、噶举派等，其中萨迦派最为著名。蒙古可汗与萨迦领袖一拍即合，互为利用，蒙古人利用萨迦派统治西藏，萨迦派利用蒙古人发展势力。元世祖忽必烈把萨迦"五祖之一"的八思巴封为国师，赐玉印。1264年，忽必烈迁都北京，设总制院，掌管全国佛教和藏族地区事务，八思巴以国师的身份兼管总制院事。后来忽必烈又加封八思巴为帝师、大宝法王。八思巴在元中央的走红，使萨迦派青云直上，为其在全国的传播提供了可靠的权力保障。这时的炳灵寺也兴起了"萨迦潮"，今天我们在炳灵寺许多洞窟中仍可看到元代时期重绘的萨迦派壁画。尽管有的洞窟中的元代萨迦壁画被后来的格鲁派重绘，但有的仍十分明显，尤其以3号窟的壁画最为典型。3号窟是唐代时期开凿的方形平顶窟，窟内的石雕造像及佛塔均为唐代作品，但壁画是元代萨迦派入主炳灵寺后重绘的。右壁绘有千手千眼观音等壁画；左壁绘有文殊菩萨及善财童子五十三参的佛教故事画；正壁绘有多幅佛教因缘故事，正壁最上层绘有元代各教派领袖及佛祖的画像，其中有萨迦派创始人贡却杰布的画像，正壁左上角绘有两幅双身修行像，即时轮金刚和胜乐金刚，这是炳灵寺为数不多的元代壁画珍品，这种双身修行在萨迦派最为流行。除3号窟外，其他洞窟中还有元代萨迦派的壁画。随着元朝的衰落，萨迦派在西藏的地位由噶举派取而代之。噶举派在炳灵寺也有一定的传播，在洞沟7号窟中就有噶举派创始人之一米拉日巴的石雕像。萨迦派和噶举派门户之见很深，为了在元中央争宠，相互间的斗争十分激烈。在炳灵寺石窟中两大教派各有其势力范围。萨迦派凭借手中的权力占据了炳灵寺大寺沟显赫的位置，而噶举派则以偏僻深幽的洞沟为其发展基地，显得神秘莫测。后期兴起的格鲁派是对炳灵寺影响最大的一个教派。炳灵寺的二百多个窟龛，在藏传佛教兴起后大部分被重绘过，而在这些重绘过的洞窟中格鲁派壁画占了80%以上，宗喀巴大师及"师徒三尊"的画像比比皆是。格鲁派在炳灵寺的传播者应首推宗喀巴的第四大弟子释迦也夫·绛钦却杰。格鲁派创立后，明朝永乐皇帝于1413年派专人去西藏请宗喀巴进京，宗喀巴便派其第四大徒弟绛钦却杰迎召前往，被永乐皇帝封为"大慈法王"。绛钦却杰曾两次路过炳灵寺，为该寺僧人传播格鲁派教义，格鲁派由此在炳灵寺安家落户，并成为这里的主人。从明永乐年间格鲁派传入后，其在炳灵寺的发展速度和规模超过了以往任何教派。由于其严守戒律教规，博得僧俗群众的广泛支持，具有以前各教派所没有的生命力，所以炳灵寺的原来隶属各教派的僧人都改信格鲁派。格鲁派的传入，使寺院面貌为之一新，格鲁派在寺院内相继进行了一系列的弘法活动，包括整顿寺规，修缮寺院，重绘壁画，甚至重新开凿一些洞窟等。据保存至今的145号窟的《大明碑》（《重修古刹灵岩寺碑记》）记载：格鲁派传入后，相继在成化元年（1473年）、弘治三年（1490年）、正德十二年（1517年）、嘉靖十六年（1537年），对炳灵寺的寺院、洞窟、建筑、壁画进行了重修。由此，炳灵寺出现了自唐朝以后从未有过的欣欣向荣的局面。康熙、乾隆、嘉庆时期是藏传佛教在炳灵寺发展的黄金时期，之后，随着清王朝的衰败，炳灵寺也开始走向衰落。[1]

三　秦陇南道上的外来移民与商业活动

（一）丝绸之路与河湟、洮河流域外来移民

1. 蒙古人西征与西北的中亚移民。阿拉伯伍麦叶王朝呼罗珊总督屈底波不断进行征服中亚的战争，705年攻克巴尔黑，706—709年征服布哈拉及其周边地区，710—712年征服撒马尔罕和花剌子模，713—715年深入锡尔河费尔干那地区，他成为伊斯兰教在中亚传播的奠基人，使得伊斯兰教最终在整个中亚扎根。阿巴斯王朝时期，为了弱化突厥人在中亚的影响，大批地迁移阿拉伯人、波斯人，把他们安置在河中地区的村镇和城市，成为当地的定居民。同时，阿拉伯、波斯的商人、传教士也活跃于中亚，使得中亚成为一个文化、民族和种族的熔炉。12世纪末13世纪初，蒙古人在北方草原兴起，先后统一了草原各部落，实力逐渐强大。1219年，成吉思汗因其商队被杀于花剌子模而发动了历时7年的西征，

---

[1] 曹学文：《藏传佛教在炳灵寺的传播、发展及衰落》，《西藏研究》2000年第1期，第103—107页。

先后征服数十城池；征服中，因其战争消耗比较大，兵力不足，多编当地青年作为"签军"，为其征战；同时还征集工匠和拥有某种技术的人随军服务或发送东方诸国，其数目常以万计。这样大批的中亚穆斯林就到了中国，再加上此后前来经商、传教或者由于其他原因来中国的人也应当不在少数，如赛典赤归附时就带有千余骑。中国西北地区信仰伊斯兰教的少数民族撒拉族、东乡族和保安族的形成也与元代入华的中亚穆斯林有一定的关系。

2. 元代迁入甘肃的中亚移民的分化。元代大量的中亚回回人、蒙古人进入甘肃，出现了"元时回回遍天下"的局面，大规模的军事行动结束后，他们大多被安置屯田，虽然回回人在甘肃的屯田主要分布在河西地区，但在其他地方也有不少，如河州等地。西征结束后，成吉思汗曾南下攻西夏，占据洮、河、西宁等州，战事结束，其随军征战之"签军"多镇戍征服之地，逐渐由兵转民，而众多工匠、手工艺者也随地定居下来。于是内而各卫，外而行省，皆立屯田，因此在河湟地区屯田也是必然的。另外根据元初用兵征讨，遇坚城必屯田以守的特点，这些地方作为屯戍之地也是不成问题的，作为蒙古宗王南忽里屯田之地的白城子就在民和官亭地区，土族中也有这样的传说。而文宗时候，也下诏"命陕西行省赈河州蒙古屯田卫士粮两月"，[①] 这些屯田的人中间除了蒙古人，中亚回回人也不少。这样河湟地区回回人的数量在无形中逐渐滋长。而蒙古人作为统治民族，以为官、屯田、屯戍等原因，在这一地区的数量也开始增多。

元代蒙古人是统治民族，社会地位高，因此蒙古语成为一门热门语言，并逐渐成为一些地区，特别是北方地区的通行语言，这在元代诗文、戏曲中反映最为明显，甚至在一段时间内"除江浙、福建等南方省份外，朝廷降诏均用蒙古字书写"，[②] 以至于学会蒙古语的契丹人、汉人冒充蒙古人的事件发生，朝廷在一段时间不得不下令非蒙古人不得学习蒙古语；而与此同时，从中亚地区来的回回色目人由于来自不同地区，语言存在着一定差别。波斯语虽比较流行，但并非普遍通用的。因

---

① （明）宋濂撰：《元史》卷34《文宗纪三》，中华书局1976年版，第77页。
② 李祥林：《语言民俗和戏曲创作》，《文学与文化》2011年第3期，第58—65页。

此，他们到中国后为了共同生活和交流的方便，逐渐借用了作为统治民族语言的蒙古语，蒙古语逐渐成为河西到河湟一带的通行语言。虽然元朝统治时间不足百年，但这近百年的时间足以改变一个外来群体的语言。这样，生活在河湟一带的各个民族逐渐形成了一个语言的共同体，这个实体中就包含了今天的一部分蒙古族、回族、东乡族、保安族、土族和部分裕固族等民族的先民。学者们对蒙古语族语言进行研究后也指出蒙古语族与9种现代语言是亲属语言，有同源关系，还列图示说明东乡语、保安语、土族语源于共同的近古蒙古尔语，而近古蒙古尔语出自中古西支蒙古语。[①] 但同时，这个语言共同体也包含伊斯兰教、萨满教和佛教等不同的宗教信仰体系。伊斯兰教信仰者主要是回回色目人和改信伊斯兰教的蒙古人，最有名的就是安西王阿难答使他的十多万部下改信伊斯兰教的事；这个语言统一体中其他宗教的信仰者主要是蒙古人和一些当地土著民族。这种宗教上的差异就为这个语言共同体的分化保留了思想文化基础。

这样，语言上的分化和宗教信仰的差异使这个语言实体走向了不同的道路，不同群体的语言在分化中受其他民族语言的影响和自身的变异而形成了东乡、保安、土族等民族语言。而改用汉语的那部分信仰伊斯兰教的群体就成为今天这一地区部分回族的来源。由此我们甚至可以说部分临夏地区的回族和今天的东乡族是同源异流的民族。

（二）土族、回族与东乡族的形成

元朝蒙古人、回回人的社会地位比较高，但元朝很快就灭亡了，明朝建立后禁胡风、胡俗、胡语，还规定，凡蒙古人、色目人听与中国人为婚姻，不许本类自相嫁娶，"违者杖八十，男女入官为奴"。与此同时，明初实行"移民实边"，从江淮湘蜀、冀晋秦陇等地大批向河湟移民，多数是举族而迁，也有谪垦罪因，从而使大量的汉族进入河湟地区，汉文化的影响也不断增强。在这种强大的政治、文化压力下，少部分留居河湟地区的蒙古人、回回色目人逐渐改用了汉语，改穿汉服。但是大部分回回色目人和信仰伊斯兰教的蒙古人继续保留了自己的宗教信仰，并在以后的演变中发展成为今天这一带的回族。而那些留居当地信仰萨满教

[①] 喻世长：《论蒙古语族的形成和发展》，民族出版社1983年版，第67—71页。

或其他宗教的蒙古人大部分演变为汉族，也有一部分屯留湟水一带的蒙古人和当地土著融合，形成了今天的土族；但还有部分回回色目人、蒙古人为了保持其文化而进入了高山险阻的东乡地区，保留了他们通用的语言——蒙古语。通过相互融合，发展成为今天的东乡族。[①]

（三）保安族的形成及其商业活动

公元1227年，蒙古军队灭西夏，占领了河州、积石州（包括同仁地区）。河州地区成了蒙古军队进攻中原，征服南宋、大理等国的后方据点。起初，蒙古军队和"探马赤军"进驻隆务河谷，就地屯垦，执行"上马则备战斗，下马则屯聚牧养"的任务。至元十年（1273年）元世祖下令，"随地入社，与编民等"。至此，众多的色目人结束了军旅生涯，在社的编制下，定居农垦，成为普通的农户。同时还有一部分人过着兵农结合的生活，即"屯戍人户"。"屯戍人户"的聚居，与入编社民即可聚居又可杂居的状态成了保安地区周边诸多村落的创始，形成大分散小聚居的空间格局。在隆务河谷的同仁地区戍边屯垦的军队，就成了保安族的先民。保安族在此基础上逐渐形成。明代，一部分保安人东迁临夏境内。从元代到明清时期，保安人的商业活动主要集中在隆务河谷地与河湟地区的农牧区，贸易的商品主要局限于农副产品和农牧民生产工具。时至民国，保安人的商贸活动扩大了范围，活跃在全国和国际市场。保安人迁入积石山地区后，最初做短途的"脚户"生意。他们从积石乡采购优质的农产品和各种农具，贩运到循化、同仁以及黄南地区，或从河洲采购藏传佛教使用的各类器具，贩卖到甘南、夏河、黄南等藏区。

20世纪20年代，保安人的商贸活动已经突破农牧交错带，拓展到甘青牧区和青海海西柴达木一带。这类贩商被称作"靴子客"。随着贸易范围的扩大，一批积累了大量资金且经验和信息丰富的保安商人，开始走进后藏地区，继而走出国门到达印度，随被称为"藏客"和"印度客"。还有一批保安商人走向北京、天津、汉口、内蒙古等地，他们被称为"中原客"。更有甚者，漂洋过海成为"日本客"。在这些保安

[①] 陈文祥：《东乡族族源"撒尔塔"说商榷——兼论东乡族的形成》，《西北第二民族学院学报》（哲学社会科学版）2007年第2期，第44—50页。

商人中，跑短脚的大都是贫下中农，家中不甚富有，只能以土地作抵押，让同村或相熟的乡邻作担保，借钱做本钱外出做生意。由于信息不畅，贩卖生意有赔有赚，不一定都能挣到钱。如若一次生意下来出现亏损，商贩回到家乡还不了债主的债务，只好把抵押的土地顶账给债主，赔得倾家荡产者大有人在。而一些印度客、藏客大多能赚到钱，这类商人多是地主富农。不是在地方上有势力，就是与马家军阀或八大家有关联。所贩货品多是利润极高的珍珠、古玩、药材、鸦片、皮毛等。这些人赚到钱后的收入多用来投资土地、房屋和放贷。商贸活动在保安人生活中占有极其重要的地位，在迁入积石山地区早期，由于农业几乎从零开始，且劳作以年为周期，不论保安人个体家户，还是东迁的整个族群，贩运贸易和生产周期甚短的手工产品就成为保安人在迁入地区重新生存的重要手段。在那一时期，保安人的商贸活动甚至超过农业，成为保安人经济生活的重要组成部分。穷苦的人依靠商贸活动补充生产生活的不足，富裕的家庭，则依靠商贸扩大家业，赚钱发财。因此，保安人的头脑里没有重农轻商的思想，而是依据以农为本的思想把商贸活动当作农耕的重要补充。

（四）撒拉族与丝绸之路

撒拉族主要分布在青海省循化撒拉族自治县，另外，还有一部分分布在甘肃省和新疆维吾尔自治区。据2000年统计资料，撒拉族有104503人。根据萨拉族的传说，他们的先民大约在元代从中亚撒马尔罕地区迁至今中国青海循化地区。各种文献及各国学者的研究结果，都证明撒拉族先民来自中亚。《伊斯兰大百科全书》（英文版）卷四综合中亚的历史资料及东方学者们的研究成果后指出，"撒拉尔原名撒鲁尔，是古代西突厥乌古斯部落（突厥族）的一支，最早游牧在塞浑河、伊犁河流域一带，后来迁入中亚河中地区，10世纪与突厥人后裔塞尔柱人一起建立了塞尔柱帝国。由于受到塞尔柱人的排斥，公元1370—1424年，一部分人经过撒马尔罕到了今青海循化，成为今天中国的撒拉族祖先"；还有一本《回族源流考》（土耳其文）也曾叙述撒拉族的先民"原来居住在中亚撒拉克（今土库曼）内的尕勒莽和阿合莽兄弟二人，带领本氏族共170户离开此地迁到今天的西宁附近定居下来"，语言学方面的研究也表明："撒拉语在基本词汇和语法结构上，与周围的汉、藏等族语言都不相同，而与中亚土库曼人及今撒马尔罕一带的乌兹别克人的语言相近,同属阿尔泰语系突厥语族西匈奴支的乌古斯语组。"①

(五)元代色目人在甘肃的商业活动

元代河西的甘州、肃州,陇右的秦州、河州等地也成为了色目人前来进行交易的贸易中心。"当时这些城镇的民族贸易,都在指定的近郊集市中进行,物品有粮食、牲畜、皮毛、毛褐、铁器、药材、宗教用品、鞍具及其他简单的生产和生活用具。色目人则经营丝绸、棉布和珠玉、珊瑚等物品,日中为市,日西为散"②。今天水市西有一个回族聚集区"窝驼村","窝驼"实为"斡脱"的转音。当时中亚贵族出资交商人们经营的商业组织叫"斡脱"(Ortaq),在突厥语本有商队、伙伴等含义,在中亚华剌子模一带引申为商人。斡脱商人多数系成吉思汗时代西征时归附的色目人中的木速蛮(Musulman),文献材料上称之为回回、回鹘或西域商贾。窝驼回族的祖先,可能是元代来到天水的中亚商人,"窝驼"为元代末期中亚商人移居今天水境内的从事商业活动的地名证据。

---

① 杨圣敏主编:《中国民族志》,中央民族大学出版社2003年版,第179—180页。
② 杨志玖:《元代回族史稿》,南开大学出版社2003年版,第104—105页。

第九章

秦陇南道的演变规律及其动因

第一节 丝绸之路秦陇南道的兴衰与气候变化

根据丝绸之路变迁的有关文献，近两千多年来其兴衰变迁的梗概为：西汉（公元前119—前2年）、隋唐时期（公元581—907年）、元代（1206—1368年）属丝绸之路的兴盛畅通时期；而东汉、魏晋南北朝时期（公元初至6世纪后期）、五代及两宋（包括辽、金、夏，公元10世纪初至13世纪后半叶）及明清两代（公元1368—1910年）为丝绸之路相对荒芜沉寂时期，这些时期尽管存在着某些短期复苏，但是总体上看，是中原封建政权因游牧军事集团阻滞丝路或者侵扰"边关"而"闭关绝贡"。

交通现象的产生必须具备三个基本要素。第一个要素是连接A，B，C，D的交通线，即我们通称的"交通网"，由点和线组成。第二个要素是"人和物质的移动"。第三个要素是"地域"。交通现象的产生、交通网的存在、交通流的结果都受到地理环境（气候、地形、地貌、植被、水文等）和人文环境（人口、经济状况、军事形势、地缘政治等地域条件）的影响和制约，因而地域也是交通研究的重要因素之一。西北丝绸之路的兴衰是与中国北方地区自然状况和社会政治与经济的变化密切相关的。本节主要探讨中国北方地区自然状况变化与丝绸之路兴衰的关系。

研究认为中国近两千多年来东部季风区与西部内陆干旱区气候变迁和气候波动韵律的分异，与丝绸之路的总体兴衰之间存在相关关系。东部季风区气候波动以暖湿期与冷干期交替为韵律特征；西北内陆干旱区的气候波动以冷湿期与暖干期交替为变化韵律。东部暖湿期与西部冷湿期在时间上对应,东部冷干期与西部暖干期相同步。将上述丝绸之路的兴衰变迁概况与近两千多年来我国东、西部气候波动韵律作对比考察,并联系到不同地区民族的经济社会文明的盛衰变化,不难发现两者的对应关系如下:东部暖湿期—西部冷湿期—丝绸之路畅通,农耕经济繁荣,西域游牧文明兴盛,这样的时期在中国历史上以西汉、隋唐及元代诸朝为代表,尤其是西汉、盛唐时期;东部冷干期—西部暖干期—丝绸之路阻塞,农耕经济凋敝,西域文明衰落,此种时期是以历史上的东汉、魏晋南北朝、两宋及明清诸代为代表,其中以南宋、明代中后期最为典型。[①] 不过学术界对东部季风区与西北干旱区气候冷暖干湿的搭配有不同的看法。李并成先生认为:"气候变化的成因是十分复杂的,由于气候系统是非线性的,气候变化与降水的变化关系也是非线性的,并非简单的一一对应;'冷暖干湿'四个因素的搭配组合,在西北内陆腹地干旱区与东部湿润区的冷暖干湿搭配步调不完全一致,倘若说受季风影响的我国东部湿润、半湿润地区以暖湿—冷干气候期搭配组合及周期交替为基调的话,那么在较少受夏季风影响之惠或季风影响不明显,而受西风带作用显著的内陆干旱区则存在着暖干—冷湿搭配组合占较高频度的现象。"[②]

现代理论气候学认为,气候是气候系统的状态,绝大多数时期气候系统只能稳定在某一稳定平衡态上,因而当气候从一个定态转向另一个定态时,也就发生了气候突变,在一个定态附近,气候的波动被限制在一定的范围内。研究表明,2000 年来,我国气候在 1230—1260 年前后发生了一次最大的突变,这次突变具有全球的一致性。这次变化与 4000 年前后的变化十分相似。即北极地区变冷,海冰扩张,气候带南移,在这次变化中,北美大陆的夏季西风带从加拿大南部南移到美国北部,造成了现今玉米带、西得克萨斯和西部山区大部分地区降水减少,并使太平洋西北、东南一带和美国东海岸大部分地区降水有所增加,格陵兰迅速地变冷。1260—1340 年,农牧过渡带及其以北地区,暴风雪灾害明显增加,造成蒙古牧民大批南迁,以至于元政府在 1334 年严令"不得擅离所

---

① 杜忠潮:《中国近两千多年来气候变迁的东西分异及对丝绸之路兴衰的影响》,《干旱区地理》1996 年第 3 期,第 50—57 页。
② 李并成:《河西走廊历史时期沙漠化研究》,科学出版社 2003 年版,第 131 页。

部"。同时，1260—1340年农业霜害日增，使中国气候基本上转向寒冷阶段。与之同时的是桑蚕退出了黄河流域，中国北方桑蚕产地为棉花所取代。1230年以前，我国气候虽然有波动，但总体上温暖湿润。宋代以前，我国北方的黄河中下游地区气候温和湿润，黄土疏松深厚，生态环境良好，在生产工具落后与医疗水平相对低下的情况下，最适宜于人类生存、居住和农耕，很早就发展起旱地精细农业，特别是地势平坦、土地肥沃的黄河中下游平原、河谷与盆地成为农业最发达与人口最集中的地区。适宜的生态环境使中国北方特别是黄河中下游地区成为中国人口最稠密的地方。如葛剑雄研究了第一次有明确人口记载的西汉元始二年（公元2年）人口分布状况，认为当时全国人口约6000万，分布最密集的地方有两个：一个在关东，即北至渤海，沿燕山而西，西以太行山、中条山为界，南至豫西山地循淮河至海滨之间的地区。该地仅占全国面积的11.4%，但人口却占全国的60.6%，平均77.6人/平方公里，本区人口密度最高的济阴郡达262人/平方公里；一个是关中平原。该区面积不过1000平方公里，却有人口100多万，人口密度达1000人/平方公里（葛剑雄2002）。与汉代相比，唐代黄河中、下游地区人口密度有所降低，但依然是全国人口最稠密的地方之一。如天宝元年，黄河中下游地区绝大部分地方人口密度在20人/平方公里以上，最稠密的今河南山东交界处，人口密度达60—100人/平方公里，而且与成都平原及邻近地区、长江三角洲及浙江东部地区人口密集区相比，黄河中、下游地区面积最大（冻国栋2002）。唐代，黄河中下游经济依然发达，连今日干旱贫瘠的陇右地区也是一派"桑麻翳野，间阎相望"的富庶景象，而南方地区由于夏季气候炎热、多雨，地势低平潮湿，疾病易于流行，不宜于定居，而且河湖沼泊太多，水域面积过大，排水困难，加上土壤黏性太强，不易耕作，所以人口比较稀少。①

880—1230年，中国历史气候由总体上温暖湿润向寒冷干旱过渡。1230年以后的气候干旱化主要是由北方地区干旱化引起的。② 唐末以后至

---

① 王平、王志伟等：《西汉时期我国人口分布空间格局及其成因探讨》，《西北人口》2010年第5期，第88—96页。

② 张丕远主编：《中国历史气候变化》，山东科学技术出版社1996年版，第320页。

清代中叶以前，以干旱化、黄河决徙改道和黄土高原水土流失为代表的生态环境的恶化使旱地精细农业走向衰落，单位面积土地供养人口的能力下降；改朝换代之间的大规模战争多以北方为战场，使北方人口在锐减—恢复—锐减的恶性循环中缓慢增长；缺乏移民空间也是限制北方人口增长的一个因素。尽管清代前期番薯、玉米、花生、土豆等粮食与经济作物的普遍种植和近代工商业的发展使北方人口成倍增长，但未能改变北轻南重的人口分布格局。与北方相反，两宋以来，南方气候仍然温暖湿润，生态环境优越，土地生产潜力巨大；水田精细耕作栽培技术逐步提高，粮食品种不断改良，尤其是美洲高产作物，如玉米、甘薯、马铃薯和烟草、花生的引入不断提高了单位土地面积的人口供养能力；东汉末年至魏晋南北朝、唐末五代时期和宋元之间，自黄河流域向长江流域及其以南的大规模移民为南方开发提供了丰富的劳动力；较少的战乱为人口增长提供了安定的社会环境，这些都为南方人口的持续增长与人口重心的南移提供了重要条件。明清时期，平原地区基本开发完毕，失去土地的农民为谋生计向人口相对稀少、尚待开发的南方亚热带山区与位于中温带、寒温带的东北地区迁移，至清代末期形成沿黑河—腾冲一线东西分异的人口分布新格局。明清时期向山区、边区的大规模移民运动，一方面受人口压力驱使，另一方面与移入地的自然条件有关。鄂豫交界山区、秦岭、大巴山、闽浙赣皖粤山区虽然地表崎岖，但热量与水分丰沛，适宜种植玉米、甘薯等旱地高产作物。东北地区虽然热量没有黄河中下游地区充足，但土地肥沃、平原面积广阔，亦为从事农业生产的理想区域。随着经济重心、人口重心的东移南迁，西北丝绸之路失去了基本的环境基础和社会基础。而南方海上交通因指南针的运用和航海技术的发展，新航路的开辟，以及中国经济中心在东南地区的确立，也是西北丝绸之路衰落的重要原因。

两千年来的气候以1230年为分界点，1230年以前，朝代更替速度快、群雄并起、多国割据状态的多发与气候情景的无序性，1230年以后各朝代统治稳固时期相对延长、割据状态的减少与气候系统的相对有序，显然存在某种程度的相互对应。[①] 1230年以前的东晋十六国南北朝时期和

---

① 张丕远主编：《中国历史气候变化》，山东科学技术出版社1996年版，第277—278页。

唐末五代、宋夏金元时期群雄并起、多国割据状态，分别与280—480年、880—1230年的气候混沌期对应，群雄并起、多国割据状态对丝绸之路的起点、运行情况和线路走向造成了巨大影响。但由于1230年以前西北地区的气候整体温暖湿润，丝绸之路并没有因此而衰落，只是线路发生了变化而已。

公元前8世纪至公元2世纪的近一千年中，甘肃黄土高原气候温暖湿润期，[①]是丝绸之路的孕育、出现和发展时期。十六国北朝时期，甘肃黄土高原气候温凉略干，[②]其中有290年至470年的持续干旱期，[③]对应西晋末年至北朝中期秦陇南道因战乱受阻而曲折发展时期。隋唐时期、[④]950—1315年[⑤]，陇西地区夏季风强盛，气候温暖湿润，分别对应隋唐丝绸之路的繁荣、吐蕃时期丝绸之路的继续畅通、北宋时期秦州路的复兴和元代丝绸之路的再度繁荣。公元1315—1875年陇西地区的季风衰退期，[⑥]对应元末、明清丝绸之路的衰落和停滞时期。

第二节　丝绸之路秦陇南道的演变与地缘政治

甘肃与青海东南部介于黄土高原、内蒙古高原与青藏高原之间；分属长江、黄河和内陆河三大流域；东部季风区、西北干旱区与青藏高原区三大自然区在此交汇；一年一熟与高寒无农业交界地带、农牧过渡带和北亚热带敏感区三大气候敏感带在此汇合；位于西北五省的中部，是

[①] 王乃昂：《历史时期甘肃黄土高原的环境变迁》，载《历史地理》第8辑，上海人民出版社1990年版，第16—32页。

[②] 王乃昂：《历史时期甘肃黄土高原的环境变迁》，载《历史地理》第8辑，上海人民出版社1990年版，第16—32页。

[③] 谭亮成、蔡演军、安芷生：《陇西地区2000年来降雨变化及其驱动因子分析》，《干旱区资源与环境》2010年第5期，第109—116页。

[④] 王乃昂：《历史时期甘肃黄土高原的环境变迁》，载《历史地理》第8辑，上海人民出版社1990年版，第16—32页。

[⑤] 安春雷：《近千年高分辨率的石笋气候记录研究——以甘肃陇南万象洞为例》，硕士学位论文，兰州大学，2007年，第39页。

[⑥] 安春雷：《近千年高分辨率的石笋气候记录研究——以甘肃陇南万象洞为例》，硕士学位论文，兰州大学，2007年，第40—41页。

西北五省交通运输的枢纽，它既是古代丝绸之路的必经之地，又是今天欧亚大陆桥的交通要道。甘肃从陇南、陇中到河西，气候由东部湿润区、半湿润区向西部半干旱与干旱区过渡，人口由稠密至稀少，经济生活由农业、半农半牧向畜牧与游牧业转变，居民在历史上由以汉族为主，逐渐进入以汉、胡杂居与羌氐为主的兄弟民族区，因此，汉族农业在两千年来，多次由东部诸河谷平原川台区向半山区与河西荒漠绿洲区发展，从而建置了不少城镇聚落与稳定农田，形成河谷农业文化景观。少数民族来自西北部荒漠草原与高原半山区，多次侵入自然条件较优越的河谷平原农业区，遂使部分原有的农区退耕还牧，不少城郭荒废或迁移，因此，甘肃在历史时期具有农牧区民族角逐进退的特征。[1] 农牧角逐进退对丝绸之路的形成与演变产生了重要影响。

一 新石器时代至青铜时代

距今 5500—5000 年，马家窑文化从甘肃中部经青海河湟谷地扩展至西藏东南，并向喜马拉雅山南麓的克什米尔渗透，中国旱作农业渐次传入南亚，起源于西亚的燕麦、小麦与绵羊、驯化于南亚或西亚的黄牛，起源于西藏高原的大麦、荞麦、青稞、牦牛也可能由此道传入甘青地区，其中绵羊、小麦于夏代中晚期进入中原地区。距今 4000 年前后，河西走廊西部的羌人集团创造的四坝文化西进哈密盆地，与由南西伯利亚南下的突厥语系部落创造的奥库涅夫文化、自中亚东进的雅利安人创造的辛塔什塔—彼德罗夫斯卡文化融合，创造了天山北路青铜文化。公元前两千纪中叶，雅利安人创造的安德诺沃文化也从西北方向进入新疆西部，影响所及达新疆中部和南部。以天山北路青铜文化为中介，中亚地区青铜和驯马技术及阿尔泰地区的骆驼自西向东传入甘肃河西走廊和青海柴达木盆地，迟于商代晚期，家马驯养技术随着羌人的东迁传入中原。距今 3300 年前，以辛店彩陶文化为代表的甘青羌人西进哈密盆地，与印欧人相遇，创造了焉不拉克文化。

公元前 1500 前后，前期东迁的印欧人和随后到来的雅利安人等欧罗巴人种与蒙古人种相遇，在南西伯利亚、鄂毕河上游和哈萨克斯坦、阿

---

[1] 冯绳武：《论甘肃的历史地理特色》，《兰州大学学报》1987 年第 2 期，第 110—117 页。

尔泰及贝加尔地区形成二者的混合类型—卡拉苏克文化（公元前1500年—前800年）。卡拉苏克文化分两路南下中国，一路向南翻越阿尔泰山进入新疆准噶尔盆地，另一路以蒙古高原为中介进入中国北方长城地带，对中原的晚商文化、西周早期文化产生影响，中国历史文献中记载的鬼方可能就是卡拉苏克人。西周晚期，伊犁河、楚河流域的塞人游牧部落经新疆、河西走廊进入甘肃东部和陕北，对西周及早期秦人造成巨大威胁，塞种人就是中国历史文献中记载的猃狁（犬戎）。

二 春秋战国至西汉初年

卡拉苏克文化结束后，在欧亚草原兴起塔加尔文化（公元前7—前1世纪）和斯基泰文化（公元前7世纪至前3世纪），宁夏南部以及甘肃东部的秦文化与西戎文化深受其影响。战国至西汉初年，农耕力量与游牧力量相当，陇右地区先是秦与月氏、西羌三足鼎立，后是匈奴、羌与西汉三强并峙。战国时期，北方草原东西形成东胡与大月氏两大游牧集团："当是之时，东胡强而月氏盛，匈奴单于曰头曼，头曼不胜秦，北徙"①。秦、赵、燕三国修筑北边长城以抵挡南下的游牧民族的进攻。秦昭王灭义渠后，修筑了西起今甘肃岷县，经临洮、渭源、陇西、通渭、静宁、西吉、固原、镇原、环县、华池、吴旗的长城，以阻挡以月氏命名的游牧部落联盟。秦献公元年（公前384年），秦人用兵渭河上游和洮河流域，灭狄、獂戎，阻挡了河湟羌人和月氏游牧集团的东进。当时，以祁连山、甘肃黄河为界限，在河陇地区形成秦与月氏、羌人集团三足鼎力的局面。

三大集团相互对峙又相互渗透，出现你中有我、我中有你的局面。在河西走廊，以月氏人为核心的游牧部落包括乌孙人、塞种人、龙勒人（楼兰人）、敦煌人、羌人（婼羌、番和羌和卯羌）、居延戎、义渠戎、氐人，其中番和羌和卯羌原居住在祁连山，后迁出祁连山进入河西走廊；氐人原居住在陇右，后西迁进入河西走廊；居延戎原为西戎八国之一，原居住地在今宁夏盐池附近，战国时一部分迁入河西走廊，后居于居延海，后又向西迁入哈密东；义渠戎原来为西戎八国之一，约战国时由秦

---

① （汉）司马迁：《史记》卷110《匈奴列传》，中华书局1959年版，第2887页。

北地郡迁入河西走廊张掖一带；敦煌部族约在战国时期居住在焉耆至罗布泊一带，秦汉之际部分人向东发展，直到今瓜州县东；乌孙人居住在河西走廊西部；塞人原居住在敦煌一带，后来被月氏人打败西迁；龙勒人（楼兰人）原居住在漠北，后迁至敦煌西，一部分迁徙至罗布泊。[①] 塞种人属于讲东伊朗语言的印欧人种，为斯基泰人的一支，河西西部的塞种人，当为公元前9世纪民族大迁徙后乘机占有了伊犁河、楚河流域并东进的伊塞顿人；大月氏人为东进今新疆天山以北，阿尔泰山以南的巴里坤草原、吐鲁番盆地的吐火罗人，后迁入河西走廊。在陇右地区，除了传统的秦人、氐人、羌人之外，还有鬼方败亡后由北方草原迁入陇右的狄戎、獂戎，有由河西走廊迁入的塞种人（犬戎）和属于吐火罗支系的襄人。

　　高寒游牧圈与大漠游牧之间的相互渗透，形成了草原丝绸之路的南北纵向支道；中原农耕圈与游牧圈的交流，形成了沿祁连山南北的平原、河谷、盆地通西域、中亚的东西横向通道，为以后农耕民族开辟的绿洲丝绸之路奠定了基础。据《后汉书·西羌传》记载，秦献公元年（公元前384年），秦人用兵渭河上游和洮河流域，灭狄、獂戎，羌人"畏秦之威，将其种人附落而南，出赐支河曲西数千里，与众羌绝远，不复交通"[②]。羌人"出赐支河曲西数千里"的路线是由河湟西行，穿柴达木盆地，越阿尔金山，抵昆仑山麓，向西越过葱岭。[③] 羌人的西迁路线实际上暗含了丝绸之路东段南道的开辟过程。结合甘肃天水张川马家塬战国西戎墓M1、M3、M6出土物可知，战国时期由中亚哈萨克斯坦草原经天山北路、河西走廊至陇中黄土高原的草原丝绸之路已经开辟，[④] 后来的由农耕民族开辟的丝绸之路东段北线，就是沿着古已有之的道路开辟的。

　　公元前3世纪上半叶，蒙古高原出现匈奴部落联盟。公元前3世纪末至公元前2世纪初出现匈奴国家。匈奴国家在冒顿单于在位时（公元前209年—前126年）达到鼎盛。军臣单于时（公元前161—前126年），

---

　　① 王宗维：《秦汉之际河西走廊地区的民族及其分布》，《兰州大学学报》1985年第3期。载李并成《河西走廊历史地理研究》，甘肃人民出版社1995年版，第13—17页。
　　② （南朝宋）范晔：《后汉书》卷87《西羌传》，中华书局1965年版，第2875—2876页。
　　③ 吴焯：《青海道述考》，《西北民族研究》1992年第2期，第123—140页。
　　④ 杨建华：《张家川墓葬草原因素寻踪——天山通道的开启》，《西域研究》2010年第4期。

匈奴不仅占有整个蒙古高原，而且占据河西、新疆，并随时进入青海，羌中地区也就成为西汉唯一一条与西域联系的通道。《史记·货殖列传》云："天水、陇西、北地、上郡与关中同俗，然西有羌中之利，北有戎翟之畜，畜牧为天下饶"①。羌中指秦最西疆界临洮以西羌人居地，汉代羌中包括祁连山以南，金城以西，婼羌以东的地区，② 天水、陇西包括今甘肃黄河以东，陇山以西，西汉水以北地区。"羌中之利"绝非仅仅我们一般理解的畜牧产品，还包括国际贸易，即陇东南经河湟地区与中亚等地的商贸往来。20 世纪 40—90 年代，相继在甘肃临夏、灵台、礼县、西和、天水出土了一些希腊铭文铜、铅饼，铅饼共计 282 枚，铜饼 1 枚，此外，陕西西安、扶风、安徽、湖南等省有数枚铜饼出土。据考证，这些铜、铅饼是中亚希腊化国家巴克特利亚打造的。③ 公元前 3 世纪中期，塞琉古王朝守将第奥德斯自立为王，占据阿姆河两岸一带，建立巴克特利亚国家，中国史籍称为大夏。前 1 世纪初，大月氏人灭亡巴克特利亚，建立贵霜帝国。因此，这些希腊铭文铜、铅饼应该打造于公元前 3 世纪中期至前 1 世纪初，即相当于中原战国晚期和秦、西汉初期。临夏西与青海河湟地区毗邻，历史上一直为西出河湟的必经之地。临夏乃至甘肃东南部战国晚期至西汉初期的希腊铭文的铜、铅饼，可能是由北方草原之路经河湟地区流入的。公元前 3 世纪末，匈奴人赶跑大月氏人占据河西走廊，并控制长城以北地区，中国内地和西域的联系主要通过甘肃东部和青海河湟地区进行，如张骞第一次出使西域时，曾与堂邑父"俱出陇西郡，径匈奴"，被匈奴抓获，十一年后返回时，"并南山，欲从羌中归，复为匈奴所得"④。南山一般指祁连山，郑炳林认为南山是一个大的地理概念，包括西域、河西走廊、陇右及长安之南的昆仑山、阿尔金山、祁连山和秦岭，狭义上指西域诸国以南的山脉。⑤ 这说明至迟在秦、西汉

---

① 司马迁：《史记》卷 129《货殖列传》，中华书局 1959 年版，第 3262 页。
② 郑炳林：《汉婼羌管辖范围与南山羌中道》，载《2010 丝绸之路与西北历史文化学术研讨会论文集》，甘肃人民出版社 2013 年版，第 1—11 页。
③ 康柳硕：《甘肃出土的丝路外国钱币述略》，《陇右文博》1996 年第 1 期，第 145—149 页。
④ （汉）班固：《汉书》卷 61《张骞传》，中华书局 1962 年版，第 2687—2689 页。
⑤ 郑炳林：《汉婼羌管辖范围与南山羌中道》，载《2010 丝绸之路与西北历史文化学术研讨会论文集》，甘肃人民出版社 2013 年版，第 1—11 页。

初年,由西域经青海、甘肃东南入关中的国际交通就已经存在。

三 西汉中期至魏晋时期

西汉中期至魏晋时期,农耕民族的势力大于游牧民族的势力,为屏蔽关中、"隔绝羌胡"、接应西域、控制川蜀,在党河南山—祁连山—日月山—拉脊山—西倾山—岷山—秦岭一线构筑对羌人的防线,对在马鬃山—合黎山—龙首山—腾格里沙漠南缘—贺兰山—阴山一线构筑对匈奴、鲜卑的防线,在防线以内的河套、陇右、河西地区实行移民实边、戍卒屯田和建立郡县的政治、经济政策,将大片的原野开辟为农田,以郡县城郭和居民点为依托,开辟具有路线与里程固定、后勤保障稳定的东西向的交通通道,将政治中心所在的关中、中原与西域连接起来,从而阻断了从蒙古高原南下青藏高原和黄土高原的纵向的草原丝绸之路。自汉武帝开始,向西北边区的移民遍及朔方、五原、西河、上郡、北地、安定、陇西、天水、金城、武威、张掖、酒泉、敦煌诸郡,而以朔方、五原、金城及河西四郡最为集中。随着农耕民族势力的扩张,河西、陇右地区特别是河西社会经历了一次较大规模的汉化过程。在游牧经济形态下,盛行"壮者食肥美,老者食其余。贵壮健,贱老弱"的风俗。[1] 在农业经济形态下,河西走廊呈现出一派朴素的村社风情:"酒礼之会,上下通焉,吏民相亲。是以其俗风雨时节,谷籴常贱。少盗贼,有和气之应,贤于内郡。此政宽厚,吏不苛之所致也。"[2] 两汉时期,凉州(包括河西、陇右地区)长期稳定的大量的来自关内的移民和当地居民长期融合,使玉门关内外和青海河湟等地区都成为汉语的巩固地盘,是最早的汉语西北方言区。由于移民带来的方言十分复杂,又与当地少数民族杂居,因而西北方言一开始就具有独特的地域特色。[3] 中原儒家文化随着汉族移民逐渐西传,在陇右地区形成了一个人数众多的学术群体,空间上完成了从靠近关中的陇上至敦煌的汉文化的地域扩张。[4] 不过由于受自然环境和

---

[1] (汉)司马迁:《史记》卷110《匈奴列传》,中华书局1959年版,第2879页。
[2] (汉)班固:《汉书》卷28《地理志》,中华书局1962年版,第1645页。
[3] 张步天:《中国历史文化地理》,湖南教育出版社1993年版,第34—35页。
[4] 李智君:《边塞农牧文化的历史互动与地域分野》,博士论文,复旦大学,2005年,第36—42页。

人文地理环境的制约，儒家文化对本区的影响有限。在《后汉书》列传的士人有1人，公卿有11人，凉州人著书也有16种。[1]但分析这些人的经历，可以发现一个明显的特征：绝大多数人实际上居住在内地，或者是在内地接受教育。[2]

西汉武帝时期，在开通沿泾水西行，经平凉、固原、兰州、河西走廊抵达西域的丝绸之路东段北道的同时，还循着河西走廊游牧民族东迁和霍去病西征的方向，开辟了一条经今张川、秦安、静宁、通渭、定西、榆中至兰州西固渡黄河，后经河西走廊通西域的便捷通道，因为该线在经今张川、清水、天水、甘谷、武山、陇西、渭源、临洮、临夏通青海的秦陇南道东段主干线北部，因此，称为秦陇南道东段北支。据《汉书·霍去病传》记载，元狩二年（公元前121年），霍去病"将万骑出陇西，有功……讨遬濮……过焉支山千有余里"[3]。秦及西汉初年陇西郡包括今甘肃六盘山以西，黄河以东的甘肃地区；遬濮为匈奴人部落，活动于今永登北、宁夏黄河以西；[4]焉支山在河西走廊今山丹县境内。霍去病此次出兵，走的也应该是张川、秦安、静宁、通渭、定西、榆中至兰州渡黄河入河西走廊的路线。为加强对河湟羌人的统治，汉昭帝始元六年（公元前81年），从陇西、天水郡中析置金城郡。[5] 金城郡治允吾（治今青海民和上川口），从其下辖十三县之一河关县的设置看，大概其地已早有西行的关卡，所以置县时以河关命名。金城郡设立后，丝绸之路由陇关经略阳（治今秦安陇城）、成纪（静宁县治平乡刘河村东0.5公里）、平襄（治今通渭）、勇士（治今苑川河流域）至金城郡金县（治今兰州市区内）后，可西行至金城治所允吾（治今民和下川口镇），再由允吾向北至武威郡治姑臧，或由陇关、清水、上邽、冀、獂道、襄武、渭源、狄道、大夏、枹罕、河关、允吾、浩亹、令居至武威郡治姑臧。

东汉至西晋时期，陇右地区政治形势发生了巨大变化，对西行路线

---

[1] 卢云：《汉晋文化地理》，陕西人民教育出版社1991年版，第82页。
[2] 葛剑雄：《中国移民史》第2卷《先秦魏晋南北朝时期》，福建人民出版社1997年版，第167页。
[3] （汉）班固：《汉书》卷55《霍去病传》，中华书局1962年版，第2479页。
[4] 王宗维：《秦汉之际河西走廊地区的民族及其分布》，《兰州大学学报》1985年第3期。
[5] （汉）班固：《汉书》卷61《张骞传》，中华书局1962年版，第2687—2698页。

走向产生了重要影响：两汉之际隗嚣与川蜀的公孙述勾结，以冀（治今甘谷西）、上邽（治今天水市）为中心割据陇右，与东汉对抗。东汉平陇右后，中央政府认识到冀（甘谷西）、上邽（今天水市）南控川蜀的重要作用，将汉阳郡郡治从平襄迁至冀，将渭河干流南岸原属陇西郡的上邽和嘉陵江上游的西县（治今西和长道镇附近）划入汉阳郡，将原属益州的武都郡划入凉州，通过犬牙交错的形式达到控制川蜀的目的。汉阳郡郡治从平襄迁至冀县后，丝绸之路秦陇南道翻越陇山西行路线至今秦安后可能折向西南，沿渭河经今甘谷、武山至陇西。东汉时，河湟羌人不断叛乱，亦需要通过秦陇南道东段南线运兵。以上原因促使南线重要性不断上升。三国至西晋初年，蜀国与魏、西晋在上邽一带不断交战，上邽战略地位上升。西晋时，又将陇右政治中心从冀县迁移至上邽。区域政治中心由冀县东移至上邽，可能使西行路线稳定在由今清水、天水、甘谷、陇西、渭源、临洮、兰州、永登、乌鞘岭入河西走廊一线。

四　十六国至北朝时期

十六国至南北朝时期，随着中原农耕民族势力衰落，游牧民族的势力增长，中国出现"东西纷争，南北对峙"的多中心政治结构，对丝绸之路的走向产生了重要影响。十六国北朝时期，西北丝绸之路主干道沿线频繁的战乱和割据政权的对峙，常常使丝路交通受阻或使其线路发生改变。

边缘—核心理论认为，区域经济增长是不平衡的，个别地方因自然条件优越、具备创新能力而优先增长，周围其他地方因自然条件相对差、创新能力不足而落后于核心区。在古代农业社会，最主要的资源是可耕地，因而核心区大部分位于河谷和低平地带，边缘地区则位于周边的高地、沼泽、盐碱滩或绵亘的山区。自然条件的不同导致了边缘与核心的差异。就整个欧亚大陆而言，游牧世界和农耕世界为核心区，农牧交错地带为边缘区；就中国而言，东部季风区为核心，青藏高原区与西北干旱区为边缘。东部季风区内平原、盆地为核心，高原、丘陵、山地为边缘；西北干旱区内绿洲为核心，周围戈壁、沙漠及山地为边缘；就青藏高原而言，青藏高原东南部山地草原带为核心，西北荒漠草原为边缘。在黄土高原内部，渭河平原（指关中平原）为核心区，黄土丘陵区为边缘；在河西走廊—阿拉善高原，河西走廊绿洲为核心，祁连山、阿拉善高原为边缘。陇西黄土高原为介于渭河平原、河西走廊和河湟谷地核心区之间的三角地带，地貌以高原丘陵为主，气候为半湿润、半干旱气候，自然植被为草原或干草原，自然条件决定其无法成为农业中心或牧业中心。社会经济条件的差异也是产生核心区与边缘区的重要条件。汉末至十六国北朝时，陇右因陷入长期战乱，人口损耗，社会经济在曲折中发展。中原地区因长期战乱使社会经济实力下降，控制西北地区的能力下降。而河西走廊因长期保持相对的安定，地理条件又有利于农业开发，吸引了大批陇右、中原移民，加上五凉政权重视农业、商业、手工业与畜牧业，使其成长为独立的经济区。经济实力的增长使五凉政权中的前凉、后凉具备了与中原政权抗衡的实力。入晋以后至前秦淝水之战前，来自河西走廊核心区的前凉（314—376年）与来自东部平原地带的前赵、后赵、前秦在陇右西部展开长期角逐。淝水之战后至北魏平凉州前，后凉与西秦、南凉与后秦间展开激烈争夺。河西走廊割据政权前凉、后凉、南凉与中原政权在黄河一线的对峙，使秦陇南道经河西走廊入西域的丝绸之路干道时断时通。

吐谷浑地处青藏高原，高寒的气候条件不适宜农业的发展，只能以畜牧经济为主。但得天独厚的地理位置，使吐谷浑最终走上了商业型畜牧经济的道路。吐谷浑与南朝的通使修好，使南朝与西域及漠北柔然等少数民族的交往主要以青海路为依托来进行；西域诸国来华商使也需经吐谷浑道并由吐谷浑人作中介进行通使商贸。吐谷浑不但引导护送西域商使，而且还参与大规模的国际贸易，从中获取丰厚的利润。[1] 吐谷浑在形成过程中曾吸收了相当多的汉人。大批汉人的迁入，对于吐谷浑的进步和当地的开发也起了重大作用。[2] 相对雄厚的经济实力，特别是吐谷浑控制着西域南道，使吐谷浑具备了与北朝政权抗衡的经济基础与地缘优势。北魏平凉州后，北魏、西魏、北周与吐谷浑的关系，影响着丝绸之

---

[1] 袁亚丽：《吐谷浑时期的自然环境与社会经济》，《青海民族大学学报》（社会科学版）2012年第4期，第111—115页。

[2] 葛剑雄：《中国移民史》第2卷《先秦魏晋南北朝时期》，福建人民出版社1997年版，第433页。

路东段南道的运营情况。北魏初期，北魏与吐谷浑的关系紧张，尽管北魏打通了秦陇南道与河西道的联系，但由于吐谷浑占据丝绸之路西域南道，北魏与域外的交往有限。北魏中期以后，北方政权与吐谷浑绝大部分时间能和平相处，所以，中国与域外的交往循丝绸之路秦陇南道与吐谷浑道。

十六国至南北朝时期，陇右地区氐、羌、卢水胡等古老民族的迁出和匈奴、休屠胡的迁入，推动了丝绸之路的发展。西晋初年，氐、羌和其他少数民族在关中的分布已经很广。西晋末年，除陇右略阳氐人南迁陇右、汉中及巴蜀外，秦雍二州氐、羌数十万人大批迁入关中。东晋初年，氐、羌进入关中以后，一部分已迁至今山西中部及河北、山东等地。前秦时，大批氐人随吕光西征，迁入河西走廊和西域。① 卢水胡源出于春秋至秦广泛分布在今甘肃东南部、宁夏南部和陕北一带的义渠族，以聚居住地的卢水（今甘肃平凉的小路河、大路河）得名。至迟在东汉初，卢水胡已迁至河西的张掖属国（在今弱水、黑河流域一带），② 并向南扩张至河湟一带。到了魏晋时期，卢水胡在甘川交界、陇东和陕北已经有广泛的分布。北魏时进入新疆吐鲁番盆地。休屠胡是秦胡的一支，中心地带在泾、渭上游一带。秦代以后向东西两侧发展，进入河西走廊东部的山西、河北境内。③ 匈奴、氐、羌、卢水胡、休屠胡等西北古老民族地当丝绸之路必经之地，且受传统的儒学的影响较少，很早就信仰了佛教。他们沿着丝绸之路的迁徙，对佛教等域外文化的传播和中国北方的"胡化"做出了贡献。

十六国时期农耕民族与游牧民族力量的消长和对峙，集中反映在丝绸之路秦陇南道翻越陇山的关口和穿越黄河的渡口地点的变化上。以河州为例，前凉张骏出于假凉王和加强对东部地区控制的需要，于345年设置河州，领有八郡，统有狄道以西、河水以南的洮水和大夏水的中下游地区。十六国时期，河州易主达十多次，曾先后为前凉、前赵、后赵、

---

① 葛剑雄：《中国移民史》第2卷《先秦魏晋南北朝时期》，福建人民出版社1997年版，第466—473页。
② 赵永复：《关于卢水胡的族源及迁移》，《西北史地》1988年第4期，第43—54页。
③ 赵永复：《休屠（屠各）胡族源及迁移》，载《历史地理》第8辑，上海人民出版社1990年版，第150—162页。

前秦、西秦、后秦、吐谷浑等政权和当地的地方势力所控制。4世纪初西晋永嘉之乱之际，吐谷浑由阴山南下陇上，以枹罕为基地，占领了甘肃临夏以西、青海东南和四川西北的广大地区。《十三州志》曰："广大阪在枹罕西北，罕开在焉。昔慕容吐谷浑自燕历阴山西驰，而创居于此。"吐谷浑强大后，在临夏、循化一线与中原割据政权展开争夺，由于河关处于吐谷浑与中原政权争夺的前线，在此西行渡河已经不安全。前凉设凤林县后，改由积石峡东口即银川河入黄河处（凤林津）渡黄河。冯绳武指出，枹罕故城"秦汉至唐宋各代，沿白石河谷、自南向北、由高到低、多次迁移的原因有二：一是非农业民族多次由南侵入与长期占领，因而西秦时期有'河州'与'北河州'之分；另一为引渠灌溉农田、循河谷向北发展，旱农由川地向北原（塬）发展，同时寺沟峡以东的黄河下渡（在安乡关，上渡是河关）在喇嘛川、莲花寨等处发展，导致河州的经济中心逐渐北移"[①]。

五 隋至盛唐时期

隋至盛唐时期，农耕民族的势力大于游牧民族的势力。隋代循中蒙边界—腾格里沙漠—贺兰山以北一线，唐代循中蒙边界—巴丹吉林沙漠—腾格里沙漠以南—贺兰山一线构筑对突厥的防线，循祁连山—日月山—拉脊山—积石山—太子山—白石山—迭山一线构筑对吐谷浑、吐蕃的防线。南北两条控制界防线分别向半干旱游牧区和高寒游牧区边缘推进，保障了东西走向的丝绸之路干道的畅通。隋唐以长安为都城，为了保卫长安的安全，在南北防线内，从东南向西北构筑了三个防御圈层：庆阳—泾川—平凉—天水—陇西—武都共同形成一个以关中为中心的弧状地域格局，为第一圈层；临夏—临洮—兰州—永登—靖远—中卫—灵武—银川—平罗一线为第二圈层；河西走廊—河湟谷地共同组成了第三圈层。[②] 为了首都的安全，隋唐政府加大了对西北地区经营的力度。唐朝

[①] 冯绳武：《河州政区城关考》，《兰州大学学报》（社会科学版）1990年第1期，第151—158页。

[②] 李智君：《边塞农牧文化的历史互动与地域分野》，博士学位论文，复旦大学，2005年，第17—28页。

建立之初就建立了一套完整的边军驻防体系，以维护国家的稳定。《新唐书·兵志》记载："唐初，兵之戍边者，大曰军，小曰守捉，曰城，曰镇，而总之者曰道。"① 西北地区的驻防体系也是如此。陇右节度使由军（临洮军、河源军、白水军、安人军、振威军、威戎军、漠门军、宁塞军、积石军、镇西军、天成军、神策军、宁边军、威胜军、金天军、武宁军、曜武军、绥戎军、天威军、榆林军）、城（绥戎城、定戎城）和守捉（绥和守捉、合川守捉、平夷守捉）三级防御体系构成，防御青藏高原的吐谷浑与吐蕃，河西节度使凉州境内有军（赤水军、大斗军）、守捉（乌城守捉、张掖守捉、交城守捉、白亭守捉）、戍（明威戍、武安戍、白山戍）三级防御体系，以防御吐蕃和突厥，这些军事防御体系保障了丝绸之路秦陇南道的畅通。唐高祖时，"始屯田松州"，② 以提防隋末复兴的吐谷浑。唐玄宗时，"唐开军府以扦要冲，因隙地置营田，天下屯总九百九十二。司农寺每屯三十顷，州、镇诸军每屯五十顷"。③ 据《大唐六典》记载，开元二十一年（733年）全国屯田1025屯，其中河西道屯田154屯，陇右道屯田172屯，合计326屯，约占全国屯田总数的三分之一。秦陇南道沿线的秦州4屯、渭州4屯、临洮军36屯、兰州4屯、凉州赤水军36屯，④ 以军事位置最重要的临州临洮军和凉州赤水屯田数量最多。《资治通鉴》卷216天宝十二年（753年）条年云："是时中国盛强，自安远（开远门）西尽唐境万二千里，间阎相望、桑麻翳野，天下富庶者无如陇右。"⑤ 由于政治与军事原因，隋唐对西北的经营力度加大，为丝绸之路的畅通与繁荣提供了强大的政治、经济与军事保障。

随着农耕文化在西北地区的扩张，汉文化对丝绸之路秦陇南道沿线的影响力度加大。西晋末年至唐代初年，北方处于民族大融合之中。汉语作为融合外来语言的"溶剂"，融合了匈奴、鲜卑、羯、氐、羌等少数

---

① （宋）欧阳修、宋祁：《新唐书》卷50《兵志》，中华书局1975年版，第1328页。
② （宋）欧阳修、宋祁：《新唐书》卷95《窦威传附窦轨传》，中华书局1975年版，第3845页。
③ （宋）欧阳修、宋祁：《新唐书》卷53《食货志三》，中华书局1975年版，第1372页。
④ 《唐六典》卷7，三秦出版社1991年版，第171页。
⑤ （宋）司马光：《资治通鉴》卷216《唐纪三十二》天宝十二年条，中华书局1956年版，第6919页。

民族语言。西北方言既接受了东胡语系鲜卑的影响，也接受了氐羌等后来属于藏缅语族的古语言的影响。唐代前期，农耕民族对西北广大地区行使直接的管辖权，大批汉人以戍守、民屯等形式与各少数民族杂居，汉文化也大规模向这一地区渗透。至中唐时，河西、陇右地区形成独特的汉方言—秦雍音。唐统治者从治理国家的高度，结合佛教发展的实际情况，制定了一系列有利于佛教发展的政策，为佛教汉化提供了良好的土壤。佛教汉化在唐代表现为儒、释、道三教之间相互影响日益加深，三教融合发展成为一种历史必然趋势，后来禅宗的兴盛也进一步表明了佛教本土化的完成过程。这时，佛教人物画创作逐渐脱离了印度佛教绘画的影响，形成了具有中国特色的佛教人物创作风貌。麦积山隋唐石窟塑像艺术风格在继承北周敦厚壮实风格的基础上，又有了创新和发展，进一步民族化、世俗化了，因而出现了不少真实自然、栩栩如生的艺术形象。大像山大佛从外观看，大佛既有印度早期佛教犍陀罗风格，又表现出北周时期颈部较粗、鼻宽短、面部神情温和韶秀等特征，还显现出盛唐时期面容饱满、唇润颐丰、双眉弯曲、两眼明澈而略显突起的审美要求。炳灵寺石窟第17—47龛完成于唐高宗至武则天时期（650—705年），造型生动简洁，形态各异，具有浓厚的生活气息，是中原佛教进一步社会化、世俗化的集中表现。

六　唐末五代至宋时期

吐蕃、宋、西夏和金统治时期，游牧民族的势力大于农耕民族的势力，河西陇右地区农耕经济和农业文化衰退，牧业经济与牧业文化入侵，对丝绸之路沿线的经济、文化、兴衰产生了重要影响。

（一）唐末五代时期

经过一系列残酷的拉锯战，唐、蕃之间的势力范围和地域分界线日趋明朗，公元783年，双方约和，于清水会盟中正式划界。这条唐、蕃新界基本上是南北走向，即北起贺兰山以北，沿贺兰山南行，经六盘山和今甘肃清水县、成县，再西南至大渡河，东为大唐，西则吐蕃。[①] 诗人张籍《陇头行》对吐蕃占据河西、陇右之后汉人经济形态和语言变化进行

---

① 《册府元龟》卷981《外臣部·盟誓》，《钦定四库全书》本，第14页。

了记述:"陇头路断人不行,胡骑夜入凉州城。汉兵处处格斗死,一朝尽没陇西地。驱我边人胡中去,散放牛羊食禾黍。去年中国养子孙,今著毡裘学胡语。谁能更使李轻率,收取凉州入汉家。"① 战争过后,大量的边塞居民被迫离开土地,被掳掠到吐蕃境内。"散放牛羊食禾黍""去年中国养子孙"形象地反映了民族政权演替中农退牧进和文化形态的演变。在吐蕃占领陇右的百余年间,虽然有若干农业,但以牧业经济为主,农业所占比重小得多。唐宣宗大中(847—860年)以后随着吐蕃势力的消弱,这种局面发生了一定变化,这里变为半农半牧区。② 当时人直截了当地指出,"尝与戎降人言,自轮(翰)海已东,神鸟、敦煌、张掖、酒泉,东至于金城、会宁,东南至于上邽、清水,凡五十六郡、六镇、十五军,皆唐人子孙,生为戎奴婢,田牧种作,或丛居城落之间,或散处野泽之中"。③《樊川文集·河湟》一诗反映当地汉人"衣戎衣"而"牧羊驱马"者,非常普遍。这些说明吐蕃占领的河西、陇右地区畜牧经济范围的扩大,从事畜牧经济的劳动人手在增加。吐蕃占领河西、陇右后对当地的影响不仅仅在经济形态、服饰和语言方面,而且西北民族军政制度、土地和赋税制度、宗教管理制度方面也经历了吐蕃化进程。④

吐蕃对陇右的占领也加快了吐蕃艺术与中原艺术融合的步伐。炳灵寺石窟第11窟为晚唐吐蕃控制时所开,壁画中的菩萨头戴宝冠,下着薄纱透体长裙,双腿线条隐现,透视技法具有吐蕃艺术特征。藻井中绘有飞天,飘带飞扬,身姿舒展,具有唐朝画圣"吴带当风"的艺术风范。

五代十国时期,由于唐末藩镇割据、五代都城的迁移及关中平原由于长期过度开发而导致生态环境恶化等原因,中原农耕政权政治中心东移,中原农耕民族控制的西北疆域边界内缩至灵、盐、武、渭、秦(秦

---

① (唐)张籍:《陇头行》,《全唐诗》第六函第六册,清康熙四十四年至四十六年(1705—1707年)扬州诗局刻本,第6页。
② 史念海:《黄土高原历史地理研究》,黄河水利出版社2001年版,第573页。
③ (唐)沈亚之:《沈下贤集》卷10《贤良方正能直言极谏策》,上海古籍出版社1975年版,第66—67页。
④ 杨铭:《试论唐代西北诸族的"吐蕃化"及其历史影响》,《民族研究》2010年第4期,第75—83页。

州后被前蜀所占）等州一线，后唐时虽然设置了朔方、河西节度使，然其管辖区域从未延伸至河西地区。唐、晋、汉、周都将政权设在中原，北宋也是如此，标志着西北地区在全国地缘政治中的地位大大下降。[①] 丝绸之路秦陇南道经过的陇右地区则处于五代政权（秦岐、唐、晋、汉、周）、吐蕃与前后蜀三股势力的角逐地带，战乱影响了丝绸之路秦陇南道的畅通。五代十国时期政治中心与经济中心俱在黄河中游与下游地区，但是并不等于西北地区在全国地缘政治中已无足轻重，当时的西北仍然是中原王朝的西方屏障，西北少数民族区仍然是中原战马的重要来源，西北少数民族政权仍然和中原保持着朝贡关系，西部地区仍然是中原政权与域外沟通的重要通道，只是贸易主体、贸易方式、贸易线路发生改变而已。

（二）北宋时期

北宋时期，中原农耕政权完成了对中国的局部统一。宋夏对峙时期，西北地区是双方角力的主要战场，几乎所有的战争都在这一地区进行，因此北宋的军事资源几乎全部用在西北地区，从而使这一地区在全国的地缘意义骤然提升。以治平二年为例，西北军费支出5000万贯，占全国军费总支出的68%。[②] 巨大的军事需求为地域市场的形成创造了条件。为了满足驻军对粮食的需求，北宋加强了对西北农业的经营。北宋军队不断在宋夏边境地区修筑堡寨，防守开垦，农耕区不断北移至屈野河—白于山—海原南—会宁北—兰州一线。陇山以西今兰州一带被称为肥美不诬，定西以东的川谷是膏腴上田、亩收十余斛[③]。陇西、平凉、会宁一带在文献中屡次见被灾损稼的记录（《元史·本纪》），当有不少农田。[④] 北宋时，关中水利不但远远超过了唐代，也超过了汉代。陕西粮食价格是全国最低的地区之一，反映了粮食供应的充裕。[⑤] 粮食产量的提高不仅满足了军事需求，还为商品经济的发展提供了条件。宝元元年（1038年），西夏元昊称帝，大举攻宋势。为了牵制西夏，宋神宗熙宁五年（1072

[①] 杜文玉：《唐末五代时期西北地缘政治的变化及特点》，《人文杂志》2011年第2期，第141—147页。

[②] 程民生：《宋代地区经济》，河南大学出版社1992年版，第235—236页。

[③] 《续资治通鉴长编》卷460，清光绪九年（1883年）浙江书局刻本，第3页b面。

[④] 张丕远主编：《中国历史气候变化》，山东科学技术出版社1996年版，第402—403页。

[⑤] 程民生：《宋代地区经济》，河南大学出版社1992年版，第235—236页。

年），宋将王韶开拓熙河，与河湟地区的唃厮啰建立联盟关系，打通了经秦州、青唐城通西域的道路。由于北宋农耕经济与吐蕃畜牧经济之间，东亚季风区农耕经济与中亚干旱区畜牧经济之间存在着天然的互补性，秦州路与青唐道开通后，沿线的青唐城、兰州、河州、熙州与秦州成长为区域贸易中心。诸蕃的马匹及装备、药品及香料（硇沙、羚羊角、琥珀、乳香、木香、安息香、黄矾、牛黄、梧桐律、龙盐、黄连、腽肭脐）、食盐、纺织品和装饰品（白叠、花蕊布、白玉、翡翠、貂鼠皮、犛牛尾）输入中原，中原茶叶输入西北诸族。①

在农牧分界线以东的渭河流域，因受中原文化向西扩展的影响，佛教和中国传统文化特别是儒家文化关系更加紧密，佛教世俗化的倾向更加明显。汉文化还越过农牧分界线，向西北游牧区渗透。唐末五代之际，西北各民族割据政权的封建政治制度尚处在形成之中。至宋代，形成了特有的封建领主制，或称封建采邑制。这是把封建社会特征同本民族的部落制度相结合的产物，是吸收与继承的统一。当时割据于西北的西夏、吐蕃唃厮罗政权、甘州回鹘政权、西州回鹘，直至帕米尔高原东西的喀喇汗王朝，都实行这种制度，而又各具特色。在民族文化广泛交流的时代熔炉中成长起来的各民族学者，十分重视民族文化交流问题，他们的代表作，正是民族文化交流的产物。西夏学者玉素甫·哈斯·哈吉甫称他的《福乐智慧》是"以秦地哲士的箴言和马秦学者的诗篇装饰而成"②。这里的"秦地""马秦"，指以中原为代表的各地区，表明了作者对吸收中原文化的积极态度。骨勒茂才则说《番汉合时掌中珠》："今时人者，番、汉语言可以俱备：不学番言，则岂和番人之众；不会汉语，则岂入汉人之数！番有智者，汉人不敬；汉有贤士，番人不崇。若此者由语言不通故也。"③ 从字面上看，作者直接论述的是语言交流问题，实质上是从语言交流入手，精辟地论证了文化交流在促进社会进步中的重

---

① 杨蕤：《北宋时期陆上丝路贸易初探》，《西域研究》2003年第3期，第33—38页。
② （西夏）玉素甫·哈斯·哈吉甫著，郝关中译：《福乐智慧·序言之一》，民族出版社1986年版，第2页。
③ （西夏）骨勒茂才著，黄振华等整理：《蕃汉合时掌中珠·序言》，宁夏人民出版社1989年版，第5—6页。

要作用。①

(三) 宋金时期

北宋灭亡后，金朝取代了其在西北地区的地位，但与北宋时期不同的是，金朝势力仅盘旋于河陇的外围，未能深入河陇地区，无论是政治还是经济影响力，都不能与北宋相提并论。金朝攻占中原地区后，宋金之间为了争夺西北地区，也爆发了一系列的战争。对金朝而言，夺取西北的目的在于打开入川道路，配合南下金军夹击并进而灭亡南宋；对南宋而言，控制西北地区则可以作为复兴中原的基地，从侧面威胁中原的金军。金朝末年，西北再次成为军事斗争的热点地区，金、西夏、蒙古三方在这里展开了你死我活的激烈争夺。这一地区之所以成为这一历史时期军事斗争的热点地区，除了其所具有的重要战略地位因素外，民族关系非常复杂、民族矛盾比较激化，也是一个重要的因素。诸种因素的交错，遂使这一地区变成了炽热的火药桶。宋、金和西夏及金、西夏、蒙古在西北地区的角逐，严重影响了丝绸之路的畅通。

七 元代

元代，甘宁青地区被分为三个省级行政单位管辖：陕西行省、甘肃行省和宣政院。陕西行中书省，东起黄河，西迄兰州，北至今内蒙古航锦旗，南依大巴山，包括今陕西全部及甘肃、宁夏、内蒙古的部分地区。领辖三路：奉元、延安、兴元路；一总帅府：巩昌都元帅府；5 府：凤翔、巩昌、平凉、庆阳、临洮府以及其下的若干州县。甘肃行省包括今甘肃河西和宁夏、内蒙古、新疆、青海等省区的部分地区，辖 7 路 2 州。7 路 2 州包括甘州路、永昌路、肃州路、沙州路、亦集乃路 (今内蒙古额济纳旗辖地以及蒙古人民共和国的部分地区)、宁夏府路、乌剌海路、山丹州、西宁州。虽然元代已经出现了甘肃行省，但是建省时间短暂，并且没有真正实现区域内的政治经济整合。因而，明代在甘宁青地区没有设置省级行政管理机构。宣政院是元朝掌管全国佛教事务并统领吐蕃地

---

① 高自厚：《五代以来西北民族文化交流的缩影：从"吐蕃已微弱，回鹘、党项诸羌夷分侵其他，而不有其人民"谈起》，《西北民族学院学报》（社会科学版）1992 年第 2 期，第 81—86 页。

区的中央机构,辖地包括现在的青海省大部和四川、甘肃、西藏的部分地区。其中吐蕃等处都元帅府和吐蕃等路宣慰司都元帅府统领甘青藏区的军政事务,吐蕃等处都元帅府所属有二:脱思麻路军民万户府和河州等处军民总管府。辖地包括现在甘肃的临夏州、甘南州、武都地区西部和青海西宁以西、扎陵湖以东、青海湖以南、巴颜喀拉山以北之地,大约今之海北、黄南、海南、果洛等藏族自治州。吐蕃等路宣慰司都元帅府辖地,大约为黄河源头及柴达木河以西、阿尔金山、党河南山以南,唐古拉山以北地区,即今青海的玉树藏族自治州和海西蒙古族藏族自治州。陕西行省、甘肃行省和宣政院的分界线基本上是农耕区、干旱与半干旱牧业区和高寒牧区的分界线。元代高寒牧业区与农耕区的界限由盛唐时期的祁连山—日月山—拉脊山—积石山—太子山—白石山—迭山一线向东退缩至临洮—漳县—西和—武都—康县一线。农耕区与干旱、半干旱牧业区分界线北移至中蒙边境一线。不过尽管在陇右、河西地区有屯田,但规模远远不如前代,畜牧经济的成分在社会产业结构中比前代有所增强。① 农业在陇右、河西地区的衰退,使穿越这一地区的以发达的农业经济为依托的绿洲丝绸之路的地位降低,而穿越牧区的草原丝绸之路的地位加强。

八 明代

中国古代历史上的中原农耕文明与北方游牧文明之间的关系,是学术界探讨已久的重大历史与理论问题,我国西北地区恰好处在这两个文明的交界地带,农耕文明与游牧文明间的和与战对西北地区的地缘政治起着关键的作用。就明代而言,西北地缘政治主要受到明朝与北方及西北地区的蒙古势力变化的影响。明代之西北失去了昔日汉唐时的重要地位,不再是政治、经济、文化中心,但其军事地位却丝毫未曾减弱。众所周知,自元统一西藏后,蒙古与藏之间在政治、文化上结成了特殊的关系,如二者之间形成联合之势,不仅切断明朝西向通西域之交通,而且也将危及全陕的安全及中原的稳定,对明朝的统治构成严重的挑战。

---

① 刘建丽:《甘肃通史》宋夏金元卷,读者集团、甘肃人民出版社2009年版,第319—321页。

明朝与北方游牧政权的关系，是左右明代西北地域政治形势变化的主要因素。明前期洪武永乐时期，武力打击蒙古，势力大衰，迫其退入漠北，明朝在北边及西北广设卫所、羁縻卫所，西北地缘政治形势较为平缓。为丝绸之路的畅通创造了条件。明朝中期洪武、永乐之后的仁、宣二朝致力于守城，在北部边疆采取收缩政策，放弃漠南，固守长城。先是瓦剌兴起于西北，接着蒙古右翼崛起南下河套、进占西海，明朝采取修筑边墙与拒贡相结合的措施与之对抗，西北地缘政治形势日趋严峻，丝绸之路衰落。明后期的隆庆议和，结束了明朝与蒙古右翼的长期对峙，西北地缘政治形势总体上趋于缓和，但西北地区地缘政治又呈现蒙藏合一的新形势，截断了明与关外的联系。